CIS 고려인 이야기

전통 생활과 문화, 종교 활동

이 연구물은 2017년도 대한민국 교육부와 한국학중앙연구원(한국학진흥
사업단)을 통해 해외 한국학 씨앗형 사업의 지원을 받아 수행된 연구임
(AKS-2017-INC-2230007)

CIS 고려인 이야기

전통 생활과 문화, 종교 활동

이병조 외 지음

경인문화사

책을 내면서

자신의 의지대로 뜻대로 좌지우지 할 수 없는 것이 있다면 그것은 아마도 한 인간의 삶이요 또 시간이 아닐까 생각한다. 보면서도 알면서도 어찌할 수 없는 것, 바로 삶이고 시간이기 때문이다. 처음 시작은 정교회 연구였으나 결국은 고려인 연구에 귀착된 삶을 살고 있는 스스로를 보면 더욱 그런 생각이 든다. 게다가 어찌하다보니 고국을 떠나 고려인의 본고장 중앙아시아에서 뿌리내리며 언제까지 일지 모를 인생의 여정을 달려가고 있는 스스로를 보면서도 더욱 그런 생각이 든다. 그간의 활동이 연구라고 하기에는 지극히 미천한 행보들이었지만 그래도 삶 자체만큼은 나름 열심히 살아오지 않았나 스스로를 위로해 본다. 또한 고려인의 본고장에서 이제는 '원없이' 고려인 연구를 하게 되었으니 그 또한 그리 아쉬워 할 일도 아닌 듯 하다.

본 연구서는 수년 동안의 졸고들을 모아 수정, 재구성 된 논문모음집의 성격을 갖고 있다. 실은 더 빨리 발간을 했어야 했지만 실행에 옮기지를 못하고 살아왔다. 여러 가지 삶의 부족함 속에서 앞만 보고 뛰다보니 오히려 제때 할 일을 하지 못했다라는 구차한 변명으로 스스로의 게으름을 감추고 싶다.

본 연구서는 총 3부와 부록으로 구성되었다.

제1부 '정교와 한인사회'에서는, 1917년 러시아혁명 이전 한인(강제이주 이후부터 고려인들은 스스로를 '고려인', '고려민족' 등으로 칭하고 있음)의 종교(정교와 개신교)활동을 둘러 싼 이슈들을 다루고 있다. 1860-1917년 시기 극동의 한인들은 상당수가 정교회 세례를 받고 정교 신자의 길을 걷는 사례가 적지 않았다. 여러 요인들이 있겠지만, 20세기 초까지 극동으로 농업이주가 주류를 이루었는데, 한인이 토지를 받기 위해서는

세례와 개종과정을 거쳐 러시아국적을 받아야 했다. 또한 1910년대 한반도의 일본식민화로 인해 많은 극동의 한인들은 정교에 입문하는 사례가 많았다. 이런 식으로 1917년 러시아혁명 이전까지 대략 28%정도의 극동 한인들이 정교도인의 삶을 살았다. 한편으로 1910년을 전후하여 연해주를 중심으로 한국의 개신교가 진출하며 정교회측과 갈등을 겪기도 했다. 제1부에서는 이와 관련된 내용들을 러시아 정부와 정교회시노부, 한인사회 간의 관계망 속에서 세례와 개종, 토지문제와 국적문제, 한인의 동화와 재이주 문제 등의 이슈를 중심으로 살펴보고 있다.

이어 제2부 '스탈린 탄압과 고려인'에서는, 강제이주 직전인 1930년대 중반에 자행되었던 스탈린 정치탄압과 그 과정에서 희생된 최초의 한인 해군장교-최 파벨(최재형의 차남)에 관한 이야기를 다루고 있다. 최파벨은 극동지역 항일운동의 대부였던 최재형 선생의 차남이다. 그는 극동시기 최초의 한인해군장교로 활동했으나 스탈린 탄압의 굴레에서 빠져나오지 못하고 결국 총살을 당하고 만다. 최 파벨은 전형적인 스탈린 탄압의 희생양이며 스탈린 정치탄압의 참상들을 여실히 보여주고 있다. 제2부에서는 최 파벨 형제들(4남7녀) 중 생존자들의 가족사 회상수기와 소련 해군당국에 의해 생산되어 러시아국립해군기록보존소에 소장되어 있는 최 파벨의 군복무 사료들을 기반으로 하여 스탈린 정치탄압의 실상과 잔악성을 조명하고 있다.

다음으로 제3부 '고려인의 전통문화와 삶'에서는, 1991년 소련방 붕괴 이후에도 계승, 전승되어 나오고 있는 CIS지역 고려인의 전통문화의 삶을 조명하고 있다. 고려인들은 강제이주 이전의 극동거주시기에 이어 강제이주 이후 어려운 소비에트 체제 하에서도 한민족의 전통문화를 계승해 나가고자 노력했다. 스탈린 체제와 소비에트 시기를 거치며 고려인들은 한민족의 언어와 역사, 문화, 전통 등 많은 부분을 상실해 왔으나 1991년 소련 붕괴 이후 민족적 정체성 회복에 크게 노력하고 있다. 제3부에 실린 4편의 이야기들은 모두 현장조사에 기반하여 작성된 것들이다. 현장조사는, ㄱ) 전통적 공연예술(연행), ㄴ) 공예, 미술 등에 관한 전통기술, ㄷ) 의학(민간요법), 농경·어로 등에 관한 전통지식, ㄹ) 구전전통 및 표현, ㅁ) 의식주 등 전통적 생활관습, ㅂ) 민간신앙 등 사회적 의식(儀式), ㅅ) 전통적 놀이·축제 및 기예·무예-를 조사범주로 설정하고 진행되었다. 그 결과 오늘날 CIS고려인 사회에서는 공연예술문화(고려극장, 소인예술단 등)와 식문화(된장, 고추장, 간장, 김치 등), 일부지역의 농경문화(우쉬토베 등지), 세시풍습(설, 한식, 단오, 추석 등), 관혼상제(결혼, 장례, 돌 등) 등의 일부 분야에서 그 명맥이 이어져 나오고 있음을 확인할 수 있다.

마지막으로 '부록'에서는, 극동지역에 위치하고 있는 고려인 및 한국학 관련 주요 기관 및 단체에 소장되어 있는 자료 소장 현황 정보도 실었다.

한 가지 밝혀두고 싶은 것은, 본고에 사용된 졸고들 중 일부는 작성 시점이 다소 오래되어 현 상황과는 다소 차이가 나는 부분이 있을 수 있다는 점이다. 하지만 조사 대상 기관 및 조직, 단체들, 개인들을 상대로 일반 연구자들이 원하는 시점에 용이하게 접근 및 파악하기에는 시간과 물질측면에서 다소 쉽지 않은 점도 있고, 또 경우에 따라서는 지난 시간의 모습과 상황 그 자체로도 관련 연구자들에게는 도움이 될 수 있는 부분이 있을 수 있다는 판단 하에 고민 끝에 수록하게 되었음을 밝힌다. 또한 제1부에 실린 두 편의 논문은 필자의 2016년 출간된 단행본에도 게재된 바 있으나 해당 논문집의 편집 및 구성상 중복 게재된 점을 밝히며 이에 대한 독자들의 이해를 구하는 바이다.

끝으로, 본 연구서가 준비될 수 있도록 지원을 해주신 경인문화사 한정희 대표님과 김환기 이사님, 그리고 편집을 맡아주신 담당자님께도 진심으로 감사의 마음을 전하고 싶다.

2018년 5월
사과의 도시, 녹음의 도시 알마티 연구실에서
이 병 조

목 차

제1부

정교와 한인사회

제1장 19세기 초중반 러시아 정교회의 한인을 포함한 알래스카 및 시베리아-극동지역 이민족 선교활동 연구(1823~1868)*

- 인노켄티 베니아미노프(И.Вениаминов) 주교의 선교활동을 중심으로 -

I. 머리말

러시아는 1천년의 역사가 넘는 기독교(동방정교회) 국가이다. AD 988년 러시아의 고대국가 키예프루시의 블라디미르 1세(980-1015)가 비잔틴제국으로부터 동방정교회를 수용하면서부터 러시아 정교회의 역사는 시작되었다. 비잔틴제국은 동서로 로마제국이 분리(395)되고, 형제국인 서로마제국이 멸망(476)한 이후에도 오스만 투르크족에 의해 멸망(1453) 할 때까지 1천년이 넘는 동안 제국을 유지해 나갔던 선진 문명권의 선두 주자였다.[1] 로마-게르만적인 새로운 질서 속에서 국가와 교회라는 이원적인 지배권력 구조가 형성되었던 서유럽(서로마제

* 이 논문은 2011년도 정부(교육과학기술부)의 재원으로 한국연구재단의 지원을 받아 연구되었음(NRF-2011-35C-20112280001)(This work was supported by the National Research Foundation of Korea Grant funded by the Korean Government (NRF-2011-35C-20112280001)).
1) 한편 서로마제국은 멸망 이후 프랑크왕국을 중심으로 한 게르만 세력들과 손을 잡고 새로운 로마-게르만적인 (서)유럽의 새로운 질서를 열어놓았고, 국가(세속권력)와 교회(종교세력)라는 이원적인 지배체제 하에 서유럽의 역사는 전개되어 나갔다.

국)과는 달리, 비잔틴제국(동로마제국)은 과거 오리엔트 문명국들(이집트왕국, 바벨론왕국)의 전제정치체제를 받아들였다. 이를 바탕으로 비잔틴제국은 황제 1인 지배체제를 구축해 나가며 교회의 성직자임명권을 장악했고, 교회를 세속권력에 예속시킨 채 황제교황주의(Caesaropapism, 皇帝敎皇主義)적인 지배권력을 유지해 나갔었다.[2] 그런 연유로 비잔틴제국으로부터 수용된 러시아 정교회 또한 황제교황주의적인 특성을 갖고 있는가에 대한 여러 시각들이 존재하고 있다.[3] 비잔틴 교회의 황제교황주의적 특성, 즉 국가-정치적인 성격은 18세기 초 러시아에서 강력한 왕권으로 서구화 개혁을 단행하고, 교회개혁을 통해 총대주교 체제 대신 신성종무원(Святейший Правительствую щий Синод) 체제를 수립했던 표트르대제(1682-1725) 시기에 두드러지기 시작했다.[4] 국가에 대한 교회의 완전한 예속의 시대는 1917년 러

---

2) 비잔틴제국으로 대표되는 동방정교회의 황제교황주의적인 특성은 과거 비잔틴제국의 황제들인 콘스탄티누스 대제(306-337)로부터 시작하여 특히 유스티니아누스 대제(527-565)와 레오 3세(717-741) 시기를 거치며 강화된 측면이 있다. 비잔틴제국의 선교는 비잔틴 교회의 그러한 특성 속에서 제국을 위한 봉사적 차원에서 이루어 졌다. 또한 비잔틴제국이 기독교 세계의 표준이 되고 중심이 되어야 한다는 확신 속에서, 이민족들이 기독교를 받아들이는 것은 단순히 기독교 신자를 만드는 일 이상으로 받아들여졌다. 선교는 국가와 교회의 공동사역으로 간주되었고, 정교가 다민족으로 구성된 제국을 하나로 통합시켜준다고 믿었다. 따라서 식민지화 정책과 동시에 선교사역을 추진하여 제국의 평화와 일치를 꾀하고자 했다.

3) 기연수, "끼예프時代의 敎會와 國家", 『슬라브연구』, 10호 (러시아연구소, 1994); 기연수, "슬라브주의와 정교사상", 『슬라브연구』, 12호 (러시아연구소, 1996); 임영상, "황제교황주의와 러시아정교회", 歷史學會편, 『歷史上의 國家權力과 宗敎』 (일조각, 2002); 임영상, "제정러시아의 교회와 국가", 『외대사학』 (역사문화연구소, 1992); 임영상, "동방교회와 서방교회", 임영상, 황영삼 편, 『소련과 동유럽의 종교와 민족주의』 (서울: 한국외국어대학교출판부, 1996); 황성우, "러시아의 基督敎 수용과 성격", (한국외대 박사학위논문, 2000).

4) 러시아 국가와 교회 간의 관계는 18세기에 표트르대제 시기에 급격하게 기

시아혁명 시기까지 이어졌다. 하지만 그러한 상황 속에서도 러시아
정교회는 자국(특히 시베리아-극동) 내 뿐만 아니라, 오토만제국(현재
이라크)의 네스토리우스교도인 앗시리아인들 사이에서, 그리고 특히
일본, 청, 조선 등지에서의 국가-정치적 성격의 이민족 선교활동에서
적지 않은 성과들을 거두어왔다.[5] 이에 대한 기존의 연구성과물들은

울기 시작했다. 표트르대제의 교회개혁 차원에서 발표된 1721년 종교법(Ду
ховный регламент)으로 교회의 권위를 대표하는 총대주교제가 폐지되고,
차리(Царь, 군주)에 의해 임명된 행정관 성직자의 감독을 받는 11명의 성
직자로 구성된 신성종무원 체제가 확립되었다. 교회는 국가의 한 행정부
서로 전락했으며, 차리는 교회의 수장으로 간주되었다. 또한 사제는 군주
에게 충성서약을 했으며, 고해성사시에 국가에 대한 공개적인 배반, 폭동
에 관해 알릴 의무가 주어졌으며, 출생과 결혼, 죽음 등의 민원업무기능을
수행함으로써 점차 행정적인 예속도 심화되어 갔다. 러시아 정교회는 국
가법에 의해 지배적인 위치를 보호받았고, 상당 부분의 재정적인 지원을
받았으며, 종교적 선전, 선교, 종교서적 출판 등 모든 종교적 제반 영역에
서 독점권을 보장받게 되었다. 또한 신성종무원장(Обер-Прокуратор)은 대
신회의의 일원이 되었으며, 주교들은 교회의 이익을 지키기 위해 젬스트보
(Земство, 지방의회)에 참가하였고, 정부 관료들은 교회의 이익을 지키도
록 요청받는 상황에 있게 되었다.

5) 러시아 정교회의 국내외 이민족(한인 제외) 선교활동을 다루는 연구물들
(단행본류): DmitryV. Pospielovsky, *The Orthodox Church in the History of Russia*
(New York: St Vladimir's Seminary Press, 1998), pp. 159-190; D.N. Collins, "Colon-
ialism and Siberian Deveolpment: A Case Study of the Orthodox Mission to the Altai
1830-1913", in *The Development of Siberia: Peoples and Resources*, ed. A. Wood
and R.A. French(London: St. Martin's Press, 1989), pp. 50-71; James Forsyth, *A
History of the People of Siberia: Russia's North Asian Colony 1581-1990* (New York:
Cambridge Univ. Press, 1992); N.K. Gvosdev, *An Examination of Church-State
Relations in the Byzantine and Russian Empires with an Emphasis on Ideology and
Models of Interaction*, Studies in Religion and Society (Edwin Mellen Press, 2001); В.
А. Федоров, *История России 19-начала 20вв.* (М., 2000), с. 625-628; Пётр
Смирнов, *История христианской православной церкви* (М.: Православн
ая Беседа, 1994), с. 160-164; П.В. Знаменский, *История русской церкви*, к
нига 10 (М., 1996), с. 352- 440; И.К. Смолич, *История Русской Церкви,
1700-1917*, Часть Вторая (М., 1997), с. 200-283; *Русская православная церк*

овь(*Устройство, Положение, Деятельность*), Издание Московской Патри архии, 1958, с. 141-164 등; (논문류): A.A. Znamenski, Shamanism and Christianity: Native Encounters With Russian Orthodox Missions in Siberia and Alaska 1820-1917 (Westport, Connecticut·London: GREENWOOD PRESS, 1999); A.A. Znamenski, "Strategies of survival: Native encounters with Russion missionaries in Alaska and Siberia, 1820s-1917", Ph.D. diss. (University of Toledo, 1997); A.Neil Michaelson, "The Russian Othodox Missionary Society, 1870-1917: A study of religious and educational enterprise, 1879-1917", Ph.D.diss. (University of Minnesota, 1999); Oleg Kobtzeff, "Ruling Siberia: The Imperial Power, the Orthodox Church and the Native People", *St Vladimir's Theological Quarterly*, 30, No. 3 (1986), pp. 269-280; P. Christopher Bruce Armstrong, "Foreigners, furs and faith: Muscovy's expansion into western Siberia, 1581-1649", Ph.D. diss. (University of Dalhousie (CANADA), 1997); P. William Werth, "Orthodox mission and imperial governance in the VolgaKama region, 1825-1881", Ph.D. diss. (University of Michigan, 1996); Robert Geraci, "Window on the East: Ethnography, Orthodoxy, and Russian Nationality in KAZAN 1870-1914", Ph.D. diss. (University of Berkeley in California, 1995); Robert P. Gerasi, Michael Khodarkovsky, *Of Religion and Empire(mission, conversion, and Tolerance, in Tsarist Russia* (Cornell Univ. Press, 2001); Yuri Slezkine, "Savage Christians or Unorthodox Russians? The Missionary Dilemma in Siberia", Galya Diment, Yuri Slezkine, *Between Heaven and Hell: The Myth of Siberia in Russian Culture* (New York: St. Martin's Press, 1993), pp. 15-31; Н.А. Смирнов, "Миссион ерская деятельност церкви(Вторая половина XIXв.-1917г.)", А.И. Кливан ов(ред.), *Русское православие: Вехи истории* (М., 1989), с. 438-463; 러시아 정교회의 극동지역 한인 선교활동을 다루는 연구물들(단행본,논문,보고서 류): M. Belov, "The Experience of The Russian Orthodox Church among Koreans 1865-1914", (Seoul: Yonsei International Univ., December, 1991); Ross King, "Blagoslovennoe: Korea Village on the Amur, 1871-1937", *Review of Korean Studies*, Vol. 4, No. 2 (2001), pp. 133-176; А.В. Кириллов, "Корейцы села Благослове нного", (историко-этнографический очерк), 『Приамурские ведомости』, №№ 58, 59, Приложения (1895), с. 1-13; Августин Никитин, "Православие у корейцев Приамурья и Забайкалья", 『Миссионерское обозрение』, No. 4, Апрель (1998), с. 18-23; А.И. Петров, *Корейскя диаспора на Дальнем Востоке России 60-90е годы 19века* (Владивосток, 2000); он же, *Корейскя диаспора в России 1897-1917гг.* (Владивосток, 2001); он же, "Школа куль туры и нравственности: Русская православная миссия в Корее,

선교활동에서 나타나는 러시아 정교회와 국가 관계, 정교회의 역할, 기독교화 및 러시아화 방법, 선교사와 토착민 간의 관계 등을 집중적으로 다루고 있다.

이상의 상황들에 주목하며, 필자는 이미 선행연구들을 통해서 19세기 중반-20세기 초(1917년 혁명 이전)에 극동에서 한인을 중심으로 수행된 러시아 정교회의 한인선교 활동을 현상적인 측면에서 살펴본 바가 있다.[6] 또한 이러한 선행연구를 토대로 해당 시기 러시아 정교회의 극동지역 한인을 중심으로 한 선교활동의 국가-정치적인 성격 또한 규명한 바가 있다.[7] 하지만 바로 앞서 제시한 필자의 선행연구

1897-1917гг.", *Россия и АТр*, No. 4 (Владивосток, 1995); он же, "За любовь и справедливость к корейскому народу", *Утро России*, 4 февраля (Владивосток, 1998); он же, "Когда же началась корейская иммиграция в Россию?", *Россия и АТр*, No. 2 (Владивосток, 2000); он же, "Корейская иммиграция на Дальний Восток России в 1860-1917гг.", *Вестник Дальневосточного отделения Российской Академии наук*, No. 5 (Владивосток, 1998); В. Вагин, "Корейцы на Амуре", (Сборник исторических и статистических сведений о Сибири и сопредельных ейстранах), СПб., Т. 1 (1875), с. 1-29; О.Б. Лынша, "Зарождение школьного образования среди корейского населения Южно-Уссурийского края во втор. пол. XIX века", 『역사문화연구』, 24집 (서울: 한국외대 역사문화연구소, 1992), pp. 3-72 등; 러시아 정교회 한인선교를 다루는 국내 연구물들: 남정우, "동방정교회의 선교역사 연구", 『선교와현장』, 제10집 (서울: 장로회신학대학교 세계선교연구원, 2005); 이상근, 『韓人 露領移住史 研究』(서울: 탐구당, 1996); 정균오, "정교회와 개신교회의 러시아 한인 디아스포라 선교 비교 연구", (장로회신학대학교 석사학위논문, 2003) 등.

6) 이병조, "러시아정교회의 러시아·극동 한인선교(1863-1916)", (한국외대 석사학위논문, 2002).

7) 이병조, "러시아 프리아무르 한인사회와 정교회 선교활동(1865-1916)", 한국외대 박사학위논문, 2008. 해당 연구에서 필자는 당시 러시아 중앙정부의 동아시아 및 한반도 정책과 극동 지방정부의 한인정책, 그리고 블라디보스톡 주교구 간의 관계망 속에서 러시아 정교회의 극동 한인선교활동을 살펴보았다. 이를 통해 러시아 정교회의 극동 한인선교는, '극동의 개발 및 태평양 지역의 안보구축'이라는 정치-경제적인 상황과, 다른 한편으로는

는 해당지역 선교활동의 근본적인 기반이자 동력이 되었던 인노켄티 베니아미노프(И. Вениаминов, 1797-1879, 이후 '베니아미노프'로 칭함) 주교의 구체적인 행적(선교적 헌신과 공헌)에 대해서는 다루고 있지 못함으로써 당시 극동지역 한인을 포함한 이민족 선교활동의 재원조 달체계 파악에는 한계를 안고 있다.[8] 따라서 필자는 캄차트카 주교구 의 초대 주교로서, 극동지역 이민족 선교의 체계 형성에 결정적인 역 할을 했던 러시아 정교회의 '위대한 사도'로 불리는 베니아미노프 주 교의 행적을 중심으로 살펴볼 것이다. 이를 통해 국가-정치적인 선교 활동이 지배적이었던 당시의 상황에서, 베니아미노프 주교의 이민족 선교활동의 본질(성격)을 재조명 및 재확인 할 것이다. 나아가 궁극적 으로는 베니아미노프의 선교원칙과 정신이 강하게 투영되었던 당시 이민족 선교의 재원조달체계를 파악해 볼 것이다. 재원조달체계 문제 는 선교 재원의 출처에 따라서도 선교의 성격을 가늠해보는데 좋은

한인의 우수한 농업경영 능력은 인정하면서도 토지정착에 대해서는 두려 워했던 극동 지방당국의 한인에 대한 이중정책 속에서 수행되었다. 또한 극동 지방정부는 한인들을 극동개발의 식민요소로 활용하려고 했으며, 이 를 위해 안고 있던 근본적인 문제와 한계에도 불구하고 정교회의 선교활 동을 통해 한인을 기독교화 및 러시아화의 대상으로 삼고자 했다. 결론적 으로 러시아 정부는 한인의 존재를 끌어 안고가야 할 포용의 대상이자 기 독교화 및 러시아화의 대상으로 여겼으며, 한인들을 국가-정치적인 선교 의 대상으로 인식하고 한인선교를 수행해 왔다'는 점을 연구의 결과로 제 시했다.

8) 반면, 러시아 내에서 인노켄티 베니아미노프에 대한 연구는 혁명 전후로, 그리고 소련방 붕괴 이후에도 적지 않게 이루어져 왔다. 그 중 대표적인 인노켄티 베니아미노프 연구자로 바르수코프(И.П. Барсуков)와 그의 저작 물(Иннокентий, митрополит Московский и Коломенский, по его сочине ниям, письмам и рассказам современников (М., 1883), с. 805)을 들 수 있 다. 또한 총 7권으로 완성될 예정으로 2014년 현재 6권까지 나와있는 사료 집(Святитель Иннокентий (Вениаминов) просветитель Америки и Сибири -Собрание сочинений и писем в 7 томах)도 대표적인 인노켄티 베니아미노 프 관련 연구물이다.

척도가 될 수 있기 때문이다. 다시 말해 당시 정교회 지도부와 베니아미노프 개인의 이민족 선교활동의 성격을 가늠해 볼 수 있는 중요한 요소라 할 수 있을 것이다.

러시아 정교회의 토착민 선교와 관련해서는 언제나 긍정적인 시각과 비판적인 시각을 존재하고 있다. 즉 "사제는 제국주의의 충복이었고, 토착민의 기독교화와 번영과는 무관했던 '사입가'였으며, 선교부와 수도원은 토착민의 토지를 점유했다", "선교사는 토착민들을 노예화시켜서 이익을 취하라는 차리의 의지를 이행한 하수인이며, 선교부는 토착민 문화발전에 아무 것도 한 바가 없이 단지 상인들이 토착민들을 약탈하도록 도왔다"[9]는 비판적인 시각이 존재한다. 이에 반해 "선교부는 당국의 식민정책의 '충실한 대리인'으로 활동을 했지만 토착민의 문명화에 많은 부분 기여했다"[10]는 다소 긍정적인 시각도 존재하고 있다. 베니아미노프의 선교활동 또한 이러한 시각적 평가에서 자유로울 수 없을 것이다. 다만 이 글에서는 필자는 비판적 시각에서보다는 베니아미노프의 독보적이고 헌신적인 행보에 더 초점을 두고 그의 행적을 살펴보고자 한다.

필자는 이러한 후속 연구가 가시적으로는 그간 다루어지지 않아왔던 해당 시기 이민족 선교의 재원조달체계를 파악하는데 기여를 할 것으로 본다. 나아가 해당 시기 러시아 국가에 의해 모든 이민족에 대한 러시아화와 국가-정치적 성격의 기독교회(정교화) 원칙이 추구 및 고수되어 가는 시점에서, 극동지역 이민족 선교활동에서 나타난 베니아미노프 주교의 선교원칙과 정신을 국가-정치적인 성격의 시각에서 벗어나 더 큰 틀에서 바라보게 하는데 기여하리라 본다.

---

9) A.A. Znamenski, *Shamanism and Christianity: Native Encounters With Russian Orthodox Missions in Siberia and Alaska 1820-1917* (Westport, Connecticut·London: GREENWOOD PRESS, 1999), p. 194.

10) Ibid., pp. 194-195.

이상의 후속 연구를 위해 필자는 그간 국내의 해당 주제 및 유사
연구 과정에서 국내에서는 공개된 바가 없는 현지 기록보존소의 1차
사료들을 주요 분석자료로 활용을 했다.[11] 이들 1차 사료문헌들은 필
자가 직접 입수한 것이고, 대주교구청(1853-62)이 위치하고 있었던 러
시아 사하(야쿠티야)공화국 국립기록보존소(HAPC(Я))에 출처를 두고
있으며, 총 11건 100쪽 분량으로 이루어져 있다. 또한 이 사료들은
1850~60년대 베니아미노프 주교가 야쿠츠크에 대주교구청을 두고 극
동 이민족 선교를 이끌어 가던 시기에 직접 작성한 다양한 형태의 문
서들(선교보고서, 서신 등)이며, 대부분 심한 수기 필기체 형태로 되
어 있다. 이외에도, 베니아미노프 주교 저작집(선교순례 보고서, 서신,
일기, 기행문)[12]에 수록된 사료문헌들과 하바로프스크 국립기록보존
소(ГАХК)에 소장된 해당 주제 관련 법령, 보고서, 신문, 잡지 등의 사
료문헌들이 분석자료로 활용되었다. 다만, 당초 계획했던 자료들 중
일부를 확보하지 못했고, 여전히 직접적인 국외 자료들에 대한 연구
사 검토가 보다 더 충분히 이루어지지 못한 부분이 있음을 고백하는
바이다.

제Ⅰ장에 이어, 제Ⅱ장에서는 베니아미노프 주교의 정교 입문과 첫

---

11) 사하(야쿠티야)공화국 국립기록보존소(HAPC(Я))의 폰드(Фонд; 기록군, 즉
문헌 생성기관) 225, 227, 230에 소장된 베니아미노프 주교 관련 사료들이
다. 러시아 내에서 해당 자료들이 얼마나 활용, 연구되었는지에 대한 확인
은 애석하게도 하지 못했다. 따라서 필자의 자료발굴과 입수가 어느 정도
의 의미를 갖는지는 확신할 수가 없지만 적어도 국내에서는 그간 활용되
어 오지 못한 자료들이라 할 수 있다. 당초 활용이 예정되었던 모스크바
인문사회과학도서관(ИНИОН)에 소장된 "러시아 동시베리아 선교역사 자료
(총4권)"는 현장방문을 통해 수 차례에 걸친 입수 시도에도 불구하고 이루
어지지 않았다. 방대한 검색목록카드 열람 방식과 전산상의 검색에 따른
한계와 어려움으로 인해 해당 사료들의 소장 여부와 위치가 마지막까지
파악되지 않았기 때문이다.
12) Б. Пивоваров (Сост.), *Избранные труды святителя Иннокентия митроп
олита Московского, апостола сибири и Америки* (М., 1997).

사역지인 알래스카에서의 이민족 선교활동에 대해서 살펴보고, 제Ⅲ
장에서는 캄차트카 주교이자 주교구 관할 내의 선교 총 책임자로서
베니아미노프 주교의 알래스카와 극동-시베리아 지역에서의 이민족
선교활동에 대해서 살펴볼 것이다. 또한 제Ⅳ장에서는 야쿠트족 선교
에서 나타나는 베니아미노프 선교의 성격과 재원조달체계와 1860년
대 초 베니아미노프 주교와 한인과의 역사적인 만남(접촉 순간)에 대
해서 살펴보고, 마지막으로 제Ⅴ장에서는 전 장에서 나타난 베니아미
노프 주교의 선교활동을 바탕으로 조심스레 결론을 도출해 보고자
한다.

Ⅱ. 위대한 선교사의 탄생과 알래스카 선교 (1820-30년대)

1. 정교회 입교와 선교사 입문

인노켄티 베니아미노프는 1797년 자녀가 많이 딸린 가난한 종지기
의 아들(성은 포포프)로 이르쿠츠크주 안긴스코예(c.Ангинское) 마을
에서 출생했다. 세례받기 전 유년시절의 이름은 이반이다. 어린 이반
은 6세가 되던 해에 아버지를 잃은 후 더 어린 형제자매들과 남겨진
채 어머니 슬하에서 가난의 고통을 맛보며 자라났다. 이후 이반은 삼
촌의 강청과 노력 덕분에 정부 지원을 받는 이르쿠츠크 신학교(Иркут
ская духовная семинария)에 입학하게 되며 학교생활을 시작하게 되었
다. 하지만 먹을 것이 적고, 잦은 구타까지 행해지는 등 신학교 기숙
사에서의 삶은 힘들었다. 방학이나 휴식이 주어지는 기간에 이반은
목공과 철공, 대장간 일에 관심이 많았던 신학교 수도사의 삼촌집에
가서 일을 도우며 공부를 하곤 했다. 명석한 두뇌와 근면성으로 인해

서 이반은 최우수 학생이 될 수 있었고, 머지않아 큰 주목을 받게 되었다.

한편 이반이 신학교에 들어가기 얼마 전에 많은 이들의 존경과 사랑을 받아왔던 성직자 베니아민(Вениамин) 주교가 이르쿠츠크에서 사망을 했다. 이때 이반은 신학교에서 가장 우수한 학생의 자격으로 베니아민 주교를 기리는 의미에서 '베니아미노프'(Вениаминов)라는 이름을 부여받게 되었다. 가장 우수한 성적으로 신학교를 마친 직후 이반은 동창생 한 명과 더불어 모스크바 신학아카데미(Московская духовная академия)에 유학을 갈 기회를 부여받았다. 하지만 모스크바로 떠나려던 해에 앙가라강이 범람하는 큰 재해가 일어났고, 이로 인해서 신학교 교장이 거처하고 있던 수도원과 신학교 간에 교통 및 교류 상황이 한동안 완전히 단절되면서 모스크바행 일정은 실행에 옮겨지지 못한 채 자연스레 사라지고 말았다. 바로 이 무렵에 이반, 즉 베니아미노프는 한 여인을 알게 되었고, 학교장의 허락없이 곧바로 결혼을 하게 되었다. 이에 대한 징계로 베니아미노프는 사제(священник)직을 받지 못했고, 대신 이르쿠츠크에 있는 성모수태고지 교회에서 보제(дьякон)[13]직을 받고 그곳에서 4년 간을 봉사했다.[14] 하지만 징계로 인한 베니아미노프의 보제직 수행은 그리 오래 이어지지 않았다. 1821년에 베니아미노프가 봉사하고 있던 교회의 사제가 사망을 하자 그 뒤를 이어 사제가 된 것이다. 이때 '인노켄티'(Иннокентий)라는 사제명

---

13) 성직자 중 첫 번째의 가장 낮은 단계에 해당하는 직분이다, 보제는 사제나 주교에 의해 행해지는 성례(聖禮)에 직접적으로 참여할 수는 있지만, 독자적으로 이를 행할 수는 없다(부득이한 경우에 속인들도 할 수 있는 세례를 제외하고는). 보제는 또한 예배동안에 성기(聖器)(성스러운 용기들; священные сосуды)를 준비하거나 기도를 인도하기도 한다.

14) ГАХК(하바로프스크 국립기록보존소), 『Приамурские Ведомости』, № 194, 21 сентября, 「Жизнь и деяния высокопреосвященного Иннокентя(Вениаминова)」, с. 13-15.

을 부여받게 되었는데, 바로 이때부터 베니아미노프에게 불후의 명성을 가져다 준 본격적인 사제-성직자로서의 삶이 시작되었다. 훤칠하고 준수한 외모를 지녔던 젊은 사제 베니아미노프는 교구민들의 큰 사랑과 관심을 받았다. 무엇보다 그는 훌륭한 말솜씨와 심금을 울리는 설교와 예배로 인해 교구민들로부터 큰 사랑을 받았다. 많은 교구민들이 예배에 참석해 그의 설교를 들었고, 많은 사랑과 존성을 한 몸에 받았으며, 교회 지도부에 의해서도 큰 총애를 받았다.[15] 자연스레 좋은 주택과 최상의 생활 편의시설을 제공받는 등 젊은 사제 베니아미노프는 사제로서도, 그리고 평범한 한 명의 속인으로서도, 모든 면에서 인생 최고의 황금기를 보내고 있었다.

사제로서, 한 범인(凡人)으로서 인생의 황금기를 누리고 있던 베니아미노프의 삶에 큰 변화를 가져다 준 것은 크류코프(Крюков)라는 한 인물의 등장이었다. 1820년대 초기에 알래스카에 있는 러·미회사(Русско-Американская компания)[16]의 전권대리였던 크류코프는 교역문제로 해마다 이르쿠츠크를 왕래하고 있었다. 1823년, 이르쿠츠크를 방문한

---

15) ГАХК, 『Приамурские Ведомости』, № 195, 14 сентября, 「Жизнь и деяния высокопреосвященного Иннокентя(Вениаминова)」, с. 13-14.

16) 19세기에 러시아령 아메리카, 주로 캘리포니아와 알래스카에서 활동했던 러시아의 독점무역회사이다. 이 회사는 1799년 레자노프 니콜라이와 셀레크호프 그리고리의 후계자들에 의해 골리코프셀레크호프사(社)를 재편하여 설립되었다. 러시아 황제 파벨 1세는 이들에게 북위 55° 이북에 대한 독점적인 무역권을 주고, 그들에게 러시아 정착촌의 행정을 책임지도록 했다. 바라노프 알렉산드르는 처음에는 코디액에 본사를 세웠으나, 1804년 본사를 노보-아르한겔스크(뉴아르한겔, 지금의 시트카섬)로 옮기고, 1812년에는 캘리포니아 포트로스에 이 회사의 전초기지를 세웠다. 1824년경 미국·스페인·영국과 체결한 협정으로 이 회사는 북위 54°40′ 이북의 영유권을 확정받았다. 그러나 영국과의 상업적·정치적 경쟁이 치열해지고 식민지로부터 수입이 감소하자 러시아는 미국에 이 영토를 팔기로 결정했고, 황제 정부는 1862년 만기가 된 회사의 면허권을 갱신해주지 않았다(http://100.daum.net/encyclopedia/view.do?docid=b06r0201a(다음 백과사전) 참조).

크류코프는 베니아미노프를 만나게 되었고, 이 과정에서 그는 베니아
미노프에게 러시아의 식민지인 알래스카와 그 주변지역에 대해서, 그
리고 지역 원주민들(알레우트, Алеут, 콜로쉬, Колош)에 대해서 많은
이야기를 해주었고, 특히 원주민들이 기독교(정교) 신앙을 원하고 있
지만 선교사의 부재로 방치되어 있다는 소식을 전해 주었다. 한편
1823년에는 알래스카의 우날라쉬카(Уналашка) 섬은 러시아에 편입이
되던 상황이었고, 마침 러·미회사의 선교사 파송 요청이 있었지만 희
망자가 부재한 상황 속에 있던 차였다.[17] 당시 사제들은 "만약 알래
스카 대륙에 파송되느니 차라리 군대에 들어가는 것이 더 낫다"[18]고
할 정도로 극도로 알래스카 대륙으로의 파송을 꺼리고 있었다.

베니아미노프의 마음을 결정적으로 알래스카 대륙으로 향하게 만
든 것은 크류코프가 떠나며 던진 한 마디의 말 때문이었다. 용무를
마치고 떠나기에 앞서 크류코프는 축복을 받기 위해 교회 고위 성직
자 집무실에 들어갔고, 이때 접견실에서 베니아미노프가 둘의 대화를
우연히 듣게 된 것이다. 크류코프는 축복을 받는 자리에서 "매우 유
감입니다. 그곳은 정말이지 그리스도의 천국 과수원을 가꾸고자 하는
사람에게는 딱 맞는 축복받은 땅입니다! 원주민들의 복음을 듣고자
하는 의욕과 열정은 이루 말할 수 없습니다"[19]라고 했다. 크류코프의
마지막 말은 그대로 베니아미노프의 가슴에 내리 꽂혔고, 그 길로 알
래스카 대륙으로 떠나기로 결심을 하게 되었다. 그 결정은 비록 당시
에는 아무도 예측할 수 없는 결정이었으나 이후 알래스카 대륙과 시

---

17) 알래스카 지역은 18세기 중엽 러시아인들에 의해 개척된 곳이다. 기록에
    따르면, 18세기 후반 러시아인들의 이주와 함께 정교회 선교도 시작되었
    다. 즉, 베니아미노프 선교사가 도착하기 이전에 알래스카에는 1794년에
    발람 수도원(성-페테르부르그 북동쪽)에서 온 2명의 러시아인 수도사들이
    이오사프(Иосаф) 수도사제 하에서 활동하고 있었다.
18) ГАХК, 『Приамурские Ведомости』, № 195, указ. соч., с. 13-14.
19) Там же, с. 13-14.

베리아-극동지역의 원주민들에게는 가장 의미있는 역사적 만남으로
이어지는 계기가 되었다.

2. 알래스카 선교활동

교회 고위성직자의 허락과 알래스카 지역 선교사 직분을 부여받
은 베니아미노프는 지체없이 집과 소유물을 포함한 전 재산을 처분
했다. 1823년 5월 7일, 베니아미노프는 이르쿠츠크를 떠나 고향 안긴
스코예에 있는 선친의 묘소를 찾아 작별을 고했고, 곧 바로 첫 선교
지 알래스카의 우날라쉬카섬으로 먼 여정을 떠났다. 긴 여정 끝에 베
니아미노프 일행은 힘들게 우날라쉬카섬에 다다랐다.[20] 이 섬의 구성
원들은 알레우트와 콜로쉬 등의 원주민들로 이루어져 있었고, 게다가
서로 간에 반목관계에 있던 '야생의' 원주민들이었다. 원주민들 간의
반목이 이어지고, 유행병 및 천연두 등으로 인해 섬 원주민들은 해마
다 감소하고 있는 그런 곳으로 젊은 정교회 선교사 베니아미노프가
복음을 전하기 위해 들어 온 것이다. 문명인의 요구에 부합할 만한
그 어떤 것도 우날라쉬카섬에는 없었던 것이다. 도착 직후부터 베니
아미노프는 손수 토굴을 파고 본인과 가족이 살아갈 거처를 마련했
다. 정상적인 생활이 불가능한 조건이었지만 베니아미노프는 낙담해
하지 않았고, 있는 그대로 현실을 받아들여 나갔다.

1824년 8월 1일, 베니아미노프는 러·미회사에 의해 지어진 유일한
목조건물 내의 기도소(часовня)[21]에서 첫 예배를 올렸다. 그러나 예배

---

20) 베니아미노프 이전도 성공적인 선교활동을 위한 초석을 마련한 선교사들
이 있다. 일례로, 알래스카 지역 선교사인 게데온(Гедеон)은 기도서를 현
지어로 바꾸는 등 현지 교육체계의 기초를 마련하기도 했고, 이어 게르만
(Герман)이 성공적인 선교활동을 수행하고 이후 러시아 정교회의 성인이
되기도 했다. 하지만, 이 글에서는 베니아미노프의 행적을 중심으로만 다
루기로 한다.

21) 기도소(часовня)는 집전사제가 없는 단지 기도를 위한 작은 규모의 공공

에 참석한 것은 본인과 가족구성원이 유일했고,[22] 그의 알래스카 대
륙에서의 성직활동은 그렇게 시작되었다. 베니아미노프가 우날라쉬
카섬 선교사역을 시작하며 가장 먼저 착수한 것은 원주민들의 언어
와 신앙, 풍습과 관습(전통)을 익히는 것이었다. 이러한 선교사역의
원형은 AD9세기 비잔틴제국의 선교사들이었던 키릴과 메소디우스의
토착어를 통한 이민족 선교전통을 이어받은 성 스테판의 사례에서부
터 찾아볼 수 있다. 성 스테판은 토착어를 통한 이민족 선교활동의
전통을 살려 14세기 우랄 북서쪽의 코미-페름의 핀족들을 상대로 선
교활동을 했다. 그는 페르먀크어(Permiak language) 알파벳과 문법을 고
안해 내었으며, 성서와 기도서를 번역하여 핀족들을 기독교화 시켰던
것이다.[23] 이러한 토착화를 통한 선교방식은 동방(그리스)정교회와
서방카톨릭 간의 큰 차이점 중의 하나라고 할 수 있다. 당당한 외모
에 원주민어를 구사하고 능숙하게 카누를 조정하거나 무엇이든지 능
숙하게 잘 만들어 낼 줄 알았던 베니아미노프의 다재다능한 솜씨는
원주민들에게 깊은 인상을 심어주었다. 원주민들은 베니아미노프를
가리켜 "그는 지혜롭고, 무엇이든지 다 할 줄 안다"고 점차 신뢰를 보
내기 시작했다.[24] 점차 베니아미노프의 토굴집에 원주민들이 모여들
기 시작했고, 원주민어를 사용하는 베니아미노프에 대해 원주민들은
점점 더 마음의 문을 열어 나갔다.

우날라쉬카섬 원주민을 대상으로 한 베니아미노프의 선교는 지극

기도장소로서, 교회와는 달리 정식예배가 행해지지 않으며 제단이 없다(A.
M.Прохоров (глав ред.), *Большой энциклопедический словарь* (M.,
1998), с. 341; http://www.diam4.npi.msu.su/calendar/ (검색일: 2003.3.21) 참조).
22) ГАХК, 『Приамурские Ведомости』, № 196, 28 сентября, 「Жизнь и деяния
высокопреосвященного Иннокентя(Вениаминова)」, с. 15-16.
23) D.V. Pospielovsky, *The Orthodox Church in the History of Russia* (New York: St
Vladimir's Seminary Press, 1998), p. 160.
24) ГАХК, 『Приамурские Ведомости』, № 196, указ. соч., с. 15-16.

히 토착화에 바탕을 두고 진행되었다. 그 스스로가 원주민화가 되어 갔고, 그들과 하나가 되어나갔다. 주변에서 관망만 하던 원주민들도 주택과 교회 건축에 기꺼이 거들기 시작했다. 그들은 통나무를 나르거나 켰고, 벽과 지붕에 붙이고 얹을 널빤지를 만들었다. 그 과정에서 베니아미노프는 원주민들을 기독교 신앙의 추종자들로 변모시켜 나갔다. 1824년 겨울 동안에 건축을 위한 토대작업은 거의 마무리 되었고, 이듬해 봄 무렵에는 손수 제작한 벽돌과 돌을 포함해 대부분의 건축재료가 준비되었으며, 마침내 1825년 6월 1일에는 교회 건물의 토대가 놓여지기 시작했다. 마침내 11개월이 지난 1826년 여름 무렵에 주택과 교회의 건축이 완료되었다. 성상화를 제작하고 이에 황금색 도금을 입히는 일은 베니아미노프가 직접 했다.[25] 그렇게 다양한 기독교 선교역사에서도 선례를 찾아보기가 힘든 원주민이 동참한 교회 건축작업이 우날라쉬카섬에서 이루어졌다. 아직 기독교 신앙도 모르고 기독교인도 아닌 원주민들의 동참을 통해 교회와 주택 건축이 이루어진 것이다. 원주민들에게 있어서 베니아미노프는 단순히 한 명의 선교사가 아니었다. 그는 문명인이었지만 원주민들에게 가까이 다가가고자 했고, 원주민들의 삶에 훌륭한 조언자이자 교사로서 인정을 받고자 했다.

알래스카 우날라쉬카섬 원주민들의 삶과 함께 하는 베니아미노프의 토착화에 바탕을 둔 선교는 그렇게 20년 가까이 지속되었다. 과거 신학교 시절 신학교 수도사의 삼촌집에서 경험을 했던 목공, 철공, 대장간 일에 대한 경험은 그와 원주민들을 묶어주는 귀한 매개체가 되었다. 그는 성직자이면서도 인간과 자연 생태계의 모든 것에 대해 그 누구보다도 많은 호기심과 탐구심을 지닌 인물이었다. 베니아미노프는 알래스카 대륙에서 살아가며 섬 내의 양서류와 해조류 등의 동식

---

25) Там же, с. 15-16.

물계, 원주민의 발생 근원지 문제, 심지어 지진과 화산활동에 대해서
까지 연구를 했다.[26] 무엇보다 베니아미노프는 원주민인 알레우트와
콜로쉬인들의 특성과 신체적 능력, 신앙 및 종교관 등 원주민들의 삶
에 대해 큰 관심을 갖고 연구를 했다. 도착 당시 첫 선교지였던 우날
라쉬카섬 내의 알레우트들의 규모는 대략 1,500명 정도였다. 흥미로운
것은 이들 모두가 1,500베르스타(1베르스타-1,067미터)에 걸쳐 흩어져
거주하고 있었고, 그로 인해 서로 간에 평생 단 한 번도 보지 못하거
나 잘 알지 못하는 경우가 많았고, 심지어는 기질 또한 다양해 반목
하는 경우도 있었다는 점이다.[27] 베니아미노프의 선교활동이 결코 순
탄하지만은 못했음을 예상해 볼 수 있는 단적인 예가 아닌가 생각되
어 진다. 그럼에도 베니아미노프의 눈에 비친 원주민들은 가장 축복
을 받을만한 때묻지 않은 순한 양들이었다. 원주민인 알레우트의 경
우, 믿기 힘들 정도의 인내심을 지니고 있었다. 가령, 오랜 배고픔 뒤
에 첫 식사를 할 때의 침착한 모습이나 여우덫에 걸려 신음소리 한
마디 없이 쇠갈고리를 빼내는 모습, 혹은 추운 겨울에 육지나 바다를
이동하며 배고픔을 견뎌내며 천막도 없는 곳에서 밤을 지새우는 강
인함을 소유하고 있었다. 이런 강인함과 인내심은 유년기에 아버지보
다는 더 많은 시간을 함께하는 어머니로부터의 영향이 컸고, 자연스
럽게 고통을 참아내며 육체적으로나 정신적으로 자연과 신에 순응해
가는 법을 터득해 나갔다.[28] 베니아미노프는 그러한 원주민들의 인간
적 특질을 잘 관찰 및 연구했고, 자연스럽게 기독교 세계관으로까지
연결한 듯 보인다.

---

26) И. Вениаминов, "Записка об островах Уналашкинского отдела: Обшие
    замечания об Уналашкинском отделе", Б. Пивоваров (Сост.), Избранны
    е труды святителя Иннокентия митрополита Московского, апостола с
    ибири и Америки (М., 1997), с. 204-213.
27) Там же, с. 217.
28) Там же, с. 217-219.

　베니아미노프는 원주민들의 신앙관과 세계관 속에서도 기독교적 가치관의 이식에 대한 가능성을 찾은 듯하다. 부연하면, 알레우트들은 샤마니즘에 가까운 신앙을 유지하고 있었다. 그들은 창조주라고 하는 존재가 반드시 있다고 믿고 있었다. 하지만 원주민들은 그러한 창조주의 무한한 능력과 특성에 대한 개념은 갖고 있지 못했고, 창조주를 인간 삶의 지배로부터 분리해 생각함으로써 정작 그 창소주에게는 어떠한 경배도 행하지 않는 종교관을 갖고 있었다. 그런 한편으로 원주민들은 인간의 삶, 즉 선과 악에 관여하는 두 개의 영이 있다고 보았다. 그러나 여기에서도 선과 악에 대한 더 진전된 개념은 갖고 있지 못했다. 또한 원주민들은 우주를 크게 세 부분(천상과 지하세계, 그리고 이승)으로 구분하고 있었다. 그들은 천상에는 낮밤이 없고, 많은 사람들이 살고 있으며, 지하세계에는 죽거나 영원히 죽지 못한 사람들이 살아가는 곳이라고 여기고 있었다. 이외에도 신전이나 형상은 없었지만 신성시하는 장소와 이에 바치는 헌물들은 존재했다.[29] 베니아미노프는 원주민들의 그런 신앙과 종교관, 세계관을 기독교, 즉 정교 신앙과 종교체계 속에 받아들이고, 그들의 마음 속에 정교신앙을 심어놓은 것으로 보인다. 이는 마치 비잔틴제국으로부터 수용(AD988년)된 정교 신앙 속으로 러시아인들의 이교 및 토착신앙이 흡수되면서 굳건한 민중종교로 탈바꿈되는 것과 일면 유사하다고 할 수 있을 것이다. 베니아미노프는 비체계적인 원주민들의 신앙 및 종교관, 우주관, 내세관에 체계성을 불어 넣었고, 이는 자연스럽게 종교성이 강한 원주민들의 마음에 합치가 되어간 것으로 보인다.

　알래스카 원주민들의 인간 그 자체와 그들의 삶에 대한 연구와 알고자 하는 진지한 태도는 베니아미노프의 원주민 선교를 '성공적 결실'에 이르게 하는데 큰 밑거름이 되었다. 하지만 더 큰 업적과 성공

---

29) Там же, с. 224-225.

의 원동력은 원주민들의 언어 습득과 이를 통한 성서 번역과 복음 전달이라는 토착화 선교방식에서 찾아볼 수 있다. 베니아미노프는 알래스카 대륙 도착 첫날부터 알레우트의 언어를 공부하고 연구에 착수했다. 그는 해당 언어의 문법서를 제작했고, 이를 바탕으로 여러 성서들을 알레우트어로 번역하여 원주민들로 하여금 자신들의 언어로 된 복음서를 읽고 깊은 이해와 더불어 기독교 신앙을 받아들이도록 했다.[30] 그린란드어 계열의 알레우트어는 15개 알파벳으로 구성되어 있는데, 아직까지 기원 언어에 대해 정확히 알려진 바가 없다. 알레우트어를 발음하거나 대화하기에 유럽인에게는 어려운 편이나 영어권 언어보다는 쉬운 편이다. 수는 단수와 복수, 다수로 구성되었고, 성은 통성, 격은 3격으로 이루어져 있다. 비록 러시아어가 많이 보급되고, 시간이 지나면서 알레우트어 자체도 많은 변천을 겪어 왔지만, 알레우트어는 많은 것들을 설명해 내는데 결코 부족함이 없는 풍성한 표현과 어휘를 지닌 언어라고 베니아미노프는 기록하고 있다.[31] 순전히 선교와 복음전달을 목적으로 베니아미노프는 미지의 세계에서 미지의 언어를 습득했다. 토착화에 바탕을 둔 베니아미노프의 원주민 선교의 진정한 진수를 느껴볼 수 있는 대목이 아닌가 생각해 본다.

이르쿠츠크 출신의 베니아미노프의 알래스카 원주민 선교활동은 1830년대 말까지 15년 이상 이어졌다. 알래스카 대륙에서 베니아미노프는 본인을 포함, 총 4명의 사제-선교사들과 더불어 40,000명에 이르는 원주민들을 상대로 정교회 선교활동을 수행했다. 이때 부족한 인력과 재정상황에서 베니아미노프 일행은 그곳의 무역독점권을 행사하고 있던 러·미회사로부터 재정 및 물질적인 지원을 받았다. 사제들

---

30) ГАХК, 『Приамурские Ведомости』, № 196, указ. соч., с. 15-16.
31) И. Вениаминов, "Записка об островах Уналашкинского отдела: Общие замечания об Уналашкинском отделе", Б. Пивоваров (Сост.), указ. соч., с. 249-252.

은 회사로부터 적지만 소액의 봉급을 받았고,[32] 숙소와 봉급, 난방과
전기, 심지어는 급사까지 제공받았다. 또한 앞서 언급된 바 있는
1825-26년도의 우날라쉬카(Уналашка) 교회와 이후 목조로 된 아트하(A
txa) 교회(1830)와 캬댜크(Кадьяк) 교회(1841), 그리고 각지의 기도소 건
축에도 베니아미노프의 요청에 따라 이 회사의 지원이 크게 작용했
다.[33] 알래스카 원주민을 향한 베니아미노프의 특별한 선교적 열정은
그 누구도 따라오기 힘들 정도로 독보적이었다. 베니아미노프는 첫
선교지인 우날라쉬카섬과 1834년부터 시작된 시트카섬(o.Ситка, 알래
스카 최남동부, 현재의 캘리포니아 해안지대)의 선교활동에서 대부분
의 알레우트와 콜로쉬들을 평화적인 개종으로 이끌었다. 그는 학교를
세워 손수 제작한 교과서로 학생들을 가르쳤고, 원주민들에게 대장간
일과 목공일, 종두접종법을 가르쳐 주기도 했다.[34] 그밖에도 원주민
들의 언어와 생활방식, 문화 등의 학술연구물들을 저술해 냈으며, 많
은 교회서적들을 원주민 언어로 번역해 내었다.[35] 그의 노력의 결실

---

32) Вера Глушкова, *Люди и монастыри: Реальные исторические личности-Р
усские Святые* (Воронеж, 1997), с. 380.

33) И. Вениаминов, "Миссионерские записки из путевого журнала Иннокен
нтия, епископа Камчатского, Курильского и Алеутского, веденного им
во время первого путешествия его по вверенной ему епархии в 1842 и
1843 годах", Б. Пивоваров (Сост.), *Избранные труды святителя Иннокен
тия митрополита Московского, апостола сибири и Америки* (М., 1997),
с. 137-142.

34) Сергий, еписков Новосибирского и Бердского (под ред.), *Жития Сибирс
ких святых* (Новосибирск, 1999), с. 261-263. 1836-37년 시기에 천연두로
6,450명의 원주민 중에서 2,000명 정도가 사망했는데, 원주민들에 대한 천연
두 치료는 원주민들과의 관계 증진의 큰 계기가 되기도 했다.

35) 베니아미노프가 알래스카의 우날라쉬카섬과 시트카섬에서 15년 간의 선교
활동 동안에 출간해 낸 저술물로는 "Записка об островах Уналашкинского
отдела"와 "Замечания о колошском и кадьякском языках и отчасти о
прочих наречиях в Российско-американских владениях"가 있다.

로 1840년대 들어서서 알래스카의 여러 지역에 교회가 세워지고, 오랫동안 러시아인들에게도 위협적인 존재였던 샤만이나 샤만행위가 근절되었고, 원주민들 사회 내에서도 기독교식의 교회 결혼식이 점차 자리잡아 나갔다.

III. 캄차트카 주교구 설립과 알래스카 및 시베리아 -극동 선교(시트카 주교구청 시기: 1840-53)

1. 19세기 러시아화와 기독교화 사이에서 갈등하는 국가와 교회

러시아 정교회의 선교역사를 통해서 볼 때, 교회가 비록 국가 예속상태에서 존재해 왔지만 교회와 국가는 각각 기독교화와 러시아화라는 지향점이 다른 선교목표를 추구해 왔음을 알 수 있다. 이 양자 간의 서로 다른 목표는 항상 공존해 왔다. 기독교화란 비기독교(정교) 이민족(소수민족, 토착민 등)의 언어와 문화를 존중하고, 토착언어로 번역된 성서를 통해 신앙교리를 전하는 등 '토착화'에 근간을 둔, 러시아화가 아닌 기독교화에 역점을 둔 선교사역을 의미한다.[36] 러시아 교회사가인 니콜라스 제르노프(N. Zernov)는 19세기에 이민족 선교의 토착화와 기독교화의 대표적 인물로, 1830년대 알타이 선교의 마카리 글루하료프(M. Глухарёв, 1830-44)와 알래스카 및 시베리아-극동 선교의 인노켄티 베니아미노프(И. Вениаминов, 1823-68), 19세기 말 일본 선교의 니콜라이 카사트킨(Н. Кассаткин, 1836-1912)을 꼽고 있으며,[37] 이들

---

36) 남정우, "동방정교회의 선교역사 연구", 『선교와현장』, 제10집 (서울: 장로회신학대학교 세계선교연구원, 2005), pp. 90-91.

37) N. Zernov, *Eastern Christendom* (New York: G.P.Putnam's Sons, 1961), pp. 180-184.

3인의 선교사역의 원형을 14세기 코미-페름의 성 스테판에게서 찾고 있다.

하지만 이민족의 기독교화가 반드시 러시아화로 이어지는 것은 아니었다. 따라서 19세기 후반들어 러시아 정부는 정교신앙을 통해서만이 아닌, 러시아어 및 문화 교육을 통한 이민족의 러시아화 정책에 노 관심을 쏟기 시작했다. 로만 스즈포르럭(Roman Szporluk)은, "러시아화의 목적은 다름 아닌 비러시아인들을 언어와 정체감에 의해서 제국 러시아의 신민을 만드는 것이다. 즉 변방 민족들로 하여금 러시아인의 언어, 문화, 그리고 정교회 신앙을 받아들이도록 만드는 것이 문화적인 차원에서의 러시아화이다"[38]라고 전통적인 차원의 러시아화에 대해 개념을 정의하고 있다. 19세기 초 카람진 또한 정부관리들에게 변방지역 민족들의 러시아화 방법과 관련, "성공적인 러시아화를 위해서는 반드시 이민족의 특성을 알아야 하고, 이민족이 수용할 수 있도록 정신적인 준비작업이 필요하며, 중요한 것은 힘으로 바꾸려 하지 말고, 지혜롭게 시행시기와 추진 기간을 정해야 한다"[39]고 충고하고 있다. 러시아화의 방법에 대해서 다양한 견해가 존재하고 있다. 하지만 궁극적인 목표는 이민족의 언어, 문화, 신앙, 인종적인 충성심을 점차적으로 약화시켜 자신들의 정체감을 없애고, 궁극적으로 러시아 민족으로 동화시킨다는 점에서는 일치하고 있다.

정교회의 이민족 선교활동에서 러시아화가 공식적인 정책이 된 것은 19세기 후반 알렉산드르 Ⅲ세(1881-94) 시대이다. 중앙정부는 러시아인과 러시아어가 제국의 주인이 되어야 하고, 이민족들은 제국의

---

38) Eli Weatherman, "Russification in imperial Russia: The search for homogeneity in the multinational state", Ph.D. diss. (Indiana University, 1996), p. 213-214.

39) Ceymour Becker, "Contributions to a Nationalist Ideology: Histories of Russia in the first half of the Nineteenth Century", *Russian History/Histoire Russe,* 13-4 (1986), p. 351.

이익을 좇아서 러시아인이 되어야 한다고 믿었다.[40] 알렉산드르 Ⅲ세
의 정책은 신성종무원(Святейший Правительствующий Синод)의 포베도
노스체프(К.П. Победоносцев)에 의해 구체화되었다. 포베도노스체프는
러시아화 정책의 상징적인 인물이자 열렬한 정교 지지자였다. 러시아
화 정책은 부분적으로 국가의 통일성에 대한 위협을 내포하고 있는
제국 내 이민족들의 점증하는 민족감정에 대한 반응이었으며, 어떤
의미에서는 대러시아인들 자신의 성장하는 민족주의에 대한 응답이
었다. 강한 민족주의 성향의 알렉산드르 Ⅲ세는 통치 기간 동안 반란
을 일으킨 폴란드인들뿐만 아니라 그루지야인, 아르메니아인, 그리고
점차 충성스런 핀란드인들에게로 까지 러시아화를 위한 조치는 확대
되었다.[41] 알렉산드르 Ⅲ세의 민족주의적인 조치와 포베도노스체프의
교육 정책은 이후 1880년대 후반부터 등장하기 시작한 교회교구학교
를 통해서 프리아무르(극동 지역)의 한인교육 현장에서도 반영되기
시작했다. 당연히 이민족의 기독교화보다는 국가의 목표인 러시아화
를 위하여 봉사를 수행한 정교회 선교사들의 예가 훨씬 많았다. 19세
기 후반에 러시아의 변방에서 선교활동을 수행한 사제나 선교사들은
대부분 국가로부터 봉급을 받으면서 러시아화의 한 방편으로 선교활
동을 수행했던 것이다.[42] 이러한 상황을 주목해 볼 때, 국가주도의 선
교활동 체제 하에서도 이민족들의 기독교화에 더 역점을 두었던 베
니아미노프의 선교활동이 더 주목을 받는 이유가 바로 여기에 있다
하겠다.

　한편, 19세기 전후반을 거치며 러시아 국가와 정교회를 이끈 통합
된 가치체계는 관제국민주의 정책이었다. 이 관제국민주의 이데올로

---

40) 남정우, op. cit., pp. 114-115.
41) 니콜라이 V. 랴자노프스키, 김현택 옮김, 『러시아의 역사Ⅱ, 1801-1976』(까치,
　　 1994), p. 123.
42) 남정우, op. cit., p. 110.

기는 전제주의(Самодержавие), 정교(Православие), 국민성(Народность)
을 골자로 모든 러시아 제국민들이 정교회를 믿음으로 황제에게 충
성케 하고, 나아가 러시아제국의 통합을 이루는 것을 목표로 삼고 있
었다.[43] 이러한 정책은 러시아 제국민들로 하여금 정교를 강조하는
근간이 되었다. 러시아 정교회의 선교는 이와 같은 관제국민주의 정
책 속에서 수립되고 이행되어 나갔고, 19세기 초번 정교회의 선교정
책은 제국변방의 강화책으로 러시아 정부의 관심을 받았고, 이는 이
후 시베리아·극동 이민족 선교의 큰 축으로 작용했다. 가장 큰 변화는
선교부(миссия) 설립을 통한 체계적인 선교정책의 추구였다. 1828년
알타이 선교부를 필두로 최초의 선교사 파송이 시작되었다. 또한 카
잔과 이르쿠츠크 등지의 15개 신학교(духовная семинария)에서는 토착
어 교육이 실시되었고, 선교활동에서 의료진료나 심지어는 토착민들
에 대한 물질적인 원조도 선교사의 의무로 규정하기에 이르렀다.[44]
이러한 움직임은 이전 시기의 맹목적인 선교활동에 대한 자성과 교
육적이고 체계적인 선교활동의 필요성에 대한 인식에서 비롯된 것이
었다.

　하지만 19세기 후반 들어서 정교신앙을 통한 이민족 기독교화 정
책에는 수정이 가해지기 시작했다. 정교회의 내부적 결속과 체제 정
비를 강화해 나가는 한편, 정교회 지도부는 특히 교육을 통한 이민족
의 러시아화에 더 역점을 둔 선교정책을 추진해 나가기 시작했다. 특

---

43) 니콜라이 V. 랴자노프스키, 김현택 옮김, 『러시아의 역사Ⅱ』, op. cit., p. 37.
　　관제국민주의 정책은 니콜라이 Ⅰ세 시기인 1833년에 교육부대신 우바로
　　프(С.С. Уваров, 1786-1855) 백작에 의해 주창된 것으로 다민족을 거느린 광
　　활한 러시아제국을 통치해 나가는 일종의 민족주의적인 통치이념이었다.
44) В.А. Федоров, *Русская православная церковь и государство(синодальн
　　ый период 1700-1917)* (М., 2003), с. 625. 시베리아 최초의 알타이 선교부가
　　설립되었는데, 이는 1820년대 경건파의 복음화 영향에 직면한 가운데 기독
　　교화 활동을 등한시해왔다는 정교회 측의 인식에서 나온 결과물이었다.

히 신성종무원장 포베도노스체프(1880-1905) 체제 하에서 정교회 선교
는 일종의 국가 정책으로 이민족들 사이에서 강력히 추진되어 나갔
다. 이는 19세기 후반 몇 가지의 상황변화에 따른 것이었다.

첫째로 기존의 정교신앙을 통한 선교활동이 국가의 입장에서 볼
때 이민족의 기독교화와 러시아화라는 두 측면에서 만족할 만한 결
과를 가져다주지 못했다는 인식의 변화 때문이다. 따라서 정교회 지
도부는 우선적으로 선교조직과 선교사의 자격을 강화시키는 조치를
취하는 한편, 일민스키(Н.И. Ильминский, 1822-91)의 '일민스키 시스템'
을 통한 이민족 교육을 추구해 나갔다. 일민스키 시스템은 토착민의
언어는 살리되 타타르식 문자나 이슬람과 관련된 문자를 폐기하고,
러시아어 알파벳을 사용한 새로운 문자를 통해 교육하는 시스템이자
체계적인 교육을 통한 개종화 시스템이다.[45] 이는 각종 혜택을 받고
개종한 타타르족 등의 이민족들이 개종 이후에 상황에 따라 다시 원
래의 신앙으로 되돌아가는 것을 막는데 큰 의미가 있었다.

둘째로 18세기에 집단 개종되었던 볼가-우랄지역의 무슬림 타타르
인들의 무슬림으로의 회귀 움직임 때문이다. 이전 시기에 러시아 정
부에 의해 자유농지 부여, 농노신분 및 군징집 면제 등을 통한 해당
지역 무슬림 타타르인들에 대한 개종노력으로 18세기에 25만명의 타
타르인들이 개종되었다. 하지만 1861년 농노제 폐지 이후 정교도와
타타르인들을 포함한 군징집이 재개되면서 타타르인들이 다시 무슬
림으로 돌아서기 시작한 것이다.[46] 전통적으로 러시아 내에서 무슬림
을 주요 적(敵) 중의 하나로 보아온 러시아 정부와 정교회 지도부로
서는 세례받은 타타르인들의 정교회로부터의 대량 탈퇴를 간과 할
수 없었던 것이다.

셋째로 고의식주의자들(старообрядец, 구신도, 분리파)과 흘르이스

---

45) 남정우, op. cit., p. 85.
46) D.V. Pospielovsky, op. cit., p. 160.

트이(Хлысты), 스코프츠이(Скопцы), 몰로카네(молокане), 슈툰디스트이
(Штундисты) 등 분파교의 영향력 확대에 따른 정교회 지도부의 우려
와 위기의식을 들 수 있다. 이 무렵 중앙에서 멀리 떨어진 동시베리
아의 캄차트카 주교구에 고의식주의자, 몰로카네 등 분파교도들이 시
베리아-극동지역으로 대량 유입되고 있었다. 이들은 18세기 말까지만
해도 주로 시시베리아 남부 알타이 지역과 동시베리아의 자바이칼주
지역에 거주하고 있었다. 분파교도들이 프리아무르 지방으로 이동하
자 캄차트카 주교구의 지도부는 긴장했다. 이에 베니아미노프는 톨스
토이(Д.А.Толстой) 신성종무원장에게 분파교도들의 가르침은 거짓이
고 근거없음을 밝혀주는 것이 중요하다고 언급하며, 대안으로 교육을
통한 교화를 강조하고, 이를 위해 관련서적을 보내달라고 요청하는
서신을 보내기도 했다.[47] 정교회 분파교의 문제는 19세기 후반 들어
정교회 지도부를 가장 긴장시킨 문제 중의 하나이기도 했다. 당시 정
교회 지도부의 선교대상은 토착민 이민족들에게만 국한된 것은 아니
었고, 정교분파 세력들도 재개종의 범주에 포함시키고 있었다.

정교회 지도부의 이러한 국가의존적인 성향은 19세기 후반을 거치
며 더욱 강해졌다. 이러한 성향은 1860년대 초반 러시아땅에 유입되
기 시작하는 한인과 시베리아-극동의 모든 비러시아계 이민족이나 원
주민들을 대상한 선교활동에서 반영되어 나갔다.

2. 캄차트카 주교구 설립과 알래스카 선교활동(1차 선교순례)

1) 캄차트카 주교구 설립

19세기 중후반인 1880년대 초반까지만 해도 시베리아-극동, 특히

---

47) И. Вениаминов, "Письмо Толстому Дмитрию Андреевичу, 20 февраля
1867г.", Б. Пивоваров (Сост.), *Избранные труды святителя Иннокентия
митрополита Московского, апостола сибири и Америки* (М., 1997), с.
349.

자바이칼 너머 지역의 다수자는 러시아인이 아닌 한인을 포함한 본
래의 야쿠트족(Якут), 나나이족(Нанай), 니프히족(Нивх), 코랴크족(Коряк),
축차족(Чукча, 축치), 타즈족(Таз), 올류토레츠족(Олюторец) 등의 원주
민들이었다. 1820-30년대 알래스카에서 알레우트, 콜레쉬 등의 원주민
을 대상으로 성공적인 선교활동을 수행해 온 베니아미노프는 1840년
대 들어서 이제는 시베리아-극동의 원주민들에 대해서도 관심을 갖기
시작했다. 이때까지만 해도 한반도로부터의 한인의 이주는 시작되지
않았던 시기임을 주지할 필요가 있겠다. 베링해를 건너 시베리아-극
동지역의 원주민에 대해서까지 베니아미노프의 관심과 선교영역의
확장을 가능하게 한 것은 전격적으로 이루어진 캄차트카 주교구(Камч
атская, Курильская и Алеутская епархия, 초대 주교-베니아미노프, 주교
구청-시트카; 옛지명은 노보-아르한겔스크)의 설립 덕분이었다. 캄차
트카 주교구의 설립은 알래스카 및 시베리아-극동의 한인을 포함한
이민족 선교의 한 획을 긋는 대형 사건이자 해당 지역 이민족 선교활
동에서 가장 기념비적인 해 중의 하나로 선교역사에서 기억되고 있
다. 또한 19세기 중반 러시아 정부가 바이칼 너머의 아무르강 및 우수
리강 유역을 중심으로 한 극동지역에 대한 지리적 지배권을 확보해
나가는 시점에서 캄차트카 주교구의 설립은 특별한 의미를 주고 있다.

캄차트카 주교구는 이르쿠츠크 인노켄티 알렉산드로프(И. Алексан
дров, 1835-38) 대주교의 설립 청원에서부터 비롯되었다. 알렉산드르
대주교는 신성종무원에 캄차트카 주교구 설립문제를 제기했었고, 이
후 닐(Н. Исакович) 수좌대주교 시기인 1840년 12월 21일에 마침내 황
제령에 따라 설립되었다.[48] 캄차트카 주교구의 설립 문제는 이미 오

---

48) "Polnoe sobranie zakonov rossiiskoi imperii s 1649 goda", *Second Series,* Vol. 15, No.
14073, Basil Dmytryshyn (ed.), *Russian American Colonies, 1798-1867: To Siberia and
Russian America, Three Centuries of Russian Eastward Expansion,* A Documentary
Record, Vol. 3 (Oregon Historical Society Press, 1989), p. 429.

래 전부터 논의되어 온 사항이었는데, 동시베리아의 인구증가로 방대
해진 이민족 선교업무를 원활히 수행할 필요성이 내부적으로 제기되
어 왔던 것에 대한 결과물이라 할 수 있다. 캄차트카 주교구의 주교
구청은 러·미회사가 있던 알래스카 시트카섬(o.Ситка, 과거 노보-아르
한겔스크)에 위치하게 되었다. 이곳을 중심으로 캄차트카 주교는
1840-53년 시기 동안 알래스카를 포함, 추코트카, 마가단, 연해주, 아무
르주 등 광활한 지역을 관할했다. 캄차트카 주교구의 설립은 동시베
리아의 토착민 선교에 일대 전환점을 가져다주는 큰 계기가 되었고,
정교회의 지도부인 신성종무원으로 하여금 동시베리아 전역의 이민
족 선교의 길을 열어 놓게 하는 동력으로 작용했다. 무엇보다 가장
큰 의미는 국가-정치적 선교가 지배적이던 상황에서 토착화와 신앙에
바탕을 둔 선교활동과 기독교화를 추구했던 베니아미노프가 초대 주
교에 임명되었다는 점이었다. 바야흐로 베니아미노프의 이민족 선교
활동의 제2막이 도래한 것이다.

2) 알래스카 선교활동(1차 선교순례: 알래스카 최남부 섬들 중심)

1840년 12월 15일, 베니아미노프는 캄차트카 주교구의 초대 주교로
서임되었다. 하지만 고위성직자의 반열에 오른 이후에도 베니아미노
프의 선교적 행보에는 크게 변함이 없었다. 오히려 더 헌신적이고 열
정적이며, 더 강한 모습으로 선교현장을 누볐다. 캄차트카 주교구의
주교가 된 이후의 그의 선교적 행보는 크게 두 지역(알래스카와 시베
리아-극동)에서 진행되었다.

우선 그는 1840년대에는 1820년대 초부터 몸담아 왔던 알래스카 원
주민 선교의 영적인 완성도를 제고시키기 위해 노력했다. 이를 위해
베니아미노프가 보인 행보 중 주목할 만한 것 중에 하나는 1842년 초
에 시작된 알래스카 최남단의 주요 원주민 집거지 및 교회들과 캄차

트카 반도에 있는 일부 교회들에 대한 1차 선교순례였다.[49] 베니아미노프는 주교구청이 있는 시트카를 기점으로, 크게 세 지역을 대상으로 약 1년 반에 걸쳐 선교순례를 수행했다. 즉 그는 1단계로 알래스카 최남단 정남쪽에 위치한 캬댜크(Кадьяк) 지역을 중심으로 약 50일에 걸쳐 선교순례를 수행했고(1842년 2월 19일~4월 9일), 이어 2단계로 알래스카 최남단 서쪽에 위치한 알레우트군도(운가(Унга), 우날라쉬카, 프리브일로프군도(성 게오르기섬, 성 파벨섬), 아트하(Атха))와 베링해 건너 페트로파블로프스크(Петропавловск)를 중심으로 한 캄차트카 반도 주변 교회와 원주민들을 대상으로 총 105일에 걸쳐 선교순례를 수행했다(1842년 5월 5일~8월 19일). 그리고 마지막 3단계로 그는 베링해 건너 오호크츠주의 원주민과 교회를 대상으로 1개월여에 걸쳐 선교순례를 수행했다(1843년 4월 3일~5월).[50] 선교순례의 목적은 현지의 원주민 교회와 사역자들의 활동 및 종교 활동 상황을 직접 목도하고 살피기 위함이었다. 그러나 거친 바다의 자연환경과 방대한 지역과 거리 등으로 인해 선교순례여행은 늘 위험요소가 뒤따르는 일정의 연속이었다.

1단계 순례단은 베니아미노프 본인 외에 수도보제(1인), 도우미(1인), 성가 소년(3인), 사제 및 그 가족, 기타 인력 등을 포함, 총 13명으

---

49) 머리말에서 밝힌대로 당초 계획되었던 자료의 일부가 현지 기록보존소 사정으로 입수되지 못했다. 따라서 1840년대 초에 수행되었던 베니아미노프 주교의 알래스카 주요 원주민 집거지와 교회들에 대한 1차 선교순례 관련 정보와 3절에서 언급되는 2차 선교순례 관련 정보, 그리고 이어 제시되는 러시아 사하(야쿠티야)공화국 국립기록보존소(НАРС(Я)) 자료들을 중심 자료로 활용했다. 이는 열거된 중심 자료들만으로도 본 논문에서 추구하는 바를 파악하기에 부족함이 없다고 판단이 되었기 때문이다.

50) И. Вениаминов, "Миссионерские записки из путевого журнала Иннокентия, епископа Камчатского, Курильского и Алеутского, веденного им во время первого путешествия его по вверенной ему епархии в 1842 и 1843 годах", Б. Пивоваров (Сост.), указ. соч., с. 120-145.

로 구성되어 있었다. 1842년 2월 12일에 시트카를 출발해 동월 19일에 마침내 캬댜크에 도착한 베니아미노프 주교는 현지 캬댜크 교회와 원주민 정교도들의 영적 상황을 살폈다. 당시 캬댜크에는 이전에 세워졌던 목조교회를 대신하여 러·미회사의 지원으로 건립된 새 목조교회가 존재하고 있었다. 캬댜크 교회는 러·미회사의 지원과 행정책임자(인노켄티 코스트로미티노프)의 노력에 힘입어 성상화를 비롯 모든 성물들이 잘 갖추어져 있었다. 또한 러·미회사의 지원으로 사제를 비롯한 교회 소속 인력의 봉급 또한 나쁘지 않았고, 러·미회사가 소유하고 있는 좋은 숙소에서 생활을 하며 봉급 외에 난방과 전기까지 공급받고 있었다.[51] 캬댜크 교회는 세례자 수와 교회 규모면에서 알래스카 내 원주민 교회들 중에서 가장 큰 곳이었다. 하지만 베니아미노프 방문 당시 교회와 원주민 정교도들의 영적 상태와 생활은 잘 갖추어진 교회의 모습과는 많은 면에서 차이가 있었다. 전염병이 돌았던 1836-37년 이전에 원주민의 규모는 6,450명이었으나 1841년 현재 그 수는 3,628명에 불과했다. 게다가 이중 세례를 받은 원주민은 2,650명이었고, 나머지는 비세례자들이었다.[52] 무엇보다 심각한 것은 1841년도에 현재의 사제가 오기 전까지 비세례자는 차치하더라도 기존의 세례자 원주민들의 영적 상태가 현저히 낮은 수준에 있어 왔다는 점이었다. 그 면면을 살펴보면, 100명에 이르는 2-10세 유아들이 비세례 상태였고, 전체 인구에서는 1천명 이상이 비세례 상태 하에 있었다. 또한 많은 경우 여전히 비기독교식 결혼이 행해져 왔고, 교회 참회식이나 기타 의식에 참여하는 원주민 세례자들의 수도 지극히 희박했

---

51) Там же, с. 122, 125-126. 해당 교회 이전에 캬댜크에는 이전의 선교사들에 의해 1796년, 1824년도에 세워진 교회들이 존재해오고 있었다.

52) Там же, с. 126. 캬댜크 인구 3,628명 중 러시아인은 73명, 크레올 482명, 캬댜크인 1,489명, 케냐예즈인(кенайцы) 794명, 추르가치인(чугач), 알랴크시네츠인(аляксинец) 342명이었다.

다. 심지어 교회 주변에 거주하고 있으면서도 10-30년 동안 교회 의식이나 의무를 이행하지 않는 러시아인의 경우도 적지 않았다. 게다가 교회의 축일이나 축제 기간의 경우에도 교회를 찾는 원주민이나 심지어 러시아인의 수 조차도 극히 희박할 정도였다. 가령 알레우트들의 경우, 교회 주변까지는 오더라도 정작 교회 내부는 들어오지 않고 주변에 앉아 관망하는 경우가 많았다.[53] 약 20여년 간 교회가 기능해 왔음에도 불구하고, 한편으로는 이르쿠츠크 주교구 지도부의 노력에도 불구하고 사제와 교회의 부족과 교회와 거주지 간의 거리상의 문제 등으로 큰 성과로 이어져 오지 못했던 것이다.

캬댜크 지역의 교회와 러시아인을 포함한 원주민들의 낮은 영적 상황을 목도한 베니아미노프는 주교구 관할지역의 주교로서 현장 사역자-사제와 보제(표트르 리트빈체프, 일랴 트이쥐노프) 및 행정책임자(인노켄티 코스트로미티노프)와 더불어 많은 노력을 기울였다. 특히 교회 축일이나 축제 기간 시에는 5세 이상의 유아들을 초대하여 연령대에 맞는 교회 의식과 규칙들을 가르치도록 교회에 지시 및 조치를 취했다. 특히 가르치는 과정에서는 칭찬을 수반한 교육이, 그리고 듣지 않는 아동들에게는 강압보다는 주의와 반복적인 교육을 통해 정교 신앙에 대한 인식을 높여가도록 특별 조치를 취하기도 했다. 베니아미노프의 지속적인 관심과 지시, 그리고 러·미회사를 통한 지원에 힘입어 캬댜크 교회와 원주민들의 영적 상황은 점차 개선되어 나갔다. 우선 원주민들 사이에서 여전히 사라지지 않고 적지 않은 영향을 미쳐왔던 샤마니즘이 근절되어 나갔는데, 샤만 스스로가 세례를 받고 개정하는 사례 또한 적지 않았다. 또한 베니아미노프 주교 방문 시기에 200여명이 세례를 받는 등, 세례자 수가 점차 증가해 나갔으며, 비기독교식 결혼이 근절되기 시작했다. 뿐만 아니라 진심으로 회

---

53) Там же, с. 127.

개 의식에 참여하는 원주민의 수가 늘었고, 무엇보다 교회 안에 들어와 예배에 참석하는 원주민 세례자들의 수가 점차 증가해 가기 시작했다.[54] 이외에도 베니아미노프는 캬댜크지역의 교구를 분리하고, 각 교구마다 책임 사제를 두어 교회로부터 멀어지거나 영적인 침체가 발생하지 않도록 하는 조치를 취하기도 했다. 그의 캬댜크 방문은 잠자고 있던 원주민 모두의 영성을 깨우는 내 사건이었고, 이는 2, 3단계 순례 방문 시에도 그대로 이어져 나갔다.

2, 3단계 순례는 알래스카 최남단 서쪽의 알레우트군도와 베링해 건너 극동의 캄차트카 반도 및 주변, 그리고 오호츠크의 교회와 원주민들을 대상으로 진행되었다. 이번 선교순례 또한 대상 지역 행정책임자와의 사전 논의와 캄차트카 주교구청 및 산하 기관의 지시와 지원이 뒤따랐다. 1842년 5월 5일 오전 10시에 상선〈오호츠크〉에 몸을 실은 베니아미노프 주교 일행(수도보제 1인, 도우미 1인, 성가 소년 4인)은 예정보다 조금 늦은 5월 20일 아침에 첫 방문지인 운가(Унга)섬에 도착했다. 5월 16일까지 잠잠하던 바다가 거센 풍랑에 휩싸이면서 제대로 배가 운항을 하지 못했기 때문이었다. 첫 도착지인 운가섬의 원주민들(알레우트, 크레올)은 베니아미노프를 열렬히 환영을 했다. 그들은 베니아미노프를 마치 아버지를 맞이하듯 대했고 모두가 과거의 베니아미노프를 기억하고 있었다. 베니아미노프 주교 또한 마치 사랑스런 자식이나 형제, 친구를 대하듯 그들과의 만남을 축복했다. 베니아미노프 주교를 더욱 감동시킨 것은 과거에 원주민들에게 건네주었던 알레우트어로 된 첫 성서 번역물들이 그냥 방치된 것이 아니라 여인들에게까지도 읽혀지고 있었고, 한 크레올 여자는 분명하고 총명하게 성서를 읽는 모습을 보여줌으로써 모든 일행을 놀라게 만들기도 했다. 첫 도착지인 운가섬에서 베니아미노프 주교는 사흘 동

---

54) Там же, с. 129-132.

안 원주민들과 더불어 감격의 예배를 집전했다.[55] 5월 23일 이른 아
침, 베니아미노프 주교 일행은 운가섬의 원주민들을 뒤로 한 채 주요
방문지인 우날라쉬카섬을 향해 닻을 올렸다. 이후 주교 일행은 5월 28
일에, 출발 전에 그토록 희망했던 예수승천절(День Вознесения Господ
ня, 부활제 후 40일째 목요일) 이른 아침에 우날라쉬카 항구에 닻을
내렸다. 베니아미노프 주교가 과거 사제-선교사 신분으로 우날라쉬카
섬 마지막으로 밟은 것은 1834년 이었다. 베니아미노프 주교는 닻을
내리자마자 환영나온 원주민들과 더불어 감격과 감사의 예배를 올렸
다. 우날라쉬카 교회 또한 러·미회사의 지원으로 1825년에 세워진 것
으로 이전까지는 15년 동안 기도소만 존재해 왔다. 교회의 내부는 아
름답게 채색이 되었고, 성물이나 성상화 등이 잘 갖추어져 있었다. 주
목할 점은 러·미회사의 지원으로 사제는 충분한 봉급을 받고 있었고,
교회 인력들 또한 나쁘지 않게 생활을 하고 있었다. 뿐만 아니라 러·
미회사에 속한 숙소 외에 난방과 전기까지 지원을 받고 있었다. 방문
당시 원주민 세례자들은 1,500명 정도였고, 알레우트, 크레올, 그리고
일부의 러시아인으로 구성되어 있었다. 다만 1,500베르스타가 넘는 거
리에 걸쳐서 거주를 하고 있는 점이 원주민 정교도들의 영성유지에
어려움으로 작용하고 있었다.[56] 우날라쉬카 교회는 비교적 안정적이
고 무엇보다 원주민 정교도들의 영성이 잘 유지가 되고 있었다. 이는
러·미회사의 지원이 풍족해서만은 결코 아니었다. 원주민 선교에서
풍족한 물질과 사제나 원주민들의 영성과는 비례하지도 않거니와 오

---

55) Там же, c. 134-135. 확보된 자료의 부족으로 베니아미노프 주교의 1차 선교
순례 3단계 오호츠크에서의 행적에 대해서는 생략하기로 한다.
56) Там же, c. 135-138. 베니아미노프 주교가 기록한 또 다른 자료에 보면, 비
슷한 시기 우날라쉬카 교회의 원주민 정교도 수는 총 1,751명으로, 이중 러
시아인과 그 가족이 42명, 크레올 212명, 나머지는 알레우트 1,479명으로 기
록되어 있다(И. Вениаминов, "Записка 〈Состояние православной церкви в
Российской Америке", Б. Пивоваров (Сост.), указ. соч., c. 156 참조).

히려 경우에 따라서는 해로운 요인으로 작용할 수도 있기 때문이다.

베니아미노프 주교는 방문 기간 동안 원주민 어린이들을 위한 실제적인 지시와 조치를 취했다. 그는 앞서 캬댜크 교회 사제에게 그랬던 것처럼, 교회 축일 기간이나 혹은 개인적으로 라도 어린이들을 초대한 후 알레우트어를 아는 사제나 보제가 아이들에게 정교도로서의 의무나 규칙을 가르치도록 지시했다. 또한 예배나 슬라브어로 된 복음서를 읽고 난 이후나 재계(齋戒) 이후에는 반드시 복음서나 교리문답서를 읽어 줄 것을 지시했다.[57] 우날라쉬카 교회의 외적, 영적인 발전의 주요 요인은 사실상 약 20년에 걸친 베니아미노프 주교의 위와 같은 지속적인 관심과 노력 속에서 찾아볼 수 있을 것이다. 물질적인 측면은 러시아 정부와 특히 러·미회사의 지원에 힘입은 바 크다. 하지만 베니아미노프 주교의 헌신적인 노력과 지속적인 관심 덕분에 우날라쉬카 교회의 원주민 정교도들은 회개와 예배생활을 꾸준하게 유지해 나갔다. 특히 베니아미노프에 의해 자신들의 언어로 번역된 성서를 아주 열심히 읽고자 했고, 글을 모르는 경우는 글을 배워서까지 번역 성서를 읽고자 했다. 또한 원주민들의 영성이 높아지자 원주민 공동체 내에서는 범죄나 죄행 등도 거의 사라져 갔다. 토착화와 원주민의 언어를 기반으로 한 인내심있는 선교활동이 얻어 낸 결과물이라 할 수 있을 것이다.

베니아미노프의 선교순례는 계속되었다. 1842년 7월 5일 저녁 6시, 베니아미노프 주교 일행은 성 게오르기섬에 도착했다. 닻을 내린 직후 베니아미노프는 다수의 알레우트 정교도들과 예배를 올렸고, 그들에게 경건함에 대한 설교와 복음에 대한 확신을 심어주었다. 이튿날일 7월 7일 아침에 베니아미노프 주교는 성 게오르기섬을 떠났고, 다음 날인 7월 8일 아침 무렵에 성 파벨섬에 도착했다. 성 게오르기섬과

---

57) Там же, с. 139.

성 파벨섬에는 교회는 없었고, 대신 러·미회사의 지원으로 세워진 기도소만 기능을 하고 있었다. 그럼에도 두 섬 원주민들의 정교신앙에 대한 열정은 낮지 않은 수준을 유지하고 있었다. 특히 성 파벨섬 원주민들의 경우 열렬한 환영 속에 베니아미노프 일행을 맞이해주었을 뿐만 아니라, 감격의 웃음과 눈물 속에 베니아미노프 주교를 동행하며 여기저기 안내와 소개를 했다. 그들은 또한 베니아미노프가 떠나기 전에는 자신들이 직접 봉급을 줄 용의가 있으니 사제를 직접 파송해 달라고 까지 요청을 했다.[58] 비록 선교 인력의 부족으로 부족한 측면들이 곳곳에서 노출되고는 있으나 정교신앙에 대한 원주민들의 관심과 열의만큼은 가는 곳마다 뜨거웠다. 토착화에 바탕을 두고 1820년대 초부터 시작되어 온 베니아미노프 주교의 원주민 선교가 비로소 결실을 맺어가는 대목 중의 하나라 할 수 있을 것이다.

1842년 7월 9일 아침, 베니아미노프는 아트하섬을 향해 다시 닻을 올렸다. 다행히 바다는 잠잠했고 바람은 순풍이 불었다. 7월 14일 아침 8시에 아트하섬 항구에 닻을 내린 베니아미노프 주교는 원주민 정교도들과 예배를 올렸다. 아트하섬의 교회 또한 1830년에 러·미회사의 지원으로 건립된 것으로 비교적 상태가 양호하게 보존되어 있었다. 종과 교회 운영 도구들의 경우는 보수가 필요하고 보충되어야 할 부분이 있었지만 베니아미노프 주교에 의해 바로 그에 따른 조치 지시가 내려졌다. 교회 인력은 사제 1인과 교회 봉사자 2인이었는데 모두가 현지 출생자들이었다. 이곳의 교회를 비롯한 인력 모두가 러·미회사의 지원을 받고 있었고, 사제의 경우 봉급 외에 숙소와 난방, 전기, 그리고 도우미까지 제공받았다.[59] 이후 아트하섬에서 10일 간 체류하며 베니아미노프는 교회와 원주민들의 영적 상황을 살폈다. 베니아미노프 주교는 앞선 교회들에서처럼 원주민 성인들의 영적 성장과

---

58) Там же, с. 139-141.
59) Там же, с. 141-142.

어린 아이들의 정교신앙 전달에 큰 관심을 두었다. 베니아미노프는 독서용으로 성서를 알레우트어로 번역하고, 먼 지역의 교회에 보낼 용도로 알레우트어로 된 기도서를 만들도록 현지 교회 사제에게 지시를 내렸다. 뿐만 아니라 축일이나 축제 기간 동안에는 어린아이들을 초청하여 정교도로서의 의무나 규칙 등을 가르치도록 지시를 내리기도 했다.[60] 베니아미노프 주교가 관심을 쏟은 것은 여기에 그치지 않는다. 그는 현지 교회 사제들이 사역현장에서 높은 영성을 유지하고, 또 제대로 교육받은 사제로서 현장에서 사역을 해 나갈 수 있도록 정교회 지도부와 상의하여 다양한 조치를 취하기도 했다.

3. 시베리아-극동 선교활동(1, 2차 선교순례)

1) 1차 선교순례(캄차트카, 오호츠크 중심)

1840년 12월에 캄차트카 주교구가 설립된 이후, 1820년대부터 알래스카 원주민 선교를 주도해 온 베니아미노프는 이제 사제가 아닌 고위성직자, 즉 주교로서 알래스카 선교를 이끌어 왔다. 이때까지 캄차트카 주교구의 중심인 주교구청은 알래스카 최남단에 있는 시트카섬(노보-아르한겔스크)에 위치하고 있었고, 자연스럽게 베니아미노프 주교의 주요 선교 무대는 시베리아-극동보다는 알래스카에 맞추어져 있었다. 하지만 캄차트카 주교구의 주교구청이 1853년에 극동의 야쿠츠크로 옮겨지게 되면서 베니아미노프 주교의 원주민 선교는 알래스카에서 시베리아-극동으로 더 확장되기 시작했다. 그렇지만 실제적으로 베니아미노프 주교의 시베리아-극동지역 원주민들에 대한 관심과 첫 행보는 1840년대 중반인 1차 선교순례 수행 때부터 이미 실천으로 옮겨지고 있었다는데 주목할 필요가 있다.

여기서 짧게나마 베니아미노프 주교의 시베리아-극동 선교활동의

60) Там же, с. 143.

첫 발이 디뎌지는 순간을 살펴보도록 하자. 1차 선교순례가 진행되던
7월 24일 이른 아침에 베니아미노프 일행은 마침내 아트하섬을 출발
하여 베링해 건너 캄차트카 쪽으로 방향을 잡았다. 그러나 도중에 다
시 한번 악천후와 역풍까지 만나면서 위험고비를 넘겼고, 지체된 끝
에 8월 10일 점심 무렵에서야 베린고프(Берингов)섬에 도착을 했다. 이
곳 섬에는 교회는 없었고, 잘 정돈되어 있는 기도소만 기능을 하고
있었다. 원주민들의 규모는 137명이었는데, 대부분 앞서 거쳐 왔던 아
트하섬 출신의 이주 원주민들이었다. 예배와 설교를 전한 후 베니아
미노프 일행은 8월 12일 오후 3시 경에 다시 캄차드카를 향해 닻을 올
렸다. 캄차트카로 향하는 도중 다시 심한 풍랑을 만났고, 우여곡절 끝
에 8월 18일 저녁 7시 경에 페트로파블로프스크에 도착을 했다. 그날
저녁 캄차트카 구역교구장(благочинный)[61] 프로코피 그로모프(П. Гро
мов)가 선체에 머물고 있던 베니아미노프에게 다녀갔고, 이튿날 이른
아침에는 캄차트카 행정책임자 스트란놀류프스키(Г. Страннолюбский)
가 베니아미노프 주교를 방문하고 서로 인사를 나눴다. 이후 뭍으로
나온 베니아미노프 주교는 그 길로 캄차트카 교회를 방문했고, 많은
참석자들이 함께 한 가운데 감사의 예배를 올렸다.[62] 1차 선교순례
기간 중 캄차트카 주교구청이 있는 시트카에서 시베리아-극동의 캄차
트카까지 이어진 2단계 순례방문은 총 105일에 걸쳐 진행되었다. 이

---

61) 구역교구장은 18세기부터 러시아 정교회 내에서 존재해온 주교 밑의 직책
으로서, 교회와 수도원 등의 성직자들을 감독하는 임무를 맡고있는 성직
자이다(http://www.diam4.npi.msu.su/calendar/ (검색일: 2003.3.21); А.М. Прохор
ов (глав ред.), *Большой энциклопедический словарь* (М., 1998), с. 133
참조).

62) И. Вениаминов, "Миссионерские записки из путевого журнала Иннокен
нтия, епископа Камчатского, Курильского и Алеутского, веденного им
во время первого путешествия его по вверенной ему епархии в 1842 и
1843 годах", Б. Пивоваров (Сост.), указ. соч., с. 144-145.

기간 동안 51일은 항해하는데 할애가 되었고, 총 6,000베르스타가 넘는 거리를 넘나들며 베니아미노프 주교에 의해 순례방문이 수행되었다. 원주민 사역에 대한 확고한 종교적, 신앙적 신념과 인간애가 없었더라면 감히 흉내내기조차 어려운 행보였으리라 생각된다.

2) 2차 선교순례(캄차트가, 오호츠크, 추코트카 중심)

한편 1840년대 중후반인 1846-47년 시기에 베니아미노프 주교의 2차 선교순례가 시베리아·극동지역을 중심으로 수행되었다. 이는 시베리아·극동지역에 대한 베니아미노프 주교의 선교무대가 한 단계 확장되는 계기가 되었다(알래스카 시트카에 캄차트카 주교구청이 위치하고 있던 시기). 2차 선교순례의 주요 선교대상 원주민은 캄차달족(Камчадал), 코랴크족, 축차족, 야쿠트족 등이었다. 2차 선교순례(1846년 9월~1847년 9월) 기간 동안에 베니아미노프 주교는 2개의 성당(собор, 캄차트카 성당, 오호츠크 성당)과 13개 교회, 3개 기도소를 둘러보았다. 1차 선교순례 시기에 있었던 첫 방문 이후에 캄차트카와 오호츠크주에는 2개의 새 교구(приход)[63]가 신설된 바가 있는데, 둘 다 오호츠크주에 위치하고 있다. 2차 선교순례 기간에는 아나드이르스크(Анадырск)에 새롭게 세례를 받은 축차(축치)족들 중심의 3번째 교구가 신설되었다. 뿐만 아니라, 앞선 2개의 교구 내에는 교회가 이미 건립되었고, 이번에 신설된 교구 내에도 새 교회와 기도소가 건립되었다. 전체적으로 첫 방문 이후로 9개의 교회건물(교회-5개, 기도소-4개)이 건축되었고, 특히 기쥐가(Гижига), 우다(Уда), 아얀(Аян) 등의 교회와 기도소들이 자체적으로, 혹은 러·미회사의 지원 하에 새롭게 보수가 되기도 했다. 상황을 보면, 기도소들의 경우 정교도들의 지원으로 건립

---

63) 교구는 교회와 신도공동체를 포함하고 있는 가장 낮은 형태의 교회·행정단위이다(А.М.Прохоров (глав ред.), там же, с. 961; http://www.diam4.npi.msu.su/calendar/ (검색일: 2003.3.21) 참조).

되는 경우가 많았고, 우다 교회를 제외하고는 교회 지원과 교구민들
의 기부금으로 건축되었고, 아얀 교회의 경우는 러·미회사의 지원으
로 건립이 되었다. 우다 교회의 경우는 양초판매대금으로 건립이 되
었고, 아얀 교회의 경우에 은화 700루블이 국고지원 되기도 했다.[64]
베니아미노프 주교의 2차 선교순례 당시 캄차트카주와 오호츠크주
내의 주요 교회 시설 및 선교인력 상황과 물질 지원 상황을 더 살펴
보도록 하자. 베니아미노프 방문 당시 캄차트카주와 오호츠크주 내에
는 3개 교구와 15개 주요 교회가 자리하고 있었는데, 이중 9개 교회는
캄차트카에, 나머지 6개 교회는 오호츠크주에 위치했다. 여기에 사역
인력은 수도사제(протоиерей) 2명, 사제 17명, 보제 2명, 도우미 38명이
활동하고 있었다. 베니아미노프는 방문 기간 동안 사역에 부적절한 2
명의 사제는 해직하거나 대기근무 조치를 취하기도 했다. 반대로 모
범적인 사역을 해 오고 있는 캄차트카 성당의 로기노프(Г. Логинов)
사제와 아나드이르 교회의 베레샤긴(Р. Верещагин) 사제, 수도사제 중
베니아미노프(С. Вениаминов) 등의 경우는 큰 칭찬과 격려를 통해 사
역활동에 힘을 실어 주기도 했다.[65] 베니아미노프 주교는 교구민들의
신앙과 영성활동에 가장 직접적인 영향을 미치는 부류가 바로 사제
직이라고 보았다. 따라서 부적합한 사역자의 경우 과감히 시정조치를
취했던 것이다. 사제를 포함한 교회 인력의 숙소들 또한 대부분 기쥐
가 교회를 제외하고는 국고지원을 받고 있었다. 즉 페트로파블로프스
크에 있는 숙소들은 신성종무원의 지원으로 구입된 것이었고, 그 외
지역들에 있는 숙소들은 일부는 교회 지원, 일부는 교구민들의 지원

---

64) И. Вениаминов, "Миссионерские записки из путевого журнала Иннокен
   нтия, епископа Камчатского, Курильского и Алеутского, веденного им
   во второе путешествие его по Камчатке и Охотской области в 1846 и
   1847 годах", Б. Пивоваров (Сост.), указ. соч., с. 146-147.
65) Там же, с. 148-150.

으로 건립 혹은 구입된 것들이 대부분이었다. 아얀에 있는 숙소의 경우 러·미회사의 지원을 받고 있었고, 봉급 또한 넉넉하게 받고 있었다(은화 780루블).[66] 베니아미노프 주교의 선교순례 기록에서 언급된 내용들만 보더라도 알래스카나 시베리아-극동 지역 원주민 선교활동에서 물질적인 부분은 대부분 국고나 특히 러·미회사의 지원이 절대적이었음을 알 수 있다. 즉 교구 내의 교회 및 기도소(성물, 성상화, 종 등), 숙소(난방, 전기 등) 등의 운영비와 사제 및 기타 사역자들의 봉급 등이 이에 해당된다고 할 수 있다. 하지만 그러한 물질적인 지원 조건과 선교사역의 열매가 반드시 비례하는 것은 아니었다. 앞서 언급한 알타이 지역의 마카리 글루하료프, 일본지역의 니콜라이 카사트킨의 경우도 그러했듯이, 본 논문의 베니아미노프 주교의 사례를 보더라도 세례를 받고 영성있는 진정한 원주민 정교도를 배양해 내기까지는 선교사 그 자체의 엄청난 인내와 노력, 그리고 헌신이 투입되었음을 알 수 있다. 이는 국가-정치적인 성격의 선교활동 속에서도 사역자만큼은 비국가-정치적인 성격의 헌신이 더 우선함을 보여주는 좋은 사례라 할 수 있을 것이다.

시베리아-극동의 원주민들에 대한 2차 선교순례 당시 베니아미노프 주교가 가장 많은 관심을 기울인 것은 캄차달족, 코랴크족과 축차족, 야쿠트족이었다. 이들은 오랫동안 러시아인들에게 대해서 적대적인 반응을 보여왔기 때문이었다. 이는 과거 러시아 정부의 시베리아 개척 과정에서 러시아 정부와 원주민들과의 만남 속에서 그 원인을 추적해 볼 수 있다. 1580년대 예르마크에 의해 시작된 시베리아 동진 정책은 승승장구하며 아무르강 연안으로 까지 이어졌다. 하지만 알바진 요새를 둘러싼 청과의 충돌(1685)로 러시아의 아무르 진출은 실패로 끝났고, 결국 네르친스크 조약(1689)으로 러시아의 아무르 진출은

---

66) Там же, с. 151.

19세기 중엽 아이훈 조약(1858)과 북경조약(1860)이 체결 될 때까지 발
이 묶이게 되었다. 아무르 진출이 어렵게 된 러시아 정부는 캄차달족,
코랴크족에게 모피와 상아 등을 징수하며 캄차트카와 추코트카 방면
으로 진출을 시도했다. 캄차트카의 식민진출은 1687-99년에 걸친 아틀
라소프(В.В. Атласов)의 원정탐험으로 시작되었는데, 반세기에 걸쳐
러시아들은 잔인함과 약탈성을 보여주었다. 한편으로 캄차트카의 완
전한 식민화와 알래스카 진출에 있어서 큰 장애가 되고 있던 추코트
카의 축차족에 대한 원정도 이어졌다. 결국 캄차트카 반도는 1789년
에 평정되었지만 축차족들은 완고하게 러시아 정교신앙을 거부했으
며,[67] 1862년까지도 인구수가 파악되지 않았고, 여전히 야삭납세의무
를 지고 제국신민 서약을 하지 않은 채 남아있었다.[68] 축차족의 러시
아 지배에 대한 당당함의 배경에는 나름의 원인이 있다. 그들은 18세
기 말부터 충돌보다는 러시아인과 알래스카 원주민사이의 모피중개
자로서 역할을 했고, 러시아인과 혼인관계를 맺어오기 시작했다. 또
한때 인구수에 있어서 러시아인들을 압도했던 축차족에게 식량공급
을 의지할 수밖에 없었던 러시아인들로서는 축차족과의 원만한 상호
관계를 유지하지 않을 수 없었고, 이는 북동시베리아에서 축차족들의
헤게모니를 증가시켜 주는 요인으로 한때 작용하기도 했었다.[69] 여기
에 한때 가장 인구 규모가 큰 야쿠트족의 경우도 러시아인들에 대해
비우호적인 태도를 취해오고 있었다.[70] 이는 러시아인들이 야쿠트족
과의 만남에서 야삭 징수를 목적으로 야쿠트족의 인구수에 먼저 관
심을 보이는 등 야쿠트족을 선교의 대상으로 보다는 야삭 납부자로

---

67) J.J. Stephan, *The Russian Far East: A History* (California: Stanford Univ. Press, 1994),
    p. 24.
68) М.А. Тырылгин, *Истоки феноменальной жизнеспособности народа Сах
    а* (Якутск, 2000), p. 45.
69) A.A. Znamenski, op. cit., pp. 141-144.
70) J.J. Stephan, op. cit., p. 22.

보려는 경향이 존재해 왔기 때문이다.[71] 하지만 베니아미노프 주교의
이들 원주민들에 대한 지속적인 관심과 헌신은 점차 결실로 이어졌
다. 1846-47년 캄차트카와 오호츠크, 추코트카 지역의 선교순례 과정
에서 베니아미노프 주교는 코랴크족이 더디게 정교신앙을 받아들일
뿐 퉁구스족, 축차족, 심지어 야쿠트족까지도 개종을 받아들이고 있
음을 확인했다. 또한 원주민 세례자들의 이교적인 샤반행위도 사라져
가고 있음을 확인할 수 있었다.[72] 또한 비록 세례와 개종 성과는 아
직은 미약했지만 오랫동안 러시아인과 러시아적인 것에 적대관계에
있던 코랴크족과 축차족들의 마음에도 정교신앙을 불어넣는 한편, 유
목민인 올류토레츠족과의 끊임없는 접촉을 통해서 샤만들로부터 세
례와 개종 약속을 받아 내는데 성공했다.[73] 베니아미노프 주교의 노
력으로 1851년 경에는 2,940명의 축차족에게 세례가 주어졌고,[74] 1871
년에는 최초의 축차족 선교부가 조직되었고, 이를 중심으로 1870-80년
대에는 디오니시(Дионисий, 1873-83)와 아나톨리, 아가판겔 같은 사제
들은 688명의 축차족에게 세례를 베풀었다.[75] 이후 1870년대부터 19세
기말까지 이 지역에서 17,500명이상의 원주민들이 개종을 했으며, 1899

---

71) М.А. Тырылгин, указ. соч., с. 42. 야삭은 15-20세기 볼가강 연안과 시베리
   아의 비러시아계 민족들에 부과되었던 현물세이다.
72) И. Вениаминов, "Миссионерские записки из путевого журнала Иннокен
   нтия, епископа Камчатского, Курильского и Алеутского, веденного им
   во второе путешествие его по Камчатке и Охотской области в 1846 и
   1847 годах", Б. Пивоваров (Сост.), указ. соч., с. 152.
73) Вера. Глушкова, указ. соч., с. 382.
74) А.А. Znamenski, op. cit., p. 159.
75) Ibid., pp. 167-168. 러시아인과 축차족의 관계가 남달랐던 만큼 축차족의 개
   종과정과 그 결과에 대해서는 일부 회의적인 시각도 있다. 축차족이 개종
   을 받아들이는 데에는 두 가지 목적, 즉 1) 개종은 러시아인과의 상업관계,
   다시 말해 전통적인 상호관계의 표현이었으며, 2) 축차족은 흔히 개종 시
   에 주어지는 선물(설탕, 담배, 옷, 금속제 생활용구 등)을 받는데 있었다는
   것이다.

년 한 해 동안에만 626명의 원주민들이 세례를 받았다.[76] 이렇게 시베
리아-극동의 북동부지역에서 코랴크족, 축차족들에 대한 선교가 성공
적으로 지속되어 나갈 수 있었던 요인 중의 하나는 1860년대 말 베니
아미노프 주교가 성-페테르부르그로 복귀한 이후에도 '모스크바정교
회선교협회'를 통해서 시베리아-극동의 원주민 선교에 지속적으로 관
심과 지원을 쏟았기 때문이었다.

IV. 베니아미노프(대주교)의 시베리아-극동 선교 (야쿠츠크 및 블라고베쉔스크 대주교구청 시기: 1853-68)

1. 야쿠트족 선교에서 나타나는 베니아미노프 선교의 성격과 재원조달체계

1850년에 베니아미노프 주교는 대주교에 서임되었다. 이는 베니아
미노프 주교의 알래스카 및 시베리아-극동 원주민 선교의 눈부신 공
로가 정교회 지도부와 러시아 정부에 의해 받아들여지고 인정받았음
을 의미하는 것이기도 했다. 이후 1853년에 캄차트카 주교구의 중심
인 주교구청은 알래스카 시트카에서 시베리아-극동의 북동부에 있는
야쿠츠크로 이전되었다. 이는 시베리아-극동 북동부에서 가장 규모가
큰 야쿠트족과 주변의 원주민들에 체계적이고 본격적인 선교활동을
알리는 결정적인 계기가 되었다.

1853년, 야쿠츠크(현재 러시아 야쿠티아(사하) 공화국 수도)로 대주
교구청이 이전되어 온 이후에도, 그리고 더 높은 지위에 올랐음에도

---

76) 1900년 경 캄차트카 주교구는 선교지구 24개 , 사제 17명, 전도사 17명, 학생
500명, 교구학교 23개를 보유하게 되었다.

베니아미노프 대주교의 원주민 선교에 대한 열정은 식을 줄을 몰랐다. 오히려 그는 더 높아진 지위를 이용하여 더 체계적으로, 러시아 정부 및 정교회 지도부와의 연계를 통해 더 많은 지원을 확보하여 원주민 선교현장에 쏟아 붓고자 몸부림 쳤다. 10년에 걸친 야쿠츠크 체류와 선교활동에는 바로 베니아미노프의 이민족 선교의 성격과 특성, 그리고 선교활동에 중요하게 작용했던 재원조달체계가 잘 반영되어 있다. 이하에서 10년에 걸친 그의 헌신적인 야쿠트족 선교를 살펴보도록 하자.

베니아미노프 대주교는 부임 직후 야쿠트족을 상대로 한 선교활동에 집중했다. 또한 그는 한편으로는 아무르강(흑룡강)과 제야강(아무르강 지류) 유역의 골드족과 길랴크족 내에도 선교지구를 열어 놓으며 선교의 영역을 확대해 나갔다. 베니아미노프 대주교의 아방가르드식 선교활동에 1856년에는 신성종무원(Святейший Правительствующий Синод) 또한 아무르 지역의 이민족(원주민 포함)에 대한 공개적인 정교회 선교를 공식 허가했다.[77] 야쿠트족에 대한 베니아미노프 대주교의 선교방식은 과거 1820-30년대 그 자신이 알래스카 원주민을 상대로 취했던 방식과 동일했다. 가장 규모가 큰 야쿠트족의 경우 러시아 정부의 시베리아 진출 과정에서 결정적인 역할을 할 정도로 야쿠트족의 위상은 컸었다. 가령, 18세기 초반 베링의 캄차트카 탐험대의 활동시기에는 야쿠트족의 많은 식량과 인력, 말들이 동원되었고, 캄차트카로 들어가는 정교회 선교사들을 이송시켰으며, 오호츠크로 들어가는 관리나 유형자, 제염공장 건축설비 등을 운송했다. 또한 18세기

---

77) 『Миссионер』, No. 6 (1874), с. 63-67. 「Миссионерская деятельность между корейцами в Камчатской епархии в 1872г.」; П. Ивановский, "Краткий очерк развития миссионерского дела среди корейцев Южно-уссурийского края", Д. Поздняев(Сост.), *История российской духовной миссии в Корее* (сборник статей) (М., 1999), с. 125.

[그림 1] 베니아미노프 대주교가 야쿠츠크 대주교 구청 종무국에 보낸 1851.5.29.일자 업무지시서

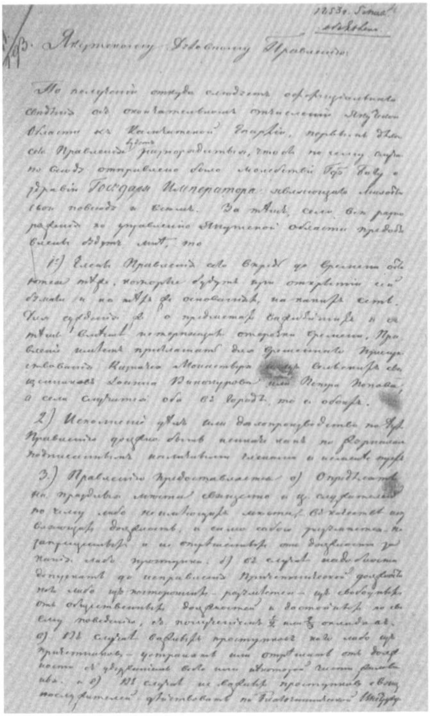
Якутскому Духовному Правлению

중반부터는 알래스카로 들어가는 러·미회사의 산업가와 상인, 상품과 화물 등을 운송하기도 했었다.[78] 따라서 베니아미노프 대주교는 야쿠어로 된 성서 번역과 이를 통한 체계적인 정교신앙 전달과 토착화에 바탕을 둔 선교만이 가장 규모가 크고 자존심이 강한 야쿠트족을 확실하게 정교신앙으로 이끌 수 있다고 보았다.

하지만 상황은 녹록치 않았다. 1840년대 중반에 2차 선교순례 시에 베니아미노프와 야쿠트족과의 만남은 이미 있었다. 선물과 야삭면제 혜택으로 개종된 측면이 컸던 야쿠트족은 사제들의 드문 방문으로 인해서 여전히 정교교리 지식은 낮은 수준에 머물러 있었다. 또한 여전히 이교신앙과 관습들을 유지해 오고 있는 부분이 삶 곳곳에서 확인되고 있었다.[79] 이는 1820년대에 들어 변화된 선교정책에서 기인된 것이었다. 즉 제국의 변방을 공고히 하기 위해서 러시아 정부는 원주민들의 진정한 기독교화에 관심을 갖게 되었고, 강제적인

78) М.А. Тырылгин, указ. соч., с. 260-268.

79) Сергий, епископ Новосибирского и Бердского (под ред.), указ. соч., с. 267.

개종과 18세기 말의 관용적인 기독교화 정책은 폐지되었다. 대신 개
종은 설득과 경제적인 이익에 따라 행해졌고, 1826년부터는 공식적으
로 새로운 개종자들에게 3년간의 세금 및 야삭면제 혜택이 주어졌
다.[80] 따라서 베니아미노프 대주교는 근본적으로 야쿠트족의 마음을
움직일 수 있는 선교방식을 적용하고자 했다. 베니아미노프 대주교는
우선적으로 각 지역 교구사역자의 기강을 바로 집는 제제정비작업에
착수했다. 그는 만약 사역자가 중요한 범죄에 연루가 되거나 죄행을
하는 경우에는 해직시키거나 봉급 감봉 조치를 취하도록 야쿠츠크
대주교구청 종무국(Якутское Духовное Управление)에 지시했다.[81] 반
대로 사제로서 모범을 보이고 근속해 온 경우에는 감사장을 주어 사
기를 북돋아 주었고,[82] 이를 통해 각 일선 사역 현장의 분위기를 쇄신
하고, 야쿠츠크 사역 초기에 필요한 사역 현장 인력들로부터의 지지
와 신뢰를 확보해 나갔다. 이와 더불어 베니아미노프 대주교는 교회
와 기도소 건축에 따른 체계와 원칙을 세우는 데에도 심혈을 기울였
다. 그는 무분별하고 원칙없는 예산집행으로 재정이 낭비되지 않도록
했고, 또한 사역의 혼선을 막고자했다. 그는 기도소의 위치와 형태,
크기와 넓이, 기도소 간의 거리, 기도소 내외부 재질과 재료, 기도소
내부에 필요한 성물의 종류와 구입, 교구민의 기부 방법 등에까지 세
심하게 고민하고 지정을 했다. 그는 또한 종무국의 허가없이 함부로
기도소를 세우거나 개증축을 할 수 없도록 지시를 했으며, 본인(대주
교) 부재 시에는 야쿠츠크 대주교청 종무국에 위임을 했다. 이외에도

---

80) A.A. Znamenski, op. cit., p. 4.
81) НАРС(Я)(사하(야쿠티야)공화국 국립기록보존소), Ф.225, Оп.1, Д.1409,
   Л.16-1606. 「베니아미노프 대주교가 야쿠츠크 대주교구청 종무국에 보낸
   1851.5. 29일자 업무지시서」.
82) Там же, Д.1470, Л.1-7. 「베니아미노프 대주교가 야쿠츠크 대주교구청 종무
   국에 보낸 1854.1.28일자 / 1854.9.28일자 / 1854.?.?일자 / 1854.10.15일자 /
   1854.?.?일자 / 1855.4.5일자 / 1855.?.?일자 근속사제 치하요청서」.

기도소 건축 전후에 있게 되는 여러 가지 절차에 대해서도 규정을 함
으로써 사역 현장에서의 체계를 바로세우고자 했다.[83] 베니아미노프
대주교가 가장 관심을 기울인 것 중의 하나는 알래스카에서처럼 제
대로 된 정교 교리를 배울 기회를 갖지 못해왔거나 이해가 낮은 유소
년 및 성인을 대상으로 한 정교신앙 및 교리학습이었다. 베니아미노
프 대주교는 교구 사제들로 하여금 예배가 없는 시간대를 선택하여
일주일에 한번, 남녀 유소년이나 성인을 상대로 가장 기초적인 단계
부터 교육을 시킬 것을 야쿠츠크 대주교청 종무국에 지시했다. 이를
통해 야쿠트족들에 대한 정교신앙 및 교리학습, 정교도로서의 의무와
규칙 이행 등에 관한 교육을 강화해 나가는데 힘을 썼다.[84] 그러나
교구와 각 교회의 운영을 감독하고 지시해 나가는데 있어서 가장 큰
어려움은 재정확보 문제였다. 따라서 부족한 교회 및 기도소 운영자
금을 확보하기 위해서 각 교구의 사제들이 각자의 책임과 재량 하에
교회 양초 판매를 허락하기도 했다. 다만 투명한 관리가 이루어지도
록 구역교구장이 반드시 관리 책임을 지도록 지시하기도 했다.[85] 알
래스카에서의 경우, 사제의 봉급에서 숙소, 난방 및 전기 등, 러·미회
사의 지원이 늘 뒤따랐던 것에 비하면 격세지감을 느낄 수 있는 대목
이라 할 수 있다.

야쿠츠크 대주교구청의 최고 수장이자 선교책임자로서 베니아미
노프가 야쿠츠크 체류 10년 동안 가장 역점을 두었던 것은 단연 토착
화를 통한 세례와 개종 정책이었다. 이는 다름 아닌 야쿠트어로 된
성서와 복음서, 교리문답 등의 번역서를 제작하여 야쿠트족에게 보급

---

83) Там же, Д.1585, Л.1-4. 「베니아미노프 대주교가 야쿠츠크 대주교구청 종무
국에 보낸 1855.5.6일자 업무지시서」.

84) Там же, Д.1579, Л.1-2. 「베니아미노프 대주교가 야쿠츠크 대주교구청 종무
국에 보낸 1855.4.18일자 업무지시서」.

85) Там же, Д.1585, Л.406. 「베니아미노프 대주교가 야쿠츠크 대주교구청 종무
국에 보낸 1855.5.6일자 업무지시서」.

하고, 진정한 의미의 정
교도인을 배출해 내는
데 그 핵심이 있었다.
과거 비잔틴제국의 선
교전통이자 베니아미노
프 대주교가 1820년대
알래스카 선교 시기부
터 적용해 왔던 원주민
토착화 선교의 대 원칙
이자 베니아미노프 선

[그림 2] 18C초에 건축된 야쿠츠크 성삼위일체 성당

출처: www.ya-online.ru

교의 정신이라고 할 수 있을 것이다. 베니아니노프 대주교는 야쿠트
어로 된 성서와 복음서, 교리문답 등의 번역과 인쇄, 출판에 따른 재
정지원을 고려해 줄 것을 신성종무원에 요청을 했고,[86] 이와 관련된
업무 처리가 빨리 이루어질 수 있도록 반복적으로 신성종무원에 요
청했다.[87] 베니아미노프 대주교는 해당 분야에 누구보다 경험이 많은
인물이었다. 따라서 관망하는 자세가 아닌 실무자의 입장에서 야쿠트
어 번역 성서물이 신성종무원 출판국에서 출간되는 문제를 신성종무
원과 논의해 나갔고, 심지어 러시아어 자모에 없는 야쿠트어 알파벳
은 과거 알레우트어로 번역하던 때에 사용되었던 특수문자를 사용하
는 것에 대한 논의까지도 직접 관여해서 주도해 나갔다.[88] 번역 인력
으로 프로토포포프 예프세비(E. Протопопов) 수도사제를 책임자로 한
총 16명의 번역위원회가 구성되었고,[89] 이를 중심으로 야쿠트어로 된

---

86) Там же, Д.1447, Л.3-3об. 「베니아미노프 대주교가 신성종무원에 보낸
    1853.10.4일자 보고서」.
87) Там же, Л.10-10об. 「베니아미노프 대주교가 신성종무원에 보낸 1855.1.16일
    자 보고서」.
88) Там же, Л.11-12. 「베니아미노프 대주교가 신성종무원에 보낸 1854.3.10일자
    보고서」.

성서 번역 사업이 다른 업무들과 맞물려 동시에 추진되어 나갔다.

베니아미노프 대주교는 야쿠트어 성서 번역 및 출판 문제를 계속해서 신성종무원 및 야쿠츠크 대주교구청 종무국과 계속 협의해 나갔다. 앞서 언급했듯이, 야쿠트어로 된 정교신앙 성서물과 관련 서적들을 출판하는 일은 이민족(원주민) 선교에서 가장 핵심적인 사업이었다. 서방 카톨릭의 선교방식과는 구별되는 차이점 중의 하나로, 그는 야쿠트족에게 정교신앙을 확실하게 심어주는 것이 중요하다고 보았고, 이는 10년에 걸쳐 야쿠트어 성서 번역사업으로 실현되어 나갔다. 베니아미노프는 끊임없이 신성종무원에 성서 번역과 인쇄에 따른 지원을 요청했으며, 사업이 지체되는 일이 없도록 계속해서 확인 및 요청하는 과정을 밟아나갔다. 즉 야쿠트어로 번역할 때 발생하는 적절한 알파벳이나 표현의 부재에 따른 어려움, 교정과 출판문제 등에 대해서, 그리고 그에 따른 대안 제시 등의 모든 사안에 대해서 본인이 관여하며 정교회 지도부와의 협의 하에 사업을 추진해 나갔던 것이다.[90] 물론 모든 출판 비용을 일방적으로 신청만 한 것은 아니었다. 경우에 따라서는 자체적으로 자금을 마련하여 중앙재정의 부담을 덜어주는 노력도 아끼지 않았다. 1855년도 성서출판사업 과정에서도 많은 기부금이 갹출되었고, 기부자들의 명단과 금액을 야쿠츠크 대주교청 종무국에서 투명하게 관리 및 집행하도록 지시를 하기도 했다.[91]

---

89) Там же, Л.6-606. 「베니아미노프 대주교가 야쿠츠크 대주교구청 종무국에 보낸 1855.4.12일자 업무지시서 및 명령서」. 번역위원회는 수도사제 1명, 사제 14명, 보제 1명으로 구성되었고, 사제들의 경우 각 지역의 교구에서 차출되어 온 인력들이다.

90) Там же, Л.18-20. 「베니아미노프 대주교가 신성종무원에 보낸 1857.1.9일자 보고서」.

91) Там же, Л.21. 「베니아미노프 대주교가 신성종무원에 보낸 1857.1.9일자 보고서」; Там же, Д.1677, Л.2-4. 「베니아미노프 대주교가 야쿠츠크 대주교구청 종무국에 보낸 1855.6.1일자 기부금 내역서」.

베니아미노프 대주교는 재정 운영에서도 항상 투명성과 정직성을 가
장 중요시 했다. 따라서 본인이 직접 예산 책정 및 지출 과정에서 관
여를 했고, 이에 대한 회계처리를 확실하게 정교회 지도부에 알렸
다.[92] 뿐만 아니라 성서 번역에 헌신한 각 지역 교구출신의 번역위원
회의 10명의 사역자(사제)들의 노고를 치하하여 정교회 지도부에 성
안나2급(1명), 성안나3급(3명) 훈장 등을 수여해 줄 것을 요청하기도
했다.[93] 캄차트카 주교구 최고 선교책임자로서 베니아미노프의 일선
사역자들에 대한 인간적인 배려심도 크게 가늠해 볼 수 있는 대목이
라 생각되어 진다.

베니아미노프 대주교의 야쿠트족 선교의 첫 결실은 마침내 1859년
7월 19일에 야쿠츠크 성삼위일체 성당에서 빛을 발했다. 성삼위일체
성당에서 야쿠트어로 최초의 예배가 올려졌고, 이는 야쿠트 선교의
큰 결실이자 이후의 동력으로 작용하여 이후 300,000만 명에 달하는
야쿠트족이 대부분 세례를 받았다.[94] 선교가 결실을 맺어감에 따라
교회와 사제, 신도들의 수도 증가되어 갔다. 캄차트카와 오호츠크 지
역에서는 많은 교회와 기도소가 생겨났는데, 주로 국고 및 러·미회사
의 지원이나 교구민들 노력으로 건립되었다. 한편으로 정교회 지도부
는 교세의 확장과 더불어 성직자의 기강과 일반 러시아인들에 대한
관리에도 관심을 두었다. 이는 일부 러시아인들에 저속한 행동으로
인해 토착민들의 풍속이 훼손되었고, 때로는 그것이 토착민들의 세례
를 방해하는 요인으로 작용한다고 판단했기 때문이다.

---

92) Там же, Д.1447, Л.56-56об. 「베니아미노프 대주교가 작성한 성서 출판 관련
   지출회계서」.

93) Там же, Л.38-38об. 「베니아미노프 대주교가 신성종무원에 보낸 1857.3.15일
   자 보고서」.

94) D.V. Pospielovsky, op. cit., p. 171; П. Смирнов, *История христианской прав
   ославной церкви* (М.: Православная Беседа, 1994), с. 162.

2. 베니아미노프 주교와 한인의 만남

1850년대 말에 이르러 극동의 아무르강과 우수리강 유역의 정치적 상황은 큰 변화를 맞이했다. 170년 전 알바진요새를 둘러싼 갈등의 결과로 청과 체결된 네르친스크 조약(1689)으로 오랫동안 청의 관할 하에 있던 아무르강과 우수리강 유역의 지배권에 변화가 생기기 시작한 것이다. 태평양 진출에 있어서 아무강 유역의 중요성을 인식한 러시아 정부가 마침 영국을 비롯한 서구열강의 침탈과 압박에 질식당해 있던 청을 압박하여 아무르강 유역에 대한 지배권을 확보한 것이다. 국경문제 전권을 위임받은 당시 동시베리아 군사령관지사 무라비요프(Н.Н. Муравьёв-Амурский, 1847-61)는 1858년 5월에 아이훈(Айгунь)에서 아이훈 조약을 통해 아무르강 좌안을 획득했다(연해주는 러시아와 청의 공동소유로 남음). 러시아의 아무르강 유역 확보는 정교회 측에게는 새로운 선교지의 확보를 의미했다. 이때 베니아미노프 대주교는 "정교회는 교회의 건설자인 당신을 결코 잊지 않을 것입니다. 당신은 신의 선택받은 자이며, 끝없이 넓은 아무르강 유역에 수천 개의 교회를 세울 수 있는 가능성과 희망을 주었습니다"[95]라며 아무르 병합 축하기도식에서 무라비요프를 축복하기도 했다. 이후 1860년 11월 2일에 청과 체결된 북경조약으로 러시아 정부는 우수리강 좌안의 연해주를 획득하며 아무르강 및 우수리강 유역의 지배권을 구축하게 되었다.[96]

---

95) И. Вениаминов, "Речь, сказанная в г.Благовещеннске Н.Н.Муравьеву-Амурскому после молебна по поводу присоединения Амурского края", Б. Пивоваров (Сост.), указ. соч.,, с. 314.

96) 이보다 조금 앞선 1853년 아무르강 하류에는 니콜라예프스크(г.Николаевск) 요새(군항)가 세워졌고, 1858년에는 하바로프카항(현재의 하바로프스크), 1860년에는 블라디보스톡항이 건설되었다. 이는 러시아가 아무르강과 우수리강 유역을 포함한 극동에 대한 세속적, 종교적 지배를 할 수 있는 토대를 확보했음을 의미하는 것이기도 했다. 새롭게 병합된 영토는 종교적

한편 10년에 걸쳐 야쿠츠크에 위치하고 있는 캄차트카 주교구의 야쿠츠크 대주교구청이 1862년에 아무르주 블라고베쉔스크(Благовеще нск)로 이전되었다. 대주교구청의 블라고베쉔스크 이전은 베니아미노프 대주교와 아무르강 및 우수리강 유역의 이주 한인들과도 만남을 예고하는 것이었다. 극동 지방정부와 정교회 지도부는 유입되어 들어오는 한인들에 주목했다. 극동 지방정부는 아직은 비어있는 극동지역의 식민개발을 염두에 두면서 한인들의 유입을 허용했으며, 한편으로는 정교회를 통한 한인들의 기독교화 및 러시아화도 관심을 기울이기 시작했다. 기록을 보면 베니아미노프 대주교는 이미 1860년도 무렵부터는 야쿠츠크가 아닌 아무르주(수도-블라고베쉔스크)로 대주교로서의 업무를 옮겨가고 있었던 것으로 보인다. 1860년, 신성종무원은 야쿠츠크를 중심으로 한 이민족 선교에 파벨(Павел) 주교를 임명했고, 주교로서의 의무와 권리, 특히 대주교(베니아미노프)에 대한 순종과 협조 사항 등에 대한 지시를 내리고 있기 때문이다. 또한 베니아미노프 대주교 역시 파벨 주교 임명 소식 관련 추가적인 업무보고를 신성종무원에 보냈는데,[97] 이때 발송지가 야쿠츠크가 아닌 이르쿠츠크로 되어 있는 것으로 보아 어느 정도 추측을 가능하게 해주고 있다.

시기야 어찌되었든, 1860년대 들어서부터 베니아미노프 대주교의 선교무대가 아무르강과 우수리강 유역으로 확대된 것만은 분명한 사실이다. 1862년부터는 대주교구청이 블라고베쉔스크로 이전되어 오기 때문이다. 1856년 신성종무원에 의해 아무르강과 우수리강 유역의 이민족들에 대한 공개적인 정교회 선교활동이 허가된 이후, 베니아미노

으로는 1840년 신설된 캄차트카 주교구의 관할 하에 편입되었고, 1860년대 초부터 이주해 오기 시작한 한인들 또한 정치적, 종교적으로 청이 아닌 러시아 정부와 정교회 지도부의 영향권 하에 놓이게 되었다.
97) НАРС(Я), Ф.227, Оп.3, Д.7, Л.10-11об. 「신성종무원이 야쿠츠크 주교 겸 캄차트카 주교구 보좌주교에게 보낸 주교직 권리 및 의무안」; Там же, Л.11об. 「베니아미노프 대주교가 신성종무원에 보낸 1860.3.11일자 보고서」.

프 대주교 또한 1860년대 초부터 연해주에 들어 와 노브고로드만 주
변에 보금자리를 틀기 시작한 한인들에게 관심을 쏟기 시작했다. 최
초의 선교사는 발레리안(Валериан, 1865-70) 수도사였는데, 그는 새롭
게 개종된 한인 정교도들을 위해서 포시에트(Посьет) 지구에 최초의
기도소를 세웠다. 그 외 자하리 티아프킨(З. Тиапкин)과 티혼(Тихон,
1871)수도사, 요안 베레샤긴(И. Верещагин, 1871-73) 주임사제와 아무르
주 블라고슬로벤노예(Благословенное) 마을의 선교를 책임졌던 요안
곰쟈코프(И. Гомзяков)사제가 그 뒤를 이었다. 또한 열정적인 선교사
였던 바실리 판코프(В. Пьянков, 1871-76)와 요시프 니콜스키(И. Николь
ский, 1872-80), 요안 세치코(И. Сечко, 1876-82) 등이 남우수리스크(지금
의 연해주) 지방의 한인선교를 이끌었고, 나아가 캄차트카 주교구 최
초의 토착민 사제로 우크라이나 출신자였던 필립 티프제프(Ф. Типцев,
1882-85)사제, 일랴 플랴스킨(И. Пляскин), 알렉산드르 노보크쉐노프(А.
Новокшенов) 같은 선교사들이 뒤를 이어 활동했다.[98] 파견 선교사들
의 현장 사역이 이루어지는 데에는 베니아미노프 대주교의 중앙에서
의 역할이 컸다. 그 자신 또한 직접적인 행정책임자들과의 접촉을 통
해 한인선교의 토대를 다지는데 주력했는데, 당시 연해주지사였던 푸
루겔름(И.В. Фуругельм, 1865-71)과의 서신접촉을 통해 우수리강과 한카
호(Ханка) 주변의 교회건립에 큰 기여를 했다. 또한 이미 60세를 넘은
나이에도 불구하고 베니아미노프 대주교는 연해주의 올가와 포시에
트 지구, 블라디보스톡의 방문을 통해 한인을 포함한 이민족 선교의
발판을 다져놓았다.[99] 그의 영향으로 이후 약 10,000명의 한인들이 세

---

98) РГИАДВ, Ф.702, Оп.5, Д.143, Л.64. 「포시에트 지구 한인선교 활동 및 선교
사, 교회건축, 선교지구 설립, 교육발전에 관한 자료」; 『Миссионер』, No. 26
(1874), с. 239-242. 「Миссионерская деятельность между корейцами, перес
елившимися на Амур」.

99) И. Вениаминов, "Письмо Толстому Дмитрию Андреевичу, 3 ноября 1866г.",
Б. Пивоваров (Сост.), указ. соч., с. 346-347.

례를 받았으며,[100] 이는 극동에서 정교도 한인사회가 형성되는데 큰 밑거름으로 작용했다.

제정러시아 외무성 극동문제 전권위원이었던 그라베(B.B. Граве)의 기록에서도 베니아미노프 대주교와 한인의 만남을 기록하고 있다. 그는 보고서에서,

"1863년에 최초로 한인 13가구가 이주해와 노브고로드만 연안의 포시에트 지구의 국유지를 점유하기 시작했다. 교육을 통한 한인선교 활동의 시작은 1860년대로 거슬러 올라가는데, 이르쿠츠크 인노켄티(이후에 모스크바 수좌대주교)[101] 주교가 남우수리스크 지방에 관심을 두면서 부터이다. 그의 노력으로 노브고로드 항구 주변의 한인들이 정교를 받아들였다. 이후 선교지구들도 조직되었고, 현재 9개 선교지구가 활동하고 있으며, 그 덕분에 많은 학교들이 건립되었다....(중략)블라디보스톡 주교구 정교 선교협회 위원회 자료에 따르면, 1910년 경 극동지역 한인 정교도는 10,237명(남자·5,955명, 여자·4,282명)으로 전체 한인의 28.5%를 차지하고 있었다"[102]

고 기록하고 있다. 19세기 중엽에서 20세기 초(러시아 혁명 이전) 시

---

100) D.V. Pospielovsky, op. cit., p. 171.
101) 베니아미노프 대주교의 일반적인 정교식 호칭은 '인노켄티 베니아미노프'이다. 이르쿠츠크 주교구에도 '인노켄티 쿨치츠키(ИннокентийКульчицкий)' 주교가 활동했으나 베니아미노프 대주교보다 생몰시기가 1세기나 앞서 있고, 그라베 또한 보고서에서 이후 모스크바 수좌대주교가 된 인물이라고 괄호 안에 부연하고 있는 것으로 보아 베니아미노프 주교를 지칭하고 있는 것으로 이해될 수가 있다.
102) В.В. Граве, "Китайцы, корейцы и японцы в Приамурье", (Отчёт Уполномоченного Министерства Иностранных Дел В. В. Граве), *Труды командированной по Высочайшему повелению Амурской экспедиции*, Вып. 11 (СПб., 1912), с. 128, 189-191.

기에 극동에서 한인을 상대로 수행되었던 러시아 정교회의 선교활동
은 또 하나의 큰 연구주제이고, 많은 흥미롭고 중요한 역사적 순간을
담은 에피소드를 지니고 있다. 이에 대한 자세한 연구는 이미 필자의
선행연구에서 수행되었기 때문에,[103] 본 글에서 더 이상의 언급은 생
략한다.

V. 맺음말

캄차트카 주교구[104]의 초대 주교이자 알래스카, 시베리아-극동지
역 한인을 포함한 이민족 선교의 영적 지도자 베니아미노프는 1860년
대 말에 평생을 헌신했던 시베리아-극동을 떠났다. 그러나 그것은 베
니아미노프에게 있어서 끝이 아닌 또 다른 시작을 의미하는 것이었
다. 그는 47년 간의 선교사-성직자로서의 유례없는 헌신적 선교활동
과 업적으로 1868년에 모스크바 수좌대주교(1868-79) 직에 승격되었다.
마치 일개 사병으로 입대하여 장군의 반열에 올랐을 때처럼, 그 개인
적으로나 러시아 정교회의 선교 역사적으로나 매우 이례적이고 파격
적인 사건이었다. 1868년에 모스크바 수좌대주교 직에 오른 직후 베

---

103) 19세기 중엽~20세기 러시아 정교회의 극동지역 한인선교활동에 대한 자
　　세한 내용은 「이병조, "러시아 프리아무르 한인사회와 정교회 선교활동
　　(1865-1916)", 한국외국어대학교 일반대학원(사학과) 박사학위논문, 2008」에
　　서 참조할 수 있다.
104) 베니아미노프 이후 캄차트카 주교구는 베니아민(Вениамин)과 마르티니
　　안(M. Муратовский, 1877-85) 같은 주교들에 의해 더욱 강화되었다. 또한
　　1894년 자바이칼 주교구가 설립되면서 아무르주와 연해주에서도 보다 체
　　계화된 선교의 필요성이 제기되었고, 1899년에 캄차트카 주교구는 블라
　　고베쉔스크와 블라디보스톡 주교구로 분리되었다. 이로써 시베리아-극동
　　지역 한인을 포함한 이민족의 영적인 보호와 책임은 자바이칼, 블라고베
　　쉔스크, 블라디보스톡 주교구의 관할 하에 놓이게 되었다.

니아미노프는 '모스크바 정교선교협회'를 이끌었다. 그 직책에서 그
는 1879년 사망할 때까지 알래스카와 시베리아·극동의 이민족 선교에
관심과 열정의 끈을 단 한시도 놓지 않았다. 이러한 열정은 후임 선
교사들에 의해 시베리아·극동의 한인을 포함한 이민족 선교활동 속에
서 계속 이어졌다.

오늘날 베니아미노프는 알타이 지역의 위대한 선교사 마카리 글
루하료프를 능가하는 러시아 정교회 역사상 가장 위대한 성직자·선교
사이자 교파를 초월한 기독교 세계의 이상적이고 모범적인 선교사
중의 한 사람으로 추앙받고 있다. 그의 14개월에 걸친(1842-43/1846-47)
배, 썰매, 도보를 이용한 광활한 주교구 선교순례와 적대관계에 있던
캄차트카 지역의 코랴크족과 축차족들의 세례와 개종활동, 10년 간에
걸친 야쿠트족 사회에서의 세례 및 개종활동, 블라고베쉔스크를 중심
으로 한 극동지역 한인을 포함한 이민족 선교활동은 러시아 정교회
의 선교역사에서 그 유래를 찾아볼 수 없다.

본 글을 마무리 하면서 서두에서 제기되었던 문제들을 다시 상기
해 볼 필요가 있겠다. 우선적으로 제기되었던 베니아미노프 선교의
성격은 단일하게 한 마디로 규정짓기가 쉽지 않다. 다시 말해서, 오랫
동안 러시아 땅에서는 비잔틴제국의 황제교황주의적인 지배체제가
영향을 미쳐왔고, 18세기 초 표트르대제 시기부터는 교회가 국가에
예속화되면서 국가·정치적인 성격의 이민족 선교가 노골적으로 진행
되어 왔기 때문이다. 베니아미노프의 이민족 선교 또한 이러한 근본
적인 틀에서는 크게 자유롭지는 못하다고 여겨진다. 그러나 분명한
것은 그의 선교적 형식은 국가·정치적이었을 지라도 그 선교적 내용
에 있어서는 지극히 비국가·정치적 성격의 선교활동이었다고 인정할
수 있다는 점이다. 즉 베니아미노프는 러시아 정부의 지침을 충실히
따르면서도 선교활동이라는 방법론적 측면에서는 동방정교회의 선교
전통을 충실히 따른 사례라 할 것이다. 물론, 그 선교적 내용 조차도

결국은 국가-정치적인 선교의 한계에서 벗어나지 못한다는 반박이 있을 수 있겠으나 1천년이 넘는 러시아 정교회의 이민족 선교역사에서 그 정도의 헌신성을 보여 준 선교사는 겨우 손 안에 꼽힐 정도다. 가는 곳마다 수행되었던 이민족 언어로 된 성서와 복음서, 교리문답서 보급과 정교신앙 교육, 즉 토착화에 바탕을 둔 선교활동은 누구도 쉽게 흉내내기 힘든 고난과 인내를 필요로 하는 대 작업이었다. 그는 이민족들의 언어와 신앙, 관습, 습관 등에 까지 철저히 연구하고 몸소 체득했고, 그 안에서 그들과 함께하며 기독교의 정신을 불어넣고자 했다. 이민족 사회를 단순히 제국러시아 영역이나 정교도-시민으로, 혹은 문명세계로 이끄는 것이 아닌 우선순위가 아닌, 먼저 이민족을 이해하고 그들의 편에 서서 인간애를 실천하고자 했던 것이라 할 수 있을 것이다. 이 모든 상황들을 고려해 볼 때, 베니아미노프가 펼쳐왔던 이민족 선교는 적어도 내용적인 측면에서 만큼은 짙은 농도의 순수성(복음화, 기독교화, 토착화)이 담겨있는 비국가-정치적인 성격의 행위였다고 보여진다. 베니아미노프의 1차 선교순례(1842-43)에 이은 2차 선교순례(1846-47)는 베니아미노프 이민족 선교활동 중 가장 최고의 절정의 순간 중의 하나가 아니었나 생각한다. 그의 두 차례에 걸친 선교순례는 A.D.30-60년대 소아시아와 주변지역, 그리스를 포함한 발칸반도 등 로마제국 전역을 돌며 기독교 전도여행을 수행했던 초기 기독교 시대의 바울 사도에 어느 정도 비견될 정도로 위대한 발자취였다고 생각된다.

다음으로 베니아미노프 주교의 이민족 선교활동에서 나타나는 당시 이민족 선교의 재원조달체계에 대해 결론을 내려보자. 이 부분 또한 어느 정도 윤곽이 드러났다고 할 수 있다. 기본적으로 당시 러시아 정교회의 선교활동에 따른 재정 및 재원조달은 러시아 정부, 특히 신성종무원이라는 단일 창구를 통해서 이루어졌다. 하지만 알래스카에서의 경우, 주요 재원 조달 창구는 러·미회사였음이 파악되었다.

물론 이 회사가 제정러시아 정부와 밀접한 관계에 있었던 것은 사실이나 제정러시아 정부로부터 독점적인 사업권을 부여받았을 뿐 민간기업이었다는 점은 부인할 수 없다. 알래스카 선교활동 시기에 베니아미노프를 포함한 동역자들과 각지의 정교회 사역자들 모두가 이 회사의 지원 하에 놓여있었고, 그 지원규모나 영향력은 선교활동을 수행해 나가는데 절대적인 수준에 있었음을 확인했다. 그런데 시베리아-극동지역에서의 재원조달체계는 조금은 복합적인 상황으로 나타나고 있다. 주요 재원 조달 창구는 신성종무원이었으나 경우에 따라서는 현지에 있는 종무국(예로, 야쿠츠크 대주교구청 종무국) 자체로부터, 또 적지 않게는 교회나 교구 자체적으로 재원을 조달해 나가야 하는 상황이 적지 않게 발생했기 때문이다. 멀리 떨어져 있는 신성종무원으로부터 재정지원을 받아내는 일은 지속적인 요청과 보고, 여러 단계의 행정처리 단계와 그에 따른 물리적인 시간이 요구되었고, 게다가 항상 풍족한 지원이 뒤따랐던 것 또한 아니었다. 따라서 교회나 교구 자체적으로 양초를 판매하거나 교구민들의 기부금을 통해 교회나 기도소, 교구를 운영해 나가야 하는 상황이 선교와 사역 현장에서는 실제적으로 펼쳐졌기 때문이다. 본 논문에서는 베니아미노프와 한인의 만남 부분에 대해서만 언급이 된 관계로 드러나고 있지는 않지만, 실제로 19세기 중엽부터 20세기 초까지 진행된 러시아 정교회의 극동지역 한인선교에서도 신성종무원의 선교에 배정된 재정은 늘 부족했고, 이는 결과적으로 20세기 초 마지막 시기까지 한인선교의 질을 떨어뜨리는 큰 요인 중의 하나로 작용했었다. 부연하면, 부족한 재정지원은 우수한 사제와 선교인력 충원과 유지를 어렵게 했고, 교회의 부족과 지속적인 영성 관리의 어려움으로 이어졌으며, 이는 결과적으로 한인들의 정교신앙과 교리에 대한 낮은 이해로 이어졌던 것이다(그래서 실제적으로 교회와 학교 건축에 한인사회의 기부금이 큰 역할을 했었음). 베니아미노프 선교활동의 재원 조달은 '러·미회사

-신성종무원(중앙)-종무국(지방)-교회 및 교구(양초 판매 등)-교구민(기
부금)'으로 이어지는 재원조달체계 하에서 수행되었다고 할 수 있을
것이다.

【참고문헌】

1차 자료

〈인노켄티 베니아미노프 저작집: 선교순례 보고서, 서신, 일기, 기행문 등〉

Пивоваров, Б. (Сост.) Избранные труды святителя Иннокентия митрополита Московского, апостола сибири и Америки. М., 1997.

Вениаминов, И. "Записка об островах Уналашкинского отдела: Обшие заме чания об Уналашкинском отделе"

Вениаминов, И. "Миссионерские записки из путевого журнала Иннокеннтия, епископа Камчатского, Курильского и Алеутского, веденного им во время первого путешествия его по вверенной ему епархии в 1842 и 1843 годах".

Вениаминов, И. "Миссионерские записки из путевого журнала Иннокеннтия, епископа Камчатского, Курильского и Алеутского, веденного им во второе путешествие его по Камчатке и Охотской области в 1846 и 1847 годах".

Вениаминов, И. "Письмо Толстому Дмитрию Андреевичу, 20 февраля 1867г.".

Вениаминов, И. "Записка 〈Состояние православной церкви в Российской А мерике〉".

Вениаминов, И. "Речь, сказанная в г.Благовещеннске Н.Н.Муравьеву-Амурс кому после молебна по поводу присоединения Амурского края".

〈사하(야쿠티야)공화국 국립기록보존소(НАРС(Я)) 및 기타 문서 사료〉

НАРС(Я), Ф.225, Оп.1, Д.1409, Л.16-16об. 「베니아미노프가 야쿠츠크 대주교구청 종무국에 보낸 1854.5.29.일자 업무지시서」; Там же, Д.1470, Л.1-7. 「베니아미노프가 야쿠츠크 대주교구청 종무국에 보낸 1854.1.28일자 / 1854.9.28일자 / 1854.?.?일자 / 1854.10.15일자 / 1854.?.?일자 / 1855.4.5일자 / 1855.?.?일자 근속사제 치하요청서」; Там же, Д.1585, Л.1-4. 「베니아미노프가 야쿠츠크 대주교구청 종무국에 보낸 1855.5.6일자 업무지시서」;

Там же, Д.1579, Л.1-2. 「베니아미노프가 야쿠츠크 대주교구청 종무국에
보낸 1855.4.18일자 업무지시서」; Там же, Д.1585, Л.4об. 「베니아미노프
가 야쿠츠크 대주교구청 종무국에 보낸 1855.5.6.일자 업무지시서」; Там
же, Д.1447, Л.3-3об. 「베니아미노프가 신성종무원에 보낸 1853.10.4일자
보고서」; Там же, Л.10-10об. 「베니아미노프가 신성종무원에 보낸
1855.1.16일자 보고서」; Там же, Л.11-12. 「베니아미노프가 신성종무원에
보낸 1854.3.10일자 보고서」; Там же, Л.6-6об. 「베니아미노프가 야쿠츠
크 대주교구청 종무국에 보낸 1855.4.12일자 업무지시서 및 명령서」; Та
м же, Л.18-20. 「베니아미노프가 신성종무원에 보낸 1857.1.9.일자 보고
서」; Там же, Л.21. 「베니아미노프가 신성종무원에 보낸 1857.1.9.일자 보
고서」; Там же, Д.1677, Л.2-4. 「베니아미노프가 야쿠츠크 대주교구청 종
무국에 보낸 1855.6.1일자 기부금 내역서」; Там же, Д.1447, Л.56-56об. 「베
니아미노프가 작성한 성서 출판 관련 지출회계서」; Там же, Л.38-38об.
「베니아미노프가 신성종무원에 보낸 1857.3.15일자 보고서」; Там же,
Ф.227, Оп.3, Д.7, Л.10-11об. 「신성종무원이 야쿠츠크 주교 겸 캄차트카
주교구 보좌주교에게 보낸 주교직 권리 및 의무안」; Там же, Л.11об. 「베
니아미노프가 신성종무원에 보낸 1860.3.11일자 보고서」.
РГИАДВ, Ф.702, Оп.5, Д.143, Л.64. 「포시에트 지구 한인선교 활동 및 선교사, 교
회건축, 선교지구 설립, 교육발전에 관한 자료」.

〈기타 : 단행본, 논문, 신문, 잡지, 보고서 등〉

Граве, В.В. "Китайцы, корейцы и японцы в Приамурье", (Отчёт Уполномоче
нного Министерства Иностранных Дел В. В. Граве), Труды команд
ированной по Высочайшему повелению Амурской экспедиции, Вы
п. 11 (СПб., 1912).

Ивановский, Павел. "Краткий очерк развития миссионерского дела среди
корейцев Южно-уссурийского края", Д. Поздняев (Сост.), История
российской духовной миссии в Корее (сборник статей) (М., 1999).

ГАХК, 『Приамурские Ведомости』, Сшив № 703, № 194, 14 сентября (1897); №
195, 21 сентября (1897); № 196, 28 сентября (1897); № 199, 19 октября
(1897). 「모스크바 수좌대주교 인노켄티 베니아미노프의 생애와 업적」.

『Миссионер』, No. 6 (1874). 「Миссионерская деятельность между корейцами
в Камчатской епархии в 1872г.」.

_____, № 26 (1874). 「Миссионерская деятельность между корейцами, п ереселившимися на Амур」.

"Polnoe sobranie zakonov rossiiskoi imperii s 1649 goda」, Second Series, Vol. 15, No.14073, Basil Dmytryshyn (ed.), Russian American Colonies, 1798-1867: To Siberia and Russian America, Three Centuries of Russian Eastward Expansion, A Documentary Record, Vol. 3 (Oregon Historical Society Press, 1989).

2차 자료

남정우. "동방정교회의 선교역사 연구." 『선교와현장』, 제10집. 서울: 장로회신학 대학교 세계선교연구원, 2005.

랴자노프스키 니콜라이 V. 김현택 옮김. 『러시아의 역사II, 1801-1976』, 까치, 1994.

랴자노프스키 니콜라이 V. 이길주 옮김. 『러시아의 역사 I, 고대-1800』, 까치, 1991.

이병조. "러시아 프리아무르 한인사회와 정교회 선교활동(1865-1916)." 박사학위 논문, 한국외대, 2008.

Глушкова, Вера. Люди и монастыри: Реальные исторические личности-Русс кие Святые. Воронеж, 1997.

Прохоров, А. М. (глав ред.). Большой энциклопедический словарь. М., 1998.

Сергий(еписков), Новосибирского и Бердского(под ред.), Жития Сибирских святых. Новосибирск, 1999.

Смирнов, Пётр. История христианской православной церкви. М.: Правосла вная Беседа, 1994.

Тырылгин, М. А. Истоки феноменальной жизнеспособности народа Саха. Я кутск, 2000.

Федоров, В. А. Русская православная церковь и государство(синодальный период 1700-1917). М., 2003.

Becker Ceymour, "Contributions to a Nationalist Ideology: Histories of Russia in the first half of the Nineteenth Century", Russian History/Histoire Russe, 13-4 (1986).

Pospielovsky, Dmitry V. The Orthodox Church in the History of Russia. New York: St

Vladimir's Seminary Press, 1998.

Stephan, J. J. The Russian Far East: A History. California: Stanford Univ. Press, 1994.

Zemov, N. Eastern Christendom. New York: G. P. Putnam's Sons, 1961.

Znamenski, A. A. Shamanism and Christianity: Native Encounters With Russian Orthodox Missions in Siberia and Alaska 1820-1917. Westport, Connecticut·London: GREENWOOD PRESS, 1999.

Weinermann Eli, "Russification in imperial Russia: The search for homogeneity in the multinational state", Ph.D. diss. Indiana University, 1996.

http://100.daum.net/encyclopedia/view.do?docid=b06r0201a (다음 백과사전, 검색일: 2014.5.5).

http://www.diam4.npi.msu.su/calendar/ (검색일: 2003.3.21).

ABSTRACT

The Study of Missionary Work in the Early-Mid 19th Century(1823-1868), Led by the Russian Orthodox Church for Aborigines(Native People) in Alska and Siberia-the Far East Including the Koreans:
focused on the Missionary Work Carried Out by Bishop Innokenti Veniaminov

The purpose of this study is to examine the missionary work during the 19th century, from 1820 to the late 1860s, carried out by Bishop Innokenti Veniaminov(1797-1879) of the Russian Orthodox Church for immigrants, including Koreans, in Alaska and Siberia and Far East areas. I want to ultimately investigate the characteristics of the missionary work for immigrants done by Bishop Veniaminov in that particular region and furthermore, understand the financing system of the activity.

I have come to the following conclusion through this study. First of all about the characteristics seen from the external side, his missionary was not much free from national and political missionary work. However, although the formality had both national and political purpose, the missionary itself did not have any of those purposes. It is clearly shown by the innocence and human love of the Bishop Veniaminov and the missionary work(translating the Bible, the Gospels, the catechism into the language of the immigrants, propagation, orthodoxy education and etc) that was carried out based on devotion and naturalization.

Moreover, the financial system in Alaska and the system in Siberia and Far East areas were different. In Alaska, the missionary team was absolutely dependent on the Russian-American company from the priests' salary, accommodations to heating and electricity. On the other hand, in Siberia and Far East areas, except for getting a financial support for the Holy Governing Synod, the administrative office of religion and the church itself often autonomously managed to supplement the finances(by selling candles, etc). In some cases, even the parishioner donations were used.

2장 러시아 아무르주의 한인사회와 정교회 선교활동 (1872-1916)

- 블라고슬로벤노예(Благословенное) 마을을 중심으로 -

I. 머리말

러시아 중앙정부는 19세기 중반인 1860년 북경조약으로 새롭게 러시아 영토로 편입된 프리아무르[1] 지역, 즉 극동 지역의 개발과 태평양 지역의 안보를 중요한 과제로 삼고 있었다. 때마침 1860년대 초부

---

1) 1884년 이전까지 우랄산맥 넘어 시베리아 지역은 '서시베리아 대군관구'와 '동시베리아 대군관구'(군행정 단위, 지방) 체제로 형성되어 있었다. 러시아 중앙정부는 1884년 행정개편으로 바이칼 너머 연해주 지역까지 포함하고 있던 기존의 '동시베리아 대군관구'(генерал-губернаторство, 수도 이르쿠츠크)에서 '프리아무르 대군관구'(Приамурское генерал-губернаторство, 수도 하바로프스크)를 분리신설했다. 그 결과 동시베리아 대군관구에 포함되어 있던 바이칼 동쪽의 자바이칼주(치타, 1851-1906), 아무르주(블라고베셴스크, 1858-1917), 연해주(블라디보스톡, 1856-1917), 블라디보스톡 군직할지(1880-88), 캄차트카주(1909-17), 사할린주(1909-17)는 신설된 프리아무르 대군관구에 편입되어 1917년 혁명전까지 이어졌다. '프리아무르'는 분리되기 이전의 동시베리아 대군관구 시기(1847~1884)를 포함해서 1937년 강제이주 전까지 과거 한인들의 주요 생활무대였으며, 넓은 의미에서 오늘날의 '극동'과 같은 지역적 개념 및 명칭으로도 이해될 수 있다. 또한 본 논문에서 '동시베리아 대군관구', '극동' 대신 신설된 '프리아무르 대군관구'를 지역적인 기준으로 삼고 논의를 전개해 나갈 것이다. 당시 프리아무르의 자바이칼주는 현재의 이르쿠츠크주, 치타주, 부랴티야 공화국을 포함하고 있었으며, 아무르주는 현재의 아무르주, 유태인자치주를, 연해주는 현재의 연해주와 하바로프스크 변강주를 포함하고 있었다.

터 한인들의 이주가 시작되었고, 이러한 상황은 20세기에 이르러서도
계속되었다. 1880년대 중반까지 연해주의 다수민족은 한인이었을 정
도로 연해주를 중심으로 거대한 한인공동체가 형성되어 나갔다.[2] 공
식적인 통계자료에 따르면, 1914년에 연해주에는 64,309명(귀화자
-20,109명, 비귀화자-44,200명)의 한인들이 거주하고 있었다.[3] 러시아
당국은 극동 지역에서의 지배체제와 식민지배 강화를 목적으로 한인
들을 받아들이기 시작했던 것이다.

아무르주에서는 연해주 지역에 비해 약 10년 정도 늦은 1870년대
초부터 한인사회가 형성되기 시작했다. 연해주 한인사회의 규모에 비
교할 바는 아니지만 아무르주의 한인사회 또한 러시아 한인연구사에
서 적지 않은 의미를 지니고 있는 곳이다. 특히 아무르주 한인사회의
시작점이라 할 수 있는 블라고슬로벤노예(Благословенное; '축복받은
마을'의 의미, 사만리; 沙滿理) 마을의 역사는 그 시작부터 연구사적

---

2) 필자는 2001~2008년 동안 다양한 학술기관의 독립국가연합 지역의 한인관
   련 학술과제를 수행해오며, 과거 프리아무르 대군관구에 소재하고 있는
   수십 개의 주요 한인정착촌 및 한인관련 유적지들을 대부분 직접 살펴보
   았다. 현재 이 정착촌들은 1937년 스탈린 강제이주와 소비에트 시기를 거
   치는 동안 대부분 폐허가 되었고, 그곳에는 주로 온돌식 집터와 연자맷돌,
   우물, 농기구, 전답 등이 남아 있다. 하지만 연해주 남서부의 얀치혜(Янчихе,
   연추, 煙秋, 현재 추카노프카 지역 일대), 파타쉬, 우수리스크 서쪽의 추풍4
   사(秋風四社) 마을들, 아무르주 남부의 블라고슬로벤노예 등지처럼 입지가
   좋은 곳에 있던 마을들의 경우는 러시아인들에 의해 지금까지도 명맥을
   유지해 오고 있다.
3) С. Д. Аносов, Корейыы в Уссурийском крае (Хабаровск: Книжное дело,
   1928), с. 27. 1870년대 말부터 러시아는 본격으로 남우수리스크 지방(현재
   의 연해주)으로 러시아인 이주에 관심을 기울였다. 1882년 연해주 전체인
   구(92, 708명)에서 러시아인은 8, 385명(9%), 한인은 10, 137명(11%)이었다(В.В.
   Граве, "Китайцы, корейцы и японцы в Приамурье", (Отчёт Уполномоче
   нного Министерства Иностранных Дел В. В. Граве), Труды командиров
   анной по Высочайшему повелению Амурской экспедиции, Вып.11, СПб.,
   1912, с. 129 참조).

인 흥미로움을 제공하고 있다.

필자는 2002년 여름과 2003년 겨울, 두 차례에 걸쳐 국가보훈처와 독립기념관이 주관하는 독립국가연합 지역의 한인관련 유적지 답사단의 일원으로 현재 유태인자치주에 속하는 블라고슬로벤노예 마을을 답사한 적이 있다. 이 마을은 하바로프스크에서 왕복으로 약 800km 정도 떨어져 있고, 도중에는 비포장 길로 되어 있어서 당일로 다녀오기에는 꽤 부담스러운 곳에 위치하고 있다. 또한 이 마을은 중국과의 국경지대에 위치하고 있어서 사전에 허가서를 받지 않고는 출입이 불가능한 곳이다. 실제로 2002년 여름 첫 방문 시에는 허가서 없이 마을을 답사하던 중 국경수비대에 체포되어 1시간 30분 동안 억류되었다가 각서를 쓰고 풀려나기도 했다. 마을 입구에는 위풍당당하게 마을 명칭이 새겨진 이정표가 서있고, 그 사방에는 마을 명칭에서도 풍겨지듯 드넓고 비옥한 전답이 펼쳐져 있었다. 과거 한인들이 거주했던 건물들을 찾아볼 수는 없었지만, 주인도 건물도 바뀐 채 여전히 현지 러시아인들의 자부심 속에서 명맥이 유지되고 있었다.

블라고슬로벤노예 마을은 프리아무르 대군관구로 분리되기 이전의 동시베리아 군사령관지사(генерал-губернатор) 시넬니코프(Н.П.Синельников, 1871-1874)와 깊은 인연이 있다. 마을의 역사는 1871년 7월 남우수리스크[4] 지역(현재의 연해주)에 있는 포시에트 지구의 한인 103

---

4) 당시 '남우수리스크' 지역은 행정구역상으로 현재의 '연해주'를 지칭한다. 본 논문에서 언급되는 연해주(연해지방, Приморский край)는 당시 행정적으로 현재의 하바로프스크 지방(변강주)(Хабаровский край)을 포함하고 있었다. 하지만 소비에트 당국은 1918~1922년 내전기 이후 붕괴된 극동의 국민경제를 재건하기 위해 1922년 11월 14일 임시기구인 극동혁명위원회(Дальревком)를 조직하고, 이를 중심으로 모든 권력을 이양함과 동시에 하바로프스크를 중심으로 극동 지방(Дальневосточный край)을 재구성했다. 이후 1938년 10월 20일자 소련방최고회의 결정(연해주와 하바로프스크 지방으로 극동 지방을 분리하는 것에 관한 결정)에 따라 극동 지방은 다시 연해주(Приморский край)와 하바로프스크 지방(Хабаровский край)으로

가구, 431명이 아무르주 남부의 아무르강 지류인 사마라강가에 재이
주되어 정착을 하면서부터 시작된다. 건립 이후 블라고슬로베노예 마
을은 1세대 한인들의 각고의 노력으로 연해주 수이푼 지역의 추풍4사
(秋風四社)로 불린 4개의 한인마을과 함께 손꼽히는 한인 부호마을의
하나로 부상하였다.[5] 또한 마을에서는 고등교육을 받은 후 한인 민족
운동 및 사회주의 운동의 지도자로 활동하게 되는 다수의 지식인들
이 배출되기도 했다. 러시아 정교회 사제 출신으로 러시아 2월혁명
후 민족운동에 투신하였다가 교육가로 활동한 '채신부'로 알려진 채
병욱, 블라디보스톡에서 활동했던 박 페오도르 사제, 초기 사회주의
운동의 지도자로 활동하게 되는 박애와 남만춘 등이 이 마을 출신들
이다.

블라고슬로벤노예 마을은 필자가 목도했던 당시까지만 해도 문헌
상에만 존재해 올 뿐 국내 한인연구자들의 발길이 거의 미치지 못하
고 있던 미지의 답사지였다. 물론 지리적인 조건으로 인해 지금도 이
러한 상황은 비슷하다. 특히 국내에서는 정교회의 한인선교를 매개체

분리되었다(Э.В.Ермакова(глав. ред.), Приморский Край-краткий энцикл
опедический справочник, Владивосток, 1997, с.387 참조). 전후에하바로
프스크 지방은 더욱 세분화되어 1947년에 사할린주(Сахалинская область),
1948년에 아무르주(Амурская область), 1953년에 마가단주(Магаданская о
бласть), 1956년에 캄차트카주(Камчатская область), 이후 유태인자치주(Е
врейская Автономная Область)가 분리되어 나왔다.(「История г.Хабаров
ска(1946г. иТ.Д.)」http://www.khb.ru/history/ist4.html(2007. 2. 5 검색 참조).
5) 추풍4사(秋風四社)는 코르사코브카(Корсаковка, 허커우), 크로우노브카(Кр
оуновка, 황커우·), 푸칠로프카(Пуциловка, 육성촌), 시녤니코보(Синельник
ово, 영안평, 대전자) 마을을 뜻한다. 1890년대에 제작된 것으로 추정되는
『아국여지도(俄國輿地圖)』에 의하면, 코르사코프카는 마을 규모가 동서,
남북 각각 8리에 인구가 1,569명이 거주하고 있었을 정도로 큰 촌락이었으
며, 푸칠로프카는 마을 규모가 동서 30리, 남북 10리이며, 인구는 2,827명에
큰 마을이었다. 시녤니코보는 한인여성 혁명가 김알렉산드라 스탄케비치
의 고향이며, 한인 민족학교인 동흥학교의 소재지이기도 하다.

로 하여 블라고슬로벤노예 마을을 중심으로 한 아무르주 한인사회에 관한 연구물들이 거의 드문 상황이다. 이에 대한 연구는 주로 러시아 권이나 중앙아시아권의 한인연구자들에 의해 수행되어 왔다고 할 수 있다. 하지만 이들의 연구 또한 전체가 아닌 지극히 부분적인 수준에 서 제한되어 진행되어 온 측면이 강하며, 게다가 한인선교를 주제로 하여 수행된 연구물들은 지극히 적다.[6] 이러한 기존의 연구물들에 는, "블라고슬로벤노예 마을의 한인들은 러시아인들과 동일하게 세제 및 각종 혜택을 누렸다. 특히 한인들은 러시아국적과 더불어 정교신 앙과 학교교육을 통해서 러시아화 되어갔다. 이를 위해서 러시아 지 역 당국은 큰 관심을 기울였으며, 이는 러시아화 정책의 결실이다"는 논지를 견지하고 있다.

하지만 필자는 주요 사료들 속에서 나타나고 있는 블라고슬로벤 노예 한인들의 러시아화가 그다지 순조롭지 못하게 진행되어나갔다 는 점에 주목하고 있다. 즉 마을의 역사적 형성배경과는 달리 재이주 된 지 20여년이 지난 1890년대와 그후 1910년대를 전후한 시점에서 블

---

6) 정치·사회사적인 측면이나 정교회의 한인선교라는 종교사적인 측면에서 아무르주 블라고슬로벤노예 마을을 중심으로 직간접으로 언급하고 있는 국외의 연구물들은 다음과 같다. А. И. Петров, Корейскя диаспора на Да льнем Востоке России 60-90е годы 19века (Владивосток: 2000); В. Вагин, "Корейцы на Амуре",(Сборник исторических и статистических сведений о Сибири и сопредельных ейстранах), СПб., Т.1, 1875, с.1~29; А. В. Кири ллов, "Корейцы села Благословенного", (историко-этнографический оч ерк), 『Приамурские ведомости』, №№58,59, Приложения, 1895; Б. Д. Пак, Корейцы В Российской империи(Дальневосточный период), М., 1993; 『М иссионер』, №26, 1874, 「Миссионерская деятельность между корейцами, переселившимися на Амур」 В. В. Граве, "Китайцы, корейцы и японцы в П риамурье", (Отчёт Уполномоченного Министерства Иностранных Дел В. В. Граве), Труды командированной по Высочайшему повелению Амурск ой экспедиции, Вып.11, СПб., 1912 ; Ross King, "Blagoslovennoe : Korea Village on the Amur, 1871~1937", Review of Korean Studies, Vol.4, No.2, 2001 등이 있다.

라고슬로벤노예 한인들의 삶은 러시아 정부, 즉 프리아무르 당국의 본래 의도와는 다른 모습들이 적지 않게 표출되어 나타나고 있기 때문이다. 필자는 프리아무르 지방정부(세속당국)와 정교회 지도부의 한인선교 활동을 통해 아무르주 블라고슬로벤노예 마을의 한인공동체의 기독교화(정교화)와 러시아화 상황을 살펴볼 것이다.

이러한 연구가 갖는 중요성은 무엇보다 프리아무르 세속당국과 정교회 지도부가 추진했던 한인들의 기독교화 및 러시아화를 위한 노력과 정책의 실상과 결과에 따른 부분적인 본질 파악이라는 측면에서 찾아볼 수 있다. 즉 블라고슬로벤노예 마을에 대한 러시아 세속당국 및 정교회의 노력과 그 결과 속에서 프리아무르 전체 한인사회에서의 러시아 정교회의 한인선교의 본질과 한계를 가늠해 볼 수 있기 때문이다. 또 하나는 지리적으로 뿐만 아니라 인문학적 한인연구에 있어서도 소외되어 온 이 지역에 대해 특정주제를 통한 집중적인 연구가 이루어진다는 점에서도 중요성을 찾아 볼 수 있다.

문제 고찰을 위해, 필자는 본문에서 주요 분석 자료로 1890년대 중반 블라고슬로벤노예 마을에서 상주하며 현지 조사한 키릴로프(А.В.Кириллов)의 조사보고서(1895)와 19세기 말에서 20세기 초의 종교 및 선교잡지들, 외무부 프리아무르 문제 전권위원 그라베(В.В.Граве)의 아무르탐험대 보고서(1912), 대한인국민회 시베리아지방총회(이하 '시베리아총회')의 기관지였던 『대한인정교보』(총11호, 1912. 1~1914. 6), 독립신문에 게재되었던 계봉우 선생의 「아령실기(俄領實記)」등을 1차 분석 자료로 활용하였다.

논의의 전개와 관련하여, 제I장의 머리말에 이어, 제II장에서는 한인들의 아무르주 이주 및 블라고슬로벤노예 마을의 건립배경, 그리고 정교신앙의 확산을 살펴보고, 제III장에서는 블라고슬로벤노예 마을에서 세속당국 및 정교회의 한인정책과 한인선교 활동을 살펴보고, 아울러 아무르주 한인선교의 문제와 한계점에 대해서도 분석할 것이

다. 마지막으로 제Ⅳ장에서는 본문의 연구성과를 토대로 결론을 도출
할 것이다.

Ⅱ. 아무르주 한인사회의 형성과 정교신앙의 확산

1. 블라고슬로벤노예 마을의 형성 배경

[그림 3] 지도: 블라고슬로벤노예 마을의 위치-좌측하단

1860년대 초부터 시작된 한인들의 러시아 이주와 정착은 주로 국
경지역에 국한되어 있었다. 당시 한인 이주자들의 남우수리스크(현재
의 연해주) 국경지대 밀집거주는 점차 국경문제를 야기시켰다. 따라
서 러시아 정부는 한인 이주자들에 대한 우호적인 시각을 견지하고
있었음에도, 한편으로 조선과의 인접국경 지역에 한인 이주자들의 대
규모 정착을 우려했다. 러시아 정부의 이러한 우려를 실행에 옮기도
록 한 것은 한 편의 기행보고서였다. 1860년대 후반(1867~1869) 남우수
리스크 지역의 한인사회를 목도한 저명한 여행가이자 극동 및 중앙
아시아 연구자인 프르줴발스키(Н.М.Пржевальский, 1839~1888)는 기행
보고서를 통해서 한인들의 이주와 러시아화 문제를 조심스럽게 평가

하고 있다. 그는,

  "한인들은 비록 조선에서의 삶이 고달팠어도 여전히 기억 속에 남아있
  고, 조선적인 것에 대한 기억을 잊기에는 너무 국경 가까이에서 거주하고
  있다. 한인들이 과거를 생각하지 않고 조금씩 완전히 잊도록 하기 위해서
  는 한인들의 주변 환경의 변화가 필요하다. 무언가 기대할 만한 결과물을
  얻기 전까지는 한인들의 러시아 유입을 잠시 제한할 필요가 있다"[7]

고 보았다. 나아가 그는 한인들의 러시아화와 관련,

  "한인들은 러시아인들과는 적어도 200베르스타[8] 떨어진 국경 지역에
  서 자신들만의 독립적인 공동체를 이루고 살아가고 있다. 그러한 상황은
  한인들로 하여금 고국의 소식을 쉽게 접하고 기억나게 할 것이며, 결과적
  으로 러시아로부터의 적극적인 영향을 받지 못하게 될 것이다. 따라서 한
  인들이 아무르강 중류 지역이나 한카호수와 수이푼강 유역 사이 지대에
  재이주되어 살게 된다면, 조선과는 멀리 러시아인 농민들 사이에서 살게
  될 것이다. 그리고 이를 통해 한인들이 정교신앙, 러시아어와 러시아 관
  습을 배우게 될 것이다"[9]

고 언급했다. 즉 프르줴발스키는 한인들의 국경거주는 러시아화의 장
해가 됨으로 국경에서 먼 내륙으로의 재이주가 바람직하다고 본 것
이다.

  프르줴발스키의 이러한 견해는 향후 프리아무르 지방정부의 한인

---

7) Н. М. Пржевальский, *Путешествие в Уссурийском крае, 1867-1869гг.*, Вла
  дивосток, 1990, с.310.

8) 러시아의 거리단위로 1 베르스타(500사줸)는 1,067m이다.

9) Там же, с.311; Н. М. Пржевальский, "Инородческое население в южнойч
  асти Приморскойобласти", *ИРГО*, СПб., Т.5, No.5, отд.2, 1869, с.201.

이주정책에 큰 영향을
미쳤다. 결국 1871년 여
름 동시베리아 군사령
관지사 시넬니코프는
연해주 남부의 러시아
국적의 한인 103가구
(431명)를 아무르주 블
라고베쉔스크에서 남
쪽으로 547베르스타 떨

[그림 4] 러시아 유태인자치주 남부 블라고슬로벤노예
마을 입구

어진 아무르강 지류인 사마라강 유역에 재이주시켰다. 그 결과 이듬
해인 1872년에 마침내 사마라강 유역에 블라고슬로벤노예 마을이 세
워지기에 이르렀다.[10]

---

10) В. В. Граве, "Китайцы, корейцы и японцы в Приамурье", (Отчёт Уполно
моченного Министерства Иностранных Дел В. В. Граве), Труды команд
ированнойпо Высочайшему повелению Амурской экспедиции, Вып.11, С
Пб., 1912, с.129; С. Д. Аносов, Корейыы в Уссурийском крае (Хабаровск-
Владивосток: Книжное дело, 1928), с. 9. 당초 러시아 정부는 2개의 마을
을 건설할 것을 계획했었다(В.Вагин, с. 13 참조). '블라고슬로벤노예'라는
말은 러시아어로 '축복받은마을'의 의미를 지니고 있다. 동방학자인 큐네
르는 한인들의 아무르주 이주와 관련하여, 1912년 마을의 모든 거주자들이
정교도였던 것으로 보아 재이주정책이 성공적이었다고 언급하며, "1869년
자연재해로 한 해 동안 약 7, 000천여 명이 들어왔다. 이는 러시아 정부로
한인이주를 심각하게 바라보는 자극제가 되었으며, 결국 국경지역 거주
한인들을 내륙으로 재이주시키는 정책을 취하도록 만들었다. 결국 러시아
정부는 재이주 정책의 일환으로 1876년 16, 000루블을 들여서 일단의 한인
들을 블라고베쉔스크에서 577베르스타 떨어진 아무르강 유역에 이주시켜
한인정착촌 블라고슬로벤노예 마을을 건립했다. 하지만 재정적 부담으로
더 이상 그와 같은 재이주 정책은 반복되지 않았다"고 이주시기를 조금 다
르게 기록하고 있다.(Н.В.Кюнер, Статистико-географический и экономич
еский ОЧЕРККОРЕИ, ныне японского генерал-губернаторства Циосен, В
ладивосток, 1912, с. 250 참조).

[그림 5] 블라고슬로벤노예 마을에 유일하게 남아
　　　　있는 한인 구옥

여기서 블라고슬로벤노예 마을의 건립배경과 러시아 정부, 즉 동시베리아 지방정부가 재이주 정책의 일환으로 어느 정도로 마을의 발전에 관심을 기울였었는지 살펴볼 필요가 있다. 이는 이후 마을 한인들의 기독교화와 러시아화를 위한 러시아 세속당국의 관심의 지속성 문제와도 관련이 있기 때문이다.

한인들의 이주와 정착까지의 과정은 러시아 정부의 치밀하고도 계획적인 의도 속에서 이루어졌다. 연해주 남부의 한인 재이주 계획에 착수한 아무르주지사 페다쉔코(И.К.Педашенко)는 한인 80가구를 기준으로 주택에 건축에 필요한 목재와 연장, 건축재료, 한인들이 자립할 때까지 지급할 15개월분의 식량, 농사에 필요한 가축 등에 대한 필요한 예산을 미리 편성했다. 이주에 따른 예상 총비용은 15,271루블로 책정되었지만 실제로는 이주 이후에 그 이상의 추가금액이 소요되었다. 한인의 이주 및 정착에 따른 재정적 지원 이외에도, 한인들은 1861년 4월 21일자 No.36928호 원로원령에 의거 러시아인들과 나란히 인두세 납부 영구면제, 20년간 토지세 면제, 3년간 부역면제라는 특권을 부여받게 되었다.[11] 또한 한인들은 이주 직후에 세례와 더불어 러시

---

11) А. В. Кириллов, "Корейцы села Благословенного", (историко-этнографический очерк), 『Приамурские ведомости』, №№58,59, Приложения, 1895, c.3. 아무르주지사가 편성한 사전 이주비용은 총 15, 271루블로, 주요 항목별로 살펴보면 다음과 같다. 80가구 기준으로 총 8, 000여 개의 통나무와 6월 1일에서 7월 1일까지 300여 명의 카자크부대 병사들을 목재조달과 이송에 동원하는 비용, 그리고 기타 건축자재 및 15명의 카자크인 특별감독자

아 국적을 받고 가구당 100데샤티나[12]의 토지를 받게 되었다.[13] 재이주에 관한 페다쉔코의 이 기획보고서는 당시 동시베리아 군사령관지사 시넬니코프에 의해 주목할 만한 것으로 인정받았으며 전격적으로 승인되었다.

한편으로 한인들이 이주하게 될 현지에서도 사전작업이 진행되었다. 당시 현지에서의 한인정착촌 건설준비 과성에서는 카자크 병사들이 다수 동원되었고, 주변의 카자크인 마을에서도 인력지원을 해주었다. 마침내 1871년 7월 27일 한인 103가구, 총 431명(남자-246명, 여자-185명)이 일차적으로 예카테리노-니콜스코예(Екатерино-Никольское) 카자크 마을로 임시 이주되어 왔다. 이주한인들은 모두 연해주 남부에서 거주하고 있던 자들로서, 마을별로 보면, 티진헤에서 65가구(남자-157명, 여자-129명), 얀치헤에서 38가구(남자-89명, 여자-56명)가 이주되었다.[14] 한인들은 기존의 재이주와는 다른 미지의 세계로의 이주에

보수 등의 건축비용으로 총 8759루블(1가구당 34루블 여개코페이카)이 산정되었다. 이외에도 15개월간의 식료품 비용 78,700루블과 파종비용 18, 192 루블, 의복과 기타 농사에 필요한 물건구입 비용 2,000루블, 단신의 미혼자 이주자들이 2개월에 걸쳐 일자리나 돈벌이를 찾을 때까지 1,620루블이 책정되었다. 한인들에게 부여된 특권과 관련, 언급된 특권들 이외에 가장 눈길을 끄는 것은 자체 관습에 따른 자치의 특권이었으며, 다만 법적인 책임이 뒤따르는 행위들에 있어서는 러시아 법에 복종해야 했다.

12) 미터법 이전의 러시아의 지적단위(2,400평방사쉔; 1.092헥타르에 해당).

13) В. В. Граве, указ. соч., с.129.

14) А. В. Кириллов, указ. соч., с.4. 도시에서 멀리 떨어진 외진 곳에서의 한인정착촌 건설은 많은 어려움을 수반했다. 건축용 통나무인 삼나무가 강 기슭이 아닌 숲에 서식하고 있는 관계로 초반부터 작업과 운반에 어려움이 초래되었고, 카자크인들은 삼나무 대신 강 주변의 사시나무로 대체해 줄 것을 요청했다. 카자크인들의 요청은 받아들여졌고, 그 결과 작업속도에 가속도가 붙게 되었다. 1871년 7월 하순경에는 4,394개의 통나무가 사마라강 하구로 이송되었으며, 수도인 블라고베쉔스크에서 식량과 말, 건축에 필요한 다양한 재료들이 기선을 통해서 마을이 들어설 곳에서 멀지않은 곳에 있는 푸지노(Пузино, 현재 예카테리노-니콜스코예) 카자크 마을로 이

대해 기대와 두려움으로 받아들였다. 계봉우는 『독립신문』에 연재한
「俄領實記」(아령실기)에서 당시의 상황을 다음과 같이 기록하고 있다.

"기원 4214년(1871년-필자) 신미 4월에 지신허 빈민 70여 호 남녀 315인
이 아관(俄官, 랴비코프 대위-필자)의 지도를 따라 남부여대(男負女戴)하고
흥개호(興凱湖, 홍개호, 한카호수-필자)를 연(沿)하야 끼고 화발포(花發浦,
하바로프스크-필자)까지 도보(徒步)하고 흑수(黑水, 흑룡강, 아무르강-필
자)에 지(至)하야 승선(乘船)하고 마침내 사마리(블라고슬로벤노예-필자)
에 하륙(下陸)하매 삼천간운(參天干雲)한 삼림이 울창한 대야(大野)에 의거
생활(依居生活)이 참으로 무로(無路)하야 상부하앙(上俯下仰)함에 만목(萬
目)이 처연(悽然)할 뿐이었다....이종겹화(異種吸化)의 수완(手腕)이 대민활
(大敏活)한 아관(俄官)으로서 여간양식(如干糧食)을 공급하지만 그것뿐으
론 사신곡복(絲身穀腹)이 넉넉할 수 없었다....그러나 누(淚)로서 파종(播
種)하고 마침내 낙(樂)의 실(實)을 추수하게 되야 지금은 인구가 번창함을
따라 가산(家産)이 다 섬유(贍裕)하고 또 그중에서 고급교육(高級敎育)을
수료한 인물이 다산(多産)하였다"[15]

기사는 고달픈 고국의 삶을 등지고 러시아 땅에 들어왔던 한인들
이 또 다시 미지의 먼 곳으로 길을 떠나야 하는 처량한 심정과 곤궁
한 상황을 잘 보여주고 있다.

카자크 마을에서 짧은 휴식을 취한 한인들이 사마라강 유역에 최
종적으로 이송되어 온 것은 8월 1일 무렵이다. 텅빈 대지에 자리잡은
한인들은 이튿날부터 주변 카자크인들의 도움을 빌려 건축작업을 시
작했다. 8월 말경에는 20채의 통나무 건물과 2채의 작은 농가, 11월 무

송되었다.
15) 『獨立新聞』, 대한민국 2년(1920)년 3월 4일, 제50호, 뒤바보 「俄領實記」, 제3
호(移植된 原因(續).

렵에 이르러서는 25채의
통나무 건물과 6채의 작
은 농가가 지어졌고, 학교
와 목조 교회의 초석이
놓여졌다. 이후 계속된 건
축으로 총 53채의 큰 통나
무 건물이 세워지고,[16] 한
인들의 입주와 더불어 마

[그림 6] 한인들이 사용했던 독(항아리)

침내 블라고슬로벤노예 마을은 제 모습을 갖추게 되었다.

동시베리아 군사령관지사와 아무르주지사는 한인들의 초기 정착
과정에 많은 관심을 기울였다. 카자크부대 책임자인 체스노크(Чеснок)
중령은 2주마다 한인들에 관한 상황보고를 했으며, 1872년 2월에는 군
사령관지사가 직접 블라고슬로벤노예 마을을 방문해 정황을 살펴본
후 한인들의 생계를 위한 일련의 조치들을 취하기도 했다.[17] 초기에
한인들은 새로운 생활환경에 적응해 나가는데 어려움이 많이 존재했
지만, 식량에서 의류, 종자, 가축 등 러시아 정부의 지원으로 첫 겨울
을 무사히 보낼 수 있었다.

아무르주 한인사회의 시작을 알리는 블라고슬로벤노예 마을은 러
시아 정부의 주도 하에 이루어진 전무후무했던 재이주정책의 결과물
이라고 볼 수 있다. 러시아 정부에 의해서 교회건축비를 포함한 한인
들의 이주와 정착, 경제적 자립을 위해 22개월 간에 걸쳐서 투입된 실

---

16) A. B. Кириллов, указ. соч., c.5. 주택과 학교가 세워지기 전까지 한인들은
고생을 감수해야 했다. 일부 주거지가 필요없는 20여 명의 자유스런 노동
자들은 그해 가을부터 이듬해 봄까지 돈벌이를 위해 블라고베쉔스크의 양
조장에 보내져서 일을 하기도 했으며, 일부는 미하일로-세메노프스키 카자
크 마을에서 일을 해주며 겨울을 보냈다. 바로 이곳 카자크 마을 학교에서
19명의 한인 학생들도 공부를 하며 겨울을 보냈다.
17) Там же, c.5.

비용은 총 16,570루블에 다다랐다.[18] 이와 같은 기획적인 재이주 정책은 결과적으로 적지 않은 재정적 부담을 러시아 정부에 안겨주었고, 향후 그와 같은 정부 지원 하의 재이주는 더 이상 반복되지 않았다. 어찌되었든 러시아 정부의 지원에 힘입어 블라고슬로벤노예 마을의 한인들의 삶은 점차 안정을 되찾았고 규모 또한 커져갔다.

2. 정교신앙의 확산과 한인의 기독교화

아무르주의 블라고슬로벤노예 마을은 당시 한인들의 주류가 연해주를 중심으로 거주하고 있었지만 연해주 못지않게 주목의 대상이 되어갔다. 이는 이주와 더불어 곧바로 마을구성원 전체를 상대로 정교회의 세례와 개종이 이루어 졌고, 독특한 지리적 환경으로 인해서 외부와의 교류가 많은 부분 제한된 채, 이른바 시범적인 한인마을이자 정교회의 요람으로서 독자적인 발전을 이루어 나간 곳이기 때문이다. 하지만 1860년도 중엽 연해주 남부의 포시에트 지구에서 이미 한인들을 상대로 정교회 선교가 진행되던 상황 속에서 한인들이 재이주 된 것이니 만큼 아무르주 한인들의 정교회 수용은 지리적 특성을 고려하더라도, 연해주 한인들의 정교회 수용과정의 연속선상에서 이해되어야 할 것이다.

정교회의 아무르주 한인선교는 1871년 9월에 동시베리아 군사령관 지사의 지원금으로 성인 알렉산드로 네프스키를 기리는 최초의 교회가 블라고슬로벤노예 마을에 세워지며 시작되었다.[19] 당시 블라고슬

---

18) Там же, с.6-7.

19) 『Миссионер』, No.26, 1874, с.239, 「Миссионерская деятельность между корейцами, переселившимися на Амур」; В. Вагин, "Корейцы на Амуре", (Сборник исторических и статистических сведений о Сибири и сопредельных ейстранах), СПб., Т.1, 1875, с.19. 교회건립은 주택 및 학교의 건립과 동시에 시작되었으며, 당시 교회건립에 특별히 2,000루블이 할당되었다. 당초 교회는 성인 '니콜라이 추도트보례츠'를 기리려고 예정되었으나 지방당

로벤노예 마을 한인들의 세례를 주도해 나간 사제는 마을 서쪽에 위치하고 있던 예카테리노-니콜스코예 카자크 마을의 요안 곰쟈코프(И. Гомзяков)였다. 곰쟈코프 사제는 마을에 이미 약 40명의 세례한인들이 이미 있었기 때문에 비세례 한인들의 기독교화에 큰 관심을 두고 있었다. 첫 세례로 교회 착공식날 부모들의 희망으로 3명의 소년들이 세례를 받았다.[20] 반면에 곰쟈코프 사제는 성인 한인들의 신앙적인 진실성을 잘 알지 못해 세례를 주저했고, 이 때문에 성인세례는 조금 늦게 이루어졌다. 최초의 성인세례는 후에 알렉산드르 Ⅲ세(1881-94)가 될 후계자 알렉산드르 알렉산드로비치 대공의 생일날인 1872년에 2월 26일에 행해졌다. 15-25세 미만의 11명의 세례희망자가 예카테리노-니콜스코예 카자크 마을에서 곰쟈코프 사제에게 세례를 받았다.[21] 곰쟈코프 사제는 대육식금지기간(Великий пост)[22]에는 교구민들에게 성만찬식을 베풀었으며, 둘째 주에는 블라고슬로벤노예 마을에서 약 50명의 한인정교도들에게 성만찬식을 베풀고 추가로 세례를 주었다. 나아가 5월에는 29명에게, 6월 정기순회 동안에는 49명의 한인에게 세례를 주었다.

당시 교회는 "신앙에 대한 한인들의 진실성은 의심의 여지가 없다. 한인들은 과거의 신앙 속에 남아있는 것은 러시아인 기독교도들 사이에서 자신들의 새로운 상황을 인정하지 않는 것과 같다는 것을 알고 있다"[23]고 전하며 재이주 초기 마을의 한인들이 정교회의 세례

국에 의해 변경되었다.

20) 『Миссионер』, Там же, с.239.

21) Там же, с.240.

22) 부활절 이전 7주 전에 시작되어 부활절 직전 고난 주간 토요일까지 이어지는 기간을 의미한다. 실제적으로 교회에서는 부활전 이전 8주째 주간부터 육류 섭취를 금하고 단지 유제품과 물고기, 달걀만을 허용하는 종교축제 마슬레니차(Масленица)를 행해오고 있다.

23) 『Миссионерское обозрение』, No.4, Апрель, 1998, с.18. 「Православие у корейцев Приамурья и Забайкалья」.

[그림 7] 한인들이 사용했던 연자맷돌

와 개종에 대해서 긍정적인 반응을 나타냈다고 평가했다.

한편 1872년 7월 8일, 이르쿠츠크 베니아민(В.Благонравов, 1868-73) 대주교의 블라고슬로벤노예 마을 방문 또한 한인들에게 강한 인상을 심어주었다. 자바이칼주 선교부 책임자를 지낸 베니아민 대주교는 1868년 인노켄티 베니아미노프(И.Вениаминов, 1840-68)의 후임으로 캄차트카 주교직을 수행했었고 이후 1873년에는 이르쿠츠크 주교로 전임된 인물이다.[24] 한 목격자는 베니아민 대주교와 한인들과의 만남을 다음과 같이 서술하고 있다.

> "베니아민이 탄 배가 포구에 닿자 모든 한인들이 부두에 나왔다. 먼저 기독교도들이, 이후에 비기독교도들이 축복을 받기 위해 주교에게 다가왔다....많은 한인들이 러시아식 복장을 하고 있었으며, 더러는 마포로 된 흰색의 조선 민족의상을 입은 자들이 있었고, 이들은 베니아민 대주교에게 강한 인상을 주었다."[25]

이러한 모습은 당시 블라고슬로벤노예 마을 한인들의 상당수가 이미 정교회를 받아들였으며, 이들의 기독교화가 상당히 진행되고 있었음을 짐작해 보게 한다.

드넓은 관할구역 내 교회의 최고 어른인 베니아민 대주교의 방문

---

24) И. В. Калинина, *Православные храмы Иркутской епархии 17-начало 20века*, М., 2000, с.437.

25) 『Миссионерское обозрение』, No.4, Апрель, 1998, с.18.

이후에 한인들의 정교회에 대한 관심은 한층 더 증가했다. 그 해 7월
에는 47명이 더 세례를 받았으며, 1872년 후반에는 거의 모든 성인 한
인들이 세례를 받았다. 이후 곰쟈코프 사제는 블라고슬로벤노예 마을
을 방문하여 비기독교도 부모가 희망하는 유아들에게만 세례를 주었
다. 1872년도 캄차트카 주교구 선교부 보고서에 따르면, 곰쟈코프 사
제는 1년 동안 아무르주에서 총 148명(남자-93명, 여자-55명)에게 세례
를 주었다.[26] 1873년부터는 블라디미르 벨랴예프(В.Веляев) 사제가 곰
쟈코프 사제를 대신했으며, 9월부터는 예카테리노-니콜스코예 카자크
마을의 파벨 세르기예프스키(П.Сергиевский) 사제가 블라고슬로벤노
예 마을 한인들을 영적으로 양육해 갔다. 이 두 사제의 노력은 결실
을 맺어 이후 95명의 한인들이 추가로 세례를 받았으며,[27] 1871-1872년
시기에 대부분의 마을한인들이 세례를 받았다. 정착 원년인 1872년
블라고슬로벤노예 마을의 전체 한인인구 431명(남자-246명, 여자-185
명) 중에 세례자가 148명으로 세례율은 34%에 이르렀다.

블라고슬로벤노예 마을 한인들의 세례는 계속해서 크게 증가해
나갔다. 1879년 동시베리
아 군관구 산하 특별위
임관리인 비슬레네프(В.В
исленев)에 의해 실시된
블라고슬로벤노예 마을
의 인구조사 결과, 129채
의 건물과 농가들(Фанза)
에 마을인구는 624명으
로 정착 원년에 비해 약

[그림 8] 마을의 풍요를 상징했던 상징탑

---

26) Там же, с.19. 이후 한인들이 1894년 11월 14일에 러시아 국적에 공식적으로
    편입될 무렵에는 이 마을의 모든 한인들이 정교도 농민들이 되어 있었다.
27) Там же, с.19.

50% 가까이 증가했다. 이중에서 세례자는 618명으로[28] 세례율이 99%까지 크게 증가했다. 이러한 압도적인 세례율은 한인들에게 주어졌던 법적, 경제적 혜택과 정교회 세례 간의 관련성을 반영한다고 할 수 있다.

1908년에는 새로운 교회의 건축이 이루어 졌다. 이 무렵 러시아인 사제 1명과 한인 시낭송자(Псаломщик)가 마을의 사역을 담당하고 있었다.[29] 20세기 들어서 마을 한인들의 대부분은 이미 정교도인이 되어 있었다. 블라고슬로벤노예 마을의 높은 세례율은 비록 내적인 개종까지는 시간을 필요로 하는 것이었지만 대부분의 시기 동안 유지되어 나갔다.

한편 1910년 일제에 의한 한일합방은 프리아무르 지방 전체 한인 사회의 종교활동에 적지 않은 변화의 계기를 가져다주었다. 무엇보다 한인들 사이에서는 나라 잃은 슬픔을 정교에 입교함으로써 달래고자 하는 경향이 나타나기 시작했다. 또한 1880-1890년대 교회교구학교 출신의 젊은 한인사제들의 등장과 활동으로 한인들의 세례 및 입교상황은 사뭇 달라지기 시작했다. 연해주뿐만 아니라 아무르주에서의 정교회 선교 상황도 예외는 아니었다. 교회교구학교 출신의 한인 전도사나 사제의 활동으로 세례받은 정교도 한인들이 늘어났으며, 아무르주의 수도인 블라고베쉔스크에서는 수십 명이 세례를 받았다. 한인 선교사 중에서는 한인 전도를 도맡아 했던 김봉초의 역할이 컸다.[30] 그의 한국어로 전하는 정교교리는 많은 이들이 정교에 입문하는데 큰 힘이 되었다. 이러한 현상은 비슷한 시기에 연해주 지역에서 조선

---

28) Б. Д. Пак, *Корейцы В Российской империи(Дадьневосточный период)*, М., 1993, с.48.

29) В. В. Граве, указ. соч., с.177. 시낭송자(Псаломщик)는 예배 중에 사제를 도와주는 교회봉사자이다.

30) 『대한인정교보』, 1912년 1월 (창간호), 「아령한인정교회의근상」, p. 20.

에서 입국한 최관흘 선교사(목사) 일행에 의해 거둔 성공적인 장로교파 선교의 사례[31]와 비슷한 맥락이라 할 수 있다.

III. 세속당국 및 정교회의 한인정책과 한인선교

1. 교육을 통한 한인 러시아화의 노력들

마을 한인들에 대한 정교회 세례와 더불어 러시아 세속당국은 교육을 통한 한인들의 러시아화 정책에도 힘을 기울였다. 이는 기존의 정교신앙을 통한 선교활동이 이민족의 기독교화와 러시아화라는 국가의 입장에서 볼 때 만족할 만한 결과를 가져다주지 못한다는 인식의 변화 때문이었다. 러시아 세속당국은 이민족의 체계적인 교육을 통한 러시아화에 더 역점을 둔 선교정책을 수립 및 추진해 나가기 시작했다. 특히 1880-1905년 시기 신성종무원장을 역임했던 포베도노스체프(К.П.Победоносцев)[32]에 의해 정교회 선교는 일종의 국가 정책으

---

31) 1910년을 전후한 최관흘 선교사와 장로교파의 극동지역 선교활동과 관련해서는, '이병조, "러시아 정교와 개신교의 만남과 충돌(1909-1912)-최관흘과 장로교파의 극동지역 선교활동과 러시아 측의 대응을 중심으로", 『슬라브硏究』, 제24-1권(서울 : 한국외대 러시아연구소, 2008)'을 참조.

32) 포베도노스체프는 19세기 말 러시아화 정책의 상징적인 인물이었으며 정교에 대한 열렬한 지지자였다. 알렉산드르 III세(1881~1894)의 소수민족 러시아화 정책은 신성종무원장 포베도노스체프에 의해 착상이 되고 구체화되었다. 러시아화 정책은 부분적으로 국가의 통일성에 대한 위협을 내포하고 있는 제국 내의 상이한 민족들의 점증하는 민족감정에 대한 반응이었으며, 어느 의미에서는 대러시아인들 자신의 성장하는 민족주의에 대한 응답이었다. 포베도노스체프는 두 가지 방향에서 소수민족 러시아화 정책을 추진해 나갔다. 그는 먼저 1884년 6월 13일 '교구학교에 관한 법령'을 공표하고, 신성종무원이 운영하는 학교의 설립과 유지를 위해 많은 재정을 할당하는 것으로 교회주관의 초등교육을 확립해나가고자 했다. 포베도노스체프의 교육 정책은 이후 1880년대 후반부터 등장하기 시작한 교회교구

로 전 지역의 이민족들 사이에서 강력히 추진되어 나갔다.

19세기 후반의 정교신앙 및 체계적 교육에 기반을 둔 이민족 선교 정책의 영향은 프리아무르 한인사회에도 그대로 반영되어 나타났다. 1870년대 들어서 아무르주의 블라고슬로벤노예 마을에서도 정교회 세례에 이어 독자적인 학교교육이 이루어지게 되었다. 한인교육은 1872년 5월에 블라고베쉔스크 정교선교협회 위원회의 지원으로 마을에 최초의 한인학교가 세워지며 시작되었다. 사실 한인자녀들의 교육은 이보다 조금 앞서 이미 시작되고 있었다. 1871-1872년 겨울에 11명의 한인 소년들이 미하일-세묘노프스코예 카자크 학교에 입학해서 러시아어를 공부했으며, 3명의 한인 학생은 블라고베쉔스크 신학교에서 공부하고 있었다.[33] 1872년 7월 8일에 이르쿠츠크 베니아민 대주교가 블라고슬로벤노예 마을의 교회와 학교를 방문했다. 이 무렵 11세에서 17세까지의 50여명의 학생들이 학교를 다니고 있었다.[34]

러시아 세속당국은 학교교육을 통해서 한인들의 러시아화를 유도해 나가고자 했다. 당시 언론에서는 "개교 시작부터 희망자들이 많았으며, 학생 중에는 러시아어 알파벳을 배우려는 어른들도 있었다. 젊은 카자크군인이 교사로 임명되어 새로운 방법으로 과목을 가르쳤다"[35]고 적고 있다. 학생들은 러시아어 문장을 작성하거나 '우리아버지', '성모'와 같은 기도암송 공부를 배웠다. 1872년 말 무렵에 곰쟈코프 사제는 "학생들은 매우 괄목할 만한 수준에 올라있었으며, 읽고쓰기와 큰자리수까지 셈이 가능했으며, 기도를 할 줄 알았다"[36]고 보고

학교를 통해서 프리아무르의 한인교육 현장에서도 반영되었다. 또 다른 정책은 정교회의 선교활동 강화였다. 여기에는 물론 시베리아 및 프리아무르 지방을 포함한 이민족 선교활동도 포함이 된다.

33) В. Вагин, указ. соч., с.19. 일부 자료에서는 미하일로-세묘노프스코예 카자크학교에 19명의 학생이 공부하고 있었다고 기록하고 있다.

34) 『Миссионер』, No.26, 1874, c.241.

35) 『Миссионер』, No.26, 1874, c.240-241.

서에서 기록하고 있다. 한인 어린이들에 대한 초기의 교육활동에서
거둔 성공에 감동받은 베니아민 대주교는 한인학교를 위해 적극적으
로 기부금을 모으고, 칠판과 주판, 잉크 등을 보내기도 했다.[37] 한인
들이 재이주되어 올 당시인 1871년에 한인 이주자의 수가 400여 명이
었던 점을 감안했을 때, 바로 이듬해에 50여 명의 학생이 학교에 출석
했다는 사실은 한인들의 교육에 대한 열정이 그 어느 지역보다도 강
하게 표출되고 있었음을 짐작해 볼 수 있다. 물론 이는 블라고슬로벤
노예 마을의 경제적 부요함과도 관계가 있을 것이다. 블라고슬로벤노
예 마을은 당시 프리아무르 전체 한인마을 중에서도 상위 수준에 드
는 비옥한 토지와 농업생산성을 갖추고 있는 마을이었다.

　　1880-1890년대 한인민족학교의 등장으로 연해주 지역에서는 정교
회 측의 선교학교 운영이 한때 위축을 받았던 적이 있었다. 이러한
상황을 감안해 볼 때, 블라고슬로벤노예 마을에서 한인교육의 성장은
고무적인 현상이라 평가해 볼 수 있다. 당시 한인민족학교의 활동은
정교회의 한인교육에 적지 않은 영향을 미쳤었다. 이 학교의 등장은
연해주 내에서는 초반에는 정교회의 한인교육에 장해요인이 되기도
했으나, 결과적으로는 정교회로 하여금 한인교육을 더 분발시키는 자
극제가 되기도 했다. 가령 1884-1885학년도에 남우스리스크 남부의 얀
치혜 선교학교에는 12명 정도가, 1880-1885년도에 코르사코프카 선교
학교에는 25-36명의 학생들이 있었다. 이에 반해 마르티니안 주교에
따르면 한인민족학교에는 총 1,000여명에 가까운 한인소년들이 있었
다.[38] 반면 아무르주의 블라고슬로벤노예 마을에서 한인교육은 연해

---

36) Там же, с.241.

37) M. Belov, "The Experience of The Russian Orthodox Church among Koreans 1865-
1914", (Seoul : Yonsei International Univ., December, 1991), p. 42.

38) А. И. Петров, *Корейскя диаспора на Дальнем Востоке России 60-90е год
ы 19века* (Владивосток : 2000), с.232-233. 한인민족학교의 교사는 일반 교
구학교에서보다 더 많은, 즉 1년에 약 800루블 정도의 봉급을 받았다.

[그림 9] 과거 한인학교가 위치했던 학교터

주보다는 보다 안정적으로 진행되어 갔다. 1880년에 캄차트카 선교부의 지원으로 마을에는 1,200루블을 들여 완전한 형태의 학교건물이 건립되었다.[39] 이어서 1880년 초에는 이르쿠츠크 교사양성학교를 마친 한인이 학교의 정규교사로 채용되기도 했다.

20세기 들어서도 아무르주 블라고슬로벤노예 마을에서의 한인교육은 여러 측면에서 변화를 맞이하며 꾸준한 성장을 이어갔다. 1909년에 마을에는 이미 100명의 남학생들이 러시아인 정교사와 한인 보조교사 밑에서 공부를 하고 있었다. 이 남학교는 총 4,500루블을 들여 건축되었고, 이중 500루블은 블라고베쉔스크 주교구 위원회에서 지원되었다. 또한 같은 해에 비록 신구세대 간의 갈등은 있었지만 여학교도 건립되었다. 이 학교는 50명 규모로 1,890루블을 들여 교육부의 지원으로 건립되었으며, 그해 30명의 여학생이 공부를 하고 있었다. 그렇지만 교사 숙소와 학교 난방은 한인들의 지원으로 유지가 되었다.[40] 두 학교 모두 젊은 세대 학생들 사이에서 배움의 열정이 두드러지게 표출되고 있었다. 특히 러시아 정부가 여성교육을 중요시 한 까닭은 조선여성은 전통적으로 가사를 책임지며 자녀들에게 강한 영향을 미쳤기 때문이다. 즉 미래의 정교도-어머니의 교육을 통해 이어지는 2세의 러시아어 교육 및 빠른 언어동화를 유도하고 러시아화시켜나가기 위함이었다.

39) Там же, с.212-213.
40) В. В. Граве, указ. соч., с.176-177.

물론 교육을 통해 한인들을 통합하고자 하는 교회 측의 노력이 항상 순조로웠던 것은 아니다. 20세기에 들어서도 일부 한인들 사이에서는 여전히 학교를 무시하는 경향이 남아있었었기 때문이다. 학교에 대한 부정적인 태도는 주로 구세대 한인들에게서 두드러졌고, 이들은 특히 여성들의 학교교육에 거부감을 나타냈다. 예로 1909년 블라고슬로벤노예에서 여학교 설립을 둘러싸고 신세대와 구세대간의 갈등이 불거져 나오기도 했다. 구세대는 교육으로 인해 한인들의 의식 속에 자리잡고 있는 전통적인 특수성이 사라지게 됨을 우려했던 것이다.[41] 이외에도 앞서 언급한대로 지속된 한인민족학교의 영향을 들 수가 있다. 일부 한인들은 러시아어 교육의 필요성을 느끼지 못했으며, 자녀들을 한인민족학교로 보내는 경우가 많았다. 따라서 선교학교의 러시아식 교육을 통해 러시아 사회에 진출한 한인 2세대의 등장은 세대간에 전통적인 문화적·종교적 관계의 단절을 가져오기도 했다.

비록 세속당국과 정교회 측의 노력이 때로는 어려움에 부딪히기도 했지만, 한인교육은 가시적으로 꾸준한 성장을 거듭해 나갔다. 한인교육의 성장 원동력은 한인의 교육에 대한 열망이 세속당국 및 정교회 선교부의 적절한 활동과 교구교육을 받은 젊은 한인세대의 협조가 어우러진 데에서 찾아볼 수가 있다. 이러한 상황은 정교회 한인교육 활동의 바람직한 모습이며 성과라고 평가할 수 있을 것이다. 특히 1899년 연해주 블라디보스톡에 블라디보스톡 주교구(Владивостокская епархия)[42] 설립으로 정교회의 한인교육은 더 많은 관심과 지원을

---

41) Там же, с.175-176.

42) 이전까지 바이칼 동쪽의 연해주를 포함한 프리아무르 지방의 종교적 문제는 1840년에 설립된 '캄차트카, 쿠릴 및 알레우트 주교구'(Камчатская, Курильская и Алеутская епархия, 이하 캄차트카 주교구)의 관할 하에 놓여 있었다. 1898년 6월 4일, 국무협의회는 블라디보스톡 주교구 신설과 관련한 신성종무원의 보고서를 총회에서 심의하고, 캄차트카 주교구 관할 하에 있던 블라디보스톡, 사할린섬, 연해주 내의 여러 행정 관구들을 '블라디보

받으며 성장해 올 수 있었다. 뿐만 아니라 그해 설립된 동방대학 조선문학 교수인 포드스타빈(Г.В.Подставин, 1877-1924)[43]의 한인학교를 상대로 한 발전방안 연구는 프리아무르 지방당국이 한인의 러시아화를 위한 교육활동을 지속해 나가는데 큰 영향을 미쳤다. 무엇보다 주목할 점은 1905년의 비테에 의해 기초된 10월 선언[44]에도 불구하고 학교를 통한 한인교육 활동이 정교신앙을 통한 기독교화 활동과는 달리 크게 위축되지 않고 이어져 왔다는 점이다. 이는 19세기 후반 이전까지 정교신앙을 통한 기독교화 선교활동이 반드시 러시아화로 이어지지는 않았다는 국가 차원의 인식 속에서 세속당국이 교회의 신잉 활동과 관계없이 학교교육을 통해서 이민족의 러시아화를 이룰 수 있다고 여겼던 것과 맥이 같이 한다고 볼 수 있다.

스톡-캄차트카 주교구'(이하 블라디보스톡 주교구)와 '블라고베쉔스크-프리아무르 주교구'(이하 프리아무르 주교구)로 분리시키기로 결정했다(ГАХК, Собрание узаконений и распоряжений Правительства, издаваемое при Правительствующем Сенате, №118, Инв.№2808, 25 сентября, 1898, с.5741-5742 참조). 블라디보스톡 주교구의 탄생은 1880년대 초부터 본격적으로 증가하기 시작한 유럽러시아로부터 러시아 이주민들의 유입과 시베리아 횡단철도의 부설로 인한 지역적인 중요성 및 인구의 증가에 따른 결과였다. 주교구의 설립으로 저욕회의 이민족 선교는 체계를 갖추어 수행되어 나가기 시작했다.
43) 포드스타빈은 1899년 시험을 통해 조선에 파견되어 조선학(한국학) 관련 다양한 학술자료들을 수집한 후 완전한 조선어 연구체계를 수립하는 등 조선어 및 조선학 연구에 학술적 공헌이 큰 인물이다(Э. В. Ермакова(глав. ред.), указ. соч., с.359-360 참조).
44) '10월 선언'은 1905년 10월에 전국적인 파업 속에서 비테에 의해 기초된 것으로, 차리정부는 입법권을 가진 의회와 시민적 자유를 러시아에 도입하려고 시도했다. 10월 선언으로 입헌군주체제가 도입되었고, 러시아의 절대적인 전제정은 막을 내렸으며, 더 이상 전제정과 교회 간의 강력한 고리는 존재하지 않게 되었다. 정교회 지도부는 공식적으로는 세속당국의 전폭적인 지원과 지지로부터 벗어나게 되었고, 프리아무르 세속당국 또한 노골적인 국민의 기독교화를 추진할 수 없게 되는 상황에 이르게 되었다.

그러나 프리아무르 세속당국이 한인교육의 결실을 지속해 가기에 주어진 시간은 너무나 짧았다. 1914년 1차세계대전과 1917년 10월사회주의혁명의 소용돌이 속에서 러시아 정교회의 한인에 대한 선교 및 교육활동은 중단되었고, 새로운 이데올로기와 체제교육이 그 자리를 대신하게 되었기 때문이다.

2. 아무르주 한인선교의 문제와 한계

아무르주 한인사회의 기원이 되고 있는 블라고슬로벤노예 마을은 프리아무르 지방에 산재하고 있는 여느 한인마을들과는 달리 전적으로 러시아 정부의 정치적, 경제적 고려와 지원 하에서 건립되었다는 점에서 근본적으로 다른 태생배경을 안고 있다. 따라서 부여받은 여러 특권들과 더불어 한인들은 당연히 정교 세례와 학교교육을 통해 기독교화 및 러시아화의 대상으로 여겨졌다. 아무르주 세속당국과 정교회 측은 한인들의 기독교화와 러시아화를 위해 적지 않은 관심을 기울였다. 그 결과 살펴본 봐와 같이 20세기 들어서까지 한인교육은 성장해 갔으며, 남학교와 여학교가 건축되고 학생 수가 증가하는 등 가시적인 성과 또한 거두게 되었다.

하지만 필자는 블라고슬로벤노예 마을의 한인들을 대상으로 한 러시아 정부와 정교회 지도부의 기독교화 및 러시아화 정책 수행 중에 드러난 문제와 한계에 주목한다. 즉 러시아 당국의 전폭적인 지원과 지지 속에서 건립된 블라고슬로벤노예 마을의 한인들에 대한 정교회의 한인선교의 본질과 그 실제적인 결과를 추적해 봄으로써 러시아 세속당국과 정교회 지도부의 아무르주 한인선교의 본질적인 성격과 상황을 파악해 볼 수 있기 때문이다.

정착한지 20여년이 지난 시점에서 한인들의 기독교화와 러시아화라는 측면에서 상황은 러시아 정부의 의도와는 다른 방향으로 전개되어 가고 있었던 정황이 포착되고 있다. 물론 타종교의 수용과 개종은 인간의 내적변화가 요구되어지는 사안인 만큼 오랜 시간을 필요로 한다. 그렇지만 한인들의 내외적인 변화가 이후 프리아무르 세속 당국의 일종의 방치와 소극적인 개입으로 인해서 더디게 이루어 졌다면 문제는 다르다.

1890년대 중반 블라고슬로벤노예 마을을 현지 조사한 키릴로프(А. В.Кириллов)는 조사보고서에서 "한인들은 모국에서 했던 원시적인 농업생산에만 종사하고 수공업은 배우지 않는다. 그리고 소를 기르면서도 유제품을 이용할 수 있도록 젖짜는 법을 배우지 않고, 닭 이외에는 양이나 다른 조류짐승을 기르지 않으며, 양봉이나 어업에도 종사하지 않고 있다"[45]고 언급하며, 한인들이 너무 고립적인 생활방식 속에서 자신들의 전통적인 생활방식에만 매달려 살고 있음에 우려를 나타냈다. 사실 이러한 측면은 생활면에서만 나타난 현상이 아니었다. 초기 이주 및 정착 조건과 누린 특혜로 볼 때, 한인들은 보다 정교도적이고 러시아화 된 삶을 살아갈 수밖에 없었던 조건들을 안고 있었다. 그러나 실제적인 한인들의 삶은 그렇지 않았다. 세례받은 정교도 한인으로서의 삶과 러시아 정부의 눈에 비친 한인의 삶과는 큰 차이가 있었다. 따라서 외무부 프리아무르 문제 전권위원이었던 그라베(В.В.Граве)가 블라고슬로벤노예 한인들이 고립적이고 비정교도적인 삶속에 방치되어 남겨져 있었던 것에 그토록 부정적이고 비판적인 견해를 피력한 것도 바로 거기에 있었다.

본래 러시아 정부의 재이주 정책의 배경에는 무엇보다 한인들을 고립적인 생활방식에서 벗어나 정교신앙과 교육을 통한 러시아인과의 동화를 유도하기 위함이었다. 재이주 된지 20여년이 지난 블라고슬로벤노예 한인들의 삶이 러시아 정부의 의도와는 다르게 진행된

---

45) А. В. Кириллов, указ. соч., с.9.

데에는 몇 가지 측면에서 살펴볼 수 있다.

우선 한인의 고립적인 조선식 생활방식의 유지를 들 수 있다. 20여 년이 지난 상황에서 한인들의 생활방식은 거의 변함이 없이 조선에 서의 방식 그대로 남아있었다. 한인사이에서는 단 1건의 주변 민족들과의 혼인관계도 이루어지지 않았을 정도로 타민족과의 혼인을 꺼려했다. 심지어 막대한 비용을 들이면서까지 한인들은 남우수리스크 지역에 가서 배우자를 물색하곤 했다. 뿐만 아니라 조선식 복장에 조선식 주거에서 생활을 했으며, 농작물이나 가축, 수공업 등 조선식 방식만을 고집하며 생활했다. 따라서 키릴로프는 '한인들은 자신들의 전통과 생활방식을 강경하게 고수하며 러시아에 전혀 동화하려 노력해오지 않았다'고 비판적인 시각으로 한인의 동화 상태를 보았다.[46] 주변의 카자크인들은 한인들을 아무르의 '떠돌이 이민족'이라며 야유를 보내곤 했다. 단지 젊은 세대에게서 변화를 기대해 볼 수 있었지만, 그나마 이는 기성세대의 권위에 눌려 늦게 진행되고 있었다.

또 하나는 정교신앙을 통한 한인들의 삶이 여전히 비기독교적인 상황에 머물러 있었다는 점이다. 비록 1872년 마을 형성과 함께 교회가 건립되고 사제에 의한 세례가 이루어지고 높은 세례율을 보이며 한인의 기독교화가 진행되어 왔지만 20여년이 지난 시점에서 한인들의 삶은 정교도적인 삶과는 여전히 거리가 멀어 있었다. 한인들은 예배 시간에 담화를 나누거나 양반자세로 흡연을 하며 설교를 듣지 않았다. 키릴로프는 성격적으로도 한인들은 교활하고 아부하기를 좋아하며, 탐욕스럽고 복수심이 강하며 거친 민족으로서 이교도와 다름없는 모습으로 남아있다고 비판적으로 보았다.[47]

그 외에도 한인들의 러시아화가 낮은 수준에 있었다는 점을 들 수 있다. 러시아 정부는 한인의 기독교화와 러시아화를 위해 교회와 학

---

46) Там же, с.10.
47) Там же, с.10.

교교육을 활용하고자 했다. 하지만 실제적으로 교회의 역할은 미흡했다. 1880년대 초까지 마을에는 상주하는 사제가 부재했으며, 1890년대 들어서 비로소 사제가 상주하기 시작했다. 사제들은 주로 세례만을 베풀고 돌아갔으며, 지속적인 접촉을 통한 기독교 교리학습은 전혀 이루어 지지 못해왔다. 뿐만 아니라 학교교육 또한 한인들의 러시아화에 큰 역할을 해오지 못해왔다고 볼 수 있다. 초기에는 조선어를 모르는 카자크 하사관이 한인 자녀들의 교육을 담당했으며 이후 한인교사로 대체되었다. 그러나 기성세대의 권위와 마을사람들의 따가운 시선을 두려워 한 한인교사는 러시아식의 교육을 제대로 진행할 수 없었다. 특히 사제가 잠시 외부업무로 부재할 시에는 마을민들의 요구대로 상황을 맞추어 수업을 진행해야 했다.[48]

마지막으로 한인들의 행정적인 자치권한이 크게 작용했다는 점을 들 수 있다. 한인들은 정착하며 많은 경제적, 사회적 특혜와 함께 자치권을 누렸다. 특히 노인층 기성세대의 영향력은 절대적이었다. 노인층이 생각하고 조언하는 것은 마치 재론의 여지없는 성스러운 결정으로 받아들여졌으며, 아무런 제약없이 실행에 옮겨졌다. 그러한 상황 속에서 한인들은 당연히 지방당국을 회피했으며, 이는 결과적으로 지방당국의 권위 실추로 이어졌다.[49] 이러한 자치권은 결과적으로 한인들을 중심으로 지방정부의 지시와 결정을 거부하게 하는 심리적인 요인으로도 작용했으며, 나아가 러시아적인 것과의 접촉을 더디게 만드는 요인으로도 작용했다.

언급된 요인들 중에서 일부는 시간과 교육이 더 필요했던 사안이었을 수도 있다. 하지만 키릴로프도 지적하고 있는 것처럼 1890년대 블라고슬로벤노예 마을에서 드러나는 한인들의 만족스럽지 못한 기독교화 및 러시아화의 요인을 지방정부의 관심과 노력이 지속되지

---

48) Там же, с.11.
49) Там же, с.11.

못한 것에서 더 크게 찾아볼 수 있다는 점이다. 키릴로프는 한인들을 러시아인들과 동화시키기 위한 대안으로, 10-20가구의 교육받은 러시아인 가정을 한인들 사이에 거주시키고, 한인자치를 없애고, 한인들의 러시아어 사용을 의무화 시켜야 한다고 보고서를 통해 제의했다.[50] 결과적으로 마을한인들의 비러시아적인 행동양식들의 원인은 한인들의 기독교화와 러시아화를 위해 국고를 들여 이주시켰음에도 사후 관리를 소홀히 해온 세속당국의 소극적인 행정에서도 찾아볼 수 있을 것이다.

한편으로 프리아무르 지방 최고실권자였던 운테르베르게르(П.Ф.Унтербергер, 1905-1910) 군사령관지사의 반한인정책의 여파는 아무르주의 한인사회에도 적지 않게 영향을 미쳤다. 운테르베르게르 군사령관지사의 황색인들에 대한 우려와 노골적인 반한인정책은 1880년대 연해주지사(1888-1897) 시절부터 표출되어 왔었다. 일찍이 그는 1900년 발간한 자신의 저서 『연해주, 1856-1898』에서,

"30년을 넘게 러시아에서 살아온 한인들은 프리아무르의 피식민 요소로서 부적합하다. 프리아무르 지방에서는 황색인의 내습에 보루가 되어 맞서기 위해서, 그리고 태평양 연안지역에서 해군력 및 국방력의 지주로서 토착 러시아인이 필요하다. 또한 신앙과 풍습, 세계관, 경제적 생활 방식 등에 있어서도 한인들은 우리에게는 전혀 낯설고, 러시아인들과 쉽게 동화하지 않는다....프리아무르 지방에 정치적인 어려움이 초래될 경우, 한인들은 강한 편에 서거나, 아예 자신들이 러시아인들이라는 의식도 없이 행동하게 될 것이다"[51]

고 언급한바 있다. 당시 그의 이런 강경한 시각은 1900년대 프리아무

---

50) Там же, с.12.
51) В. В. Граве, указ. соч., с.135; С. Д. Аносов, указ. соч., с.12.

르 당국자들에게 적지 않은 영향을 미쳤다.

운테르베르게르의 한인에 대한 부정적인 시각은 1905년에 군사령
관지사가 된 이후에도 변함없이 이어졌다. 한인의 동화문제와 관련해
서, 그는 1912년에 발간된 자신의 저서에서,

> "40여년의 경험으로 볼 때 한인들은 완전히 부정적인 결과들만을 보여
> 주었다. 고립적인 형태로 삶을 살아가는 한인들의 농업문화와 세계관은
> 독특하고 슬라브 민족들의 그것과는 다르다. 따라서 향후라도 러시아인
> 들과의 동화를 고려해보기란 어렵다....프리아무르에서 거주해오는 동인
> 러시아인과 한인 간의 혼인율도 지극히 낮다. 이는 한인들의 생활방식과
> 러시아인들의 그것과는 전혀 공통점이 없기 때문이다. 뿐만 아니라 수십
> 년을 살아오는 동안 소수의 한인들만이 러시아어를 구사하고 있으며, 게
> 다가 여자들의 경우는 거의 러시아어를 사용하지 않고 있다. 문제는 이러
> 한 현상이 더욱 심화될 것이라는데 있다"[52]

며 변함없이 한인에 대한 부정적인 시각을 피력했다.

운테르베르게르는 한인들의 세례 및 개종, 국적편입, 마을의 학교
건립에 대해서도 전혀 인정하지 않았다. 그는,

> "한인들이 세례 및 개종을 하고 자신들의 마을에 학교를 설립하는 것
> 은 피상적인 것에 불과하며, 그 속에서 러시아인과의 동화를 위한 바램은
> 찾아볼 수 없다....한인들이 국적취득을 원하는 것은 조선에서 보다 나은
> 자신들의 물질적, 경제적 상황을 개선시키기 위함이다....한인들이 집단으
> 로 정교신앙을 받아들이고 있는 것은 러시아 국적취득을 용이하게 하기

---

52) П. Ф. Унтербергер, "Приамурский край, 1906-1910г.г.", (Очерк с 6 картам
и, 21 таблицейприложениий с 55 рисунками на 22 листах П.Ф.Унтерберг
ера), *Записки ИРГО по отделению статистики*, Т.8, СПб., 1912, с.83-84.

위해서이다. 한인선교 활동상황을 볼 때, 실제적으로 선교사들은 조선어
를 모르고 있다. 이로 인해서 정교신앙이 제대로 전달되지 못하고 있으며
만족할만한 결과들을 얻지 못하고 있다. 뿐만 아니라 한인들은 세례를 하
나의 외형적인 신앙의식으로 받아들이고 있으며, 그나마 비정교도 한인
들과의 잦은 접촉과 사제들의 열악한 관리 하에서 신앙심을 상실하고 있
다"[53]

며 한인과 관련된 모든 것을 부정했다.

    운테르베르게르의 반한인정책의 영향은 한인의 노동인구 변화에
서도 찾아볼 수가 있다. 잠시 이 무렵 아무르주 한인사회의 중심이었
던 블라고슬로벤노예 마을의 인구상황을 보면, 1906-1907년 시기에 마
을의 러시아 국적의 한인은 약 1,600명,[54] 1909-1910년도에는 총 1,697명
(507가구)에 이르렀다. 연해주의 포시에트 지구와 수이푼 지구, 수찬
지구 등에 산재해 있는 35개 주요 한인마을들에 거주하고 있는 한인
들의 수는 총 15,269명(2,532가구)으로,[55] 당시 포시에트 지구의 규모가
큰 한인마을의 인구가 많아야 1,000여명 안팎이었던 것을 감안했을
때, 블라고슬로벤노예 마을의 규모를 짐작해 볼 수 있다. 블라고슬로
벤노예 이외에 아무르주 전체적으로 한인들의 수도 증가해서 1906년
까지만 해도 6,300여 명의 한인들이 광산이나 금광 등 여러 지역에서
활동하고 있었고,[56] 1909년 5월 21일 현재 제야(Зея) 산악관구에만 814

---

53) Там же, с.84, 89.
54) 현규환, 『韓國流移民史』상, (서울 : 대한교과서주식회사, 1972), p. 811.
55) В. Д. Песоцкий, "Корейский вопрос в Приамурье", (Отчёт поручика 1-го
    Сибирского стрелкового ЕГО ВЕЛИЧЕСТВА полка В.Д.Песоцкого), *Труд*
    ы командированной по Высочайшему повелению Амурской экспедици
    и, Приложение к выпуску 11, Хабаровск, 1913, с.156. 당시 마을인구가 가
    장 많은 포시에트 지구 얀치혜 마을의 인구는 254가구에 1,688명이었다. 이
    중 상얀치혜에 89가구(527명)가 거주했으며, 하얀치혜에 178가구(1,161명)가
    거주하고 있었다.

명의 한인이 거주하고 있었다.[57] 하지만 운테르베르게르 시기를 거치
며 한인들이 사업장 및 광산에서의 고용을 금지당했으며, 결정적으로
이로 인해서 이하의 표에서 나타나고 있듯이 1910년에 들어서는 아무
르주 한인의 전체 거주자 수가 1,538명까지 크게 줄어들었다.[58]

[표 1] 1910년도 현재 아무르주 한인 거주자 수

지역	종교		남자	여자	가족수
	정교도	비정교도			
블라고베쉔스크		357	315	42	38
아무르군	2	577	576	3	4
제야항구	5	145	124	26	15
아무르 카자크군 관구		202	198	4	4
제야 산악경찰관구		150	150		
부레인 산악관구		55	50	5	5
아무르 재이주군		45	45		
합계	7	1531	1458	80	66

위의 표에서는 블라고슬로벤예 마을을 제외한 그 밖의 아무르주
의 한인 거주상황을 보여주고 있다. 표에서처럼 여자보다는 남자가
절대적으로 많고, 가족의 수에 비해 인구가 많은 것은 블라고슬로벤
노예를 제외하고 아무르주 한인들의 다수가 가족이 없는 광산 노동
자들이었기 때문이다. 또한 이들의 거주지가 산악지대에 있었던 관계
로 블라고슬로벤노예 마을을 제외하고는 교회 및 사제들과의 접촉이

---

56) В. В. Граве, указ. соч., с.145. 한인들의 상아무르 진출은 1891년 후반에 시
　　작되었는데, 1888-91년에는 단지 러시아 관리들의 급사로서 6-15명이 있었
　　을 뿐이며, 이후 1891-92년 470명, 1892-93년 1,050명으로 증가했다.
57) РГИАДВ, Ф.702, Оп.1, Д.566, Л.225. 「1909년 5월 아무르주지사 스이체프스키
　　(Сычевский)가 블라고베쉔스크에서 프리아무르 군사령관지사 앞으로 보
　　낸 전문」.
58) В. Д. Песоцкий, указ. соч., Приложение XII, с.154.

거의 이루어 지지 못하고 있었고, 따라서 세례자(정교도)의 수 또한 상대적으로 낮게 나타나고 있다. 이들 산악지역 한인노동자들에 대한 선교는 특히 1910년대 시베리아총회의 일원이었던 이강과 같은 한인 전도사나 사제들에 의해서 수행되기도 했다.

문제는 키릴로프의 블라고슬로벤노예 마을 한인들의 기독교화 및 러시아화에 대한 우려가 1910년대 들어서도 관계당국 차원에서 계속 표명되고 있다는 점이다. 이 시기에 들어서도 한인들의 내적인 기독교화와 러시아화 상태는 교회의 입장에서 볼 때 여전히 만족할 만한 상황 가운데 있지 못했다. 비록 한인들이 정교의식을 행하고 성호를 긋고, 대부분의 가정이 성상화와 함께 정교도적인 생활을 해나갔지만, 내적으로는 무속신앙적인 신앙행위를 수행하는 등 혼재된 신앙상태를 유지하고 있었다. 특히 노년층에서는 여전히 무속신앙이 강하게 자리잡고 있었고, 이는 마을민 전체에 영향을 주고 있었다.

1910년을 전후하여 블라고슬로벤노예 마을을 답사한 외무부 소속의 그라베는 블라고슬로벤노예 마을 한인들의 부진한 러시아화 현상에 대해 전적으로 러시아 정부의 책임으로 돌렸다. 그는 아무르탐험대(Амурская экспедиция)[59]의 결과보고서를 통해서,

"러시아 정부가 마을 한인들에게 러시아 국가성을 심어주기 위해 지난 25년 동안 행한 것은 아무 것도 없다. 다만 아무르주 당국은 폐쇄적인 블라고슬로벤노예 마을 한인들의 러시아인들과의 동화를 위해 러시아인 농민 가족을 이주시키려 시도했지만 실행으로 옮기지 못했고, 결국 그것으로 더 이상의 한인의 동화를 위한 노력은 끝이 났다"[60]

---

59) 아무륵탐험대는 프리아무르 마지막 군사령관지사였던 곤닫티(Н.Л.Гондатти, 1911-17)에 의해 1909년 10월 27일에 조직되었으며, 아무르탐험대는 프리아무르 지방의 전체적인 상황을 학술탐험하여 중앙정부에 보고하는 임무를 수행했다.

60) В. В. Граве, указ. соч., с.179.

며 당국의 무관심과 소극적인 러시아화 노력에 대해 비난했다. 그에
대한 한 사례로 그는 1895년부터 이주해와 정착한 한인 28가구의 국적
편입 청원을 프리아무르 당국이 오랫동안 외면해 오고 있다며 세속
당국의 한인 러시아화를 위한 노력에 질타를 가했다.[61] 한국학 연구
자인 로스 킹(Ross King) 또한 블라고슬로벤노예 마을과 관련한 가장
최근에 발표한 자신의 연구물에서, 블라고슬로벤노예 마을이 러시아
정부의 재이주 정책의 결과로 특혜와 물질적 풍요를 누렸지만 1910년
대 들어서도 여전히 비기독교적이고 비러시아화적인 상태에 머물러
있었다고 언급하고 있다.[62]

IV. 맺음말

2002년 블라고슬로벤노예 마을은 건립 130주년을 맞이했다. 현지
인들은 유태인자치주의 수도인 비로비드찬 국영 TV, 국립문서보관소
와 공동으로 마을 건립 130주년 기념 다큐멘터리 필름을 제작하고, 성
대히 기념식을 치르기도 했다. 현지의 러시아인들 스스로도 마을의
역사 자체를 매우 자랑스럽게 여기고 있다. 블라고슬로벤노예 마을
중앙에는 마을이름이 새겨진 높다란 쇠탑이 당시 번성했던 마을의
영광을 말해주는 듯 위풍당당 솟아 있다. 130여 년이 지났건만 한인들
의 흔적은 마을의 여기저기서 찾아볼 수가 있다. 중심거리에는 유일
하게 형체가 보존된 한 채의 한인구옥과 마을 모퉁이에는 공동으로
사용했던 연자맷돌이 남아있고, 쌀독으로 사용했었을 것 같은 큼지막
한 항아리가 푸른 눈의 주인으로 바뀐 채 아직도 사용되고 있다.

---

61) Там же, c.178.

62) Ross King, "Blagoslovennoe: Korea Village on the Amur, 1871-1937", *Review of
Korean Studies*, Vol.4, No.2, 2001, pp. 151-152.

블라고슬로벤노예 마을은 이주에 따른 예상 총비용만 15,271루블이 소요되었을 정도로 러시아 정부의 주도 하에 이루어진 전무후무했던 재이주정책의 결과물이었다고 할 수 있다. 러시아인들처럼 인두세 납부 영구면제, 20년간 토지세 면제, 3년간 부역면제 혜택을 받을 정도로 한인들은 막대한 특혜와 함께 토지까지 부여받았다. 또한 마을구성원 전체를 상대로 정교회의 세례와 개종이 이루어 졌으며, 이른바 시범적인 한인마을로서 정교회의 요람으로서 독자적인 발전을 이루어 나갔다.

러시아 세속당국과 정교회 지도부는 정교신앙과 러시아식 학교교육을 통해서 궁극적으로 한인들의 러시아화를 유도해내고자 했다. 한인들의 러시아화를 위한 작업은 1871년 9월에 성인 알렉산드로 네프스키를 기리는 최초의 교회와 1872년 5월 한인학교가 블라고슬로벤노예 마을에 세워지며 본격적으로 시작되었다. 정교신앙을 통한 러시아화의 노력으로 마을의 세례자는 증가해나갔고, 20세기에 들어서도 높은 세례율을 유지했으며, 새로운 교회의 건축까지 이어졌다. 세속당국은 교육을 통해서도 한인들의 러시아화 정책에 힘을 기울였다. 이는 기존의 정교신앙을 통한 선교활동이 이민족의 기독교화와 러시아화라는 국가의 입장에서 볼 때 만족할 만한 결과를 가져다주지 못한다는 인식의 변화 때문이었다. 특히 1880-1905년 시기 신성종무원장을 역임했던 포베도노스체프에 의해 정교회 선교는 일종의 국가 정책으로 전 지역의 이민족들 사이에서 강력히 추진되어 나갔다. 이러한 영향은 프리아무르의 전 한인사회에도 그대로 반영되어 나타났다. 20세기에 들어서는 남학교가 신축되고, 새롭게 여학교까지 건축이 되는 등 세속당국과 정교회 측의 노력으로 한인교육은 가시적으로 꾸준한 성장을 거듭해 나갔다. 한인교육의 성장 원동력은 세속당국 및 정교회 선교부의 적절한 활동과 교구교육을 받은 젊은 한인세대의 협조가 어우러진 데에서 찾아볼 수가 있다. 게다가 1899년 연해주에 블라디보스톡 주교구(Владивостокская епархия) 설립으로 프리아무르 전체적으로 정교회의 한인교육은 더 많은 관심과 지원을 받을 수 있는 조건 속에 놓이게 되었다. 또한 그해 설립된 동방대학 조선문학 교수인 포드스타빈(Г.В.Подставин, 1877-1924)의 한인학교를 상대로 한 발전방안 연구는 프리아무르 지방당국이 한인의 러시아화를 위한 교육활동을 지속해 나가는데 적지 않은 영향을 미쳤다.

본문에서도 드러난 것처럼 아무르주 한인사회의 기원이 되고 있는 블라고슬로벤노예 마을은 프리아무르 지방의 여느 한인마을들과는 달리 전적으로 러시아 정부의 정치적, 경세석 고려와 지원 하에서 건립되었다는 점에서 근본적으로 다른 태생배경을 안고 있다. 따라서 20세기 들어서까지 세례자가 증가하고, 남녀학교가 건축되고 학생 수가 증가하는 등 세속당국과 정교회 입장에서는 가시적인 성과 또한 거두게 되었다.

하지만 블라고슬로벤노예 마을의 한인들을 대상으로 한 러시아 세속당국과 정교회 지도부의 기독교화 및 러시아화 정책이 가시적인 성과들에도 불구하고 본질적인 문제와 한계 속에서 수행되었음을 인정하지 않을 수 없다. 러시아 세속당국과 정교회 측의 한인들의 러시아화를 위한 노력은 재이주된지 20여년이 지난 시점에서도, 그리고 20세기에 들어서도 많은 점에서 당국과 정교회 측의 의도와는 다르게 진행된 측면들을 찾아볼 수 있었다.

우선은 한인의 고립적인 조선식 생활방식의 유지를 들 수 있다. 20여년이 지난 상황에서 한인들의 생활방식은 거의 변함이 없이 조선에서의 방식 그대로 남아있었다.

또 하나는 정교신앙을 통한 한인들의 삶이 여전히 비기독교적인 상황에 머물러 있었다는 점이다. 비록 1872년 마을 형성과 함께 교회가 건립되고 사제에 의한 세례가 이루어지고 높은 세례율을 보이며 한인의 기독교화가 진행되어 왔지만 20여년이 지난 시점에서 한인들의 삶은 정교도적인 삶과는 여전히 거리가 멀어 있었다.

그 외에도 한인들의 러시아화가 낮은 수준에 있었다는 점을 들 수 있다. 1880년대 초까지 마을에는 상주하는 사제가 부재했으며, 1890년대 들어서 비로소 사제가 상주하기 시작했다. 즉 사제와 마을민들 간의 지속적인 접촉을 통한 기독교 교리학습은 전혀 이루어 지지 못해 왔다는 점이다. 뿐만 아니라 조선어를 모르는 카자크 하사관이 교육을 담당하거나 한인 노년층의 교육에 대한 비협조적인 태도 등으로 인해 학교교육 또한 한인들의 러시아화에 큰 역할을 해오지 못해왔음을 확인할 수 있었다.

마지막으로 한인들의 행정적인 자치권한도 크게 작용했음을 확인할 수 있었다. 즉 한인들은 많은 경제적, 사회적 특혜와 함께 자치권을 누렸는데, 특히 노인층 기성세대의 영향력은 절대적이었다. 자치권과 노인층의 강한 영향력은 결과적으로 한인들을 중심으로 지방당국의 지시와 결정을 거부하게 하는 심리적인 요인으로도 작용했으며, 이는 러시아적인 것과의 접촉을 더디게 만드는 요인으로도 작용했음을 알 수 있었다.

1890년대까지 블라고슬로벤노예 마을에서 드러나는 한인들의 만족스럽지 못한 기독교화 및 러시아화의 요인은 결국은 지방당국의 관심과 노력이 지속되지 못한 것에서 찾아볼 수 있다. 즉 마을한인들의 비러시아적인 행동양식들의 원인은 한인들의 기독교화와 러시아화를 위해 국고를 들여 이주시켰음에도 사후 관리를 소홀히 해온 세속당국의 소극적인 행정에서도 찾아볼 수 있을 것이다.

이러한 상황은 20세기 들어서 프리아무르의 최고실권자였던 운테르베르게르 군사령관지사 시기의 반한인정책의 여파로 적지 않게 영향을 받기도 했다. 그 누구보다도 마을상황에 대해서 가장 잘 알고 있는 키릴로프는 1910년대 들어서도 관계당국 차원에서 계속 우려를 표명하고 있다. 이 시기에 들어서도 한인들의 내적인 기독교화와 러시아화 상태는 교회의 입장에서 볼 때 여전히 만족할 만한 상황 가운데 있지 못했다. 따라서 외무부 소속의 프리아무르 문제 전권위원인 그라베는 러시아 정부가 마을 한인들에게 러시아 국가성을 심어주기 위해 지난 25년 동안 행한 것은 아무 것도 없다며 당국의 한인 러시아화를 위한 소극적인 노력에 질타를 가하고 있다. 한국학 연구자인 로스킹 또한 1910년대 들어서도 블라고슬로벤노예 마을의 한인들은 여전히 비기독교적이고 비러시아화적인 상태에 머물러 있었다고 보고 있다.

사실 블라고슬로벤노예 마을의 경우 이주 및 정착의 배경을 고려해 볼 때, 러시아 정부로서는 가장 빠른 동화와 러시아화를 기대해 볼 수 있는 지역이었다. 그러나 오히려 블라고슬로벤노예 마을의 한인들은 더 견고하게 조선적인 전통과 고립적인 생활방식을 유지해 나갈 수 있도록 방치되었으며, 지방당국의 관심 또한 적극적으로 표출되지 못한 측면이 많다. 러시아 정부는 자신들의 발의로 거액의 국고를 들여 이주시킨 한인들에 대해서조차 지속적인 관심과 충분한 지원을 하지 않았으며, 이는 결국 마지막 시점에 이르러서까지 한인들의 낮은 러시아화라는 불만족스런 결과를 낳았다. 즉 러시아 정교회의 아무르주 한인선교 활동은 프리아무르 세속당국의 지속적이지 못한 관심과 적지 않은 한계 속에서 수행되어 왔으며, 그로 인해 한인들의 러시아화 상태 또한 마을의 형성배경에 비해 만족할 만한 수준 가운데 있지 못했다고 볼 수 있다.

물론 마지막 시기에 들어 젊은 세대와 교육받은 한인젊은이들의 등장으로 러시아 정부의 정책이 조금씩 수확을 거두어나가기 시작했다고 볼 수 있다. 그러나 이 또한 러시아 정부는 한인들의 만족할만한 내적인 기독교화 및 러시아화를 맛보기 전에 1차세계대전과 10월 사회주의 혁명이라는 큰 역사적인 변화를 맞게 되었다. 아울러 블라고슬로벤노예 한인들의 종교활동과 이를 통한 러시아화는 종료되고 말았던 것이다.

【참고문헌】

1차 자료

РГИАДВ, Ф.702, Оп.1, Д.566, Л.225. 「1909년 5월 아무르주지사 스이체프스키(Сыч
евский)가 블라고베쉔스크에서 프리아무르 군사령관지사 앞으로 보낸
전문」.

ГАХК, Собрание узаконений и распоряжений Правительства, издаваемое п
ри Правительствующем Сенате, №118, Инв.№2808, 25 сентября, 1898.

『Миссионер』, No.26, 1874, с.239, 「Миссионерская деятельность между корей
цами, переселившимися на Амур」.

『Миссионерское обозрение』, No.4, Апрель, 1998, с.18. 「Православие у корейц
ев Приамурья и Забайкалья」.

Аносов С.Д., *Корейцы в Уссурийском крае* (Хабаровск-Владивосток : Книжно
е дело, 1928).

Вагин В., "Корейцы на Амуре", (Сборник исторических и статистических св
едений о Сибири и сопредельных ейстранах), СПб., Т.1, 1875.

Граве В.В., "Китайцы, корейцы и японцы в Приамурье", (Отчёт Уполномоче
нного Министерства Иностранных Дел В. В. Граве), Труды команд
ированной по Высочайшему повелению Амурской экспедиции, Вы
п.11, СПб., 1912.

Кириллов А.В., "Корейцы села Благословенного", (историко-этнографическ
ий очерк), 『Приамурские ведомости』, №№58-59, Приложения, 1895.

Кюнер Н.В., 「Корейцы」, рукопись, Архив автора, Санкт-Петербургское отде
ление Института Этнологии РАН, Ф.8, оп.1, No.253-а.

_____, *Статистико-географический и экономический ОЧЕРК КОРЕИ, н
ыне японского генерал-губернаторства Циосен*, Владивосток, 1912.

Песоцкий В.Д., "Корейский вопрос в Приамурье", (Отчёт поручика 1-го Сиби
рского стрелкового ЕГО ВЕЛИЧЕСТВА полка В.Д.Песоцкого), Труд
ы командированной по Высочайшему повелению Амурской экспед

иции, Приложение к выпуску 11, Хабаровск, 1913.

Пржевальский Н.М., *Путешествие в Уссурийском крае, 1867-1869гг.*, (СП6.,1870), Владивосток, 1990.(제5판)

_____, "Инородческое население в южнойчасти Приморскойо бласти", ИРГО, СПб., Т.5, No.5, отд.2, 1869.

Унтербергер П.Ф., "Приморская область 1856-1898гг.", Записки ИРГО по отделению статистики, СПб., 1900.

_____, "Приамурский край, 1906-1910г.г.", (Очерк с 6 картами, 21 таблицейприложенийи с 55 рисунками на 22 листах П.Ф.Унтербергера), Записки ИРГО по отделению статистики, Т.8, СПб., 1912.

『獨立新聞』(상해판), 1920년 2월 20일-4월 12일, 뒤바보, 「俄領實記」, 1-12회.

_____, 대한민국 2년(1920) 2월 1일, 제49호. 「俄領實記」-제1호(移植된 原因).

_____, 대한민국 2년(1920) 3월 4일, 제50호. 「俄領實記」-제3호(移植된 原因(續)).

_____, 대한민국 2년(1920) 4월 1일, 제60호. 「俄領實記」-제10호(宗敎).

『대한인정교보』(大韓人正敎報, Православие), 1-11회.

_____, 1912년 1월 (창간호). 「아령한인정교회의근상」, 「교회소식」, 「정교론」, 「우리한국 사름은 급히 정교에 도라올지어다」, 「정교세례밧은쟈에게고흠」, 잡보 「정교학교개교식」.

_____, 1912년 12월 1일 (제7호). 「정교회에셔젼도」.

_____, 1914년 2월 1일 (제8호). 「황씨는슈청 최씨는해항」.

2차 자료

Ермакова Э.В.(глав. ред.), *Приморский Край-краткий энциклопедический с правочник,* Владивосток, 1997.

Калинина И.В., *Православные храмы Иркутской епархии 17-начало 20века,* М., 2000.

Петров А.И., *Корейскя диаспора на Дальнем Востоке России 60-90е годы 19 века* (Владивосток : 2000).

_____, *Корейскя диаспора в России 1897-1917гг.* (Владивосток : 2001).

Пак Б.Д., *Корейцы В Российской империи* (Дадьневосточный период), М., 1993.

Belov, M., "The Experience of The Russian Orthodox Charch among Koreans 1865-1914", (Seoul : Yonsei International Univ. December, 1991).

Ross King, "Blagoslovennoe: Korea Village on the Amur, 1871-1937", Review of Korean Studies, Vol.4, No.2, 2001.

랴자노프스키 니콜라이.V., 김현태 옮김, 『러시아의 역사Ⅱ』, 1801-1976, 까치, 1994.

현규환, 『韓國流移民史』상, (서울 : 대한교과서주식회사, 1972).

이병조, "러시아 정교와 개신교의 만남과 충돌(1909-1912)-최관흘과 장로교파의 극동지역 선교활동과 러시아 측의 대응을 중심으로", 『슬라브研究』, 제24-1권 (서울 : 한국외대 러시아연구소, 2008).

「История г.Хабаровска (1946г. и Т.Д.)」http://www.khb.ru/history/ist4.html(2007.2.5 검색).

ABSTRACT

The Korean Society and Mission for Koreans in Amurian oblast' in Russia(from 1872 to 1916):
With Priority Given to Blagoslovennoe village

In the past, Blagoslovennoe in Amurian oblast' of Priamurian region was one of the model settlements established and designed by the Russian government which would cost 15,271 ruble to immigrate people. The authorities and Russian Orthodox Church were trying to russianize Koreans through Russian schooling and mission work in the long run. For this, the first cathedral was built in memory of Aleksander Nevski in September, 1871 and a school for Koreans was established in Blagoslovennoe, in May 1872.

In the 20th century, a boy's and a girl's school were newly established and education for Koreans continued to thrive with the effort of the authorities and Russian Orthodox Church. With the authorities and Russian Orthodox Church's efforts and cooperation of young generation of Korea resulted in such growth. Additionally, establishment of the Vladivostok main parish church in Siberia, 1899 helped the education for Koreans to gain further attention and support. And G.V.Podstavin's study on the ways to develop the education for Koreans encouraged the Priamurian authorities to continue to support the russianizing education for Koreans.

However, although the authorities and Russian Orthodox Church's policy for mission and russianization for Koreans in Blagoslovennoe produced some visible results, there were still substantial matters and limitations to be solved.

One of the problems was in the Korean way of life, which is isolated. Although almost 20 years had passed after Koreans moved into Blagoslovennoe, they still lived in the same way they used to in Korea and the Eastern Orthodox Church, which Koreans believed, made it hard to successfully Christianize Koreans. Also, the state of russianization of Koreans was at a low level and there was no resident priest until early of 1880's(there were no resident priests not later than 1890's). Lastly, Korean's administrative autonomy hindered the russianization and mission for Koreans.

The reason that russianization and mission for Koreans could not make success was resulted from the authorities and Russian Orthodox Church's discontinuous concerns and insufficient efforts. Furthermore, the Anti-Korean policy conducted under the domination of P.F.Unterberger, who was the General-governor of Priamurian, had negative effects on the russianization and mission for Koreans.

Considering the backgrounds of movement and settlement of Blago-slovennoe, the Russian government regarded it one of the best regions satisfies the required condition for assimilation and russianization. However, discontinuous concerns and insufficient support brought about unsatisfactory results. In other words, despite all the formative features, the Russian Orthodox Churches' efforts for Christianize Koreans could not make a great success with the Priamurian authorities' unsustained attention and considerable limitations.

3장 러시아 정교와 개신교의 만남과 충돌(1909-1912)

– 최관흘과 장로교파의 극동지역 선교활동과 러시아 측의 대응을 중심으로 –

Ⅰ. 머리말

극동지역은 약 45만에 달하는 독립국가연합(CHГ) 지역 한인들의 마음의 고향이다. 1860년대 초부터 1880년대 중엽까지만 해도 연해주의 다수민족은 한인이었고,[1] 계속된 한인들의 이주로 1910년대 말에 연해주를 중심으로 극동지역에는 거대한 한인공동체가 이미 형성되어있었다.[2] 공식적인 자료에 따르면 1914년 경 연해주에만 64,309명

---

[1] 1870년대 말부터 러시아는 본격으로 남우수리스크 지방(현재의 연해주)으로 러시아인 이주에 관심을 기울였다. 1882년 연해주 전체인구(92,708명)에서 러시아인은 8,385명(9%), 한인은 10,137명(11%)이었다(В.В.Граве, "Китайцы, корейцы и японцы в Приамурье", (Отчёт Уполномоченного Министерства Иностранных Дел В. В. Граве), Труды командированной по Высочайшему повелению Амурской экспедиции, Вып.11, СПб., 1912, с.129 참조).

[2] 필자는 2001-2007년 시기 동안 국가보훈처, 독립기념관, 한국학술진흥재단 등이 주관한 한인 관련 러시아 및 중앙아시아지역 학술조사수행의 일환으로, 그리고 수차례의 개인적인 방문을 통하여 과거 극동지역의 수십 개의 주요 한인정착촌들을 대부분 직접 살펴보았다. 현재 이 정착촌들은 1937년 스탈린 강제이주와 소비에트 시기를 거치는 동안 대부분 폐허가되었고, 주로 한인들의 생활 흔적으로 여겨지는 온돌식 집터와 연자맷돌, 우물, 농기구, 전답 등이 남아 있다. 하지만 연해주 남서부의 얀치혜(Янчихе, 연추, 煙秋, 현재 추카노프카지역), 파타쉬, 우수리스크 서쪽의 코르사코프카, 크로우노프카, 시넬니코보, 푸칠로프카, 아무르주 남부의 블라고슬로벤노예(Благословенное, 사만리, 沙滿理)(현재 유태인자치주 남부)처럼 입지가

(귀화자-20,109명, 비귀화자-44,200명)의 한인들이 있었다.[3] 이는 공식
통계 수치 일뿐 실제로 거주증이 없는 상시거주 한인들까지 포함하
면 약 10만 명에 가까웠다. 독립국가연합 한인사회의 중심이었던 극
동지역은 현재 지리적 차이는 있으나 1884년 행정개편 이후부터 1917
년 혁명 이전까지는 '프리아무르군행정관구'(Приамурское генерал-губе
рнаторство, 수도 하바로프스크)[4]로 편제되어 있었다. 군행정관구는
연해주, 아무르주등 몇 개의주(州)를 포함하고 있는 하나의 지방정부
로 이해될 수 있다. 또한 새롭게 신설된 지방정부인 프리아무르는 중
앙으로부터 막강한 자치권한을 위임받은 군사령관지사(генерал-губер
натор)[5]에 의해서 다스려 졌다.

좋은 곳에 있던 마을들의 경우는 러시아인들에 의해서 지금까지도 명맥을
유지해 오고 있다.
3) С. Д. Аносов, Корейыы в Уссурийском крае (Хабаровск-Владивосток :
Книжное дело, 1928), с.27. 본 논문에서 '귀화자'는 '러시아 국적자'를 의미
한다.
4) 러시아 중앙정부는 1884년 행정개편에 따라 동시베리아를 동시베리아 군
행정관구(수도-이르쿠츠크)와 프리아무르 군행정관구(수도-하바로프스크)
로 분리시켰고, 막강한 자치권한을 소유한 군사령관지사로 하여금 관할하
도록 했다. 동시베리아 군행정관구에 포함되어 있던 자바이칼주(치타
/1851-1906), 아무르주(블라고베쉔스크/1858-1917), 연해주(블라디보스톡/1856-
1917), 블라디보스톡군직할지(1880-88), 캄차트카주(1909-17), 사할린주(1909-
17)는 신설된 프리아무르 군행정관구에 편입되어 1917년 혁명 전까지 이어
졌다. '프리아무르'는 1937년 강제이주 전까지 한인들의 주요 생활무대였으
며, 넓은 의미에서 '극동'과 같은 지역적 개념 및 명칭으로도 이해될 수 있
다. 본 논문에서는 '프리아무르'와 '극동' 지역을 같은 지리적 개념으로 사
용함을 밝혀둔다.
5) 1884년 시베리아 행정개편 이후 신설된 프리아무르군 행정관구 군사령관
지사들은 다음과 같다: ①코르프/А.Н.Корф/1884-93, ②두호프스코이/С.М.Ду
ховской/1893-98, ③그로데코프/Н.И.Гродеков/1898-1902, ④숩보티츠/Д.И.Суб
ботич/1902-03, ⑤리네비츠/Н.П.Линевич/1903-04, ⑥흐레샤티츠키/Р.А.Хреща
тицки/1904-05, ⑦운테르베르게르/П.Ф.Унтербергер/1905-10, ⑧곤닫티/Н.Л.Г
ондатти/1911-17.

　한편 북경조약(1860)으로 러시아는 아무르강과 우수리강을 경계로 양하(兩河) 유역을 최종적으로 자국영토에 편입시켰다. 러시아 중앙정부는 당시까지는 동시베리아 군행정관구에 속해 있던 프리아무르, 즉 극동지역의 개발과 해군력 증강 및 부동항 확보를 극동정책의 주요 근본과제로 삼기 시작했다. 그러나 1880년대 중반 이후 러시아인 이주자의 유입이 증가되는 가운데 계속되는 한인의 유입은 향후 극동개발과 태평양 지역에서의 안보구축 정책을 펼쳐 나가는데 있어서 예상치 못한 변수로 작용하기 시작했다. 러시아 중앙정부 및 프리아무르 지방정부, 즉 극동 지방정부는 극동개발을 위해 숫적으로 부족한 러시아인을 대신해 이민족을 활용하고자 했다. 이를 위해 러시아 정부는 한인들의 정교화와 러시아화를 우선적인 과제로 삼았으며, 이를 정교회의 선교활동을 통해서 해결해 나갔다.

　1865년부터 공식적으로 시작된 정교회의 한인선교는 1899년 블라디보스톡 주교구(Владивостокская епархия)의 설립을 통해 보다 체계적으로 수행되어 나가기 시작했다. 하지만 극도의 반한인정책을 취했던 운테르베르게르(П.Ф.Унтербергер/1905-10) 군사령관지사 시기를 거치며 한인선교는 침체기를 맞이했다. 한편으로 1905년 10월 선언과 입헌군주 체제의 도입으로 러시아의 국가-교회 관계에는 변화가 초래되었고, 그 영향은 극동지역 한인선교에서도 직접적으로 반영되어 나타났다. 특히 한인선교에서 국가-교회 간의 관계변화에 따른 양상은 특히 1910년을 전후로 러시아 측(세속 당국, 정교회 지도부)의 조선에서 들어온 장로교파에 대한 대응과정에서 잘 드러나고 있다.

　본 논문에서 필자가 주목하는 것은 이러한 변화된 국가-교회 관계 속에서 수행된 러시아 측, 즉 세속 당국(극동 지방정부, 연해주 당국)과 정교회 지도부(블라디보스톡 주교구)의 장로교파에 대한 대응과 정책이다. 필자가 군이 이 문제에 주목하는 이유는 무엇보다도 1909-1912년 시기에 최관흘 선교사를 중심으로 블라디보스톡에서 시작된

장로교파의 선교활동과 이에 대한 러시아 측의 대응과정을 통해서 정교회의 약 50년의 극동지역 한인선교 사업의 실상을 총체적으로 파악해 볼 수 있기 때문이다. 이 연구는 크게는 50여년의 극동지역 한인선교의 총체적인 문제와 한계를 파악해 볼 수 있다는 점에서, 작게는 러시아 내에서의 한국에서 진출한 개신교의 기원에 관한 문제와 관련해서도 국내의 관련학계에 적지 않은 기여를 할 수 있다는 점에서 의미가 있다고 본다. 특히 중심 소재로 다루어지게 될 최관흘의 선교활동과 정교회로의 개종문제에 대한 연구적 논의는 그간 국내 관련학계에서도 주목을 받아 온 흥미로운 주제 중의 하나였다는 점에서 더욱 그렇다.

최관흘을 중심으로 하는 장로교파의 러시아 선교활동에 대한 연구는 1990년대 초 소련 붕괴 이후 국내의 개신교단에 의해 러시아 지역에 파송된 선교사들이 1998년에 개정된 러시아 종교법의 규제조항[6]으로 현지사역에 제동이 걸리면서 시작되었다고 할 수 있다. 이러한 주제로 그간 연구되어 나온 저술물들은 많지 않다.

---

6) 1997년 개정된 새 종교법은 기존에 법인으로 등록된 모든 종교단체의 재등록을 요구했다. 재등록 요건의 핵심은 15년 이상 존속했다는 활동지역 시 당국의 확인서를 첨부하는 것이었다. 즉 1983년 이전의 존재(활동) 근거를 제출하라는 이러한 조치에는 주로 소련 붕괴 이후 활동을 시작해온 외국 기독교 단체들은 재등록 과정에서 불법화시키겠다는 의도가 숨어있었다. 당시 한국 측 종교단체들에게 있어서 재등록 방안은 15년 이상 된 러시아 현지교단인 침례교단이나 오순절 교단에 가입하는 방안이나 1910년대의 한국 측의 최관흘 중심의 장로교회나 감리교회가 블라디보스톡에서 활동했던 근거자료를 찾아 제출하는 것이었다. 결과적으로 우여곡절 끝에 한국 측 종교단체들은 최관흘 관련 사료들을 찾아내었고, 이를 통해 10여개 교회들이 등록을 마칠 수 있게 되었다. 이 중 3개 교회가 중심이 되어 연해주 장로교 연합회(Союз)를 구성하였고, 이 연합회를 통해 나머지 한국 측 선교 및 교회단체들의 등록을 마칠 수 있게 되었다(정호상, "최관흘의 생애와 러시아 연해주 지역 선교 연구", 장로회신학대학교 세계선교대학원 석사학위논문, 2004, pp. 1-2 참조).

우선 국외 연구자인 벨로프(M.Белов)의 학위논문 "한인들 사이에서
러시아 정교회의 경험, 1865-1914"[7]을 들 수 있다. 이것은 다양한 1차
자료들을 이용하여 러시아 정교회의 한인선교 활동을 본격적으로 다
루기 시작한 최초의 연구물이라 할 수 있다. 벨로프는 1910-14년 시기
한인의 정교회에 대한 관심이 부활한 원인 중의 하나를 장로교파의
선교활동에서 찾으며, 장로교파의 선교활동의 결과와 성공 요인을 언
급하고 있다. 하지만 지극히 적은 분량으로 소개되고 있으며, 무엇보
다 최관흘의 성명(姓名)을 포함, 개인에 대한 직접적인 언급이 없다는
점에서 최초의 연구물로서의 아쉬움을 갖고 있다고 할 수 있다. 내용
상 유사한 연구물로 이상근의 "韓人 露領移住史 硏究"(한인 노령이주
사 연구)[8]를 들 수 있다. 그는 지면의 일부를 통해서 1910년을 전후한
최관흘과 장로교파의 선교활동, 그리고 이에 대한 정교회의 대응과
한인선교 발전을 위한 노력과 조치들에 대해서 비교적 자세히 다루
고 있다. 하지만 분량이 매우 제한되어 있고, 활용한 문서자료들에 대
한 정확한 출처를 제시하지 않고 있다는 점에서 초기의 선행연구물
로서 아쉬움을 안고 있다. 이외에도 박기호의 "한국교회 선교운동
사"[9]가 있다. 이 글 또한 최관흘의 개종 이유 등을 적은 분량으로 서
술하고 있어서 본격적인 연구물로 보기에는 어렵다고 하겠다.

2000년대 들어서도 최관흘과 장로교파의 러시아에서의 한인선교
활동에 대한 학술적 연구는 간헐적으로나마 계속되었다. 이병조는 학
위논문 "러시아정교회의 러시아·극동 한인선교(1863-1916)"[10]에서 몇
페이지에 걸쳐서 최관흘과 장로교파의 연해주 한인선교 활동을 다뤘

7) M. Belov, "The Experience of The Russian Orthodox Church among Koreans 1865-1914", (Seoul : Yonsei International Univ., December, 1991).
8) 이상근, 『韓人 露領移住史 硏究』(서울 : 탐구당, 1996).
9) 박기호, 『한국 교회 선교운동사』(아시아선교연구소, 1999).
10) 이병조, "러시아정교회의 러시아·극동 한인선교(1863-1916)", 한국외대 석사 학위논문, 2002.

다. 연구자는 1910년대 한인들의 정교회에 대한 관심 증대의 요인 중
의 하나로 최관흘과 장로교파의 선교활동의 영향을 거론하고 있다.
하지만 이 연구물 또한 사료의 부족과 분량상의 한계로 본 주제에 대
한 본격적인 연구물이라고 보기에는 무리가 있다.

이상의 논문들은 활용된 사료의 분량이나 성격, 연구물의 분량 등
을 고려해 볼 때 본 주제에 대한 본격적인 연구라고 보기에는 무리가
있다. 최관흘과 장로교파를 단독주제로 하는 본격적인 연구는 정호상
(선교사)의 학위논문 "최관흘의 생애와 러시아 연해주 지역 선교 연
구"가 출간되면서 시작되었다고 할 수 있다. 정호상은 극동지역에서
최관흘의 선교활동과 정교회로의 개종과 원인, 최관흘의 개종과 소명
의 선교학적 관점과 의미 등을 적지 않은 1차 사료를 바탕으로 자세
하고도 구체적으로 다루고 있다. 그의 연구물은 기존의 연구물들에
비해 더 많은 자료와 분량으로 최관흘 중심의 단독주제로 다루고 있
다는 점만으로도 큰 학술적 가치를 지니고 있다고 할 수 있다. 하지
만 최관흘 1인을 중심으로만 기술되고 있을 뿐, 정교 국가인 러시아
세속 당국(극동 지방정부, 연해주 당국)과 정교회 측의 장로교파에 대
한 보다 구체적인 대응과 조치들, 그리고 한인선교 발전을 위한 과감
한 조치들에 대해서는 언급되지 않고 있는 점은 아쉬움으로 남는다.
극동 지방정부와 정교회 측은 이미 50여년 간 극동지역에서 한인선교
활동을 수행해 오고 있는 상황이었고, 당시 장로교파의 선교활동이
정교회 측을 크게 자극하고 많은 사회적 파장을 야기시켰던 점을 감
안해 볼 때 더욱 그렇다.

이상에서 언급된 최관흘 관련 연구물들은 주로 최관흘 1인(주로
선교활동과 개종 관련)에 국한되어 기술되고 있다. 즉 이미 언급했듯
이 극동지역에서 이미 반세기 동안의 한인선교 활동을 해오고 있던
정교회 측의 이민족 기독교화를 위한 독점적인 기득권과 정교도 한
인 및 러시아인을 지키기 위한 노력, 특히 장로교파에 대응한 직접적

인 대응과 이를 계기로 촉발된 이민족(한인) 선교발전을 위한 구체적이고 정책적인 내용들에 대해서는 연구되지 못한 채 남아있다. 이는 아마도 주로 비러시아어 언어권 연구자에 의해 연구가 되어지고, 아울러 현지에서의 자료입수 및 해독에 따른 어려움에서 기인된 것으로 보인다.

이상의 기존의 연구적 상황을 염두에 두면서 필자는 제Ⅰ장에 이어, 제Ⅱ장에서는 최관흘과 장로교파의 선교활동과 그의 개종문제 등을 살펴볼 것이고, 제Ⅲ장에서는 기존의 연구물들에서는 거의 다루어지지 않았던 장로교파에 대한 세속 당국과 정교회 지도부의 대응과 한인선교 발전을 위한 정책을 중심으로 살펴볼 것이다. 마지막으로 제Ⅳ장에서는 본문에서 연구된 성과물들을 토대로 조심스럽게 러시아 정교회의 극동지역 한인선교 사업의 문제와 한계를 규명해 볼 것이다.

Ⅱ. 최관흘과 장로교파의 극동지역 한인선교

1. 장로교파의 극동지역 진출 배경

장로교파가 공식적으로 블라디보스톡에 등장하기 시작한 것은 1909년경이다. 1907년 평양 교회대부흥운동 이후 조선예수교장로회는 1907년 9월 10일에 독노회를 설립했고, 독노회를 통해서 장로회신학교의 첫 졸업생들인 서경조, 한석진, 양전백, 방기창, 길선주, 이기풍, 송인서 등의 최초의 조선인 목사들이 배출되었다. 이때 졸업생 중의 한 명인 이기풍을 제주도 선교사로 파송하며 조선 장로교회는 자국민 출신을 통해 선교사업의 막을 올리기 시작했다. 독노회 설립 이후 1911년에는 전라, 경기충청, 황해노회가, 1912년에는 함경, 경상, 남평

안, 북평안 노회가 조직되었고, 이는 그해 9월 1일 조선예수교장로회 총회의 설립으로 이어졌다.

조직교회라는 부흥의 연속선상에서 조선교회는 조선예수교장로회 총회의 설립을 전후하여 국내는 물론 본격적인 해외선교에 문을 두드리기 시작했다. 일본에 한석진(1909), 북간도에 김영제(1910), 일본에 임종순(1911), 총회가 조직된 1912년에는 54명의 목회자들 가운데 중국 산동성에 김영훈, 박태로, 사병순 선교사 등이 파송되었다. 그리고 1909년에는 러시아 연해주로 최관흘 선교사(목사)[11]가 파송되기에 이르렀던 것이다. 물론 1905년 이후 블라디보스톡에서 한인들을 상대로 조선에서 온 장로교파 선교사들의 단기선교 형식의 선교활동이나 한인촌(구개척리)에 거처를 둔 미국인 선교사 부부에 의한 선교활동이 있었다.[12] 최관흘의 파송에 앞서 일찍이 조선예수교장로회는 1909년에 선교사를 통해 다소의 신자들을 얻게 되었고, 이에 교회를 설립한 후 동년에 최관흘을 선교사로 파송해 교회를 관리케 했다.[13] 장로교파가 선교활동을 시작하던 무렵 이강을 중심으로 국민회 계열의 인물들도 장로교 신앙을 전도했고, 그 결과 1909년 블라디보스톡에서만 신자가 100여명에 달했다.[14] 이강의 경우 이후 정교회로 개종하고 정교회 전도사로서 자바이칼주의 치타를 중심으로 한인들 사이에서 활동을 했던 인물이기도 하다.[15]

---

11) 최관흘은 1877년 평안북도 정주군 출생으로 1909년 평양신학교 제2회 졸업생이며, 1909년 9월 6일에 8명의 동료들과 함께 목사 안수를 받았다.

12) РГИАДВ, Ф.702, Оп.3, Д.443, Л.22а-об. 「1914년 1월 4일 블라디보스톡 주교구가 한인 개종을 위한 한인선교부를 조직하는데 국고 지원하는 문제와 관련 신성종무원 경제국이 국가두마에 제출한 보고서·사업설명」.

13) 현규환, 『韓國流移民史』상, (서울 : 대한교과서주식회사, 1972), p. 920. 이때 신도들이 예배당 설립과 부지구입에 650루블을 기부했고, 신자 중에는 지역유지인 최봉준, 최만학, 고상준, 정재관, 이상설, 이동휘 등이 있었다.

14) 박환, 『러시아한인민족운동사』(서울 : 탐구당, 1995), p. 201.

15) 이강의 자바이칼주 한인사회에서의 정교회 전도사 활동과 관련해서는 이

2. 최관흘과 장로교파의 선교활동과 결과

[그림 10] 1899년에 설립된 블라디보스톡 주교구

러시아의 극동지역 선교에서 최관흘은 선교사·성직자로서 대담한 행보들을 보여주었다. 1909년 11월 5일에 최관흘은 "신한촌(Ново-корейская слободка)에 거주하는 조선국적의 60여명의 장로교도를 위해 장로교파 공동체를 설립하고, 정교도 한인들과는 무관하게 일주일에 두 번(수요일, 일요일) 조선어로 예배를 볼 수 있도록 허가해 줄 것"[16]을 연해주지사(губернатор Приморской области)에게 청원했다. 최관흘의 청원은 정교회와 개신교 장로교파 간의 영적인 전쟁을 예고하는 것이었다. 이는 정교회 지도부를 자극시키고, 정교회의 한인선교 활동에 근본적인 변화를 가져다주는 계기가 되었다.

블라디보스톡 주교구 지도부는 행정 주무기관을 통해 장로교의 활동에 법적인 제한을 가하고자 했다. 블라디보스톡 주교구 종교감독국(Вдадивостокская духовная консистория)은,

　　"최관흘은 기존의 장로교 신자들을 위해서만이 아니라, 블라디보스톡

병조, "러시아 프리아무르 한인사회와 정교회 선교활동(1865-1916)", 한국외대 박사학위논문, 2008, pp. 146-150 참조.

16) РГИАДВ, Ф.1, Оп.2, Д.2020, Л.1. 「1909년 11월 5일 조선국적 장로교 최관흘 선교사가 연해주지사에게 보낸 장로교파 공동체 설립청원서」. 일부 한인들은 이미 1906년 경부터 임대를 통해 새롭게 선정된 신한촌 부지에서 거주하고 있었고, 1911년부터 신한촌으로 본격적인 이전이 시작되었다.

제3장 러시아 정교와 개신교의 만남과 충돌(1909-1912) 119

한인사회에서 장로교 신앙을 보급할 목적으로 입국했다. 주교구 지도부가 파악한 바에 따르면, 최관흘이 조직한 모임에 장로교파 신자들뿐만 아니라 심지어는 정교도 한인들까지 모여들고 있다. 따라서 1906년의 외국인 종교에 관한 규정에 따라, 조선국적 최관흘에게 블라디보스톡 신한촌 및 연해주 내에서 장로교파 공동체 설립을 불허해 줄 것을 청원한다"[17]

는 요청서를 연해주지사에게 발송했다. 그러나 예상 외로 이후 러시아 중앙정부의 내무부 종무국(Департамента Духовных дел) 이민족선교분과는,

"분파교 종교 공동체의 구성 절차를 규정하고 있는 1906년 10월 17일자 황제령 1조 2항에 근거하여 지역 한인들 사이에서 장로교파 공동체 설립 요청은 받아들여 질 수 없다. 다만 최관흘과 그의 추종자들의 예배허가 요청은 제국 내의 모든 종파의 자유로운 신앙생활과 예배권리를 규정하고 있는 1905년 4월 17일과 10월 17일 규정에 근거하여 예배 장소 및 시간을 사전에 지역 경찰당국에 알린다는 조건으로 허가한다"[18]

는 조건부적인 예배허가 결정사항을 연해주지사에게 전했다. 나아가 별도로 1910년 3월 4일자로 블라디보스톡 시경찰국(Владивостокский полицеймейстр)에 장로교파의 예배모임을 허가해 주고 이를 감독할 것을 지시했다.[19]

17) Там же, Л.3. 「1909년 12월 23일 블라디보스톡 주교구 종교감독국이 최관흘의 장로교파 공동체 설립불허와 관련 연해주지사에게 보낸 요청서」.
18) Там же, Л.6. 「1910년 2월 9일 내무부 종무국 이민족선교분과에서 최관흘의 장로교파 공동체 설립과 관련 연해주지사에게 보낸 답변서」.
19) РГИАДВ, Ф.1, Оп.11, Д.164, Л.4а-4аоб., Л.36. 「통지문-블라디보스톡에 장로교파 공동체 설립과 관련 내무부 종무국 이민족선교분과에서 연해주지사에게 보낸 추가 통지문」.

그러나 이러한 입장이 러시아 정부의 방관이나 자유의 부여를 의미하는 것은 결코 아니었다. 내무부 종무국은 "지방 당국이 장로교파 예배모임에서 법적으로 금지된 선전이나 정교회를 음해 및 비난하는 일이 발생하지 않도록 감독해야 하며, 만일 그와 같은 범죄 행위가 행해지는 경우에는 주동자에게 법적인 책임을 묻는다"[20]는 경고 메시지를 아울러 첨부했다. 이러한 단서 조항은 결과적으로 이후 최관흘을 포함한 장로교파 탄압의 근거로 작용했다.

최관흘은 특히 교회건축 문제와 관련해서 공개적이고 공식적인 통로를 통해서 정면돌파로시 선교활동을 지속해 나갔다. 한편 1890년대부터 제기되어 왔던 블라디보스톡의 한인 및 중국인 정착촌의 이전 문제가 1911년에 들어서 실행단계에 이르렀다. 최관흘은 기존의 한인촌 내에 있던 예배소가 한인촌 이전 과정에서 자칫 그 권리를 상실할 것을 의식하고 한인촌을 이전하는 것과 관련하여 예배소 건축 용도로 일정 구역의 토지를 할당해 줄 것과 가능하다면 임대료까지 면제해 줄 것을 블라디보스톡 시참사회(Владивостокская Городская Управа)에 요청하기도 했다.[21] 그 결과 시토지위원회로부터 부지가 예배용도로만 사용되고, 교회가 폐쇄되는 경우에는 부지와 모든 건축물은 시에 반환한다는 조건 하에 신한촌 No.758 구역의 65번지를 무상으로 할당해 준다는 허가를 받았다.[22] 최관흘의 이러한 거침없고 당당한 행보는 정교회 지도부의 심기를 불편하게 만드는 요인이 되었고, 한편으로는 증가해 가는 장로교파의 세력 확대에 큰 힘으로 작용했다.

연해주 당국의 조건부 허가를 받은 장로교파의 교세는 급격히 확

20) РГИАДВ, Ф.1, Оп.2, Д.2020, Л.6.

21) РГИАДВ, Ф.28, Оп.1, Д.377, Л.25. 「1911년 3월 24일 한인촌에 거주하는 장로교 최관흘 선교사가 블라디보스톡 시참사회에 보낸 청원서」.

22) Там же, Л.29-2906. 「1911년 4월 18일 토지위원회에서 토지문제 관련 블라디보스톡 시두마(시의회)에 보낸 문서」.

장되어 나갔다. 최관흘 선교사의 선교활동은 연해주 한인들 사이에서
호응도가 높았다. 그의 조선어로 전해지는 호소력있는 설교는 한인들
의 마음을 쉽게 사로잡았다. 당시 한인 언론인『大東共報』는 "당지 청
년회 국민회 및 부인회에서 성대한 연회를 설하고 최씨를 환영하였
으며 또 새로 예수께 도리를 깨다른 동포가 40여명에 달하였다더
라"[23]고 전하고 있다. 장로교파의 선교지는 블라디보스톡 지역에 국
한되지 않았다. 『大東共報』는 "최목사 관흘씨가 할빈에 전왕함은 별
항과 같거니와 수일 후 당지에서 떠나 허발포(화발포/현재 하바로프
스크-필자)와 이만(달네레첸스크-필자)등지로 전왕하야 일반동포를
심방할 터이라 하더라"고 전하고 있다.[24] 또 『獨立新聞』은,

> "모국 교회에서 어대까지 아령동포를 구제(救援)한다는 주의하(主意下)
> 에서, 박치형(朴致衡), 박정찬(朴定贊) 김현찬(金鉉贊) 목사가 서로 계속(繼
> 續)하야와서 선교(宣敎)에 주력함으로 송왕영(松王營)(소항령/현재 우수리
> 스크-필자), 수청(水淸)(수찬/현재 파르티잔스크-필자), 화발포(花發浦) 및
> 갈내 등지에 신도가 중다(衆多)하고 더욱 아국혁명(俄國革命) 한 후에 그
> 과거시대의 전제유물인 희랍교의 쇠퇴(衰退)함을 인하야 신도의 전진력
> (展進力)이 일가월증(日加月增)하게 되야 간다"[25]

고 기록하고 있다.

1910년 말에 한인 장로교도의 수는 크게 증가했다. 서울주재 러시
아총영사 4등문관 소모프(A.C.Coмoв)의 보고서는 "최관흘은 진지하게
사전에 선교준비를 했다. 타고난 달변가였던 최관흘은 짧은 기간 동

---

23) 『大東共報』, 大韓隆熙 4년 5월 26일(1910. 5. 13, 제23호), 「목사를 환영」.
24) 『大東共報』, 大韓隆熙 4년 5월 26일(1910. 5. 13, 제23호), 「최씨 이왕」.
25) 『獨立新聞』, 대한민국 2년(1920) 4월 1일, 제60호, 뒤바보 「俄領實記」, 제10호
(宗敎).

안에 400명의 한인들을 기독교(개신교-필자)로 입교시켰다"[26]라고 기
록하고 있다. 이듬해 한인 장로교도의 수는 두 배 가까이 더 증가했
다. 블라디보스톡 주교구 정교선교협회 위원회(Вдадивостокский Епарх
иальный комитет Православного Миссионерского Общества)에 따르면,
1911년 경 한인 장로교도 수는 전체적으로 약 800명에 이르렀다. 이중
300명이 블라디보스톡에서 활동했으며, 니콜스크-우수리스크(현재 우
수리스크-필자)에 100명, 하얼빈에 200명, 기타지역에서 200명의 한인
장로교도가 활동했다.[27] 사료에서 나타나고 있듯이 장로교파는 블라
디보스톡을 중심으로 점차 우수리스크, 파르티잔스크, 달네레첸스크
등지로 확산되어 나갔다. 이후에는 그 기세가 하바로프스크와 하얼빈
지역에까지 이르렀다.

　이처럼 장로교파가 선교에 성공할 수 있었던 것은 무엇보다 소모
프도 언급하고 있듯이 자체의 엄하고 체계적인 선교조직과 준비성을
들 수 있다. 이외에도 장로교파가 당시 정교회 지도부의 내부적으로
열악한 한인선교 상황과 연해주 당국의 한인정책에 대한 한인들의
반감을 적절히 잘 이용했기 때문이기도 했다. 당시 러시아 당국의 한
인정책이 장로교파의 선교활동에 유리하게 작용했음은 소모프의 보
고서에서도 짐작해 볼 수 있다. 소모프는 보고서에서, "자신을 방문한
미국인 선교사 가엘(Гаель)과 블라디보스톡에 파견되는 조선인 선교
사와의 대화를 통해서 개신교 선교사들이 정교도 조선인들을 프로테
스탄트로 끌어들이고, 가능한한 새로운 신도들도 확보해 두기 위해서
일본인들을 비호해주고 있는 러시아 당국에 대한 블라디보스톡 한인
들의 불만을 이용하고자 하고 있다는 인상을 받았다"[28]고 언급하고

---

26) АВПРИ, Ф.ЯС(Японский стол), Оп.493, Д.38, Л.37-40. 「1910년 10월 8일 서울
　　주재 러시아총영사 소모프의 보고서」.
27) РГИАДВ, Ф.702, Оп.3, Д.443, Л.22а-об.
28) АВПРИ, Ф.ЯС, Оп.493, Д.38, Л.37-40. 「1910년 10월 8일 서울주재 러시아총영

있다.

3. 최관흘의 정교회로의 개종과 파장

그러나 확대되어 가던 장로교파의 기세는 최관흘의 정교회로의
개종으로 예상치 못한 국면을 맞이하게 되었다. 최관흘의 정교회로의
개종은 이후 장로교파의 선교활동 중단이라는 파국적인 결과로 이어
지게 되었다. 물론 최관흘의 정교회로의 개종을 과연 '신학적 의미의
개종'으로 간주 할 수 있는가는 현대 선교신학의 중요한 논점인 개종
과 회심이라는 문제와 관련해서 논쟁의 여지를 남겨두고 있다. 연해
주 당국에 의해 수배령이 내려져 체포된 후 발생한 최관흘의 정확한
개종 날짜는 확인할 수는 없지만 대략적인 시점은 사료를 통해서 추
측해 볼 수 있다.

정호상은 최관흘의 체포 시점을 1911년 11-12월 경이며, 개종 시점
을 1912년 12월이라 주장하고 있다.[29] 그러나 이 주장에 활용된 사료
에는 최관흘이 신한촌에서 불법적인 내용으로 선교활동을 하고 있다
고 언급하고 있을 뿐, 최관흘의 체포여부에 대해서는 기록되어 있지
않다. 러시아 측의 사료에 따르면 1912년 4월 말에 이르러서도 연해주
당국이 최관흘의 체포와 즉각적인 추방을 지시하고 있는 것[30]으로
나타나고 있으며, 따라서 최관흘의 체포와 그의 개종 시기는 적어도
4월 이후인 것으로 보인다. 또한 1912년 9월 1일-4일 기간 동안에 평양
신학교에서 열린 조선예수교장로회 제1회 총회에서는 최관흘 목사가
해삼위(블라디보스톡)에서 선교활동을 중단했음을 알리고 있다.[31] 그

사 소모프의 보고서」.
29) 정호상, "최관흘의 생애와 러시아 연해주 지역 선교 연구", 장로회신학대학
   교 세계선교대학원 석사학위논문, 2004, pp. 27-28.
30) РГИАДВ, Ф.1, Оп.11, Д.164, Л.21-21об. 「1912년 4월 28일 연해주 주관리국에
   서 보낸 공문」.

리고 1912년 12월 1일자 『대한인정교보』는 수년 전 장로교회 목사로
활동하던 최관흘이 정교회로 돌아와 전도일을 보고 있다고 전하고
있다.[32] 이상의 상황을 근거로 추측해 볼 때 최관흘의 체포와 실제적
인 개종 시점은 대략 1912년 5월-11월 사이로 나타나고 있다.

최관흘의 개종 사건은 블라디보스톡 장로교파 신도들뿐만 아니라
조선예수교장로교회에도 큰 충격을 주었다. 조선예수교장로교회는
총회를 통해서 최관흘을 목사직에서 해임했으며,[33] 장로교파의 연해
주를 포함한 극동지역 선교는 잠시 중단되었다. 최관흘 목사의 정교
회로의 개종과 관련 구체적이고 직접적인 개종의 배경을 알 수 있는
자료는 아직 나타나고 있지 않다. 다만 당시의 몇몇 사료들을 통해서
최관흘의 개종 배경을 짐작해 볼 수 있다. 역사학자이자 독립운동가
인 계봉우(桂奉瑀, 1880-1959)[34]는 「俄領實記」에서,

---

31) 『조선예수교장로회총회 데1회 회록』, 1912년 9월 1일-4일.
32) 『대한인정교보』, 1912년 12월 1일 (제7호), 「정교회에서견도」, p. 22.
33) 『조선예수교장로회총회 데2회 회록』, 1913년 9월 1일-4일.
34) 함남 영흥 출신의 계봉우(호 北愚)는 1911년 1월 이동휘의 사위인 정창빈과
더불어 북간도로 망명했다....1919년 3.1운동에도 참여했으며, 이후 러시아
상선에 은신하여 연해주 블라디보스톡으로 망명한 후 다시 8월에 중국 상
해로 건너갔다. 상해에서 계봉우는 1919년 11월 대한 임시정부 임시의정원
북간도 대표 의원으로 1년 간 활동하는 한편, 1920년 1월-5월 시기에 '뒤바
보'와 '사방자(四方子)'라는 필명으로 "북간도 그 과거와 현재", "아령실기",
"김알렉산드라小傳"등의 민족운동 관련 저술물들을 『독립신문』에 발표했
다....1920년 상해 임시정부의 신문 『독립』의 편집장직을 맡기도 했으며, 4
월에는 이동휘, 김알렉산드라 등이 조직한 한인사회당에 가입하여 당 기
관지인 『자유종』의 주필을 맡았고, 5월에는 유동열, 이탁과 함께 임정간도
특파원으로 임명되어 간도지방 독립운동 단체의 통일을 위해 노력하였
다....1924년 1월-6월 시기에는 블라디보스톡 제8호모범중학교에서, 1926년 8
월-1930년 3월 시기에는 블라디보스톡 노동학원에서 대한문전 등 조선어를
가르쳤다. 1921-37년 시기에 연해주 한인사회의 대표적인 교육자로 활동하
며 국어국문학과 한국사에 괄목할만한 업적과 저술물들을 남겼다. 1937년
계봉우는 카자흐스탄 크즐오르다로 강제이주 되었다(И.Т.Пак(глав. ред.),
Корейцы Казахстана в науке, технике и культуре, Алматы, 2002, с.517-

"평양교회에서 최관흘 목사를 보내어 신한촌(新韓村)을 근거(根據)로
하고, 조소리각지방(鳥蘇里各地方)에 열심전도하야 회개귀주(悔改歸主)한
자가 파다(頗多)하던중 하얼빈에서 왜구 계태랑(桂太郎)의 암살사건이 기
(起)함을 기인하야 최목사는 희랍교에 전도인이 되매 아령에 대한 아소교
발전은 큰 타격을 수(受)하였다....."[35]

라고 기록하고 있다. 이러한 정치적 상황 이외에도 당시 최관흘을 둘
러싸고 러시아 세속 당국과 정교회 지도부가 취했던 태도와 조치들
을 통해서 볼 때, 최관흘의 개종이 러시아 측에 의한 계속적인 압력
과 회유에 따른 결과였던 것으로 짐작해 볼 수 있다. 이에 대한 상황
은 다음 장에서 보다 자세히 다루기로 한다. 또 저명한 중국인 및 한
인문제 연구자인 페트로프(А.И.Петров)는 구체적인 자료의 출처를 제
시함이 없이,

"최관흘이 화재로 소실된 이후 헌금으로 재건축된 교회의 재정적인 어
려움을 겪고 있는 상황 속에서 감리교회와의 협력선교에 대한 제의가 본
국 교회지도부에 의해 책망과 함께 받아들여지지 않았고, 선교 중단과 함
께 소환령이 내려지자 결국 1912년 12월 30일 블라디보스톡 포크로프 교
회에서 인노켄티라는 세례명을 받고 정교회에 입교하게 되었다"[36]

518; http://kosa.culturecontent.com/스토리뱅크-인물은행-계봉우(2007.1.21 검색);
독립기념관(한국독립운동사연구소), 『국외항일운동 유적(지) 실태조사 보
고서-II』, 2002, pp. 98-99 참조).

35) 『獨立新聞』, 대한민국 2년(1920) 4월 1일, 제60호, 뒤바보 「俄領實記」, 제10호
(宗敎). 계태랑(桂太郎/가쓰라 타로), 일본국 11대 총리대신(1901-06), 가쓰라
-태프트 밀약의 장본인으로 조선(광무5년)을 일본의 보호국으로 전락시켰
으며, 제 11,13,15대 총리대신을 역임했다.

36) А. И. Петров, Корейскя диаспора в России 1897-1917гг. (Владивосток :
2001), c.250-251; 『기독교대백과사전』, 14권, (서울 : 기독교문화사, 1984), p.
790.

고 주장하고 있다. 정호상 또한 세 가지의 최관흘의 개종 요인(경제적 이유, 러시아 측의 압력과 회유, 효과적인 한인선교 목적) 중에서 직접적인 요인으로 러시아 정교회와 세속 당국의 핍박을 꼽고 있다.[37] 어찌되었든 이후 최관흘의 개종으로 장로교파의 선교활동은 중단되었다.

장로교파의 블라디보스톡 교회는 거의 폐지당하였으나 장로교파 신도들은 러시아 정부의 감시를 피해 비밀리에 집회를 가졌다.[38] 이러한 상황은 1917년 러시아 10월혁명 이후에도 지속되었다. 조선예수교장로교회는 1917년 이후에도 총회 차원에서 계속해서 극동지역에 남아있는 장로교파 신도들과 한인선교를 위해서 선교기금을 모금해나갔다.[39] 그리고 마침내 1921년에는 만주와 극동지역 선교를 위해 전도회(선교회)를 조직하고, 선교기금 2,500원을 편성하여 아령(러시아) 지역에 선교사 2인을 파송하기로 결정했다.[40] 한편 정교회로 개종하고 조선예수교장로회로부터 목사직에서 해임되었던 최관흘은 10여년이 지난 1922년에 다시 조선예수교장로회 함북노회에 복직되었다. 이후 그는 아령 수청지역 장로교회의 요청으로 선교목사로 청빙되기도 했다.[41] 이 무렵 연해주 지역의 장로교회는 다시 한번 과거의 부흥의 물결을 타는 듯 했다. 조선예수교장로회는 김익두 목사를 소항령, 수청, 해삼위 등지에 파송하여 부흥회를 개최하게 했으며, 이를 통해서 현지의 한인 신도들뿐만 아니라 러시아인 정교도와 천주교도들까지 크게 호응하는 결과를 얻기도 했다.[42] 그러나 1909년 말에 시

---

37) 정호상, op. cit.,, pp. 32-36.
38) 『조선예수교쟝로회총회 데5회 회록』, 1916년 9월 2일-7일.
39) 『조선예수교쟝로회총회 데8회 회록』, 1919년 10월 4일-9일; 『조선예수교쟝로회총회 데9회 회록』, 1920년 10월 2일-7일.
40) 『조선예수교쟝로회총회 데10회 회록』, 1921년 9월 10일-15일.
41) 『조선예수교쟝로회총회 데11회 회록』, 1922년 9월 10일-15일, pp. 90, 94, 99.
42) 『조선예수교쟝로회총회 데11회 회록』, 1922년 9월 10일-15일, pp. 90, 94.

작되어 1920년대 중반까지 명맥을 유지해 오던 조선장로교회는 연해
주 지역이 포함되어있는 서시베리아 노회가 국경에 근접해 있어서
러시아 측의 단속이 심한 이유로 결국 폐지되었다.[43] 그리고 이듬해
에는 최일형 목사를 소환함으로써[44] 장로교회의 극동지역 한인선교
는 막을 내리게 되었다.

III. 러시아 측의 장로교파에 대한 대응과 한인선교

1. 정교회 지도부(블라디보스톡 주교구)의 대응과 조치들

최관흘과 장로교파의 선교활동은 정교도 한인들과 정교회 지도부,
나아가 극동 지방정부 당국자들에게 큰 자극을 주었다. 1910-11년 시
기를 거치며 이루어진 장로교파의 활발한 선교활동은 점차 극동지역
에서 정교회의 종교적 독점을 깨뜨렸다. 점차 장로교파는 정교회 지
도부와 세속 당국의 주목을 받으며 경계와 탄압의 대상이 되어가기
시작했다. 하지만 초기 장로교파의 활동은 그다지 정교회 지도부의
큰 주목을 받지 못했었다. 그러나 1910년 10월에 성-페테르부르그 중
앙정부와 신성종무원에 날아든 한 건의 보고서는 그간의 분위기를
크게 반전시키는 신호탄이 되었다. 1910년 10월 8일 서울주재 러시아
총영사인 4등문관 소모프는,

> "최근 외국인 선교사들의 조선에 대한 일종의 십자군 원정식 선교활동
> 이 강화되고 있다. 일부 선교사들은 블라디보스톡 주교구 영역으로 활동
> 무대를 옮기고자 하고 있다. 이들 선교사들은 러시아와 한인들 간의 차가

---

43) 『조선예수교쟝로회총회 뎨14회 회록』, 1925년 9월 12일-18일.
44) 『조선예수교쟝로회총회 뎨15회 회록』, 1926년 9월 11일.

운 관계를 이용하고자 계획하고 있다. 정교도 한인들이 러시아 주민들과
빠르게 융화되기 때문에, 그러한 상황은 블라디보스톡 주교구 산하에 거
주하는 한인들 사이에서 정교회의 선교활동을 강화시킬 필요성을 불러일
으키고 있다. 개신교로 개종한 한인들은 극동지역에서 영원히 불건전한
요소들로 남아있을 것이다"[45]

라는 내용의 급송전문을 성-페테르부르그 중앙정부에 보냈다. 소모프
의 급송전문은 1910년 10월 27일 '신성종무원장과 논의하라'는 황제의
지시와 함께 외무대신에 의해서 1910년 11월 11일 신성종무원장에게
전달되었다. 이후 블라디보스톡 주교구의 예프세비(Евсевий Никольск
ий) 주교[46]는 그해 12월 31일자(No.4106) 본 건과 관련한 상황설명보고
에서, 조직적인 미국 장로교파 선교단이 한인들 사이에서 성공적으로
선교활동을 하고 있음을 고려해볼 때, 블라디보스톡 주교구 내에 거
주하는 한인들 사이에서 정교회의 선교활동을 강화할 필요성이 있음

---

45) РГИАДВ, Ф.702, Оп.3, Д.443, Л.21; А. Волохова, "Из истории российской п
олитики на Дальнем Востоке: МИД, министерство Финансов и учрежде
ние Российской Духовной Миссии в Корее", Д. Поздняев(Сост.), История
я российской духовной миссии в Корее (сборник статей), М., 1999, с.335.
46) 예프세비 주교는 1894년 1월부터 키렌스크 주교 겸 이르쿠츠크 주교구 보
좌주교(викарий)로, 1897-98 시기에는 캄차트카 주교구의 주교로 재직해 오
며 이민족 선교에 상당한 경험이 있는 인물이었다. 초대 주교로 1899년 3월
7일 블라디보스톡에 도착한 예프세비 주교는 주교구를 조직화 하며 프리
아무르 지방 거주자들의 정교신앙 교육을 체계화 시켜나갔다. 그의 지휘
하에 3월 21일에는 주교구 종교감독국(Владивостокская Духовная Консис
тория)이, 10월 10일에는 블라디보스톡 주교구 정교선교협회 위원회(Влад
ивостокский Епархиальный комитет Православного Миссионерского О
бщества)가 조직되었다(ГАХК, 『Приамурские Ведомости』, №205, Сшив №
703, 30 ноября, 1897, с.15-16. 『캄차트카, 쿠릴 및 블라고베쉔스크 주교 예
프세비』와 Н. П. Матвеев, Краткий исторический очерк г.Владивостока,
1860-1910, Владивосток, 1910, с.174 참조).

을 인정하고,[47] 장로교파에 대항한 대책 마련에 들어갔다.

정교회 측은 장로교파를 제압하는데 철저하게 세속 권력에 의지했다. 아울러 실천 방안으로써 장단기적인 조치들을 통해서 장로교파의 침투와 확산에 대응해 나갔다. 정교회 지도부는 먼저 최관흘을 중심으로 하는 장로교파의 침투에 대해 단기적인 임시방편책으로 호소문을 통한 한인들의 감정을 자극하는 방법을 사용했다. 블라디보스톡 주교구의 예프세비 주교는 블라디보스톡 포크로프 교회의 포포프(В.П опов) 사제를 통해 한인들에게 전하는 호소문을 작성하여 1911년 3월 9일 동방대학 학장에게 대학 인쇄소에서 3,000부를 인쇄해 줄 것을 요청했다.[48] 예프세비 주교는 이 호소문을 통하여 한인들로 하여금 정

[그림 11] 해삼위 포크로프 교회 포포프 사제

출처: 『대한인정교보』, 1912년 5월(3호), p. 2.

---

47) РГИАДВ, Ф.702, Оп.3, Д.443, Л.21.
48) РГИАДВ, Ф.226, Оп.1, Д.375, Л.1. 「1911년 3월 9일 블라디보스톡 및 캄차트카 주교 예프세비가 동방대학교 학장에게 보낸 요청서신서 및 호소문 '한인들에게 고하는 말」.

교회로 다시 돌아올 것을 강하게 권면했다.

호소문은 오 바실리 사제에 의해 조선어로 번역되어 배포가 되었다. 조선어로 번역된 호소문에서 정교회 지도부는,

> "아라스 디방에 거류ᄒᆞᄂᆞᆫ 여러 한인들의게 진실되고 ᄉᆞ랑ᄒᆞᄂᆞᆫ 말로 고ᄒᆞ노니....이 나라 샹하 인민이 붉히 알기ᄂᆞᆫ 구원ᄒᆞᄂᆞᆫ 도리ᄂᆞᆫ 오직 이 ᄒᆞᆫ 정교 뿐이오....만일 이 정교가 확실히 바른 교츌 아는 자리에 엇지 다른 사ᄅᆞᆷ의 새로 젼ᄒᆞᄂᆞᆫ 쟝로교를 좃츠리오....슬프다 임의 아라스 백성이 된 이와 정교의 셰례 밧은이가 쟝로교로 옴가간ᄃᆞᄒᆞ니 엇지 잘못 생각이 아닌가. 이것이 진실로 아라스 황뎨와 백성을 격노케ᄒᆞᆷ이 아니며 년래로 ᄉᆞ랑ᄒᆞ여준 은혜를 져ᄇᆞ림이 아니리오....이 나라 백성과 동포가 될 ᄆᆞ음 잇ᄂᆞᆫ이ᄂᆞᆫ 쟝로교에서 젼ᄒᆞᄂᆞᆫ 말을 듯지말고 다만 이 정교만 밋어 이 나라 사ᄅᆞᆷ과 더브러 이 교로 말미암아 ᄒᆞᆫ 형뎨가 되기를 간절히 ᄇᆞ라노라"[49]

며 한인들의 장로교로의 입교를 강하게 만류했다. 호소문에서 드러나듯이 정교회 지도부는 러시아 황제의 은혜를 받고 백성된 자가 장로교로 개종하는 것은 배신적인 행위라고 질타하며 은근히 감정적인 위협을 가하고 있으며, 한편으로는 구원의 진리는 오직 정교신앙을 통해서 얻을 수 있다는 배타적인 신앙관을 강조하고 있다.

한편 이 무렵 1873년에 형성되었던 블라디보스톡 시 외곽의 한인 거주지인 한인촌(Корейская слободка, 구개척리)을 시 외곽의 또 다른 지역으로 이전시키려는 계획이 실행에 옮겨지고 있었다. 한인촌 이전 문제는 한인들을 상대로 한 교리문답 공간을 확보하는 문제와 관련해서 중요한 의미를 갖고 있는 사안이었다. 한인촌의 이전 계획은 이미 1890년대 초에 블라디보스톡 시두마(Владивостокская Городская Ду

---

49) Там же, Л.2-2об.; 조선어 번역 호소문.

[그림 12] 1911년도 연해주 신한촌 구역도. 화살표는 당시 서울
거리 위치

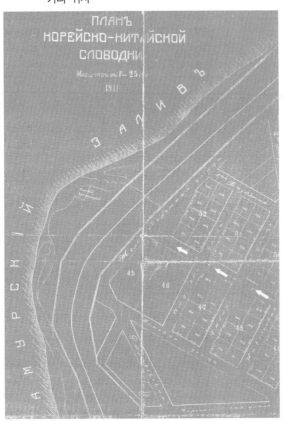

출처: 극동국립역사기록보존소

ма, 시의회)에 의해 결정이 내려졌다.[50] 이후 본격적으로 1899년 9월
28-29일 시두마에 의해 새로운 중국인 및 한인정착촌과 공동묘지, 전
염병 진료소 용도로 쿠페로프스카야 파지(Куперовская Падь)를 포함
한 3개 지역이 선정되었고,[51] 최종적으로 쿠페로프스카야 파지 너머

---

50) РГИАДВ, Ф.28, Оп.1, Д.176, Л.56-56об. 「1893년 4월 30일 열린 블라시보스톡
   시두마의 결정」, Л.58-58об. 「한인촌 한인들이 블라디보스톡 시참사회에 보
   낸 청원서」.

[그림 13] 블라디보스톡 신한촌에 남아있는 구옥
(현주소: 블라디보스톡, 서울거리2a)

의 아무르만 산기슭의 비탈지역이 중국인 및 한인을 위한 새로운 특별거주구역으로 최종 선정되었다.[52] 1911년도에 작성된 중국인 및 한인정착촌 시구역도를 보면, 산기슭의 우수리철도로부터 평행하게 철로 거리, 아무르 거리, 하바로프스크 거리, 니콜스크 거리 등의 주요 거리가 지나고, 이들 거리들을 가로질러 서울 거리, 시장 거리 등이 가로 질러 놓여 졌으며, 45구역부터 65구역까지 20여개의 거주 구역이 설정되었다.[53] 이러한 기존의 한인정착촌의 이전은 바닷길이 열리면서 증가된 중국인들의 유입과, 한인 및 중국인 거주지역에 대한 위생 및 전염병 문제가 계속 거론되어온데 따른 것이었다. 실제로 1886년 8월 블라디보스톡에서는 중국으로부터 유입된 콜레라로 러시아인 11명(23명 발병), 한인 45명(71명 발병)이 사망했고, 그때부터 러시아 정부는 특히 열악

---

51) Там же, Д.234, Л.106-106об. 「1899년 12월 8일 중국인 및 한인 정착촌, 공동묘지, 전염병 진료소 용도로 선정된 부지 승인에 관한 시두마 보고서와 정착촌 설립안」.

52) Там же, Л.138-138об. 「1901년 3월 23일 열린 블라디보스톡 시두마의 한인정착촌 부지 선정 관련 결정안 사본」.

53) Там же, Д.377, Л.2-3. 「1911년도 중국인 및 한인정착촌 조감도」. 신한촌은 단순한 한인정착촌이 아니다. 신한촌 내에는 최재형, 이상설 등이 참여한 권업회와 한민학교, 고려극장, 선봉신문사 등, 항일적인 성격의 민족단체들이 만들어졌으며, 이곳을 중심으로 한민족의 역사와 전통문화 보존을 위한 노력들이 행해졌다. 비록 1920년 4월에는 일본군들에 의한 잔인한 학살만행이 자행되는 등의 슬픈 역사를 간직하고도 있지만, 신한촌은 1937년 강제이주 이전까지 변함없이 극동지역의 항일운동 및 한인사회의 중심지 역할을 해나간 곳이다.

한 위생상황 속에 놓여있던 한인들에 대한 관리를 심화시켜나가기 시작했다.[54] 게다가 1905년 10월 30-31일의 블라디보스톡 시가지에 대한 폭격으로 많은 건물들이 붕괴되었고, 이에 따른 인구과밀과 발생할 수도 있을 전염병 방지를 위해 외국인 노동자들에게 거처를 마련해줄 필요성이 제기되었던 것이다.[55]

연해주 당국은 본격적인 이주에 앞서서 몇 해 동안 선정된 새부지의 임대를 통해서 세금을 거둬들였고, 임대 동안에 임대인들로 하여금 자비로 필요한 숙소, 마구간, 창고, 배수용 석조관, 비포장 길 등의 부대시설들을 갖추도록 유도했다.[56] 1906년 4월 25일자 결정으로 새 정착촌에는 원칙적으로는 러시아 국적자나 블라디보스톡에 동산 소유물을 보유하고 있는 자들만 거주할 수 있었지만,[57] 실제적으로는 부지(участок) 임대를 통해서 조선국적의 한인들도 거주했다.[58] 1911년 초부터 본격적으로 연해주 당국에 의한 재이주 정책이 시행에 들어가기 시작했다. 흥미로운 것은 신한촌으로의 이주와 정착 및 거주 비용이 전적으로 재이주 한인들의 비용으로 충당되어야 했다는 점이다. 한인들은 블라디보스톡 시당국으로부터 No.47, 48, 49, 51, 52, 64구

---

54) Н. П. Матвеев, *Краткий исторический очерк г.Владивостока, 1860-1910* (Владивосток, 1910), c.121-123.

55) РГИАДВ, Ф.28, Оп.1, Д.234, Л.373. 「중국인 및 한인 정착촌 건립과 마부들을 위한 토지(участок) 할당 문제에 관한 3월 22일자 블라디보스톡 시두마 결정안 발췌본」.

56) Там же, Л.375-375об. 「1906년 4월 10일 블라디보스톡 시와 'A'간에 체결된 협정 안」.

57) Там же, Л.366. 「1906년 한국국적 한인들 대표 김치보, 김약운, 김한조, 김일온, 김효가 연해주지사에게 보낸 청원서」; Л.371-372. 「중국인 및 한인 정착촌 건립과 마부들을 위한 토지(участок) 할당 문제에 관한 규정」; Л.373. 「중국인 및 한인 정착촌 건립과 마부들을 위한 토지(участок) 할당 문제에 관한 3월 22일자 블라디보스톡 시두마 결정안 발췌본.」.

58) Там же, Д.377, Л.27. 「1911년 4월 13일 블라디보스톡 시참사회에서 블라디보스톡 경찰국장에게 보낸 조선국적의 한인명단」.

역 등의 거주구역을 배정받았으나,[59] 이주 직후 곧바로 건축을 시작
해야하고, 반년분의 임대료를 지불해야 하는 등 신한촌 이주는 적지
않은 부담과 강제성을 띠고 있었다. 당시 한인들은 1911년 4월 15일
경까지 기존의 한인촌을 비우라는 철거 지시를 받은 상태였었다. 많
은 한인들은 농업적, 경제적, 시간적 이유를 들어 여러 차례 철거 및
이주 연기를 요청해야 했으며, 게다가 이주 후에는 부지 임대료를 납
부해야 했다.[60]

　한인들의 열악한 상황으로 인해서 한인들의 이주와 정착은 더디
게 진행되었다. 1911년 5월 현재 200여 채의 주거공간이 필요한 상황
에서 예정된 이주자의 1/3정도만이 건물을 지은 상황이었다. 따라서
블라디보스톡 시참사회는 신한촌에 건축비용으로 30만 루블의 무이
자 대출을 지원해줄 것을 청원하기에 이르렀다.[61] 게다가 신한촌에
정착한 한인들 또한 시당국과 아무런 임대계약을 체결하지 못하고
있었고, 한인들은 생존권과 직결시키며 신한촌의 부지를 36년간 장기

---

59) Там же, Л.28-280б. 「1911년 4월 1일부터 한인촌 토지를 임대한 한인들의
　　명단」.

60) Там же, Л.45-450б. 「1911년 3월 9일 프로타라야 레츠카 지역의 한인촌 한인
　　전권대표가 블라디보스톡 시참사회에 보낸 청원서」; Л.46. 「1911년 3월 17
　　일 블라디보스톡 시공공관리국(ВГОУ) 산하 블라디보스톡 시 책임자가 연
　　해주지사에게 보낸 청원서」; Л.17-170б. 「1911년 3월 19일 한인촌 한인들이
　　극동(프리아무르) 군사령관지사에게 보낸 청원서」; Л.19. 「1911년 4월 4일
　　신한촌 시 소유 토지 임대조건을 한인들에게 완화시켜주는 문제에 관한
　　블라디보스톡 시두마에 대한 추가보고서」; Л.460б. 「1911년 4월 19일 연해
　　주지사가 블라디보스톡 시 책임자에게 보낸 지시문」; Л.49. 「1911년 4월 30
　　일 한인 니 니콜라이 이사코비치가 블라디보스톡 시참사회에 보낸 청원
　　서」; Л.100-1000б. 「1912년 1월 14일 블라디보스톡 신한촌 주택소유자들의
　　위임을 받아 폴랴노프스키 보리스와 김 니콜라이가 블라디보스톡 시두마
　　에 보낸 청원서」.

61) Там же, Л.38. 「1911년 5월 16일 블라디보스톡 시참사회가 한인촌 건립 무
　　이자대출 청원을 재개하는 문제로 시두마에 보낸 추가보고서」.

임대해 줄 것을 청원하고 있었다.[62] 한인들의 신한촌 이주는 연해주 주정부와 시경찰국의 주도 하에 시행이 되었다. 1913년 5월 현재 신한촌 내에서는 211채의 단조로운 형태의 러시아식 목조 및 석조 주택들이 들어서게 되었고, 러시아 국적의 한인들은 연해주 당국과 36년 간의 장기 임대계약으로 거주하게 되었다.[63] 이렇게 해서 블라디보스톡 외곽의 아무르만 산기슭에는 한인·중국인 집성촌인 이른바 신한촌이 형성되었고, 극동지역 한인사회의 중심으로 성장해 나갔다.

그러한 상황 속에서 정교회 지도부는 점차 한인사회의 중심인 한인촌의 한인들에게 정교신앙을 불어넣는데 역점을 두고 재빨리 교리문답학습을 위한 공간 확보에 들어갔다. 1911년 3월 13일 블라디보스톡 포크로프 교회의 포포프 사제는 "정교회 세례를 받은 한인들의 지속적인 교리문답학습을 위해 한인협회가 임차한 No.375번지 건물을 새로운 한인정착촌인 신한촌에 정교회 성전을 건축할 때까지 한인촌에 있는 교리문답학습 건물을 남겨줄 것"[64]을 요청했다. 여기에 더해서 블라디보스톡 주교구는 특별자치선교단을 조직하여 장로교로 개종하는 기존의 정교도 한인들을 보호하는 조치들을 취해나갔다. 이를 위해 블라디보스톡 주교구 지도부는 블라디보스톡에 정교회 성전 및 학교를 건립하기로 결정하고, 신한촌에 일정한 크기의 종교부지를 할당해 줄 것을 시참사회에 요청했다. 또 블라디보스톡 한인촌 선교사 사제 김 로만과 주교구 한인선교부도 정교회 교회와 사역자들의 집, 그리고 교회교구학교 건축 용도를 목적으로 공공건물 용도로 남아있던 신한촌의 No.50 블록의 4개 부지(участок)(No.410, 410-412, 411,

---

62) Там же, Л.127-127об. 「1912년 7월 16일, 26일 블라디보스톡 시참사회가 시두마에 보낸 추가보고서」.

63) Там же, Л.156-156об. 「1913년 5월 7일 블라디보스톡 시참사회에서 연해주지사에게 보낸 보고서」.

64) Там же, Л.40-40об. 「1911년 3월 13일 블라디보스톡 포코로르프카교회 책임자가 블라디보스톡 시참사회에 보낸 청원서」.

411-413)를 할당해 줄 것을 블라디보스톡 시참사회에 요청했다.[65] 이러한 조치는 기존의 한인촌이 이전되는데 따른 상황적인 요인도 있었지만, 한편으로는 장로교파가 세력을 확대해 가는 상황에서 안정적으로 확보된 공간에서 지속적인 교리문답학습을 통해 세례받은 한인들의 신앙적 기초를 확고히 하고, 이를 통해 흔들림없는 정교도 한인으로 훈련시키고자 하는 의도에서 이루어진 조치들이었다.

나아가 정교회 측은 '정교회신봉자협회'를 통해서도 장로교파에 맞서 나갔다. 당시 한인들이 장로교파에 호의적인 태도를 보였음에도 정교도 한인들 중에서는 장로교파의 침투를 반기지 않는 이들이 많았다. 이러한 기존의 정교도 한인들은 블라디보스톡 포크로프 교회의 교구(приход)[66] 성직자에게 정교회 선교활동을 증가시켜 줄 것을 호소해 정교회신봉자협회가 결성되기에 이르렀다. 정교회신봉자협회는 한인들에게 정교를 보급하고, 정교신앙 강화를 목적으로 결성된 조직으로 1909년 12월에 계획안이 작성되었다. 이어 1910년 9월에 블라디보스톡 주교 예프세비에 의해 승인이 되었고, 1911년 5월에는 신성종무원에 의해 최종 승인되었다. 이 협회는 블라디보스톡 주교구의 비호를 받았으며 정회원의 자격을 귀화한인으로 제한했으며, 연해주지사의 행정적인 감독 하에 있었다. 협회에 의해 두 명의 한인인 오 바실리와 황공도가 블라디보스톡을 담당하는 교리문답교사(катехизатор)로 임명되었다.[67] 이들의 활동으로 정교도 한인들의 결속이 강화되고

---

65) Там же, Л.24-24об., 29-29об. 「1911년 4월 18일 토지위원회에서 토지문제 관련 블라디보스톡 시두마에 보낸 문서」, 「1911년 4월 18일 블라디보스톡 주교구 종교감독국에서 블라디보스톡 시두마에 보낸 요청서」.

66) 교구는 교회와 신도공동체를 포함하고 있는 가장 낮은 교회-행정 단위이다(А.М.Прохоров(глав ред.), *Большой энциклопедический словарь*, М., 1998, с.961 참조).

67) 이상근, op. cit., pp. 213-216, 286-291. 협회규약에는 한인들의 교화차원에서 지나친 아편 흡입자는 협회회원으로 받아들이지 않는다는 조항도 있다.

많은 한인들이 정교신앙에 입교하는 결과를 낳기도 했다.

그러나 장로교파의 확산에 대응한 정교회 측의 노력들은 여전히 불충분했다. 조선인 및 미국 출신의 장로교 선교사들이 곧 블라디보스톡에 입성한다는 소식은 정교회 측을 더욱 초초하게 만들었다. 게다가 전적으로 정교회 편에 서있지 못한 당국의 미진한 행정적 조치들 또한 지역 정교회를 초초하게 만드는 요인들이었다. 하지만 정교회의 처지를 더욱 비참하게 만든 것은 블라디보스톡 주교구의 선교부가 재정 부족과 주교구를 순회하며 정교도 한인들에게 정교신앙을 전하고 정교 교리학습을 시킬 교리문답교사 등 인력이 전적으로 부족하여 장로교파에 대항할 여력이 현실적으로 없다는데 있었다. 이점이 바로 정교회 지도부가 왜 장로교파의 세력 확장에 대해 그토록 크게 우려를 했는지에 대한 근본적인 이유이기도 하다.

결국 정교회 지도부는 세속 당국에 대해 더욱더 강하게 행정적인 압력을 행사해 주도록 건의하기에 이르렀다. 1911년 10월 블라디보스톡 예프세비 주교는,

> "미국 출신의 부목사를 선교단의 책임자로 하고 조선인 선교사 안봉주와 양전박, 그리고 미국에서 한인 부목사와 약간 명의 매서인-선교사들이 블라디보스톡 한인들에게 장로교 신앙을 전파할 목적으로 들어올 것이라고 한다. 유감스럽게도 현재 블라디보스톡 주교구의 선교부 상황 속에서는 재정 및 인력 부족으로 장로교에 대항할 여력이 없다"[68]

며 연해주지사에게 지원을 요청하는 서신을 보냈다. 그러면서 예프세비 주교는 "현재 러시아 한인들의 상황에서 볼 때, 기존의 정교도 한

---

68) РГИАДВ, Ф.1, Оп.11, Д.164, Л.3-3об. 「1911년 10월 19일 블라디보스톡 및 캄차트카 대주교 예프세비가 한인들의 장로교 수용 제한을 위한 포고령 발포 요청과 관련 연해주지사에게 보낸 요청서」.

인들과 이교도 한인들을 장로교 신앙으로부터 보호하기 위한 최상의 방법은 장로교 신앙을 받아들이는 자는 러시아 국적에 편입시키지 않을 것이라는 포고문을 발포하는 것"[69]이라며 장로교파에 대해 분명한 압박을 가해주도록 연해주지사에게 요청했다. 이에 대해 연해주지사는,

> "장로교 수용과 국적부여 문제를 연결시키는 것은 충분한 법적인 근거가 없으며, 장로교파에 대응할 유일한 해결책은 바로 장로교 선교사들과의 정면적인 투쟁밖에 없다. 또한 이미 장로교를 받아들인 한인들이 그와 같은 조치들로 인해 다시 정교신앙을 받아들인다 하더라도 진정한 정교도인은 될 수가 없다고 생각된다"[70]

며 장로교파에 대한 행정적인 제재를 유보했다.

흥미로운 사실은 지금까지 정교회 측이 건의한 일련의 제재 요청에 대해 세속 당국은 교회 측의 요구를 온전히 수용하기 보다는 어디까지나 법치주의에 입각한 행정수행의 의지를 표명했다는 사실이다. 이는 이전과 달리 러시아 정교회와 국가 간에 호흡이 불일치하고 있다는 것을 의미하며, 나아가 한인을 바라보는 양자 간의 시각이 서로 불일치하고 있었다는 것을 반영하는 것이기도 하다. 세속 당국과 정교회 지도부 간의 이러한 미묘한 불일치는 앞서 언급한 바와 같이 1905년의 10월 선언에서 그 주된 요인을 찾아볼 수 있을 것이다. 즉 교회와 전제정 간의 돈독했던 강한 연결고리는 더 이상 존재하지 않게 되었던 것이다. 그러한 상황변화 속에서도 교회는 여전히 세속 정부에 대해 교회의 보호 및 재정 지원이라는 전적인 지원을 요청하고

---

69) Там же, Л.3об.-4.
70) Там же, Л.6-6об. 「1911년 11월 7일 블라디보스톡 및 캄차트카 대주교 예프세비의 동년 10월 19일자 요청서에 대한 연해주지사의 답변 공문」.

있었다.

2. 세속 당국(극동 지방정부, 연해주 당국)의 탄압과 조치들

정교회 측의 요구에 미온적인 태도를 보여 온 세속 당국이었지만 장로교파의 규정위반 사례에 대해서는 구체적으로 행정적인 조치와 세제를 통한 또 다른 모습을 보여주기도 했다. 즉 정교회 측의 행정적인 지원요청에 대해서 첩보 수집 및 감시 차원에서 소극적인 태도를 유지해 오던 세속 당국이었지만 장로교파의 규정위반 사례에 대해서는 직접적인 행정권을 발동하여 장로교파에 대한 제재의 수위를 높이기도 했다는 점이다. 장로교파에 대한 사법-행정적인 제재와 탄압은 하바로프스크에 위치하고 있던 프리아무르 군행정관구(Приамур ское генерал-губернаторство), 즉 극동 지방정부의 군사령관지사(генер ал-губернатор)와 연해주지사(губернатор Приморской области) 간의 긴밀한 협력 속에서 이루어 졌다. 장로교파에 대한 행정적인 감시와 첩보활동을 계속해 나가던 연해주 당국은 마침내 최관흘이 예배허가 전제조건을 위반하고 있다는 첩보를 근거로 행정적인 조치에 들어갔다. 1911년 11월, 우수리철도 헌병경찰관리국장(начальник жандармско го полицейского управления Уссурийской железной дороги)은,

"최관흘이 신한촌 니콜라예프스카야 거리의 №761 블록에 있는 건물에서 체류하며 선교활동을 하고 있다. 이 건물은 특별히 지정된 용도로만 시참사회의 허가를 받고 건립되었으며, 최관흘의 명의로 되어있다. 예배와 설교에는 한인들뿐만 아니라 축일 기간에는 러시아 수비대원들과 침례교 신자들로 보이는 러시아인들도 참석을 하고 있다. 입수한 정보에 따르면 최관흘은 설교 중에 정교신앙을 비난하고 장로교로 개종할 것을 종용하고 있다"[71]

고 연해주지사에게 보고했다. 이에 마침내 연해주지사는 우수리철도
헌병경찰관리국장의 비밀보고서를 첨부한 1911년 12월 5일자 군사령
관지사에 대한 보고서에서,

"최관흘이 더 큰 규모의 수비대들이 있는 연해주의 다른 지역들로 자
신의 선교지를 이동, 확대해 나갈 수 있다는 점을 고려했다. 이에 1908년
7월 29일자로 승인된 국무협의회 규정에 의거 부여된 권한으로 최관흘을
비도덕적인 인물로 규정하고, 조선으로 추방할 것을 결정했다"[72]

고 전했다. 연해주지사는 이와 같은 유사한 내용을 블라디보스톡 요
새위수사령관(комендант Владивостокской крепости)과 우수리철도 헌
병경찰관리국장에게도 알렸고, 최관흘 이외에도 연해주 지역에 적지
않게 남아있는 장로교도들을 추방할 수 있도록 정보를 제공해 줄 것
을 요청했다.[73] 또 이틀 후에는 "최관흘을 비도덕적인 외국인으로 간
주하고, 재산처분을 위한 1주일의 준비 기한을 준 후 최관흘을 조선
으로 추방할 것을 블라디보스톡 시경찰국에 지시했다."[74]

하지만 이러한 일련의 조치와 제재들은 장로교파로부터 수비대원
과 일반 러시아인들을 보호하기 위한, 다시 말하면 외국인에 의해 흐

---

71) Там же, Л.8-8об., Л.14-14об., 33-33об. 「1911년 11월 17일 우수리철도 헌병경
    찰관리국장이 최관흘의 불법적인 예배 및 설교 활동과 관련 연해주지사에
    게 보낸 보고서」.
72) Там же, Л.12-12об. 「1911년 12월 5일 연해주지사가 최관흘 추방 조치와 관
    련 프리아무르 군사령관지사 사령부에 보낸 결과 보고서」.
73) Там же, Л.13-13об., 15-15об. 「1911년 12월 5일 연해주지사가 최관흘 추방과
    관련 블라디보스톡 요새 위수사령관에게 보낸 통보서」, 「1911년 12월 연해
    주지사가 최관흘 추방과 관련 우수리철도 헌병경찰관리국장에게 보낸 추
    가 공문」.
74) Там же, Л.9-9об. 「1911년 12월 7일 최관흘의 조선으로의 추방에 관한 연해
    주지사의 명령문」.

트러진 사회 질서유지 차원의 일반적인 행정 조치였지 특별히 정교회 측만을 배려하기 위한 조치만은 아니었다고 여겨진다. 이는 연해주지사 마나킨(М.М.Манакин, 1911-13)이 최관흘이 더 큰 규모의 수비대들이 있는 연해주의 다른 지역들로 자신의 선교지를 이동할 수 있다는 점을 고려했다는 점에서 짐작해 볼 수 있다.

수배령이 내려진 최관흘은 당국의 체포를 피해 블라디보스톡으로부터 벗어나 은밀히 활동을 계속해 나갔다. 극동 지방정부와 연해주 당국의 최관흘 및 장로교파의 행정규정 위반행위에 대한 제재 조치는 단순한 위협적인 수준에 머무르지 않았고 실제적인 법집행 목적을 두고 시행되어 나갔다. 연해주 주관리국(Приморское областное прав ления)은 "최관흘이 라즈돌노예(하마탕-필자) 지역으로 갔고, 입수된 정보에 따르면 12월 말에 블라디보스톡으로 돌아온다는 정보를 지역 관계당국과 나누며 최관흘의 동태를 계속해서 파악해 나갔다. 그리고 한편으로는 최관흘 체포와 관련된 1911년 12월 7일자 연해주지사의 지시가 언제 집행되는지를 계속해서 블라디보스톡 시경찰국에 의뢰"[75]하는 방법으로 지역 관계당국자들을 독려했다. 그러나 최관흘에 대한 체포는 이듬해인 1912년 초 봄 무렵까지도 이루어 지지 않았다.

한편 최관흘에 대해 체포와 추방 조치를 내린 연해주 당국은 1911년 12월 중순 경에는 당시 신한촌을 근거지로 두고 활동하던 신윤협(申允協)과 이재순(李載淳)에 대해서도 추방 조치를 내렸다. 두 사람은 같은 해 11월 19일에 평양에서 입국한 장로교 선교사들로서 신한촌 서울 거리 №4번지에 임시거주지를 두고 블라디보스톡과 니콜스크-우수리스크를 선교지로 활동해오고 있었다.[76] 연해주 당국은 이들에

---

75) Там же, Л.19, 20-200б, 「1911년 12월 20일 연해주 주관리국에서 최관흘의 추방명령 시행과 관련 블라디보스톡 시경찰국에 보낸 공문」, 「1911년 12월 20일 연해주 주관리국에서 최관흘의 추방명령 시행과 관련 블라디보스톡 시경찰국에 보낸 공문 및 통지문」.

대해서도 비도덕적인 외국인들로 규정하고 선교활동 마무리를 위해 1주일의 기한을 부여 한 후 조선으로 추방할 것을 블라디보스톡 경찰국에 지시했다.[77] 신윤협과 이재순은 1912년 1월 10일에 절차에 따라 조선으로 추방되기 위해 포시에트 지구 노보키예프스코예 경찰서로 이송되었다.[78]

러시아 비자와 조선총독부에서 발급된 일본 여권을 소지하고 성서매서인-선교사들로 활동했던 이들 2인을 극동 지방정부가 체포해 투옥한 사건은 당시 조선예수교장로회 총회에서도 다루어졌을 정도로 큰 관심을 불러일으킨 사건이었다.[79] 특히 당시 서울주재 영국 총영사관과 영국성서공회(The British Foreign Bible Society) 서울사무소는 이들 2인이 영국외국성서협회 소속이며, 이들이 어떤 이유로 체포되었는지를 서울주재 러시아 총영사관에 요청하고 항의의 메시지를 전하기도 했었다.[80] 이들에 대한 러시아 측의 추방 조치는 서울주재 영국 총영사관과 러시아 총영사관 간의 미묘한 신경전으로까지 번졌다.

여기서 한 가지 주목할 점이 있다. 조선 장로교 선교사들에 대한 세속 당국의 행정적, 사법적 조치가 반드시 러시아 정교회 측의 요청에 따른 것은 아니었다는 점이다. 이상의 일련의 제재와 탄압에도 불구하고 연해주 당국이 무조건적으로 장로교를 배타적으로 대한 것은 아니었다고 여겨진다. 신윤협과 이재순의 경우, 이들은 체포되기 전

---

76) Там же, Л.22, 35. 「1911년 12월 19일 우수리철도 헌병경찰관리국장이 2인의 조선인(평양) 선교사(이재순/신윤협)의 블라디보스톡 입국과 관련 연해주 지사에게 보낸 보고서」.

77) Там же, Л.23-23об. 「1911년 12월 26일 신윤협과 이재순에 관한 연해주지사의 명령문」.

78) Там же, Л.28. 「1912년 1월 12일 블라디보스톡 시경찰국장이 연해주지사에게 보낸 보고서」.

79) 『조선예수교장로회총회 제1회 회록』, 1912년 9월 1일-4일.

80) РГИАДВ, Ф.1, Оп.11, Д.164, Л.29. 「1912년 1월 19일 조선주재 러시아총영사가 이재순과 신윤협의 구금에 관해 연해주지사에게 보낸 문서」.

에 서울 영국외국성서협회에서 발간된 5권의 성서를 연해주에 배포할 수 있도록 허가해 줄 것을 청원했었다. 이때 연해주지사는 출판 및 검열법 177조 2항에 근거하여, 서적의 사전 검열과 사전에 1루블의 인지세를 연해주 주관리국 1과에 지불해야 함을 이들 2인에게 알릴 것을 지시한 바가 있기 때문이다.[81] 정교 국가였던 러시아 정부는 어디까지나 이방 종교에 의한 민심의 동요를 막고, 사회 질서 및 풍기 유지 차원에서 사전에 차단하고자 하는 측면이 강했던 것으로 보여진다. 이는 예배를 허가하고 교회 부지까지 허락했던 세속 당국이 일반 러시아인들과 수비대원들까지 장로교파의 속삭임에 관심을 두고 있음을 포착한 시점에서부터 간섭이 시작되었다는 점에서 짐작해 볼 수 있다. 만약 세속 당국이 정교회 측의 요청대로 순수하게 정교회를 보호하고 정교회 측의 요구만을 수용할 의도가 있었다면, 연해주 세속 당국은 처음부터 장로교파의 예배 허가요청과 교회부지 할당요청을 거절했었을 것이며, 성서 판매 또한 금지시켰을 것이기 때문이다.

최관흘 선교사와 신윤협, 이재순 선교사에 대한 체포 및 추방 조치를 내렸던 연해주 당국은 이번에는 장로교파의 예배금지와 교회폐쇄 조치를 검토하기 시작했다. 이는 장로교파 측이 1910년 3월에 예배 허락을 받으며 부여받았던 전제조건, 즉 정교도 한인 및 러시아인에 대한 선교활동 금지와 정교회에 대한 비방 금지, 예배시간 사전통보 등의 조건을 계속해서 위반하고 있다고 연해주 당국이 판단했기 때문이었다. 연해주 당국은 정교도 한인뿐만 아니라, 러시아인, 특히 러시아 하급관리들의 장로교 예배 참석에 대해 크게 우려했으며, 마침내 1912년 1월 중순과 2월 말 두 차례에 걸쳐 예배 모임 및 예배소 폐쇄 조치를 내리기에 이르렀다.[82]

---

81) Там же, Л.37-37об. 「1911년 12월 22일 연해주 주관리국(연해주지사)이 서적 보급 절차와 관련 블라디보스톡 시경찰국에 보낸 공문」.
82) Там же, Л.10-11, Л.38-38об., 32-32об. 「1912년 1월 17일 연해주지사가 9인의

연해주 당국의 주장에 전적으로 동감하는 바는 아니지만 개신교단의 전통적인 선교 방식을 감안해 볼 때 연해주 당국의 주장에 대해 어느 정도는 수긍이 가는 측면이 있다. 개신교인 장로교파 측은 같은 기독교 종파인 정교회 측과 그 외 정교회 분파종파들에 대해서 개종을 권유했으며, 특히 그러한 측면에서 정교회 측의 반감을 불러일으켰을 것으로 본다. 988년 비잔틴제국으로부터 정교회를 수용한 후 약 1천년의 기독교 역사를 이어 온 러시아인들의 입장에서는 개신교단의 그러한 행위들이 결코 받아들일 수도 받아들여서도 안되는 매우 어처구니없는 행위들로 적지 않게 비추어졌으리라 생각된다. 이는 무엇보다 개신교 선교사들이 정교회 신앙의 역사적 깊이를 제대로 이해하지 못한 무지의 결과에서 기인된 것으로 여겨진다. 또 하나는 다른 기독교 형제인 정교회 신자들까지도 개종의 대상으로 삼고자 했던, 긍정적으로는 개신교의 진취적인 복음전도 전략에서, 부정적으로는 지극히 자기중심적이고 배타적인 구원관이나 선교전략에서 빚어진 것으로 보인다.

세속 당국과 정교회 측이 장로교파에 대응하는 과정에서 양자 간에는 대응에 따른 방식 및 시점에 있어서 상황에 따라서 미묘한 입장 차이가 드러났다. 그러나 이것이 국가와 교회가 추구하는 목표가 근본적으로 다른데서 오는 불일치는 아니었다고 본다. 1905년 10월 선언 이후 세속 당국으로서는 공식적으로 이민족을 포함한 지역 거주자들에 대해 이전과 같은 노골적인 정교도화를 추진하지 못하게 되는 상황에 이르게 되었다. 교회는 장로교파에 대응해 부족한 자원과 인력을 국가의 공권력으로 채우고자 하는 의도 또한 갖고 있었으나 의도대로 관철되지 못했다. 그러나 국가는 여전히 공권력이라고 하는 무

러시아 하급관리의 장로교 예배 참석 관련 블라디보스톡 시경찰국에 보낸 지시문」, 1912년 2월 29일 연해주 주관리국이 장로교 측의 규정 불이행과 관련 블라디보스톡 시경찰국에 보낸 추가 지시문」.

기로 종국에 가서는 교회 측을 지원해 주었다. 러시아 세속 당국의
최관흘에 대한 노골적인 행정적 압박과 첩보활동은 실효성을 거두었
고, 그에 따른 후속 조치 또한 충분히 탄압적인 성격을 띠었다고 볼
수 있다. 결과적으로 국가와 교회는 미묘한 입장 차이 속에서도 장로
교라는 타종파로부터 정교회의 보호와 러시아인 및 한인 정교도의
보호라고 하는 동일한 목표는 이루어 나갔던 것이다.

3. 정교회의 한인선교 발전을 위한 노력과 한계들

세속 당국의 공권력을 통한 측면지원에도 불구하고 정교회 측의
입지는 여전히 불안한 상황 가운데 놓여 있었다. 그것은 1910년 조선
의 한일합방과 1880년대 후반 이후 교회교구학교 출신의 한인사제 및
교리문답교사의 배출과 활동으로 한인선교의 호기를 맞이했음에도
불구하고 정교회 측의 이민족 선교는 선교인력 및 인력의 자질부족,
교회부족, 취약한 재정 및 조직구조 속에 놓여 있었기 때문이었다. 바
로 이 점이 반 세기 동안의 극동지역 이민족 선교를 수행해온 정교회
측이 풀어나가야 할 오랜 숙제이자 고민거리였다.

따라서 블라디보스톡 주교구는 장로교파의 침투를 계기로 제도적
이고 장기적인 대응책 마련에 들어갔다. 정교회 지도부는 우선 선교
사 고급양성과정(Высший миссионерский курс)인 3년제 선교사양성 전
문학교(Миссионерский институт)를 신설하여 장기적이고 체계적으로
이민족 선교활동을 추진해 나가고자 했다. 이는 물론 장로교파에 한
정되어 추진된 사업만은 아니었다. 선교사양성 전문학교는 극동지역
의 이민족 선교부에서 뿐만 아니라, 조선, 중국, 일본 등의 해외에서
도 이민족을 상대로 선교활동을 하는 요원들을 대상으로 실제적이며
이론적인 교육을 목적으로 설립되었다. 모든 수강생들은 동방대학의
청강생으로 등록되어 4개 학과(중국어과, 조선어과, 몽골어과, 일본어

과)로 구분되어 해당 국가의 언어와 영어 및 동아시아 지역 나라들의 역사, 지리, 인종지학을 배우고, 졸업 후에는 해외선교부나 이르쿠츠크, 자바이칼, 블라고베셴스크 선교부에서 활동하게 했다. 특히 중국인과 한인들은 블라디보스톡 선교부에서 자민족을 대상으로 사역을 감당하도록 했다.[83]

장로교파와의 투쟁에 직면한 블라디보스톡 주교구는 한편으로는 장로교파의 침투에 대비하며, 다른 한편으로는 장기적인 한인선교 사업의 향상과 발전을 위해 체계적이고 제도적인 조직정비 작업에 착수했다. 블라디보스톡 주교구는 첫째로 서울선교부의 활동을 블라디보스톡 주교구 내 한인선교부의 활동과 통합시키고, 통합선교부의 책임자로는 본 주교구의 보좌주교(викарий)[84] 급의 주교를 임명해 주도록 제의했으며, 둘째로 4개의 선교지구(миссионерский стан)를 신설하여 2개는 수찬강 유역, 1개는 아디미(Адими) 선교지구 지역, 나머지 1개는 얀치혜(Янчихэ) 선교지구 지역에 신설하고, 블라디보스톡에 특별선교직을 신설할 것을 제의했고, 셋째로 각각의 선교지구에 1명의 교리문답교사와 블라디보스톡에 2-3명의 교리문답교사들을 두어 결과적으로 기존의 9개 선부지구와 신설될 4개의 선교지구를 포함, 총 16명의 교리문답교사직을 신설해 주도록 제의했다.[85]

나아가 블라디보스톡 주교구는 한인선교를 위해 한인선교부에 대한 국고지원의 문제를 해결하기 위해 법적절차를 마련해 달라는 청

---

83) РГИАДВ, Ф.702, Оп.3, Д.443, Л.13-14.

84) 보좌주교는 자신의 관할 주교구(викариатство)를 갖고 있지 않으며, 다른 주교급 성직자를 도와주는 보조주교급 성직자이며, 이 직책의 범주 내에는 주교나 대주교 등의 주교급 직책이 포함된다(А.М.Прохоров(глав ред.), там же, с.202 참조).

85) Там же, Л.21об. 「1914년 1월 4일 블라디보스톡 주교구가 한인 개종을 위한 한인선교부를 조직하는데 국고 지원하는 문제와 관련 신성종무원 경제국이 국가두마에 제출한 보고서-사업설명」.

원을 신성종무원에 제기하기에 이르렀다. 이에 신성종무원 산하 국내
외 선교문제 특별협의회는 1914년부터 시작해서, 블라디보스톡 주교
구의 보좌주교이자 한인선교부 책임자의 봉급으로 5,000루블, 블라디
보스톡 선교사에게 2,400루블, 새로 조직되는 선교지구의 4명의 사제
에게 1,200루블씩, 4명의 시낭송자(Псаломщик)[86]에게 400루블씩, 16명
의 교리문답교사들에게 600루블씩, 블라디보스톡 지역 교리문답교사
3인의 방문사역 비용으로 500루블씩을 포함, 1년에 총 23,900루블을 국
고에서 지원하기로 결정하고 예산안을 국가두마에 상정했다.[87] 그러
나 상정된 예산안이 이후 집행되었는지에 대해서는 알 수가 없다. 무
엇보다 1906년 5월 제1차 국가두마가 소집되기 전날 밤에 공포된 기본
법으로 국가두마는 입법 및 예산에 관한 중요한 권리가 크게 제한되
었다. 즉 육군, 해군, 황궁, 국채 등과 같은 항목을 포함하는 국가예산
의 거의 40%가 국가두마의 권한 밖에 있게 되었다.[88] 또한 시기적으
로 1914년부터는 러시아가 제1차세계대전의 소용돌이에 빠져들게 되
고, 얼마 안있어 사회주의 혁명을 맞이했기 때문이다.

　이상에서와 같이 1910년대 들어서 정교회 지도부는 몇 가지의 정
치적, 종교적 요인들 속에서 결과적으로 한인선교의 호기를 맞이해
나가기 시작했다. 특히 장로교파에 대응하는 과정에서는 뒤늦은 감이
있지만 1914년부터는 인력증원, 조직개편, 재정확보를 통해 선교조직
및 체제의 보강과 개선을 계획해 나갈 수 있게 되었다.

　그러나 장로교파에 대응하는 과정에서 정교회 지도부는 결과적으
로는 극동지역 한인선교에서 이미 제기되어 왔던 근본적인 문제들과
한계점들을 다시 한번 분명하게 확인시켜주는 결과를 초래하고 말았

---

86) 시낭송자는 예배 중에 사제를 도와주는 교회봉사자이다.
87) Там же, Л.25-26.
88) 니콜라이 V. 랴자노프스키, 김현택 옮김, 『러시아의 역사Ⅱ』, 1801-1976 (서
　　울 : 까치, 1994), p. 134.

다. 이처럼 정교회 측이 장로교파의 침투에 효율적인 대처를 하지 못한
데에는 기존의 문제점들이 여전히 주요 요인으로 작용했기 때문이다.

우선은 10만여 명에 이르는 한인들을 상대하기에 선교사가 턱없이
부족했다는 점을 들 수 있다. 당시 극동지역의 한인의 수는 실제적으
로 10만여 명에 이르고 있었고, 이들을 상대하는 선교사의 수는 9명에
불과했다. 게다가 선교사들은 정교신앙 전도뿐만 아니라, 장로교파와
의 투쟁을 전개하며 정교도들을 보호해야 하는 이중적인 어려움 속
에 처해 있었다. 또 하나는 열악한 재정상황 때문이었다. 선교사들은
봉급으로 교구사제와 같은 액수인 500루블을 받았으나 이는 생계를
유지해 나가기조차도 힘들 정도의 낮은 금액이었다. 따라서 선교사들
은 사역보다는 선교사역에서 벗어날 궁리를 하거나 선교업무에 대한
의욕을 상실한 상태에 있었다. 다른 하나는 조선어로 예배와 설교를
집전할 수 있는 사제들이 거의 없었기 때문이다. 짧은 선교활동에도
불구하고 장로교파에 한인들이 많이 모일 수 있었던 것은 최관흘의
선교와 설교가 조선어로 이루어졌기 때문이었다. 마지막으로 극동 지
방정부의 한인들에 대한 부정적인 태도를 들 수 있다. 초대 극동(프
리아무르) 군사령관지사인 코르프(А.Н.Корф/1884-93)에서 곤닫티(Н.Л.Г
ондатти/1911-17)까지 총 8명의 군사령관지사의 치세를 거치는 동안 특
히 코르프, 운테르베르게르(П.Ф.Унтербергер/1905-10), 곤닫티 시기에
한인들은 반한인정책으로 인해서 국적, 토지문제 등에 있어서 적지
않은 고통을 당했다. 특히 장로교파가 등장하던 시점은 운테르베르게
르에 의해 반한인정책이 최고조에 달하던 시기이기도 했다. 따라서
1910년대 들어서까지 정교회 지도부와 사제들은 한인들을 곧 추방당
할 수 있을 임시거주자로 보고자 하는 측면이 있었고, 정교회 지도부
또한 선교사와 교구 사제들에게 한인들에 대한 적극적인 사역을 요
구할 수 없는 상황이 존재해 왔다.[89]

선교사의 소명의식과 자질 문제, 언어습득 문제 등의 사안들은 실

제적으로 러시아 정교회의 한인선교가 시작된 1860년대 중반부터 선교활동이 막을 내리는 1917년 혁명이전 시기까지 지속되었다. 1914년 1월 신성종무원은 한인선교 활동 관련 국가두마에 대한 선교사업 보고에서,

> "극히 일부를 제외하고 블라니보스톡 주교구 내의 대부분의 선교사들이 선교사역에 우연하게 입문한 자들이 많다. 대부분이 선교사역에 소명을 받았거나 준비됨이 없이 단지 교회 규정이나 정교회 지도부의 의지에 따라 선교사가 되었다. 블라디보스톡 주교구의 현재 상황을 비극적이라고 인정하지 않을 수 없다....뿐만 아니라 선교사들의 물질적인 삶은 그다지 중요하지 않은데도 모든 선교사들이 자신의 선교사역보다는 사역지로부터 벗어날 궁리만 하고 있다....따라서 열악한 물질적인 어려움에 부딪힐 때 선교사들은 곧 선교임무에서 벗어나 러시아인이 있는 교구에서 사역하기를 원하고 있다"[90]

며 선교사의 소명 및 자질 문제에 대해 자성과 비판의 목소리를 내고 있다. 신성종무원은 또한 계속해서 같은 보고서에서 "타 주교구 출신이거나 지역 출신의 대부분의 사제들이 지역 교구민들의 언어, 관습, 신앙에 대해서 전혀 모른 채 사역을 하고 있으며, 특히 언어를 전혀 습득하지 못한 관계로 교구민들에게 제대로 정교 신앙을 전달해 주지 못하고 있다"[91]며 선교사의 이민족 언어습득을 강하게 촉구하고 있다. 계봉우는 선교지에서 선교사와 한인들과의 관계와 관련,

---

89) РГИАДВ, Ф.702, Оп.3, Д.443, Л.22об.-24об. 선교사들이 교구 사제처럼 연 500 루블을 받았지만, 교구사제들은 교구민들로부터 부차적인 사역활동(세례비, 결혼식 집전 등)에 대한 대가를 받았고, 반면 선교사들은 이민족들로부터 받을 것이 없었다.

90) Там же, Л.22об.-22а.

91) Там же, Л.22об., 23.

"우리 한인 중에는 큰 즁(고위성직자-필자) 된 자는 1인도 업고, 다만 불목즁갓흔 신부는 몃십명이 되엿섯다. 즁들의 하는 일은 절당에서 향을 분(焚)하는 것과 촉(燭)을 혀는 것과....상제(上帝)의 진리를 신통하게 강해(講解)하야 남녀신도에게 정신상 유익주는 것은 반점도 업다. 신부는 결혼이나 장례(葬禮)나 개학(開學) 등의 모든 의식을 반드시 집행하는 직권이 유(有)한데 적어도 몃십원 밧지안코는 집례하야 주지 안는다. 그리하야 정액(正額)한 월봉(月俸) 외에 불항수입(不恒收入)이 적지아니하엿다"[92]

며 사제들의 삐뚤어진 물질관에 대해 비판적인 시각으로 보았다. 그러나 그는,

"그곳(연해주-필자) 이주한 우리 한인은 마음에 업는 입적(入籍)하는 동시에 겸(兼)하야 밋기스린 희랍교의 세례를 수(受)하게 되엿다....시가(市街)와 농촌을 물론하고 절당이 유(有)한 처(處)에는 그네들(신부-필자)이 다 주차(主着)하야 세권(勢權)을 남용(濫用)하며 인민을 우매케하야 무상한 해독(害毒)을 일반사회에 유(遺)하엿다. 차(此)는 신부 그네의 고의는 아니다. 아황실(俄皇室)의 치국책이 그리하엿다. 이금(而今)에는 아황실과 함께 복망(覆亡)의 운(運)을 고하야 세계종교상에 추구(芻狗)가 되고 말엇다"[93]

고 언급하며 한인들의 세례와 개종은 생존을 위한 선택이었으며, 사제들의 잘못은 근본적으로 러시아 정부의 잘못된 한인정책에서 비롯된 것으로 보고 러시아 정부의 치국책을 비판했다.

결국 강경한 한인정책을 고수해 나갔던 운테르베르게르의 한인에

---

92) 『獨立新聞』, 대한민국 2년(1920) 4월 1일, 제60호, 뒤바보 「俄領實記」, 제10호 (宗敎).
93) Ibid.

대한 불신과 블라디보스톡 주교구의 우려는 1910년대 들어 장로교파에 대응하는 과정에서 현실로 드러났다고 볼 수 있다. 세속 당국은 종국에 가서는 한인탄압이라는 자구책을 택했으며, 정교회 측은 장로교파와의 투쟁을 계기로 비록 늦은 감이 있지만 한인선교 수행과정에서 안고 왔던 내부적인 취약점들을 직시하고 한인선교 발전을 위한 제도적이고 체계적인 정책과 조치를 수립해 나가기 시작한 것이다.

Ⅳ. 맺음말

이상에서와 같이 1910년을 전후로 최관흘을 중심으로 한 장로교파의 극동지역 선교활동과 이에 맞선 러시아 정교회 및 극동지역 세속 당국의 대응, 그리고 한인선교 발전을 위한 노력과 조치들에 대해서 살펴보았다. 위에서 살펴보았듯이 만 3년(1909-1912)에 걸쳐 폭발적으로 진행되어 나갔던 장로교파의 선교활동은 최관흘의 정교회로의 개종 이후 시들고 말았다. 하지만 짧은 기간 동안 장로교파의 등장과 활동이 몰고 온 파장은 적지 않았다. 정교회 측은 장로교라는 외래 종파의 침투에 당혹감과 오히려 두려움 속에서 적절한 대안을 찾지 못한 채 허둥대며 뒤늦게 세속 당국의 공권력에 기대어 장로교파에 대응해 나갔다. 이는 약 1천년의 오랜 역사적 전통을 갖고 있으며 50여년의 극동지역 이민족 선교활동을 수행해온 정교회의 이민족 선교사업의 기반이 결코 튼튼하지 못해왔음을 의미하는 것이기도 했다. 1910년대 들어서 조선의 한일합방과 교회교구학교 출신의 한인사제 및 교리문답교사의 등장이라는 정치적, 사회적 상황 변화에 힘입어 한인들이 진정으로 정교회에 입교하는 등 한인선교의 결실을 목전에 둔 상황이었으나 정교회 지도부는 장로교파에 대한 대응과정에서 약

반세기에 걸친 한인 선교사업의 실상과 허점을 노출시키고 말았던 것이다. 즉 러시아 정교회는 장로교파에 대응하는 과정에서 위상에 걸맞지 않게 크게 흔들리는 모습을 보여주었고, 빈약한 선교조직과 체계를 노출시켰다. 이는 재정 부분과 특히 마땅히 갖추어져 있어야 할 선교인력과 인력의 자질 부분에서 두드러지게 나타났다.

사실 빈약한 선교조직과 체계, 부족한 재정, 인력부족 등의 문제들은 1860년대 정교회의 한인선교에서 시작부터 끊임없이 제기되어 왔었던 핵심 사안들이었다. 비록 늦은 감이 있지만 정교회 지도부는 장로교파에 대한 대응을 계기로 1914년부터는 중앙정부에 대한 재정적인 지원요청과 인력, 조직의 보강 및 개편을 통해서 한인선교의 현장에서 불고 있는 부흥의 흐름을 타려고 했다. 그러나 이러한 바램은 1905년 10월 선언 이후 국가와 교회 간의 느슨한 관계 속에서, 그리고 이어지는 제1차세계대전과 1917년 혁명의 폭풍 속에서 큰 결실로 이어지지 못하고 사라져가고 말았다. 10월 선언으로 러시아의 절대적인 전제정은 막을 내렸고, 더 이상 전제정과 교회 간의 강력한 고리는 존재하지 않게 되었다. 정교회 지도부는 세속 당국의 전폭적인 지원과 지지로부터 벗어나게 되었고, 극동 지방정부 또한 노골적인 국민의 정교도화를 추진할 수 없게 되었으며, 대신 공권력을 이용한 측면지원 등의 방법만으로 교회를 지원해 나갔던 것이다. 뿐만 아니라 1910년대 들어서 비로소 진지하게 정교에 귀의해 나가기 시작하던 한인들의 정교신앙 생활 또한 1917년 혁명의 소용돌이 속에서 다시 물거품처럼 사라지고 말았다. 결국 러시아 정교회 지도부와 이를 총체적으로 지휘해야 했던 세속 당국은 50여년의 극동지역 한인선교 과정에서 안고 왔었던 근본적인 문제와 한계, 즉 부족한 선교인력과 선교조직, 재정확보 등의 문제를 극복하지 못한 채 극동지역 한인선교를 수행해 온 것이라 볼 수 있다.

【참고문헌】

1차 자료

АВПРИ, Ф.ЯС(Японский стол), Оп.493, Д.38, Л.37-40.

「1910년 10월 8일 서울주재 러시아총영사 소모프의 보고서」.

РГИАДВ, Ф.1, Оп.2, Д.2020, Л.1/3/6.

「1909년 11월 5일 조선국적 장로교 최관흘 선교사가 연해주지사에게 보낸 장로교파 공동체 설립청원서」, 「1909년 12월 23일 블라디보스톡 주교구 종교감독국이 최관흘의 장로교파 설립불허와 관련 연해주지사에게 보낸 요청서」, 「1910년 2월 9일 내무부 종무국 이민족선교분과에서 최관흘의 장로교파 설립과 관련 연해주지사에게 보낸 답변서」.

РГИАДВ, Ф.1, Оп.11, Д.164, Л.3-4/4а-4аоб,(Л.36,)/6-6об,/8-8об,(Л.14-14об,,33-33об,)/9-9об,/10-11/38-38об,(Л.32-32об,)/12-12об,/13-13об,/15-15об,/19/20-20об,/21-21об,/22(Л.35,)/23-23об,/28/29/37-37об.

「1911년 10월 19일 블라디보스톡 및 캄차트카 대주교 예프세비가 한인들의 장로교 수용 제한을 위한 포고령 발포 요청과 관련 연해주지사에게 보낸 요청서」, 「통지문-블라디보스톡에 장로교파 설립과 관련 내무부 종무국 이민족선교분과에서 연해주지사에게 보낸 추가 통지문」, 「1911년 11월 7일 블라디보스톡 및 캄차트카 대주교 예프세비의 동년 10월 19일자 요청서에 대한 연해주지사의 답변 공문」, 「1911년 11월 17일 우수리철도 헌병경찰관리국장이 최관흘의 불법적인 예배 및 설교 활동과 관련 연해주지사에게 보낸 보고서」, 「1911년 12월 7일 최관흘의 조선으로의 추방에 관한 연해주지사의 명령문」, 「1912년 1월 17일 연해주지사가 9인의 러시아 하급관리의 장로교 예배 참석 관련 블라디보스톡 시경찰국에 보낸 지시문」, 「1912년 2월 29일 연해주 주관리국이 장로교측의 규정 불이행과 관련 블라디보스톡 시경찰국에 보낸 추가 지시문」, 「1911년 12월 5일 연해주지사가 최관흘 추방 조치와 관련 프리아무르 군사령관지사 사령부에 보낸 결과 보고서」, 「1911년 12월 5일 연해주지사가 최관흘 추방과 관련 블라디보스톡 요새 위수사령관에게 보낸 통보서」, 「1911년 12월 연해주지사가 최관흘 추방과 관련 우수리철도 헌

병경찰관리국장에게 보낸 추가 공문」, 「1911년 12월 20일 연해주 주관리
국에서 최관흘의 추방명령 시행과 관련 블라디보스톡 시경찰국에 보낸
공문」, 「1911년 12월 20일 연해주 주관리국에서 최관흘의 추방명령 시행
과 관련 블라디보스톡 시경찰국에 보낸 공문 및 통지문」, 「1912년 4월
28일 연해주 주관리국에서 보낸 공문」, 「1911년 12월 19일 우수리철도
헌병경찰관리국장이 2인의 조선인(평양) 선교사(이재순/신윤협)의 블라
디보스톡 입국과 관련 연해주지사에게 보낸 보고서」, 「1911년 12월 26일
신윤협과 이재순에 관한 연해주지사의 명령문」, 「1912년 1월 12일 블라
디보스톡 시경찰국장이 연해주지사에게 보낸 보고서」, 「1912년 1월 19
일 조선주재 러시아총영사가 이재순과 신윤협의 구금에 관해 연해주지
사에게 보낸 문서」, 「1911년 12월 22일 연해주 주관리국(연해주지사)이
서적 보급 절차와 관련 블라디보스톡 시경찰국에 보낸 공문」.

РГИАДВ, Ф.28, Оп.1, Д.176, Л.56-56об./58-58об.

「1893년 4월 30일 열린 블라시보스톡 시두마의 결정」, 「한인촌 한인들이
블라디보스톡 시참사회에 보낸 청원서」.

РГИАДВ, Ф.28, Оп.1, Д.234, Л.106-106об./138-138об./366/371-372/373/375-375об.

「1899년 12월 8일 중국인 및 한인 정착촌, 공동묘지, 전염병 진료소 용
도로 선정된 부지 승인에 관한 시두마 보고서와 정착촌 설립안」, 「1901
년 3월 23일 열린 블라디보스톡 시두마의 한인정착촌 부지 선정 관련
결정안 사본」, 「1906년 한국국적 한인들 대표 김치보, 김약운, 김한조,
김일온, 김효가 연해주지사에게 보낸 청원서」, 「중국인 및 한인 정착촌
건립과 마부들을 위한 토지(участок) 할당 문제에 관한 규정」, 「중국인
및 한인 정착촌 건립과 마부들을 위한 토지(участок) 할당 문제에 관한
3월 22일자 블라디보스톡 시두마 결정안 발췌본」, 「1906년 4월 10일 블
라디보스톡 시와 'A'간에 체결된 협정 안」.

РГИАДВ, Ф.28, Оп.1, Д.377, Л.2-3/17-17об./19/24-24об./25/27/28-28об./29-29об./38/
40-40об./45-45об./46/46об./49/100-100об./127-127об./156-156об.

「1911년도 중국인 및 한인정착촌 조감도」, 「1911년 3월 19일 한인촌 한
인들이 프리아무르 군사령관지사에게 보낸 청원서」, 「1911년 4월 4일
신한촌 시 소유 토지 임대조건을 한인들에게 완화시켜주는 문제에 관
한 블라디보스톡 시두마에 대한 추가보고서」, 「1911년 4월 18일 블라디
보스톡 주교구 종교감독국에서 블라디보스톡 시두마에 보낸 요청서」,
「1911년 3월 24일 한인촌에 거주하는 장로교 최관흘 선교사가 블라디보

스톡 시참사회에 보낸 청원서」, 「1911년 4월 13일 블라디보스톡 시참사
회에서 블라디보스톡 경찰국장에게 보낸 조선국적의 한인명단」, 「1911
년 4월 1일부터 한인촌 토지를 임대한 한인들의 명단」, 「1911년 4월 18
일 토지위원회에서 토지문제 관련 블라디보스톡 시두마에 보낸 문서」,
「1911년 5월 16일 블라디보스톡 시참사회가 한인촌 건립 무이자대출 청
원을 재개하는 문제로 시두마에 보낸 추가보고서」, 「1911년 3월 13일 블
라디보스톡 포코로프카교회 책임자가 블라디보스톡 시참사회에 보낸
청원서」, 「1911년 3월 9일 프토라야 레츠카 지역의 한인촌 한인 전권대
표가 블라디보스톡 시참사회에 보낸 청원서」, 「1911년 3월 17일 블라디
보스톡 시공공관리국(ВГОУ) 산하 블라디보스톡 시 책임자가 연해주지
사에게 보낸 청원서」, 「1911년 4월 19일 연해주지사가 블라디보스톡 시
책임자에게 보낸 지시문」, 「1911년 4월 30일 한인 니 니콜라이 이사코비
치가 블라디보스톡 시참사회에 보낸 청원서」, 「1912년 1월 14일 블라디
보스톡 신한촌 주택소유자들의 위임을 받아 폴랴노프스키 보리스와 김
니콜라이가 블라디보스톡 시두마에 보낸 청원서」, 「1912년 7월 16일, 26
일 블라디보스톡 시참사회가 시두마에 보낸 추가보고서」, 「1913년 5월
7일 블라디보스톡 시참사회에서 연해주지사에게 보낸 보고서」.

РГИАДВ, Ф.226, Оп.1, Д.375, Л.1-2об.
　　「1911년 3월 9일 블라디보스톡 및 캄차트카 주교 예프세비가 동방대학
　　교 학장에게 보낸 요청서신서 및 호소문 '한인들에게 고하는 말」.
РГИАДВ, Ф.702, Оп.3, Д.443, Л.21-26.
　　「1914년 1월 4일 블라디보스톡 주교구가 한인 개종을 위한 한인선교부
　　를 조직하는데 국고 지원하는 문제와 관련 신성종무원 경제국이 국가
　　두마에 제출한 보고서-사업설명」.
ГАХК, 『Приамурские Ведомости』, №205, Сшив №703, 30 ноября, 1897. 「캄차트
　　카, 쿠릴 및 블라고베쉔스크 주교 예프세비」.
Аносов С.Д., Корейцы в Уссурийском крае (Хабаровск-Владивосток : Книж
　　ное дело, 1928).
Волохова А., "Из истории российской политики на Дальнем Востоке: МИД,
　　министерство Финансов и учреждение Российской Духовной Мисси
　　и в Корее", Д. -Поздняев(Сост.), История российской духовной мис
　　сии в Корее (сборник статей), М., 1999.
Граве В.В., "Китайцы, корейцы и японцы в Приамурье", (Отчёт Уполномоче

нного Министерства Иностранных Дел В. В. Граве), Труды команд ированной по Высочайшему повелению Амурской экспедиции, Вы п.11, СПб., 1912.

Матвеев Н.П., *Краткий исторический очерк г.Владивостока, 1860-1910*, Влад ивосток, 1910.

『대한인정교보』, 1912년 12월 1일 (제7호), 「정교회에셔전도」.

『조선예수교장로회총회 회록』, 데1-15회 , 1912-1926.

『大東共報』, 大韓隆熙 4년 5월 26일(1910, 제23호), 「목사를 환영」.

『大東共報』, 大韓隆熙 4년 5월 26일(1910, 제23호), 「최씨 이왕」.

『獨立新聞』, 대한민국 2년(1920) 4월 1일, 제60호, 뒤바보「俄領實記」, 제10호(宗 敎).

2차 자료

Belov M., "The Experience of The Russian Orthodox Church among Koreans 1865-1914", (Seoul : Yonsei International Univ., December, 1991).

Пак И.Т.(глав. ред.), *Корейцы Казахстана в науке, технике и культуре*, Ал маты, 2002.

Петров А.И., *Корейскя диаспора в России 1897-1917гг.* (Владивосток : 2001).

Прохоров А.М.(глав. ред.), *Большой энциклопедический словарь*, М., 1998.

『기독교대백과사전』, 14권, 서울 : 기독교문화사, 1984.

독립기념관(한국독립운동사연구소), 『국외항일운동 유적(지) 실태조사 보고서·Ⅱ』, 2002.

박기호, 『한국 교회 선교운동사』, 아시아선교연구소, 1999.

박 환, 『러시아한인민족운동사』, 서울 : 탐구당, 1995.

이병조, "러시아정교회의 러시아·극동 한인선교(1863-1916)", 한국외대 석사학위 논문, 2002.

이상근, 『韓人 露領移住史 硏究』, 서울 : 탐구당, 1996.

정호상, "최관흘의 생애와 러시아 연해주 지역 선교 연구", 장로회신학대학교 세 계선교대학원 석사학위논문, 2004.

현규환, 『韓國流移民史』상, 서울 : 대한교과서주식회사, 1972.

니콜라이 V. 랴자노프스키, 김현택 옮김, 『러시아의 역사Ⅱ』, 1801-1976, 서울 : 까치, 1994.

http://kosa.culturecontent.com/스토리뱅크-인물은행-계봉우(2007.1.21 검색)

ABSTRACT

An encounter and collision of the Russian Orthodox Church and the Protestantism(1909-1912):
in focus of missionary work of Kwanheul Choi and the Presbyterian Church in the Far East and the countermeasure of the Russian Orthodox Church

This study is focused on the problems of missionary work of the Presbyterian Church because it is possible to understand the facts of over 50 years missionary works of the Orthodox Church to Korean through the oppositional process of the Russian Orthodox Church to the missionary work of the Presbyterian Church in the era which was missionary Kwanheul Choi worked in a central roll of missionary works in Vladivostok between 1909 and 1912.

This study researched the missionary works of the Presbyterian Church which was missionary Kwanheul Choi worked in a central roll of missionary works between 1909 and 1912 in the Far East, the oppositions of the Russian Orthodox Church and the regional government authorities which included the Far Eastern government and the Littoral Province of Siberia in the Far East, and the efforts of missionary works of the Orthodox Church to Korean as well as its limitations.

The missionary works of the Presbyterian Church had progressed explosively for a full three years and it brought serious aftereffects into the enemy territory. The Orthodox Church had an oppositional attitude with relying on the governmental authority to the Presbyterian Church without finding any suitable counterproposal to the infiltration of the imported religious denomination. It meant that the foothold of missionary works of the Orthodox Church, which had historical tradition almost one thousand years and missionary works to foreign races for over fifty years in the Far East, was not strong.

In 1910s, the Orthodox Church seemed to achieve success of missionary works to Korean thanks to the political and social changes, which were the Japanese imperialism and the advent of Korean priests and teachers of catechism from parish school graduate, but the guidance division of the Orthodox Church exposed the real facts and loophole in the missionary works to Korean during the oppositional process to the Presbyterian Church.

However, weak structure and system of the missionary works and insufficiency of finance and manpower were core points, but they had constantly been brought up from the beginning in the missionary works to Korean. It seemed to give an impression too late, the guidance division of the Orthodox Church tried to revive the missionary works to Korean through asking financial support to the central government, and reinforcing and reorganizing of manpower and organization from 1914 year.

But the desire had disappeared in loosen relationship between government and the church throughout Oktyabrsky Manifest in 1905, World War I and Russian Revolution in 1917. Namely, Russian despotism had been closed by Oktyabrsky Manifest, therefore, the strong relationship between Russian despotism and the church was not existed any more. Also, the guidance division of the Orthodox Church became separated from immense support of government, and government could not came to push forward people to be members of the Orthodox Church.

It means that the guidance division of the Orthodox Church and government which should totally control them had performed the missionary works to Korean without overcoming the basic problems and limitations of them over fifty years in the Far East.

제2부

스탈린 탄압과 고려인

1장 생존자의 회상을 통해서 본 스탈린 탄압의 비극

- 최초의 한인 해군장교, 최 파벨 페트로비치(최성학) 가족을 중심으로 -

Ⅰ. 머리말

2007년은 스탈린의 소수민족 탄압정책의 결과로 극동지역 한인의 강제이주가 발생한지 70주년이 되는 해였다. 필자는 그 해 9월 SBS방송이 주관한 한인강제이주 70주년 기념 4부작 특별기획뉴스 제작에 참여한 바 있다. 특별기획뉴스 제작용 현지 자료조사 과정에서 가장 초점을 맞춘 것은 오랫동안 러시아에서 한인관련 자료조사 및 입수 작업을 수행해 온 한 노학자의 정보에 근거하여 기록보존소와 기타 관련기관에서 1937년 강제이주열차 운송과정에서 발생한 사망자 명단을 확보하는 것이었다. 하지만 관련기관들에서는 그러한 문건의 존재에 대해서 공식적인 부인을 했고, 조사팀 또한 기록보존소의 서고에서 이에 관한 자료들을 확인하거나 입수하지 못했다. 하지만 강제이주열차 운송과정에서 적지 않은 수의 한인들이 비운의 죽음을 당했다는 점은 공공연하게 알려져 있는 역사적 사실이라 할 수 있다.[1] 물론 이는 어디까지나 최소한의 통계상의 수치일 뿐 통계에 수록되지 못한 사망자의 수는 더 많으리라 생각한다.

---

1) 모스크바의 저명한 한인문제 연구자인 박 보리스(Б.Пак)와 역사학자이자 민족문제 연구자인 부가이 니콜라이(Н.Бугай)는 강제이주 과정에서 554명의 사망자가 발생했다고 적고 있다(박보리스, 부가이 니콜라이 지음, 김광한, 이백용 옮김(2004), 『러시아에서의 140년간』, 시대정신, p. 316 참조).

그러나 본 논문에서 필자가 더 주목하는 대상은 1937년을 전후하여 극동과 중앙아시아에서 자행된 스탈린의 소수민족 탄압정책에 의해 억울하게 사라져 간 탄압희생자들이다. 여기에는 수천명의 당 및 소비에트 근무자, 군인, 반체제 인사와 지식인들, 그리고 한인, 중국인, 폴란드인, 독일인 등이 포함되어 있다.

러시아 내에서 한인강제이주와 관련된 공식적인 논의가 가능해지고 한인관련 저작물들이 본격적으로 나오기 시작한 것은 1980년대부터이다.[2] 당시의 분위기는 독립국가연합 한인사회의 대표적인 신문인 『레닌기치』에서도 찾아볼 수 있다.[3] 비슷한 시기에 국내에서도 러시아를 포함한 독립국가연합 지역의 한인(고려인)에 대한 저작물들이 출간되어 나오기 시작했고, 1990년대 들어서는 강제이주를 포함한 다양한 주제의 저작물들의 출간이 본격화되었다.[4] 물론 1937년을 전후

---

2) Ким Сын-Хва(1965), *Очерки по истории советских корейцев,* Наука, Алма-Ата; он же(1965), *Положение корейских крестьян на русском Дальнем Востоке вначале XX века,* Наука, Алма-Ата; Р.Ш. Джарылгасинова(1980), "Основные тенденции этнических процессов у корейцев Средней Азии и Казахстана", В кн.: этнических процессов у национальных групп Средней Азии и Казахстана, Наука, Москва; Г.Н. Ким(1989), *Социально-Культурное развитие Корейцев Казахстана-Научно-аналитич еский обзор,* Наука, Алма-Ата; 김마뜨베이 저, 이준형 역(1990), 『일제하 극동 시베리아의 한인사회주의자들』, 역사비평사; Д.В. Мен, Л.А. Квон, З.В. Ким, Н.Г. Пан (1992), *Советские Корейцы Казахстана,* Алма-Ата; А.Т. Кузин(1993), *Даль невосточные корейцы : жизнь и трагедия судьбы,* Южно-Сахалинск; Г. В. Кан(1994), *Корейцы Казахстана,* Алматы; Б.Д. Пак(1994), *Корейцы В Ро ссийской империи(Дальневосточный период),* Иркутск; он же(1995), *Кор ейцы В Советской России(1917-конец 30-х годов),* Москва; Г.Н. Ким, Д.В. Мен(1995), *История и культура корейцев Казахстана,* Гылым, Алматы; 부가이 저, 최정운 역(1996), 『재소 한인들의 수난사-해설 및 관계 공문서』, 세종연구소 등.
3) 『레닌기치』, 89년 5월 3일자, 4면, 「강제이주」; 89년 6월 14일자, 4면, 「1937년도 이주사건에 대하여」; 90년 12월 29일자, 4면, 「잊을수 없는 추억」.

한 시기의 스탈린 정권에 의한 탄압희생자들과 기타 주제(항일의병, 빨치산, 문화, 예술, 언론)와 관련된 인물 중심의 저작물들도 간헐적으로 나마 출간되어 나왔다.[5] 하지만 스탈린 정권에 의한 탄압희생자들과 관련한 인물중심의 저작물의 양은 그나마 기타 주제의 인물중심의 저작물들보다도 상대적으로 더 적은 상황이다. 이는 아마도 '강제이주'라는 용어 자체가 시대적 특성상 오랫동안 금기시 되어 왔었고, 그로 인한 국내외 학자들의 자료접근에 따른 어려움과 제한성에 기인했다고 볼 수 있다.

---

4) 고송무(1984), 『쏘련 중앙아시아의 한인들』국협총서 제5호, 한국국제문화협회, ; (1990), 『소련의 한인들: 고려사람』, 이론과 실천; 이철(1991), 「한국인의 러시아 이민사」, 『슬라브연구』7권, 한국외대 러시아연구소; 고재남(1993), 『독립국가연합내 고려인 사회에 대한 연구』, 외교안보연구원; 이광규, 전경수(1993). 『재소한인-인류학적 접근』아산재단 연구총서 제3집, 집문당; 박환(1995), 『러시아한인민족운동사』, 탐구당; 김 블라지미르, 김현택 역(1995), 『러시아 한인강제이주사』, 경당; 이상일(2002), "1937년 연해주 한인의 강제이주 배경과 일본의 對蘇 정보활동", 『한국독립운동사연구』, 19호, 한국독립운동사연구소 등.

5) 스탈린 정권의 탄압희생자들에 관해 인물중심으로 다루고 있는 국내 저작물들은 적다. 국외에서는 В.А. Хан-Фимина(2001), Корейский Интернационалист Хан Мен Ше(Се) и Его Семья, Москва 등이 있다. 그 외의 기타 주제로 인물중심으로 기술된 국내외 저작물로는, 이정은(1996), "최재형(崔才亨)의 생애(生涯)와 독립운동(獨立運動)", 『한국독립운동사연구』, 10호, 한국독립운동사연구소; 정제우(1997), "연해주(沿海州) 이범윤(李範允) 의병(義兵)", 『한국독립운동사연구』, 11호, 한국독립운동사연구소; 박민영(2008), "국치전후 이상설(李相卨)의 연해주지역 독립운동", 『한국독립운동사연구』, 29호, 한국독립운동사연구소; 오영섭(2008), "이위종의 생애와 독립운동", 『한국독립운동사연구』, 29호, 한국독립운동사연구소; Б.Д. Пак(1999), Возмездие на Харбинском вокзале, М.-И.; В.В. Цой(2000), ЧХВЕ ДЖЭХЁГ-Цой Пётр Семёнович, Москва; он же(2001), ЧХВЕ ДЖЭХЁГ-Цой Пётр Семёнович, (дополненное), Алматы; Ю.В. Ванин(под ред.), Б.Д. Пак(сост.)(2002), Ли Бомджин, Москва; Евгений Цой(сост.)(2003), Мин Гын Хо и его потомки в Казахстане, Алматы; Ю.В. Ванин(под ред.), Б.Д. Пак(сост.)(2006), Ким Пен Хва и колхоз 〈Полярная звезда〉, Москва 등이 있다.

필자는 본 논문에서 소비에트 붉은군대 최초의 한인 해군장교였지만 스탈린 정권의 탄압에 비명횡사(非命橫死)를 당한 최 파벨 페트로비치(Цой Павел Петрович, 최선학, 1900-38)와 그 가족구성원들을 연구대상으로 선정했다. 최 파벨은 1920년 '4월참변'[6] 당시 일제에 의해 억울한 죽음을 당했던 극동지역 항일운동의 대부 최재형(최 표트르 세묘노비치)의 차남이기도 하다. 최 파벨을 연구대상으로 선정한 이유는 단지 그가 최재형의 아들이었거나 소비에트 군대의 최초의 한인 해군장교로 복무했기 때문만은 아니다. 그는 1910년대 말-1938년 시기 극동지역 내전기(гражданская война, 1918-22) 한인빨치산 운동의 중심에서 활동하기도 했으며, 이후 1938년 10월 17일에 스탈린 정권의 억지스럽고 무자비한 탄압으로 카자흐스탄의 크즐오르다에서 억울한 죽음을 당한 인물이다. 즉 필자는 최 파벨의 죽음 또한 1937년을 전후한 스탈린 정권의 지식인 탄압의 대표적인 한 사례라고 보았다. 나아가 그의 가족구성원들(본인 포함 11형제와 매제, 자형들)의 탄압에 의한 죽음에 이르기까지의 과정 역시 당시 스탈린 정권의 소수민족 탄압정책의 허구적인 일면들(잔악성, 부당성, 불법성)을 고스란히 보여주고 있는 역사적 사례로서의 가치가 있다고 판단했기 때문이다.

따라서 필자는 본 연구에서, 첫째는 기존의 저작물들에서 전체적으로 다루고 있지 못하고 있는 최 파벨이라는 한 개인의 일대기, 즉 항일 빨치산투쟁활동과 해군장교로서의 삶과 죽음에 이르기까지의 과정을 살펴볼 것이다. 둘째는 최 파벨을 둘러싼 남은 가족구성원들의 행적 역시 살펴보고자 한다. 그렇게 함으로써 20세기 초 '항일의병-빨치산투쟁-스탈린 탄압'으로 이어지는 격변기를 체험해야 했던 한 가족의 비극적인 가족사를 증언과 회상기록 자료를 활용한 미시사적

---

6) 4월참변은 일제가 1920년 4월 4일-5일 새벽에 걸쳐 블라디보스톡, 니콜스크-우수리스크, 하바로프스크, 스파스코예, 포시에트, 수찬 등지에서 저지른 비인간적인 학살만행사건이다.

인 연구를 통해 살펴보고, 궁극적으로는 근현대시기 극동지역 한인의 삶을 재조명해 보고자 한다.

　필자는 이를 위해 주로 최 파벨의 생존한 가족들이 발간한 가족사 단행본이나 다량의 가족사 회상수기(回想手記) 1차 원자료들을 활용했다. 이 원자료들은 스탈린 탄압의 생존자들인 최 파벨의 친족 형제들, 즉 둘째 여동생 최 올가 페트로브나(ЦойОльга Петровна), 첫째 남동생 최 발렌틴 페트로비치(ЦойВалентин Петрович), 그리고 막내 여동생 최 엘리자베타 페트로브나(ЦойЕлизавета Петровна)가 작성한 것이다. 특히 이 가족사 회상수기 원자료(약 350쪽 분량)들은 대부분 수기 필기체로 작성되어 있으며, 미발행 형태로 되어 있다. 이 원자료들은 최 파벨의 아버지 최재형과 최 파벨의 형제들(10명), 그리고 5명의 자형과 매제를 중심으로 파란만장하게 펼쳐졌었던 한 가족의 비극적인 운명에 대해서 자세하게 기술하고 있어서 당시 스탈린 탄압의 진상에 대한 미시사적 연구를 가능하게 해주고 있다.

　필자는 이외에도 러시아국립해군기록보존소(РГАВМФ, Российский Государственный Архив Военно-морского Флота)에 소장되어 있는 노농붉은군대[7] 해군행정당국의 최 파벨 관련 원자료들을 극히 일부 활용했다. 해당 원자료들은 기존의 최 파벨 관련 연구에서 거의 활용된 바가 없는 사료적 가치고 높은 자료들로써, 1920년대 말부터 죽음을 맞이하는 1938년도까지 최 파벨의 해군 복무상황과 그의 죽음과 관련된 중요한 객관적이고, 공식적인 상황정보들을 담고 있다. 하지만 본 논문에서는 최 파벨의 생존 가족들이 생산해 낸 다량의 가족사 회상수기(回想手記) 1차 원자료들을 주로 활용했다. 러시아국립해군기록보존소의 소장자료들은 이어 지는 후속연구에서 집중 활용할 계획이다.

---

7) 노농붉은군대(РККА, Рабоче-Крестьянская Красная Армия, 1918-46): 약칭 '붉은군대'. 1946년 이후에 '소비에트 군대'(Советская Армия)로 개칭되었다.

논의의 전개를 위해 제Ⅰ장 머리말에 이어, 제Ⅱ장에서는 최 파벨의 유년·학창시절(쉬콜라)과 아버지의 죽음에 대해서, 제Ⅲ장에서는 스탈린 탄압에 의한 가족구성원들의 죽음과 항일빨치산-해군장교 최 파벨의 죽음에 대해서, 마지막으로 제Ⅳ장에서는 앞서 전개된 논의들을 토대로 최 파벨과 그 가족구성원들의 죽음을 둘러싼 역사적 상황과 진실을 규명하고, 나아가 최 파벨 가족의 죽음이 갖는 역사적 의미를 도출해 보고자 한다.

Ⅱ. 최 파벨 페트로비치의 유년·학창(쉬콜라) 시절

1. 1905-17년 시기 극동의 상황(의병활동)

최 파벨 페트로비치(Цой Павел Петрович, 최선학, 1900-38)는 저명한 항일애국지사였던 아버지의 삶만큼이나 파란만장한 생을 살았던 인물이다. 그는 소비에트 수립 이전에는 열혈 항일빨치산으로, 이후에는 소련전역의 바다에서 최초의 한인 해군장교로 활동했다. 그러나 그는 광기어린 스탈린의 소수민족 정책의 소용돌이를 피하지 못하고 결국 1938년 비운의 죽음을 맞이하며 전형적인 스탈린 탄압의 희생자가 되고 말았다. 짧지만 굵었고, 억울하지만 죽음 앞에서도 의연했던 그의 삶은 러시아를 포함한 독립국가연합 한민족의 기상을 고스란히 보여주고 있다.

최 파벨의 이야기를 풀어가기에 앞서 1900년대부터 러시아 10월혁명 이전 시기 한인의병활동을 중심으로 한 극동의 정치적 상황을 잠시 살펴볼 필요가 있다. 1900년생인 최 파벨의 유년 시절은 20세기 초 한반도와 만주, 극동-시베리아에 대한 서구열강들과 일제의 간섭이 달아오르던 시기에 시작되었다. 1900년대 초에 들어서며 만주와 연해주는 국권회복을 위한 항일의병투쟁의 격전지로 변해가고 있었다. 즉, 을사늑약(1905)에 이어 헤이그 특사 사건(1907)을 빌미로 일제는 결국은 고종황제까지 강제퇴위시키고, 이어 급기야는 조선군대까지 해산시키는 만행을 저질렀다. 한반도에서의 의병투쟁은 일제의 화력 앞에 큰 실효를 거둘 수 없게 되었고, 결국 항일인사들과 해산당한 많은 무리의 조선군인들이 만주와 연해주로 들어가서 의병투쟁에 가세하게 되었던 것이다. 1907-08년을 기점으로 분수령을 이루었던 만주와 연해주 등지에서의 항일의병 무장투쟁은 해외독립운동사에서 큰 족적을 남겼을 뿐만 아니라, 당시의 해당지역 한인사회에도 적지 않은 영향을 미쳤다. 1910년을 전후로 한 항일무장투쟁의 중심에는 최재형, 이범윤, 안중근, 전재익, 홍범도, 유인석 등이 있었다. 의병들은 연해주의 국경지역에 있는 포드고르노예(с.Подгорное), 나고르노예(с. Нагорное), 크라스노예 셀로(с.Красное Село), 얀치헤(с.Янчихэ, 연추, 煙秋, 현재 크라스키노와 추카노프카 일대), 수찬(현재 파르티잔스크 일대) 등지의 한인정착촌들을 근거지로 생필품과 군자금을 지원받으며 활동했다. 기록에 따르면, 1908년 한 해에만 일본군들에 대항하여 1,451회의 무장충돌이 있었고, 의병수가 69,804명[8]에 달했을 정도로 1910년을 전후로 의병들의 항일투쟁은 절정에 달하고 있었다.

당시 연해주 한인 의병부대들의 이끌었던 주요 지도자들로는 포시에트 지구와 블라디보스톡, 니콜스크-우수리스크 지역에서 체류하며 활동했던 최재형, 이범윤, 홍범도, 안중근, 그리고 유인석 등이었다. 이들에 의해서 1908년 5월에는 하얀치헤(하연추)에서 동의회(同義會)가 조직되고,[9] 1908년 10월에는 하얀치헤 하리(下里)에서 안중근,

---

8) Ким Сын Хва(1965), *Очерки по истории советских корейцев*, Наука, Алма-Ата, с.71.
9) 동의회 총재로는 최 파벨의 아버지 최재형이 선출되었고, 부총재 이범윤, 회장 이위종, 부회장으로 엄인섭이 선출되었으며, 1908년 7월-9월 시기에

김기룡, 강순기 등에 의해 단지동맹(斷指同盟)이, 그리고 1910년 6월에
는 아유쉬카(암반비) 마을에서 150명의 의병들이 회의를 통해 통합군
사조직으로 13도의군(十三道義軍)인 창의소가 조직되기에 이르렀
다.[10] 특히 당시 이범윤 부대는 1909년 11월 경에는 적어도 1,000여명
이 소총으로 무장했을 정도로 그 규모가 컸고,[11] 또 출신 신분으로 인
해서 이범윤의 존재는 러시아측과 일본측 양자에게 큰 관심과 우려
의 대상이었다. 정3품 간도국경행정관(관리사) 겸 조선북부 지역 군
사령관이었던 이범윤은 러일전쟁 기간에 동시베리아 보병연대 2사단
장 아니시모프(Анисимов) 장군 휘하에서 특별 한인무장대를 조직하여
항일투쟁을 했던 인물이다. 전후 1907년 여름 항일운동을 위해 노보
키예프스크(c.Новокиевск)에 정착한 후,[12] 이범윤은 아니시모프가 일
본과의 포츠담 회담을 근거로 한인들에 대한 공식적인 지원을 거부
하자 러시아와 만주 등지에서 무기를 구입하며 의병투쟁을 수행해
나가기도 했다.[13]

두만강 연안 국경지대 일본군 수비대에 타격을 주었다.

10) РГИАДВ(극동국립역사기록보존소), Ф.1, Оп.10, Д.327, Л.7-8. 「블라디보스톡
   경비대장이 연해주지사에게 보낸 1910년 10월 27일자 전문」. 13도의군인 창
   의소 사령관에는 유인석, 의장에 이범윤, 부대장에 이나식, 군사교관에 이
   상설이 선출되었다. 이 조직은 망명한 의병장 유인석, 간도관리사 이범윤
   등이 함경도 의병장 홍범도, 이남기, 황해도 의병장 이진용 등과 더불어
   국내외 의병세력을 통합해 조직한 통합의병조직으로, 한말 시기에 대규모
   항일투쟁을 전개해나갔던 데에 큰 역사적 의의가 있다. 십삼도의군의 편
   성지는 티진해 지역과 우수리스크 서쪽 코르사코프카 지역의 재피고우로
   추정되고 있으나, 러시아측 자료에서는 암반비 지역으로 기록하고 있다.
11) РГВИА(러시아국립군역사기록보존소), Ф.2000, Оп.1, Д.4107, Л. 「프리아무르
   (극동) 대군관구 사령부로 보내는 1909년 11월 11일자 첩보보고서」.
12) АВПРИ(제국러시아대외정책기록보존소), Ф.ЯС(Японский стол), Оп.493,
   Д.1968, Л.12. 「1908년 5월 24일 플란손(Плансон)이 작성한 이범윤 관련 메모」.
13) Там же, Л.4. 「남우수리스크 노보키예프스크 국경행정관 스미르노프가 연
   해주지사 프루그(B.E.Флуг)에게 보낸 1908년 4월 5일자 전문」.

한편으로 한인의병들의
게릴라식 기습에 골머리를
앓고 있던 일본은 상트-페
테르부르그[14] 주재 일본대
사관과 블라디보스톡 주재
일본영사관을 통해서 러시
아 중앙정부에 압력을 행
사해 나갔다. 일본의 압력
에 상트-페테르부르그 러

[그림 14] 블라디보스톡 소재 옛 일본총영사관 건물

시아 중앙정부 또한 프리아무르 대군관구(극동 대군관구, 이하 '극동
지방정부'로 표기)[15] 군사령관지사(군행정총책임자)인 운테르베르게
르(П.Ф.Унтербергер, 1905-10)에게 러시아 내에서 항일활동이 전개되지
않도록 실제적인 조치를 즉시 취할 것을 지시하기에 이르렀다.[16] 이
범윤의 경우 극동 지방정부의 체포를 피해 만주, 블라디보스톡, 상얀
치혜 등지에서 피신 생활을 했으며, 일본은 이범윤 체포에 1만루블의
현상금을 내걸기까지 했다.[17] 이범윤을 포함한 홍범도, 유인석 등의
주요 항일인사들을 체포하기 위한 극동 지방정부의 체포 작전은 지

---

14) 러시아의 제2수도인 상트-페테르부르그는 시기를 두고 '상트-페테르부르
그'(1703-1917), '페트로그라드'(1914-24), '레닌그라드'(1924-91), '상트-페테르부
르그'(1991-현재)로 불려져 오고 있다.

15) 1884년 행정개편으로 서시베리아 대군관구, 동시베리아 대군관구에 이어
신설된 프리아무르 대군관구(Приамурское генерал-губернаторство, 수도
하바로프스크)는 자바이칼주(치타, 1851-1906), 아무르주(블라고베쉔스크, 1858-
1917), 연해주(블라디보스톡, 1856-1917), 블라디보스톡 군직할지(1880-88),
캄차트카주(1909-17), 사할린주(1909-17)를 포함하고 있었다.

16) АВПРИ, Ф.ЯС(Японский стол), Оп.493, Д.1968, Л.6. 「내무성 부내무대신 이
즈볼스키에게 보낸 1908년 5월 8일자 전문」.

17) РГИАДВ, 「한국어 통역관 3등관 팀(С.Тим)이 남우수리스크 국경행정관에게
보낸 1909년 1월 30일자 보고서」.

속적으로 시도되었다. 결국 운테르베르게르는 이후 체포된 이범윤 등 7명의 항일인사들을 이르쿠츠크로 추방시켰으며,[18] 1911년 5월에 재입국을 허락하기도 했다.[19]

극동 및 태평양 지역의 러시아의 안보를 총책임지고 있던 운테르베르게르로서는 연해주를 중심으로 벌어지고 있던 한인무장투쟁도 결과적으로 극동의 안보를 위협하는 일이라 여겼고, 무엇보다 일제의 외교적 압력에 반응하지 않을 수 없는 상황 속에 있었다. 따라서 계속되는 일제의 외교적 압력과 러시아측의 의병세력에 대한 압박은 당시 의병세력의 활동을 크게 위축시키는 결과를 낳았고, 자연스럽게 한인사회에도 적지 않은 영향을 미치고 있었다.

최 파벨 페트로비치는 이와 같이 연해주를 중심으로 한 극동지역이 정치적인 혼란 속으로 접어들고 있던 바로 그 시기에 태어났다. 그는 20세기 초인 1900년 11월 25일, 연해주 남부 포시에트 지구(Посьетский район)의 얀치헤 마을에서 극동지역 한인사회의 저명한 항일애국지사 였던 최재형(최 표트르 세묘노비치, Цой Пётр Семёнович, 1860년 8월 15일, 이북 경원군 출생)과 최 엘레나 페트로브나(ЦойЕлена Петровна, 1880년생)의 둘째 아들로 출생했다.

[표 2] 최 파벨의 아버지 최재형 집안의 가족구성도[20]

	자녀(1세대)	손자/손녀(2세대)	증손자/증손녀(3세대)
1	최 표트르 페트로비치 Цой Пётр Петрович	최 지나이다 페트로브나	
		최 니콜라이 페트로비치	최 리디야 니콜라예브나

---

18) РГИАДВ, Ф.1, Оп.10, Д.327, Л.8. 「블라디보스톡 경비대장이 연해주지사에게 보낸 1910년 10월 27일자 전문」; В. В. Граве, "Китайцы, корейцы и японцы в Приамурье", (Отчёт Уполномоченного Министерства Иностранных Дел В. В. Граве), *Труды командированной по Высочайшему повелению Амурской экспедиции,* Вып.11, СПб., 1912, с.184.

19) Ким Сын Хва, указ. соч., с.73.

	자녀(1세대)	손자/손녀(2세대)	증손자/증손녀(3세대)
	1남(1883년생)	최 인노켄티 페트로비치	최 알렉산드르 인노켄티에비치
			최 예브게니 인노켄티에비치
		최 율리야 페트로브나	최 블라디미르 알렉산드로비치
			최 게오르기 알렉산드로비치
			최 콘스탄틴 알렉산드로비치
2	최 베라 페트로브나 Цой Вера Петровна 1녀(1885년생)	텐 나제쥐다 야코블레브나	텐 이고르 게오르기에비치
		안 니나 야코블레브나	안 게르만 니콜라에비치
			안 마이야 니콜라에브나
		김 니콜라이 야코블레비치	
		박 엘리자베타 야코블레브나	아들, 딸
		김 류보프 야코블레브나	김 보리스 마카레비치
3	최 나제쥐다 페트로브나 Цой Надежда Петровна 2녀(1888년생)	김 보리스 이바노비치	아들과 딸
		한 마리야 이바노브나	한 발렌틴 코노노비치
			한 블라디미르 코노노비치
			한 알라 코노노브나
		라리사 이바노브나	비탈리
			발렌틴
			엘라
			타티야나
		박 올가 이바노브나	박 보리스 티모페예비치
			박 데카브리나 티모페예브나
			박 타티아나 티모페예브나
			박 류드밀라 티모페예브나
		김 레오니드 이바노비치	
		강 이고르 니콜라에비치	강 올가 이고레브나
			강 올레그 이고례비치

	자녀(1세대)	손자/손녀(2세대)	증손자/증손녀(3세대)
		강 율리야 니콜라에브나	
4	최 류보프 페트로브나 Цой Любовь Петровна 3녀(1898년생)	니 리디야 알렉세예브나	코르슈노프 표트르 페트로비치
		니 유리 알렉세예비치	니 류드밀라 유례브나
5	최 파벨 페트로비치 Цой Павел Петрович 2남(1900.11.25)	최 네온 파블로비치	
6	최 소피야 페트로브나 Цой София Петровна 4녀(1902년생)	쇼루코프 일레고 호드쥐히 노비치	쇼루코바 이리나 알레고브나
			쇼루코프 알렉산드르 알레고비치
7	최 올가 페트로브나 Цой Ольга Петровна 5녀(1905년생)	심 엘비타 세르게예브나	마가이 리타 표도로브나
			마가이 알렉산드르 표도로비치
			심 나탈리야 겐세코브나
			심 레오니드 겐세코비치
8	최 발렌틴 페트로비치 Цой Валентин Петрович 3남(1908년생)	최 발렌틴 발렌티노비치	최 발레리야 발렌티노브나
			최 표트르 발렌티노비치
		최 파벨 발렌티노비치	최 올레그 파블로비치
9	최 류드밀라 페트로브나 Цой Людмила Петровна 6녀(1910년생)		
10	최 엘리자베타 페트로브나 Цой Елизавета Петровна 7녀(1912년생)	텐 릴랴 콘스탄티노브나	
11	최 비켄티 페트로비치 Цой Викентий Петрович 4남(1914년생)	최 류드밀라 비켄티에브나	최 데니스 드미트리에비치
			최 콘스탄틴 드미트리에비치

[표 2]는 아버지 최재형 이하 3대에 걸친 최 파벨 집안의 가계구성도이다. [표 2]에서 보여지고 있듯이, 최 파벨은 최재형의 자녀들(11남매) 중 다섯째 자식으로 본인을 포함 11남매 형제들이 있는 대가족 가정에서 자랐다. 그의 집안은 형제가 많았음에도 아버지를 중심으로 규율과 질서가 잘 잡혀 있었고 그 어떤 가정보다도 화목했다.

2. 최 파벨 페트로비치의 유년·학창(쉬콜라) 시절

하지만 20세기 들어 극동의 정치적 상황의 변화로 최 파벨 가정의 삶은 완전히 새로운 국면을 맞이하게 되었다. 아버지 최재형이 일제의 첩보망 속에서 요주의 인물로 항상 감시의 대상이 되고 있는 상황이었기 때문이다. 최 파벨 가족은 격동의 세월만큼이나 숨가쁜 긴장감 속에서 살아가야 했다. 예로, 최 파벨 가족은 수차례에 걸쳐서 일제의 눈을 피해 연해주 전역을 누비며 이사를 다녀야하는 번거로움과 위험을 감내해야 했다. 집안에서 유일한 스탈린 탄압의 남자 생존자인 남동생 최 발렌틴(ЦойВалентин Петрович)은,

"아버지(최재형)는 항일빨치산 운동 조직자 중의 한 분이셨습니다. 그래서 그는 자신의 얼굴을 아는 일본인들을 피해서 항상 이리 저리 옮겨 다녀야 했습니다. 그는 (처음 자리를 잡았던-필자) 얀치헤에서 노보키예프스크로 이사를 하셨고, 다시 그곳에서 가족과 함께 슬랴뱐카(c.Славянка)로 이사를 하셨습니다. 이후 일본인들이 슬랴뱐카 해안에 상륙한다는 소식을 듣고 다시 1917년에 니콜스크-우수리스크(г.Никольск-Уссурийск,

---

20) 최 표트르 세묘노비치(재형) 후손계보도, [Генеалогия потомков ЦойП.С.], 1990년 12월 작성. 러시아에서 인명(人名)은 세 부분(성, 이름, 부칭)으로 구성되어 있다. 특히 '이름'의 경우, 성장단계, 상호관계 등에 따라 정식이름보다는 애칭이 주로 사용된다. 가령, 표트르-페챠, 니제쥐다-나쟈, 올가-올랴, 파벨-파샤 등.

현재 우수리스크)[21]로 이사를 했습니다"[22]

라며 당시의 불안정 했던 삶에 대해서 증언하고 있다.

최 파벨 가족은 신변의 위협을 느끼며 불안한 생활을 하면서 수시로 이사를 다녀야 했다. 1905년에 최 파벨의 가족은 첫 정착지였던 얀치헤를 떠나 노보키예프스크로 이사를 했다. 그곳에서 최 파벨은 교회교구학교에 진학(1907)을 한 후 1911년에 학교를 졸업했다. 하지만 1907-08년 시기를 거치며 점점 일제의 감시가 심해지자 그의 가족은 다시 슬랴뱐카로 이사를 했고(1910), 그로 인해서 그는 외할아버지 댁에서 한 학년을 보내야만 했다.[23] 비록 슬랴뱐카에서의 생활은 짧았지만 그 와중에도 아버지 최재형과 함께하는 삶은 가족 모두에게 행복 그 자체였다. "응접실 책장 속에는 금테두리가 입혀진 예쁜 서적들이 있었고, 창고에도 많은 책들이 있었습니다. 아버지는 부록이 달린 잡지〈니바〉를 정기적으로 주문해서 구독을 했고, 저희들 또한 항상 책을 가까이 할 수 있었습니다. 당시 슬랴뱐카 마을에는 라디오, 텔레비젼, 키노(영화), 클럽, 극장 등이 없었기 때문에 책은 가족 모두에게 큰 친구였습니다'[24]라고 여동생 최 올가 페트로브나(ЦойОльга П

---

21) 현재 연해주의 제2도시인 우수리스크는 с.Никольское(1866), г.Никольск(1898), г.Никольск-Уссурийск(1926), г.Ворошилов(1935), г.Уссурийск(1957-현재) 순으로 시기를 두고 명칭이 변경되어 왔다.

22) 『고려일보』, 1993년 4월 17일, 토요일, 10면. 「Мёртвые и живые」(산 자와 죽은 자).

23) ЦойВалентин Петрович(1), [Что помню и узнал об отце], 1990-94, с.18. 이것은 최 발렌틴 페트로비치가 필기체로 작성한 회상수기(回想手記) "아버지에 대해서 기억하고 알고 있는 것들에 대해서"이며, 발간용 제본이나 책자형태가 아닌 미발행 낱장 형태로 되어 있다. 정상적인 간행물의 형태를 취하고 있지 않은 관계로 자유형식으로 각주 처리함을 밝혀둔다(이하 'Цой Валентин Петрович(1)'로 표기함).

24) ЦойОльга Петровна, [Моя жизнь], 1990.1.10, г.Москва, с.10. 이것은 최 올가 페트로브나가 인쇄체로 작성한 회상수기(回想手記) "나의 삶"이며, 발

еtровна)는 회상하고 있다. 이후 1917년에 최 파벨 가족은 일제의 눈을 피해 다시 니콜스크-우수리스크로 이사를 했다.

[표 3] 슬라뱐카만 일대 최 파벨 가족의 거주지 및 주변 약도

번호	대상물	번호	대상물	번호	대상물
1	중국인 상점	7(Ⅱ)/8	김 페.엔.(П.Н.Ким) 집 (성명)	15	우체국
			1917년 이전까지 거주		
2	상업 점포들	9	〈판코프〉 상점	16	학교
3	마가이(Магай) 집 (성-마가이)	10	〈마르코프〉 상점	17	최 페.에스.(П.С.Цой) 의 목욕탕
4 (Ⅰ)	최 엔.(Н.Цой) 집 (성명-최 엔)	11	〈쿤스트와 알베르스〉 상점	18	박 아.이.(А.И.Пак) 의 집
	1914년 이전까지 거주				
5	상인 한(Хан)의 2층집	12 (Ⅲ)	한 예.엘.(Е.Л.Хан) 집		
			1917년 이전까지 거주		
6	황 페.엔.(П.Н.Хван) 집(성명)	13/14	상인 한(Хан)의 건물 들(주거물)		

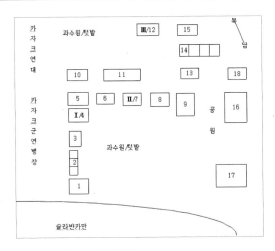

간용 제본이나 책자형태가 아닌 미발행 낱장 형태로 되어 있다. 정상적인 간행물의 형태를 취하고 있지 않은 관계로 자유형식으로 각주 처리함을 밝혀둔다.

위의 [표 3]과 약도는 최 파벨 가족이 한 때 살았던 슬랴뱐카만 일대의 약도이다. 보여지는 것처럼, 최 파벨 가족은 슬랴뱐카 지역에서만 3차례 걸쳐 이사를 한 것으로 나타나고 있다. 이는 아마도 일제의 눈을 피하기 위함이었던 것으로 보인다.

1911년에 최 파벨은 다시 아버지와 함께 블라디보스톡에 가서 8년 교육과정의 블라디보스톡 상업학교(Владивостокское городское коммерческое училище)에 진학했다. 남동생 최 발렌틴은 "아마도 아버지께서 아들(파벨)이 자신의 사업을 계속 이어가기를 원하셨던 것 같고, 그래서 파벨을 상업학교에 진학시키신 것 같다"[25]고 회상하고 있다. 최 파벨은 축구와 하키종목에서도 두각을 나타냈고, 공부를 살해서 유급되지 않고 매학기 상급학년에 올라갈 수 있었다. 블라디보스톡에서 상업학교를 다니는 동안 최 파벨은 외삼촌(어머니의 남동생) 김 콘스탄틴 페트로비치(Ким Константин Петрович)[26]의 집에서 생활을 했다. 하지만 외삼촌의 가정 또한 부모를 포함, 10명으로 구성된 대가족이었고, 특히 먹거리가 부족한 상황 속에서 어린 파벨로서는 적지 않은 눈치를 보며 생활해야 했다. 최 파벨의 여동생 최 올가는, "외삼촌 집안의 여자들은 음식이 생기기라도 하면 '이것은 아이들 몫이다', '이것은 어른(외삼촌)에게 드릴 음식이다'라고 말하며 파벨을 제외시키고 음식을 나누어 먹곤 했고, 이 때문에 어린 파벨이 종종 모욕감을 느끼기도 했다"[27]고 회상하고 있다. 방학 때면 집에 오던 최 파벨이 어느 날 엄마의 무릎을 베고 누워 엄마와 나누던 이야기를 최 올가가

---

25) ЦойВалентин Петрович(2), [Кратко о себе и о нашей семье], 1990.6, г.Алма-Ата, с.①. (별도로 표기된 쪽수). 이것은 최 발렌틴 페트로비치가 필기체로 작성한 회상수기(回想手記) "나 자신과 우리 가족에 대한 짧은 회상수기"이며, 발간용 제본이나 책자형태가 아닌 미발행 낱장 형태로 되어 있다. 정상적인 간행물의 형태를 취하고 있지 않은 관계로 자유형식으로 각주 처리함을 밝혀둔다(이하 'ЦойВалентин Петрович(2)'로 표기함).

26) 당시 블라디보스톡 남자 김나지아(гимназия)에서 근무했던 최초의 한인교사.

27) ЦойОльга Петровна, указ. соч., с.11-12.

들었던 것이다. 하지만 어린 파벨은 때로는 불편함을 감내해내면서 아버지의 결정을 어기지 않고자 노력했고, 혼자 일을 하며 가족을 부양하는 외삼촌에게 조금이나마 도움이 되고자 노력하며 학교생활을 했다. 최 파벨은 그렇게 어린 시절부터 주변의 환경에 빨리 적응하는 것을 배워나갔고, 이는 역경을 헤치고 빨치산의 리더로, 그리고 해군 장교로서의 삶을 살아갈 수 있는 밑거름으로 작용했다.

최 파벨의 혁명가적인 기질은 10대 청소년 시절에 이미 싹이 트고 있었다. 그의 그런 기질은 상업학교 내의 콤뮨(коммуна, 공동체) 활동에서 잘 드러나고 있다. 최 파벨의 상업학교의 같은 반 동기생이자 미래의 작가였던 파데예프 사샤(알렉산드르, Фадеев Александр)는 자신의 저서『젊은 날의 이야기』(Повесть нашей юности)에서 당시의 학창시절을 회상하며,

"최 파벨은 훌륭한 축구선수이자 하키선수였다. 혁명적이었던 학창시절이 그와 함께 지나갔다. 우리는 최 파벨과 매우 친하게 지냈고, 그는 모험심있는 용감한 젊은이였다. 그에게는 우리와는 다른 무언가가 있었고, 사상적인 면에서 우리가 이해할 수 없는 '한민족적인' 무언가를 갖고 있었다"[28]

고 기록하고 있다. 동시대인이자 친구였던 콜레스니코바 아샤(А.Ф.Колесникова)의 저서『러시아의 일상적인 길』에 실린 블라디보스톡 상업학교에서의 한 에피소드는 최 파벨과 그 친구들의 결속력과 혁명적 기질을 잘 보여주고 있다:

"7학년 봄에 그리기-제도수업 시간에 친구인 빌리멘코 그리샤(Билиме

---

28) ЦойВалентин Петрович(1), указ. соч., с.19; ЦойВалентин Петрович(2), указ. соч., с.①(별도로 표기된 쪽수).

нко Гриша)가 실수로 제도판을 교실바닥에 떨어뜨렸다. 이때 선생님은 '누가 제도판을 던졌느냐'고 물었고, '제 잘못입니다. 고의가 아니었습니다'라는 그리샤의 답변에도 불구하고 선생님은 그리샤에게 제도판을 들고 수업 시간 내내 서있는 벌을 주었다. 하지만 잠시 벌을 서고 있던 그리샤는 모욕감에 제도판을 내려놓고 조용히 밖으로 나갔고, 이에 선생님은 분노해 교실을 나가는 사건이 발생하고 말았다. 최 파벨을 중심으로 파데예프 사샤, 네르조프 페챠(Нерзов Петя), 보로드킨 사냐(Бородкин Саня)와 골롬빈 야샤(Голомбин Яша) 등은 곤경에 처한 친구 그리샤의 편에서 열렬한 지지를 표했고, 얼마 후 학교당국은 이들에 대해서 제적처분을 내리기에 이르렀다. 이 소식은 블라디보스톡과 니콜스크-우수리스크, 그리고 하바로프스크(г.Хабаровск) 전역의 학교에 빠르게 퍼져나갔고, 최 파벨을 포함한 학생들을 제적시킨 비합법적인 결정을 취소해 달라는 요구는 학생들의 요구는 상업학교 교사협의회에 의해 거부되었다. 이에 해당 교사의 사과와 해임을 요구하는 학생들의 시위가 점차 확대되며 시위위원회가 조직되었으며,[29] 상업학교 학생측에서는 최 파벨, 빌리멘코와 파데예프가 참여했다. 상업학교 교사협의회는 자신들의 결정을 이행할 것을 끝까지 고수했고, 이에 학생 시위위원회는 블라디보스톡 중등교육기관 학생들의 전면적인 동맹휴업을 공표하기로 결의했다. 시위학생들의 조직적인 저항에 직면한 상업학교 지도부는 향후 문제가 복잡해지는 것을 우려하여 결국 시위위원회의 모든 요구조건을 수용했고, 제적생들의 복귀를 허용하는 것으로 문제가 일단락되었다."[30]

그런데 학생들의 시위가 더 강경해진 데에는 또 다른 요인도 작용했던 것으로 보인다. 즉, 시위사건의 이면에는 민족적, 인종적 차별에서 기인된 측면도 있었음을 알 수 있는데, 담임교사가 최 파벨을 '누

---

29) ЦойВалентин Петрович(1), там же, с.19-21.
30) ЦойВалентин Петрович(2), указ. соч., с.②-③(별도로 표기된 쪽수).

렁이'라고 부르며 그를 모욕하고, 이어 학급 전체학생들에게 '더러운 것들'이라고 모욕을 한 것에서 학생들의 감정이 크게 폭발했다는 것이다.[31] 이는 최 파벨의 첫째 여동생 최 소피아(ЦойСофия Петровна)와 둘째 여동생 최 올가가 작성한 기록에서도 짐작해 볼 수 있다.

　이 시위사건은 당시 혁명적인 상황 속에 놓여있던 극동지역 학생들의 삶에서 하나의 정치적인 큰 사건으로 적지 않은 영향을 미쳤다. 1917년 러시아혁명 이후 내전기(гражданская война, 1918-22)를 거치는 동안 극동지역의 정치적-사회적 삶은 불안의 연속이었다. 1918년 가을에 최 파벨은 블라디보스톡 상업학교에서 니콜스크-우수리스크에 있는 레알노예 학교(Реальное училище)로 전학을 했고, 그 후 1919년 3월 봄에 졸업검정시험생(экстерн) 자격으로 시험을 통해 가까스로 졸업을 했다. 전학 이후 블라디보스톡 상업학교에서 이미 시작되었던 최 파벨의 정치적 성향의 활동은 더 적극성을 띠었다. 1918-19년 시기 그는 니콜스크-우수리스크역 철도교통 청년학생 및 노동자들 사이에서 활동했고, 신문『크라스노예 즈나먀』(Красное Знамя, 붉은기)의 지하비밀 기자로 활동했다.[32] 그는 언변이 좋고 리더쉽이 강했으며, 무엇보다 불의를 참지 못하는 기질이 강했다. 그의 이런 성향이 그 자신을 아버지를 이은 혁명가의 반열에 올려놓아 주었지만, 그러한 기질이 결국은 소비에트 당국의 눈에 거슬리어 숙청의 요인으로 작용된 측면이 있지 않나 생각해 본다.

　하지만 최 파벨의 정치적 성향의 활동에는 그만큼 어려움도 뒤따

---

31) ЦойСофия Петровна, ЦойОльга Петровна, [Биография Цой Шен Хак-Павел Петровича], 1961.5, с.2. 이것은 최 소피야 페트로브나와 최 올가 페트로브나가 공동으로 인쇄체로 작성한 "[최선학(파벨 페트로비치)에 관한 짧은 전기(傳記)]"이며, 발간용 제본이나 책자형태가 아닌 미발행 낱장 형태로 되어 있다. 정상적인 간행물의 형태를 취하고 있지 않은 관계로 자유형식으로 각주 처리함을 밝혀둔다.

32) Там же.

랐다. 니콜스크-우수리스크 레알노예 학교에 전학하기 전인 1918년 가을에 최 파벨은 소비에트 권력 하에 있는 학생조직(연해주 한인학생동맹)에서 활동했다는 이유로 학교에서 제적되었다가 가까스로 전학 조치되었고, 1919년에는 3·1 만세시위에 참여했다는 이유로 다시 학교에서 제적되기도 했다.[33] 이 무렵부터 최 파벨의 본격적인 항일 혁명가로서의 길이 시작되었다고 할 수 있다. 물론 그의 이러한 활동의 배경에는 당시 니콜스크-우수리스크 군자치단체(군참사회, Уездная Земская Управа) 의원이자 감사위원회 위원장으로 극동지역의 항일활동을 주도하고 있던 아비지 최재형의 영향이 크게 작용했음을 부인할 수 없다.

폭풍치던 이념의 시대에 최 파벨의 운명이 제일 먼저 그랬던 것처럼, 친구들의 운명 또한 대부분 비극 그 자체로 막을 내리고 말았다. 최 파벨과 콤뮨 활동을 함께했던 핵심인물들 중 보로드킨 사냐(Бородкин Саня)만 내전기에 전선에서 사망했고, 나머지 빌리멘코 그리샤(Билименко Гриша), 네르조프 페챠(Нерзов Петя)는 최 파벨처럼 스탈린 탄압기에 무고하게 죽음을 당했다. 또한 작가 파데예프 사샤는 중국에는 자살을 선택했다. 단지 골롬빈 야샤(Голомбин Яша)만이 연금(年金)을 받으며 마지막까지 살아남았다.

3. 아버지의 비극적인 죽음

최 파벨의 아버지 최재형은 1869년에 연해주에 들어와 정착한 이주 1세대이다. 북한 경원군 출생(1860.8.15)의 그는 1920년 일제에 의해 죽음을 당할 때까지 1910년대를 전후하여 극동지역 한인독립운동사

---

33) РГАВМФ(러시아국립해군기록보존소), Ф.2192, Оп.2, Д.1696, Л.8. 「1935년 3월 5일자 작성된 붉은기발틱함대 주력함(линейный корабль) 〈마라트〉호 포병분과장(командир артиллерийского сектора) 최선학의 자기소개서」.

에 큰 족적을 남긴 인물이다. 최 파벨의 빨치산 투쟁활동이 1920년 아
버지 최재형의 죽음 직전까지의 활동 및 상황과도 밀접하게 관련이
되어 있는 만큼 본 논문에서는 아버지 최재형에 대해서도 일정 부분
살펴보고자 한다. 최재형은 9세 되던 해인 1869년 아버지 최흥백을 따
라 큰형 부부와 함께 조선 경원에서 연해주 남부 티진헤(Тизинхе, 지
신허, 地新虛)[34]에 정착했다. 형수와의 갈등으로 가출을 한 최재형은
우여곡절 끝에 무역상선의 견습선원으로 일하게 되었고, 그 과정에서
선장 부부의 보살핌과 교육을 받았다. 또한 6년 동안의 상선 선원생
활(1871-77) 동안 유럽을 포함, 해외 각지를 돌며 세상에 눈을 뜨고 견
문을 넓혀 나가며 항일독립운동 지도자로서의 자질을 키워나갔다.

아버지 최재형이 6년 동안의 상선 선원활동에서 벗어나 본격적으
로 독립적인 사회생활의 발을 디디게 된 계기는 17세 되던 해인 1877
년 정기항해에서 귀항한 직후 부터이다. 그는 선장의 추천으로 선장
의 친구 사업장에서 일을 시작했고(1878-80), 그 과정에서 상업활동을
해나가는데 필요한 풍부한 경험을 쌓으며 러시아인들 사회에서 발을
넓혀 나갔다. 한때 그는 블라디보스톡(г.Владивосток, 해삼위)-라즈돌
노예(Раздольное, 하마탕)-자나드보로프카-바라바쉬(Барабаш, 몽구가이)-
슬랴뱐카(Славянка)-노보키예프스크-크라스노예 셀로(Красное Село)로
연결되는 고속도로 건설 프로젝트에 통역으로 참하기도 했고(1882),

---

34) 1890년대 제작된 『아국여지도』(俄國輿地圖)의 티진헤(지신허) 마을 개관을
　　보면, "동서 5리, 남북 30리이며, 동쪽으로는 한천관(漢天關)이 65리 떨어져
　　있고, 서남으로 연추 군영이 40리, 남쪽으로 육성관(育城關)이 10리, 북쪽으
　　로 고개 넘어 청나라 혼춘 지경까지 35리 떨어져 있다. 주민은 238호에 총
　　1,665명이다"고 기록하고 있다(국가보훈처, 『국외독립운동사적지 실태조사
　　보고서 2000-2001년도』, 2001, p. 365 참조). 지신허 마을은 남북으로 약 12km,
　　동서 2km의 규모이며, 1890년대 주민의 수는 1,700여명에 이르렀다. 지신허
　　는 서쪽으로 10여 km 떨어진 항일세력의 근거지인 얀치헤와 더불어 대규
　　모 한인 집단거주지였다.

[그림 15] 라즈돌노예(하마탕)를 지나는 도로상에 있는 〈라즈돌노예〉역사(驛舍)

도로건설 완료 후에 그 공로를 인정받아 러시아 당국으로부터 은메달을 받기도 했다(1888).[35] 그는 노역현장에서 한인 노역자들과 함께하며 이주한인들의 삶을 체험하게 되었는데, 바로 그때부터 그는 동포들의 사회적 지위와 복지문제 문제에 대해 관심을 키워나간 것으로 보인다.

아버지 최재형은 한인 이주자들의 정착지원 사업은 물질적인 지원 하에서만이 실행가능하다는 것을 깨달았다. 그는 1880년대 중반에 통역 일을 그만두고 건축자재 청부업을 시작했다. 이후 그는 건축자재 청부업은 유지하며 다른 업종에도 종사했으며, 이를 통해 부와 명예를 쌓아나가기 시작했다.[36] 이 사업은 20세기에 최재형을 많은 부동산과 재산을 지닌 위엄있는 기업가의 반열에 올려놓았다.

하지만 아버지 최재형의 진정한 한인지도자로서의 면모는 러시아 당국의 신임 하에 1893년에 얀치헤 볼로스치(волость, 읍, 邑)의 행정 책임자로 선출되면서 더욱 부각되었다. 최재형이 지역사회와 한인사회에서 많은 관심을 기울인 것은 녹지조성과 교육계몽 사업이었다. 그는 축적된 부와 러시아인 주류사회에서 얻은 신뢰를 바탕으로 유실수를 이용한 녹지사업과 교육계몽 사업을 수행해 나갔다. 1890년대 말에는 아버지의 발의로 지금의 하산 지구의 크라스키노(г.Краскино) 지역인 노보키예프스크에 최초의 공원(과수공원)이 조성되었고, 1916

35) В.В. Цой(2001), *ЧХВЕ ДЖЭХЁН-Цой Пётр Семёнович*, (дополненное), Алматы, с.57-58.

36) ЦойВалентин Петрович(1), указ. соч., с.42.

년에는 슬랴뱐카 마을(c.Славянка)에 큰 학교공원이 조성되기고 했
다.[37] 또한 그의 교육계몽 사업 덕분에 해마다 많은 한인 젊은이들이
지원혜택을 받고 러시아의 큰 도시들에서 공부를 했다.[38]

뿐만 아니라 최재형은 한 바실리 루키치(Хан Василий Лукич)와 한
옐리세이 루키치(Хан Елисей Лукич) 형제, 김 표트르 니콜라에비치(Ки
м Пётр Николаевич), 최 니콜라이 루키치(Цой Николай Лукич) 등의 재
력가들과 의형제 관계를 맺었다. 그는 자신의 조력가들과 상업회사를
설립하였고, 이를 통해 러시아 군(軍)에 대한 물품청부사업 등을 통해
성공적으로 물질적 기반을 다져놓을 수 있었다.[39] 이러한 물질적 기
반은 그가 죽음 직전까지 한인의 사회-문화적 생활수준을 제고시키고,
문화계몽운동과 항일투쟁을 수행해 나가는데 큰 기반으로 작용했다.

아버지 최재형의 한인사회의 안정된 정착과 기득권 확보를 위한
노력은 여기에서 그치지 않는다. 그는 제1차 전러시아 읍장회의에 참
석하기 위해 수도 상트-페테르부르그에 다녀왔고(1894), 수도와 모스
크바에서 있었던 황제 니콜라이 2세(Н.А.Романов Ⅱ)의 즉위식에 참석
하기도 했으며(1896), 두 차례(1888, 1893)의 은메달 수여에 이어 러시아
정부로부터 최고훈장으로 금메달을 수여받는 등(1904) 러시아 주류
사회와 정부의 두터운 신임을 받았다. 뿐만 아니라 45세가 되던 해

---

37) Там же, c.1; ЦойВалентин Петрович(2), указ. соч., c.7, 29.

38) ЦойВалентин Петрович(1), там же, c.35. 선발된 한인 학생들은 블라디보
    스톡, 니콜스크-우수리스크, 블라고베쉔스크, 이르쿠츠크, 톰스크, 그리고
    카프카즈, 크르임 등지의 대도시로 유학을 보냈다. 이에 필요한 비용은 최
    재형과 주변 인사들에 의해 지원된 공공자금으로 충당이 되었다. 당시 지
    원혜택을 받은 학생들의 명단은 다음과 같다: 김 미하일 미하일로비치, 이
    미하일 아파나시에비치, 김 바실리 이오시포비치, 김 니콜라이 이바노비
    치, 김 콘스탄틴 페트로비치, 김 블라디미르 페이오토비치, 최 레프 페트로
    비치, 니 파벨 필리포비치 등 총 24명.

39) В.В. Цой(2001), указ. соч., c.58; ЦойВалентин Петрович(1), там же, c.14-15,
    42.

[그림 16] 바라바쉬(몽구가이) 마을을 지나는 도로

(1905)에 반년 간 일본체류를 했고,[40] 이를 통해 당시의 주변 정세와 견문을 익히는 등 지도자로서의 입지를 다져나갔다.

1905년 시작된 한반도에서의 정치적 변동(을사늑약, 乙巳勒約)과 이후의 상황들 속에서 아버지 최재형은 본격적인 항일투쟁가로서의 길을 걷기 시작했다. 수많은 정치적 성향의 인사들과 해산당한 조선군인들이 만주와 연해주 등지에서 항일무장투쟁을 선언하고 활동에 들어간 것이다. 최재형 또한 1906년에 얀치헤에서 최초의 한인의병부대를 조직하여 일본군에 대항했고, 이후 1908년에 조직된 동의회(同義會) 총장으로 활동하기도 했다.

아버지 최재형의 항일활동가로서의 큰 행보는 여기에서 그치지 않는다. 극동 한인사회에서 누구보다 두터운 신임과 덕망을 쌓아왔던 그는 블라디보스톡의 한인신문인 『대동공보』(大東共報) 사장과 러시아 당국의 승인 하에 설립되어 실제적인 항일단체의 구실을 했던 권업회(勸業會)의 발기회장(1911)을 거쳐 권업회 정식 회장을 지냈고(1913-14), 1914년에는 프리아무르(극동) 지방정부의 지원과 협력 하에 한인의 러시아 이주 50주년기념 준비위원장을 지내기도 했다. 아쉽게도 이 행사는 1914년 제1차세계대전 발발로 무산되었다.[41]

---

40) ЦойВалентин Петрович, [Хронология жизни Цой Петра Семёновича-Зя Хена, 1860-1920], 1992.3, c.1-2. 이것은 최 발렌틴 페트로비치가 인쇄체와 필기체로 작성한 "[최 표트르 세묘노비치(재형) 생애 연표(1860-1920)]"이며, 발간용 제본이나 책자형태가 아닌 미발행 낱장 형태로 되어 있다. 정상적인 간행물의 형태를 취하고 있지 않은 관계로 자유형식으로 각주 처리함을 밝혀둔다(이하 ‘ЦойВалентин Петрович(3)’으로 표기함).

하지만 러시아 정부에 대한 일제의 끈질긴 외교적 간섭과 압박, 그리고 공작으로 인해서 최재형은 한때 어려움에 처하기도 했다. 최재형을 눈에 가시처럼 여겨오던 일제는 1910년 러일협정 체결 이후 비밀첩자들을 통해 최재형이 일본과 비밀협정을 체결했다는 거짓정보를 날조해 흘렸다. 일본 첩보기관에 의해 기만당한 극동 대군관구 사령부(Штаб Приамурского военного округа)는 이러한 거짓선전에 근거를 두고 최재형을 러시아에서 추방하라는 지시를 내리기에 이르렀다(1911). 다행히도 이 문제는 우수리철도 헌병경찰국장 쉐르바코프(Р. П.Щербаков)가 연해주 군무지사 스베친(И.Н.Свечин) 앞으로 "본인은 한인 최재형을 애국자이자 러시아에도 충성스런 사람으로 알고 있다"는 최재형을 옹호하는 내용의 협조서신을 보냄으로써 가까스로 일단락되었다.[42] 이외에도 1916년 7월에는 슬랴뱐카에서 러시아 헌병대에 의해 체포되어 3일 후 니콜스크-우수리스크로 압송되었다가 11일째 되는 날 석방되기도 했다.[43]

1917년 러시아혁명이 발발하자 아버지 최재형의 발걸음은 더 분주해졌다. 최재형은 얀치혜 읍집행위원회 위원장으로 선출되었고, 이듬해인 1918년 6월에 니콜스크-우수리스크에서 개최된 제2회 특별전로 한족대표회의(Второй Всероссийский Корейский Национальный (Чрезвычайный) Делегатский Съезд, 6월13일-23일)에 중앙위원회에 의해 보고위

---

41) ЦойВалентин Петрович(3), указ. соч., с.3; РГИАДВ, Ф.226, Оп.1, Д.448, Л.1-3. 「Прошение Комитета по устройству празднования 50-летия переселения корейцев в Приамурский край г.Приамурскому генерал-губернатору от февраля 1914г., г.Владивосток」.

42) ЦГАДВ(극동국립중앙기록보존소, 블라디보스톡 소재 '극동국립역사기록보존소'의 전신), Ф.1, Оп.11, Д.106, Л.4. 「우수리철도 헌병경찰국장 쉐르바코프(Р.П.Щербаков)가 연해주 군무지사 스베친(И.Н.Свечин)에게 보낸 서신, 블라디보스톡, 1911년 3월 15일」.

43) ЦойВалентин Петрович, указ. соч., с.3.

탁을 받은 초청인사로 참여했다. 이 대표회의에서 한인사회에서의 공
로와 명성을 인정받아 그는 만장일치로 이동휘와 함께 중앙집행위원
회 산하 명예회장으로 선출되었다(6월23일).[44] 당시 극동지역은 내전
의 소용돌이 속으로 빨려 들어가고 있는 상황이었고, 이보다 조금 앞
서 최 파벨의 가족은 러시아혁명에 간섭하기 위해 연해주에 출병해
있던 일본군을 피해 니콜스크-우수리스크에 이사해 있는 상태였다.
이 무렵 최 파벨 또한 니콜스크-우수리스크에서 청년지하조직의 열성
참가자로 활동하고 있었고, 1920년 4월 참변 이후에는 아누치노(Анучи
но)[45] 지역의 빨치산 부대에서 활동을 했다. 한편으로 최재형은 다시
니콜스크-우수리스크 군자치단체(군참사회, Уездная Земская Управа)
의원이자 감사위원회 위원장으로 선출되었고,[46] 이러한 그의 위치는
일본간섭군들의 계속된 표적이 되었으며, 그는 일본간섭군들의 눈을
피해 다니며 항일투쟁을 계속해 나갔다.

　아버지 최재형은 1920년 4월에 비극적으로 운명을 맞이했다. 일본
군들에 의해 체포되기 전날 밤에 몸을 피신하라는 가족들의 간청에
대해서 최재형은,

> "만일 내가 몸을 숨기면 일본군들은 엄마와 너희들에게 잔인한 고문을
> 가할 것이다. 나는 일본군들이 어떻게 아이들을 가혹하게 다루었는지 보
> 았고, 그들의 규율을 알고 있단다. 나 자신을 구하기 위해서 위험 속에 너
> 희들의 목숨을 내 맡길 수는 없다. 나는 오래 살았고(당시 60세), 너희들
> 을 위해서 목숨을 바칠 수가 있다"[47]

---

44) ГАХК(하바로프스크변강주 국립기록보존소), Ф.2, Оп.5, Д.174, Л.143, 150,
　　180, 166, 157. 「데이회 특별전로한족대표회의 회의록(의사록), 사천이백오
　　십일년류월(1918년 6월), 소왕령에서」(노어본과 한글본).
45) 아누치노(Анучино)는 우수리스크에서 약 100km 정도 떨어져 있고, 아르세
　　네프강 우안에 위치하고 있는 연해주 남부의 산악지대이다.
46) ЦойВалентин Петрович, указ. соч., с.3.

며 당당하고 의연하게 죽음을 맞이했다.

당시 4월참변으로 블라디보스톡과 우수리스크 등지에서는 수백명의 무고한 한인들이 잔인하게 학살당하거나 부상을 입었다. 4월 4일 밤 일본헌병대는 미리 작성된 명부를 들고 신한촌을 급습하여 한인들과 신한촌을 수비하고 있던 50여명의 러시아인 군인들까지 체포했다. 한인 28학교와 학교 내에 있던 『한인신보』 인쇄소가 전소되었으며, 많은 사람들이 감금되어 산채로 타죽기도 했다. 우수리스크 주변지역에서는 한인 및 러시아인 빨치산부대들이 일본군에 대항해 교전을 벌였다. 일본군의 만행은 아침 8시까지 계속되었는데, 한인 가게들이 약탈을 당했으며, 어린이와 부녀자, 노약자들이 수색과 심문과정에서 무자비하게 구타당했다. 일본군들은 도주하는 한인들을 무참히 학살했으며, 심지어는 건물에 가두어 넣고 불에 태워 죽였다. 4월 참변 과정 중에 최재형과 김이직, 엄주필, 황경섭(황카피톤) 등의 애국지사들이 일제에 체포되어 총살을 당했다.[48]

1920년 4월에 아버지 최재형의 비극적인 죽음과 극동의 소비에트화, 그리고 스탈린의 등장은 최 파벨 가족의 운명을 송두리째 바꾸어 놓았다. 최 파벨 가족은 사회-경제적으로 비극적인 상황 속으로 점점 빠져들어 갔다. 이는 무엇보다도 내적으로는 1920년 4월에 일제에 의해 저질러진 4월참변으로 아버지 최재형의 부재로 인한 가정의 몰락, 즉 경제적 어려움 때문이었다. 다른 한편으로는 1922년 소비에트 사회주의 건설이라는 새로운 시대의 도래와 그에 따른 이념적 사회적

---

47) ЦойВалентин Петрович(2), указ. соч., с.20; ЦойОльга Петровна, указ. соч., с.12.

48) 『Голос Родины』, 7 апреля 1920г., 「В Корейской Слободке」; 9 апреля, 「Осмотр Корейской Слободки」; 「Сообщение корейцев」; 11 апреля, 「В Корейской Слободке」; 16 апреля, 「К аресту корейцев」; РГИАДВ, Ф28, Оп.1, Д.1119, Л.71-73. 「1920년 4월 4일-6일 사건조사위원회가 임시정부·연해주 주자치참사회에 보낸 보고서 발췌본」.

[그림 17] 우수리스크 근교에 위치한 4월참변
　　　　　기념비

갈등 속에서 과거 아버지의 신분으로 인해 부르주아지의 자식이라는 꼬리표를 달고 당국과 주변인들의 눈총을 받으며 살아가야 했기 때문이기도 했다. 최 파벨 가족의 유일한 남자 생존자인 남동생 최 발렌틴 페트로비치는 한 언론과의 인터뷰에서 "아버지의 죽음 이후 온 가족은 비참한 상황에 처하게 되었고, 끔찍할 정도의 가난과 굶주림에 허덕이며 살아가야 했다"[49]고 과거 힘겨웠던 극동에서의 삶을 증언하고 있다. 체제 초기에 일부에서는 과거 최재형의 사회적, 경제적 지위와 규모만을 지적하며 '부르주아지의 앞잡이'라는 왜곡된 사회주의적 시각으로 최재형을 바라보는 경향도 있었다. 이러한 왜곡된 시각들로 인해서 남은 가족들은 끔찍한 생활고 속에서도 주변인들의 편견과 눈총이라는 이중고를 겪으며 살아가야 했기 때문이다.

---

49) 『고려일보』, 1993년 4월 17일, 토요일, 10면. 「Мёртвые и живые」(산 자와 죽은 자).

III. 최 파벨 페트로비치 가족의 비극

1. 내전기(1918-22) 및 이후 극동의 상황

한편 1917년 러시아 10월혁명으로 레닌은 정권은 잡았지만 곧바로 러시아전역을 수중에 넣지는 못하고 있었다. 레닌은 곧바로 반볼쉐비키 세력인 백위파와 러시아에서의 혁명의 확산과 영향을 우려하는 서구열강들의 간섭에 직면해야 했다. 1918년 4월 무장한 일본군이 블라디보스톡 항에 상륙하고, 이후 미국, 영국, 프랑스 등의 외국군대가 들어오면서 시베리아-극동지역에는 60,000명 이상의 일본군과 수천명의 미국, 영국 등의 외국간섭군들이 주둔하게 되었다. 극동지배의 야욕을 갖고 있었던 일본은 백위파를 지원하며 직간접적으로 반볼쉐비키 투쟁에 적극적으로 나섰다. 한인들은 조선을 식민지배하며 소비에트 러시아에 침략해 온 일본을 공동의 적으로 간주했고, 백위파와 일본군대에 대항해 싸우는 것이 소비에트 러시아를 수호하고 한반도의 독립을 되찾는 길이라 여겼다.

하지만 백위파의 기세에 곧바로 해삼항(블라디보스톡항)이 백위파의 수중에 들어가고, 8월 초순에는 하바로프스크의 방어선이 붕괴되면서 9월에는 극동전역에 백위파 정권이 들어서게 되었다. 이에 1918년 4월 28일에 김 알렉산드라,[50] 이동휘, 김

[그림 18] 내전기 연해주에서 일본군의 지휘를 받고 있는 백위파부대원들(1918, 하바로프스크 그로데코프 국립박물관)

---

50) 김-스탄케비치 알렉산드라 페트로브나(1885.2-1918.9, А.П.Ким-Станкевич П

립, 이인섭 등에 의해 조직된 한인사회당에 의해 하바로프스크에서 100여명으로 구성된 한인적위군이 조직되었다. 한인적위군이 붉은군대와 연합하여 뱌젬스키(г.Вяземский)와 크라스나야 레츠카역(ст.Красная Речка) 지역에서 칼므이코프의 백위파 군대에 대항한 혈전이 벌어지며 한인들의 빨치산 투쟁이 본격화되었다.[51] 이후 1918년 10월 아무르주 블라고베셴스크(г.Благовещенск)에서 '박 일리야 부대'가 조직되고, 이어 '최 니콜라이 부대(다반부대)', '이만-황하일 군대', '사할린군대(박일리야군대)', '최호림, 김하정 부대' 등이 조직되었다.[52] 이들 한인 빨치산 부대들은 여러 그룹으로 나뉘어 연해주와 아무르주 지역의 붉은군대에 편입되어 활동을 했고, 1922년 하바로프스크가 탈환될 때까지 인역(ст.Ин), 볼로차예프카역(ст.Волочаевка), 올가항(п.Ольга), 블라고베셴스크, 니콜라예프스크-나-아무레(п.Николаевск-На-Амуре) 등지에서 백위파나 일본군에 맞서 전투를 벌였다.

1917년 사회주의 혁명 이후 이동휘, 김 알렉산드라, 김립 등의 사회

етровна)는 최초의 한인여성 공산주의자로 하바로프스크 극동인민위원회 외무위원장을 지냈다. 1918년 9월 초 '바론 코르프'호를 타고 아무르강을 따라 피신하던 김 알렉산드라는 동료들과 체포되었고, 백위파들에 의해 고문 끝에 9월 16일에 일명 '죽음의 골짜기'(Овраг смерти)에서 처형되었다(ГАХК, Ф.П-442, Оп.2, Д.18, Л.39-46. 「1905-1918년 시기 김-스탄케비치 알렉산드라 페트로브나의 혁명 활동에 관한 여동생 김 마리야 페트로브나의 회상기」; там же, Л.55-57. 「여성혁명가 김 알렉산드라 페트로브나」; там же, Оп.1, Д.476, Л.1-27. 「혁명 전사 김-스탄케비치 알렉산드라 페트로브나」; там же, Оп.2, Д.273, Л.2-15. 「김-스탄케비치 알렉산드라 페트로브나」; 『레닌기치』, 1972년 10월 25일, 3면. 「첫 조선녀성공산당원, 인민위원」; 『레닌기치』, 1988년 9월 14일, 2면. 「첫 조선녀성-혁명가, 인민위원 - 김쓰딴께위츠 알렉싼드라 뻬뜨로브나의 최후 70주년에 즈음하여」 참조).

51) 십월혁명십주년원동긔념준비위원회, 『십월혁명십주년과 쏘베트고려민족』, 해삼위도서주식회사, 크니스노예델로, 1927, pp. 46-49.

52) https://search.i815.or.kr/Degae/DegaeView.jsp?nid=1746(2011.4.14일 검색 /『1920년대 전반 만주·러시아지역 항일무장투쟁』, 독립기념관 '한국독립운동의 역사' 시리즈-제49권 제2장 '러시아지역 항일빨치산 부대의 형성과 발전' 참조.

주의 활동을 통한 새로운 노선의 항일투쟁이 가세가 되었다. 사회주의 활동을 통한 새로운 투쟁노선은 1922년 소비에트 체제 수립 이후에 더욱 확대되어 나갔다. 비록 상해파 고려공산당과 이르쿠츠크파 고려공산당이라는 양대 한인 사회주의 세력의 파벌다툼으로 해외독립운동사에 약간의 오점은 새겨진 상황이었지만, 스탈린의 집권 초반인 1920년대-30년대 중반까지 블라디보스톡과 니콜스크-우수리스크 지역을 중심으로 신문 『선봉』, 조선사범학교(1924)와 고려사범대학(1931), 한인극장(알마타에 소재한 '고려극장'의 전신) 등이 조직 및 건립되어 활동하는 등, 극동의 한인사회는 역사, 문화, 교육, 예술, 언론 등의 모든 분야에서 민족적 부흥기를 누렸었다.

　하지만 1930년대 중반에 들어서며 스탈린 정권의 광기가 시작되며 극동의 한인사회는 헤어나올 수 없는 거대한 죽음의 회오리에 휘말리고 말았다. 대표적인 탄압희생의 예로, 김 아파나시 아르센티예비치(Ким Афанасий Арсентьевич, 전러시아공산당 포시에트 지구당위원회 제1서기), 한명세(고려공산당 창당 멤버, 이르쿠츠크 사범대학 총장), 박진순(코민테른 집행위원회 극동대표), 조명희(조선프롤레타리아예술가동맹 작가), 김만겸(고려공산당 이르쿠츠크파 상해지부 책임비서) 등을 꼽을 수 있다. 물론 이 글의 중심인물인 최 파벨 페트로비치 또한 여기에 해당된다고 할 수 있다. 당시 1937년을 전후하여 억울하게 탄압희생된 한인 지식인들의 수는 2,500여명에 달했다고 한다.[53] 이들의 죽음이 더 주목을 받는 이유는 희생자들의 대부분이 한민족 공동체의 영향력있는 인사들이었고, 그들의 죽음의 여파는 이후 한민족 공동체의 근간을 흔들어 놓을 정도로 실로 컸기 때문이라 할 수 있다.

---

53) 박보리스, 부가이 니콜라이 지음, 김광한, 이백용 옮김(2004), 『러시아에서의 140년간』, 시대정신, pp. 313-314.

2. 스탈린 탄압과 계속되는 가족의 비극

아버지 최재형의 죽음으로부터 비롯된 최 파벨 가족의 불행은 서막에 불과했다. 스탈린의 집권과 더불어 집산화정책이 추진되고 공포정치가 고개를 들면서 소련 전역은 점차 체포와 투옥, 총살에 이은 탄압의 공포 속으로 휘말려 들어갔다. 남겨진 최 파벨의 가족 또한 이러한 소용돌이에서 예외는 아니었다. 최 파벨 본인을 포함해서 대부분의 가족구성원들이 1937-38년을 전후해서 스탈린 탄압을 맛보아야 했다.

물론 최 파벨의 형 최 표트르 페트로비치(ЦойПётр Петрович)와 큰누나의 경우는 이보다 앞선 시기에 운명을 달리한 만큼 스탈린 탄압과는 무관하다. 하지만 아버지 최재형의 죽음보다도 앞선 가족의 비극의 시작이자 근현대 극동한인사의 슬픈 한 단면이었다는 측면에서 언급할 가치는 충분하다고 본다.

형 최 표트르는 자유사상을 지녔던 인물로 1905년 혁명운동에 참여했다는 이유로 마지막 학년에 신학교에서 퇴학을 당했다. 이후 그는 1915년에 니콜라예프스크-나-아무레(г.Николаевск-на-Амуре)[54]에서 초등교육 감독직을 하다가 차리(Царь, 러시아 군주) 군대에 입대했고, 1916년 단기장교양성과정을 마친 후 독일과 대치중인 서부전선에 파견되었다. 1917년 2월혁명 이후 육군중위로 근무하며 그는 연대병사위원회 위원장에 선출되고, 10월혁명 이후에는 연대장으로 승진되었다. 얼마 후 최 표트르는 로슬라블(г.Рославль) 노동자, 농민, 병사 대의원 소비에트 대표위원으로 선출되었고, 볼쉐비키 당원이 된 후 소비에트 군사분과장으로 선출되었다. 하지만 내전이 발발하자 1918년 4월에 최 표트르가 속한 연대는 동부전선으로 배치되었고, 1919년에

---

54) 하바로프스크변강주 북동부에 위치한 항구도시로 과거 '니항'으로 불렸으며, 1920년 4월참변의 도화선이 되었던 장소이기도 하다.

그는 서시베리아에서 치러진 전투에서 불행하게도 사망했다.[55]

[그림 19] 우수리스크에 남아있는 아버지 최재형과 그 가족이 거주했던 가옥

큰 누나 최 베라(최 베라 페트로브나, ЦойВера Петровна) 가족의 경우도 스탈린 탄압과는 무관하다. 남편 김 야코프 안드레예비치(Ким Яков Андреевич)는 아버지 최재형의 지원을 받은 카잔교사양성학교 유학생 출신으로 유능한 인재 중의 한 명이었다. 한국어에 능통해서 한때 교사활동을 했었던 그는 교직을 내려놓고 상업활동을 했다. 그는 니콜스크-우수리스로 이사 한 후 자나드보로프스카야 거리(ул.Занадворовская)에 부지를 구입하여 건축사업을 시작했고, 여러 개의 건물을 소유하는 등 큰 성공을 거두었다. 김 야코프는 상인들 사이에서 큰 권위를 누렸고, 다져진 사회적 지위로 1913년에는 권업회의 회장직을 맡아 혁명 직전까지 수행하기도 했다. 심지어 그는 군사령관지사 곤닫티(Н.Л.Гондатти)와도 가까운 친분을 유지했는데, 군사령관지사가 직접 김 야코프의 집을 방문하여 가족들과 인사를 나눌 정도로 그는 성공적인 삶을 살았다.[56] 하지만 1923년에 큰 누나는 남편과 함께 아들 니콜라이(Ким Николай Яковлевич), 딸 류보프(Ким Любовь Яковлевна)를 데리고 돌연 중

55) ЦойВалентин Петрович, ЦойЕлизавета Петровна, [Краткая биография Цой Петра Семёновича-Зя Хена], 1990.2, Алма-Ата, с.20-21. 이것은 최 발렌틴 페트로비치와 최 엘리자베타 페트로브나가 공동으로 인쇄체로 작성한 "최 표트르 세묘노비치(재형)에 관한 짧은 전기(傳記)"이며, 발간용 제본이나 책자형태가 아닌 미발행 낱장 형태로 되어 있다. 정상적인 간행물의 형태를 취하고 있지 않은 관계로 자유형식으로 각주 처리함을 밝혀둔다.
56) ЦойВалентин Петрович(1), указ. соч., с.61-63.

국 하얼빈으로 들어갔다. 큰 누나 베라는 남편과 함께 거주하다가 그
곳에서 생을 마감했고, 1938년 남편 김 야코프는 딸 류보프, 손자 보리
스(Ким Борис Макарьевич)와 함께 카자흐스탄 카라간다(г.Караганда)로
돌아왔고, 그곳에서 10년 정도 살다가 1941-45년 전쟁 이후에 사망했
다.[57]

큰 형 최 표트르와 큰 누나 최 베라의 경우를 제외하고 나머지 가
족들의 운명은 철저하게 스탈린의 탄압에 짓밟히고 말았다. 먼저 둘
째 누나 최 나제쥐다(Цой Надежда Петровна)의 집안을 보자. 남편 강
니콜라이(Кан Николай Алексеевич)는 내전기 참전자로서 119보병연대
기관총대대 대대장으로 활동했으나 이후 스몰렌스크(г.Смоленск)에서
체포되어 총살을 당했다.[58] 다행히도 최 나제쥐다는 탄압을 피해갔
다. 하지만 셋째 누나 최 류보프(ЦойЛюбовь Петровна)는 노보시비르스
크 국립은행 산악분과 경리로 근무하다가 1937년 노보시비르스크에
서 체포되어 1938년 총살되었다. 배우자의 운명 또한 가혹했다. 한인
교사양성학교의 수학교사로도 활동하다가 곤궁함을 이기지 못하고
1923년 아내와 2명의 자녀들을 남겨둔 채 모스크바에 들어가 발라키
레프 단추공장 기술자로 활동했던 첫 번째 남편 니 알렉세이(Ни Алек
сей Александрович)와 내전기 참전자이고 예비군 여단장직을 지냈으
며, 서시베리아 열매채소판매 트러스트 분과장으로 활동했던 두 번째
남편 남가이 옐리세이 파블로비치(Намгай Елисей Павлович)도 체포되
어 죽음을 맞이했다.[59] 큰 형 최 표트르와 아버지 최재형에 이은 가

---

57) Там же, 46, 62-63; ЦойВалентин Петрович(2), указ. соч., с.41-42; 『고려일보』,
    1993년 4월 17일, 토요일, 11면. 「Мёртвые и живые」(산 자와 죽은 자).
58) 『고려일보』, 1993년 4월 17일, 토요일, 11면. 「Мёртвые и живые」(산 자와 죽
    은 자); ЦойВалентин Петрович(2), там же, с.74.
59) 『고려일보』, 1993년 4월 17일, 토요일, 11면. 「Мёртвые и живые」(산 자와 죽
    은 자); ЦойВалентин Петрович, ЦойЕлизавета Петровна, указ. соч., с.21;
    ЦойВалентин Петрович(1), указ. соч., с.45-46; ЦойВалентин Петрович(2),

족의 불행은 인종청소식 스탈린의 광기로 다시 이어져 나갔다.

[그림 20] 스탈린 탄압으로 집단 처형을 당한 우수리스크 외곽 〈둡키〉지역에 있는 위령비(쓰러져 있는 모습)

최 파벨 동생들의 운명 또한 가혹하기는 마찬가지였다. 첫째 여동생 최 소피야의 남편 쇼루코프 호드쮀한(Шоруков Ходжехан Шорукович)은 소련방 전(全)러시아중앙집행위원회(ВЦИК, Всероссийский Центральный Исполнительный Комитет) 소속 상임대표를 역임했던 인물로, 소련방 내각협의회(Совет Министров СССР) 소속 키르기지야 공화국 전권대표, 그리고 체포 직전에는 보건인민위원(Наркомздрав)을 지내고 있었다. 주류사회에서 활동했지만 그 또한 1937년 초에 탄압희생되고 말았다.[60] 그나마 다행스러운 것은 최 소피야는 탄압에서 벗어날 수 있었다는 점이다. 둘째 여동생 최 올가(ЦойОльга Петровна)도 천신만고 끝에 탄압에서 기적적으로 살아남았지만 남편은 끝내 죽음의 굴레에서 벗어나지 못했다. 그녀는 니콜스크-우수리스크 한인교사양성학교 출신으로 코르사코프카(с.Корсаковка)와 시넬니코보(с.Синельниково)[61]에서 한때 교사의 꿈을 키워 나갔던 꿈만은 청년이었었다.

там же, с.38, 54, 74.

60) ЦойОльга Петровна, указ. соч., с.34; ЦойВалентин Петрович(2), там же, с.56, 71, 74, 106; РГАВМФ, Ф.2192, Оп.2, Д.1696, Л.8. 「1935년 3월 5일자....최선학의 자기소개서」.

61) 연해주 제2의 도시인 우수리스크 서쪽에 위치하고 있었던 대표적인 한인 부농마을들-코르사코프카(Корсаковка, 허커우), 크로우노프카(Кроуновка,

하지만 그녀의 삶 또한 오랜 노동과 정신적 후유증으로 그다지 편한 여생을 보내지는 못했다. 그녀는 모스크바 에너지대학(МЭИ) 졸업 후 민스크(г.Минск), 스몰렌스크, 로슬라블(г.Рославль)에서 기사로 근무하다가 1937년 체포되어 10년형을 선고받고 카라간다 교정노동수용소 (Карлаг, Карагандинский исправительно-трудовой лагерь)와 노릴스크(г. Норильск) 수용소에서 형을 살고 만기출소했다. 그녀의 남편 김 세르게이(Ким Сергей Фёдорович)는 니콜스크-우수리스크 김나지야 졸업생으로 모스크바 음악원 출신의 음악도였다. 그 또한 민스크, 스몰렌스크 등지에서 활발하게 음악활동을 하다가 1938년 스탈린의 음모에 의해 형장의 이슬로 사라지고 말았다.[62]

최 파벨 집안의 유일한 남자 생존자인 최 발렌틴(1994년 사망) 또

[그림 21] 사망 1년 전(1993), 최 발렌틴 페트로비치의 모습

한 비록 가까스로 죽음은 면했으나 오랜 동안 소비에트 당국의 감시와 편견, 부당한 대우를 감내하며 살아가는 고통을 맛보아야 했다. 1938년 8월에 최 발렌틴은 알마타에 있는 카자흐인민경제통계국(Казнархозучета) 추수분과 책

황커우), 푸칠로프카(Пуциловка, 육성촌), 시넬니코보(Синельниково, 영안평, 대전자). 이 마을들은 한인들의 국경집중정착에 따른 국경문제를 의식한 연해주 당국에 의해서 1860년 말과 1870년대 초에 연해주 남부 지역에서 재이주된 한인들에 의해서 형성되었다.

62) 『고려일보』, 1993년 4월 17일, 토요일, 11면. 「Мёртвые и живые」(산 자와 죽은 자); ЦойВалентин Петрович, ЦойЕлизавета Петровна, указ. соч., с.21; ЦойОльга Петровна, указ. соч., с.14-31, 49-50; ЦойВалентин Петрович(2), указ. соч., с.41, 74.

임농업기사로 근무하던 중 당국에 의해 체포되어 투옥되었다. 1940년 4월까지 심리조사를 받는 동안 그는 허위자백을 하지 않았고 이후 소련방 내무인민위원부 특별협의회 결정에 따라 극적으로 석방되었다. 여동생 최 올가는 남동생 최 발렌틴이 삶에 불평을 하는 적이 결코 없었고, 본인의 황금같은 성격, 즉 놀랍도록 차분하고 강한 인내심 덕분에 결국은 죽음으로부터 살아남을 수 있었다고 회고했다. 이후 그는 카자흐국민경제등록소 농업분과 수석농업기사(старший агроном)로 일을 하는 등 소비에트 당국을 위해 충성을 다했다. 하지만 과거의 '감옥살이' 경력은 항상 그를 따라다녔고, 농업관리국(управление земледелия)의 간부이면서도 제일 마지막으로 아파트를 분양받았다.[63] 셋째 여동생 최 류드밀라(ЦойЛюдмила Петровна)는 다행히 탄압을 피했고 키르기지야에서 축산기사(зоотехник)로 활동하며 마지막까지 살아남을 수 있었다.

하지만 최 파벨 집안의 불행은 여기서 멈추지 않았다. 막내 여동생 최 엘리자베타(ЦойЕлизавета Петровна) 또한 남편 텐 콘스탄틴(Тен Константин Антонович)을 떠나보내야만 했기 때문이다. 그녀의 남편은 『스몰렌스카야 프라우다』 신문의 사진기자로 활동하다가 체포되어 총살을 당했다. 그럼에도 집안에서 가장 어렸고 가장 사랑을 많이 받고 자랐던 최 엘리자베타는 생계를 찾아 러시아 북동부의 가장 추

---

63) 『고려일보』, 1993년 4월 17일, 토요일, 11면. 「Мёртвые и живые」(산 자와 죽은 자); ЦойВалентин Петрович, ЦойЕлизавета Петровна, там же., с.22; ЦойОльга Петровна, там же, с.35; ЦойВалентин Петрович(2), там же, с.77. 2004년에는 모스크바에서 거주하고 있던 최 발렌틴 페트로비치의 장남-최 발렌틴 발렌티노비치(ЦойВалентин Валентинович, 부친과 동명)의 노력에 의해 우수리스크에서 할아버지 최재형의 거주가옥이 발견되어 고려인 러시아이주 140주년의 의의가 더해지기도 했다. 그는 모스크바 독립유공자후손협회장을 맡아 왔으며, 현지 러시아고려인연합회 신문기자와 카자흐스탄의 『고려일보』 모스크바 주재기자로 활동해 왔다.

[그림 22] 2002년, 알마타에 거주하는 최
엘리자베타 페트로브나의 모습
(가운데)

운 지방인 사하(야쿠티야)공화
국(республика Caxa(Якутия))에서
까지 일을 하며 악착같이 살아
남았고,[64] 오랜 기간 알마타에서
거주해 왔다. 최 파벨의 막내 남
동생인 최 비켄티(ЦойВикентийПе
трович) 또한 스탈린의 권력 앞
에 비명횡사하고 말았다. 그는
집안의 막내로서 사랑을 많이
받으며 자랐다. 특별히 아버지
최재형은 죽음 직전까지 한 침
대에서 데리고 잘 정도로 어린
아들에게 사랑을 쏟았다. 그런
환경 때문이었는지는 모르지만
그의 성격은 조금은 방자하고 성격이 급했으며, 항상 모든 일에 있어
서 독립적이기를 원했다. 그는 조금은 순탄치 못하게 쉬콜라를 마쳤
고, 우여곡절 끝에 레닌그라드(현재 상트-페테르부르그) 영화기사대
학을 졸업한 후 시베리아에서 근무를 했다. 1937년 여름 이후 체포와
탄압이 달아오르던 시기에 몸을 피해 크즐오르다로 갔고, 그곳에서
다시 아랄스크(г.Аральск)로 넘어가 물리교사 활동을 했다. 하지만
1938년 가을에 그는 물리실험실의 실험기구 절취혐의로 5년 수용소형
을 선고받았다. 만기출소 후 그는 새로운 직장에서 임금체불에 항의
하며 관련기관의 수장을 권총으로 위협한 죄로 다시 3년 수용소형을
살았다. 하지만 비켄티는 출소 후 근무했던 우즈베키스탄 타쉬켄트
남부의 양기율(г.Янгиюль) 지역에 있는 발전소에서 절도혐의에 연루

---

64) РГАВМФ, Ф.2192, Оп.2, Д.1696, Л.8. 「1935년 3월 5일자....최선학의 자기소개서」.

되어 또 다시 체포가 되었고, 복역 중에 신장병이 악화되어 결국 병원에서 42년의 생을 마감하고 말았다.[65]

[표 4] 총살당한 여자형제 배우자들의 명단[66]

성명	직위 및 활동사항
강 니콜라이 알렉세예비치(둘째 자형)	대위, 내전기 참전자 119보병연대 기관총대대 대대장
니 알렉세이 알렉산드로비치(셋째 자형1)	모스크바 소재 발라키레프 단추공장 기술자
남가이 옐리세이 파블로비치(셋째 자형2)	내전기 참전자, 예비군 여단장 서시베리아 열매채소판매 트러스트 분과장
쇼루코프 호드줴한 쇼루코비치(첫째 매제)	키르기즈 공화국 보건인민위원부
김 세르게이 표도로비치(둘째 매제)	
텐 콘스탄틴 안토노비치(막내 매제)	『스몰렌스카야 프라브다』신문 사진기자

1937년 강제이주를 전후하여 스탈린 정권에 의해 탄압받은 억울한 사례는 비단 한민족에게만 국한 것은 아니었다. 최 파벨 집안의 유일한 생존자였던 남동생 최 발렌틴은 마지막 순간까지 그 시대의 잔인한 기억들을 뇌리 속에 간직하고 살아왔으며, 그 아픔들은 회상수기(回想手記)에 고스란히 담겨져 있다. 한 언론과의 인터뷰에서 그는 고통스러웠던 집안의 가족사와 시대의 아픔을 비통한 심정으로 전하고 있다.

"기억으로부터 벗어난다는 것은 저에게 무척 어려운 일입니다. 무엇을 말하는 것에 대한 댓가는 잔인했으니까요....모든 것을 제거해버리던 시

---

65) 『고려일보』, 1993년 4월 17일, 토요일, 11면. 「Мёртвые и живые」(산 자와 죽은 자); ЦойВалентин Петрович(2), указ. соч., с.102-108.

66) ЦойВалентин Петрович, ЦойЕлизавета Петровна, указ. соч., с.22.

대였습니다. 저의 식구들 중에서 단지 여자 형제들인 올랴(Оля), 리자(Лиза), 밀라(Мила), 소냐(Соня), 그리고 저만 탄압 속에서 살아남을 수 있었습니다....저 또한 체포되어 콘베이어 방식으로 심문을 당했습니다. 즉 9시부터 18시까지, 그리고 21시부터 아침 7시까지 끊임없이 심문을 했습니다. 18시에서 21시 사이에는 잠자는 것조차 허용되지 않았습니다....신문기간 동안에 우리는 항상 감시를 당했습니다. 저는 아무 것도, 조국에 대한 어떠한 배신에 대해서도 인정하지 않았고, 어떠한 서류에도 서명하지 않았습니다. 하지만 많은 사람들이 고문으로 깨지고 늘어지고 말았습니다....아마도 무죄에 대한 저의 확고한 믿음이 저를 구한 것 같습니다. 사실상 소비에트 형법 58조 1항에 따라 당시 저는 총살을 당할 수밖에 없는 상황이었습니다...."[67]

죽음의 문턱에서 살아남은 자의 정신적 트라우마(trauma, 정신적 외상 후 스트레스 장애)는 쉽게 치유되지 않는다. 최 발렌틴은 감금 상태에서는 벗어났지만 때로는 여전히 큰 감옥에 갇힌 것 같은 착각을 느끼며 마지막까지 정신적 트라우마를 겪으며 살아가야 했다. 그럼에도 그는 관계기관을 접촉하며 억울한 죽음을 당한 가족들의 복권과 명예회복을 위해 마지막까지 최선을 다하며 살았다. 그는 그렇게 하는 것이 살아남은 자로서의 의무이며 역사 앞에 최선을 다하는 것이라 여겼기 때문이다.

3. 항일빨치산-해군장교 최 파벨 페트로비치의 죽음

최 파벨의 빨치산활동과 해군장교로서의 행적에 대한 자세한 언급은 기존의 간행물들에서는 거의 찾아보기가 어렵다. 본 3절의 최

---

67) 『고려일보』, 1993년 4월 17일, 토요일, 10면. 「Мёртвые и живые」(산 자와 죽은 자).

파벨의 행적은 생존 가족의 미간행 회상기록물 자료들을 토대로 추적해 보았으며, 극히 일부분에 한해서 러시아국립해군기록보존소의 자료들을 활용했다.

최 파벨은 유년·학창(쉬콜라) 시절부터 아버지 최재형이 극동지역 한인사회에서 민족해방운동 지도자 중의 한 명이라는 사실을 알고 있었나. '부모는 자식의 거울이라고 했던가!'. 극동지역 항일운동의 거두였던 아버지 최재형의 삶은 아들 최 파벨에게 잘 닦여진 거울과도 같았다. 최 파벨은 일찍부터 아버지의 발자취를 따라 살아가기로 결심했고, 이는 이미 니콜스크-우수리스크로 넘어오기 전 블라디보스톡 상업학교 시절부터 시작되고 있었다. 그는 1918년 여름부터 이미 니콜스크-우수리스크역 철도교통 청년학생 및 노동자들과 관계를 맺으며 신문『골로스 우차쉬흐샤』(Голос учащихся, 학생의 목소리)를 '야노프 미크'(Янофы Мик)라는 편집명으로 발간하기 시작했고, 신문『크라스노예 즈나먀』(Красное Знамя, 붉은기)의 비밀기자로 활동하며 항일활동가로서의 자질을 닦아 나갔다.[68] 1919년 9월에 최 파벨은 이미 한인 빨치산 부대에 입회를 한 상황이었고, 일본군이나 백위파 군대에 맞서 전투에도 참가하기 시작했다.[69]

1920년 3월에 붉은 빨치산 부대(красный партизанский отряд)들이 니콜스크-우수리스크에 입성하고 연해주가 장악되었다. 이때 최 파벨은 콤소몰(전연방레닌공산주의청년동맹, Всесоюзный Ленинский Коммунистический Союз Молодёжи) 조직을 결성하는데 참여했으며, 니콜스크-우수리스크 지구의 군지휘부(빨치산 혁명본부, Революционный штаб)에 의해 발간되는 신문 『나찰로』(начало, 시작)의 서기로 활동했

---

68) 최 올가 페트로브나가 엘리자베타 야코블레브나에게 보낸 편지, 「Милая Елизавета Яковлевна!」(친애하는 엘리자베타 야코블레브나에게), 3쪽; Цой Ольга Петровна, указ. соч., с.11.

69) ЦойВалентин Петрович(1), указ. соч., с.26.

고,[70] 이를 계기로 빨치산 조직에 더 깊숙이 관여하기 시작했다. 당시 최 파벨의 가족은 아버지가 없는 상황이었고, 그래서 끔찍한 가난과 굶주림에 허덕이고 있는 상황이었다. 비명횡사로 아버지가 죽음을 맞이한 이후로 어머니는 최 파벨을 집에 붙어있게 하려고 여러 차례 시도를 해보았지만 허사였다.[71] 아무도, 그 어떤 것도 최 파벨의 항일을 행한 단호한 의지를 꺾을 수 없었던 것이다. 최 파벨은 언제나 공정하고 주변인들의 눈에도 멋진 젊은이로 평가를 받았다. 그는 항상 약한 자들을 보호해 주었고, 아무 것도 두려워하지 않았다. 그는 블라디보스톡 상업학교 시절부터 '스칸달레프스키'(скандалевский, scandal-maker)라는 별명을 갖고 있었다.[72] 그만큼 그는 주변에서 벌어지고 있는 일에 언제나 관심을 두었고, 불의한 일에는 참지 못하는 의협심이 강한 청년이었다. 이런 그의 의협심 많은 성격은 '스캔들-메이커'로 비쳐졌고, 어쩌면 이런 그의 성격이 이후 스탈린 탄압의 회오리(심문 과정)를 참아내지 못한 요인 중의 하나가 되지 않았나 하는 생각도 본다.

[그림 23] 연해주 이바노프카 지역을 포격하고 있는 일본군 포대(1919, 하바로프스크 그로데코프 국립박물관)

1920년 4월참변 이후 최 파벨은 아누치노(Ануч ино) 지역에 있는 쉐프첸코 그리고리(Шевченко Гр игорий) 휘하의 붉은빨치산 부대(красный партиза нский отряд)로 들어갔

70) РГАВМФ, Ф.2192, Оп.2, Д.1696, Л.8а, 11а. 「1935년 3월 5일자....최선학의 자기 소개서」; 「1937년 4월 10일자 레닌그라드에서 작성한 최선학의 자기소개서」; ЦойСофия Петровна, ЦойОльга Петровна, указ. соч., с.2.

71) 『고려일보』, 1993년 4월 17일, 토요일, 10면. 「Мёртвые и живые」(산 자와 죽은 자).

72) ЦойОльга Петровна, указ. соч., с.11.

다. 그곳에서 20세의 청년 최 파벨은 참모장(начальник штаба)이라는 무거운 직책을 위임받았다. 당시 연해주 임시정부와 일본 간섭군 간의 4월협정으로 연해주의 혁명군대는 30베르스타(верста)[73] 밖으로 물러나 있어야 했다. 이 무렵에 아누치노 지역으로 한인 빨치산 부대들이 집결되었는데, 이 부대들에는 1908년에 이미 의병투쟁에 참여한 바가 있는 한반도에서 건너 온 빨치산들도 있었다. 쉐프첸코 부대에 한인 빨치산들의 가담으로 빨치산의 규모는 크게 커졌다. 이에 한인들로 구성된 큰 부대들이 편성이 되었고, 이들에 대한 지휘책임이 젊은 빨치산대원이었던 최 파벨에게 맡겨졌던 것이다. 젊은 부대장 최 파벨은 동료 빨치산들의 신임을 얻었다. 동료들은 최 파벨의 아버지 최재형의 엄청난 항일투쟁활동을 알고 있었고, 이미 많은 이들이 최 파벨의 지하활동과 투쟁경험을 인정하고 있었기 때문이었다. 최 파벨과 일류호프(Е.К.Ильюхов) 등의 지휘를 받는 한인 빨치산 부대들은 1920-21년 시기에 그로데코보(Гродеково)와 바르바로프카(Варваровка) 근교에서 일본군이나 카펠레예프(Копелеев)가 이끄는 백위파 부대들에 대항해 격렬한 전투를 벌여 나갔다.[74] 최 파벨은 빨치산 활동에서 용감성, 공명성과 정직성을 통해 동료들의 신뢰에 부흥했다.

빨치산 활동은 목숨을 담보로 하는 가장 위험한 일이었다. 한 번은 최 파벨이 백위파의 포로가 된 적이 있었다. 후방에 첩보활동을 나온 백위파 대원들에 의해 포로가 된 것이다. 최 파벨은 백위파 군부에 의해 총살형을 선고받고 투옥되어 죽음을 기다리고 있었다. 하지만 그는 마침 신고 있던 미제 군화의 뒷축에 붙어있던 쇠침을 무기로 이용하여 탈출을 결심했다. 그는 저녁 무렵에 앞뒤에서 백위파 대원의 감시를 받으며 총살장으로 끌려가고 있었고, 그 과정에서 미리

---

73) 미터법 시행 전의 러시아의 거리단위(1베르스타-1,067m.).
74) ЦойВалентин Петрович(2), указ. соч., с.③(별도로 표기된 쪽수); ЦойСофия Петровна, ЦойОльга Петровна, указ. соч., с.2-3.

느슨하게 풀어 놓았던 군화를 벗은 후, 쇠침을 이용하여 번개같이 백위파 대원들을 제압하고 호수를 건너 부대로 무사귀환 할 수 있었다.[75] 최 파벨의 탈출소식을 건네 들은 어머니는 눈이 내린 150베르스타의 거리를 헤치고 최 파벨의 면회를 갔고, 단 하룻밤을 최 파벨과 보낸 후 10일에 걸쳐 집에 다시 돌아오기도 했다. 이미 전쟁터에서 큰아들을 잃고 집안의 기둥인 남편까지 잃은 한 여인의 가슴 속에 최 파벨은 이 세상 전부와도 같았다.

최 파벨은 내전기 빨치산 활동에서 적극적인 참여를 한 공로로 붉은군대 지도부로부터 시계와 권총을 상으로 받기도 했다. 하지만 모든 과정이 순탄하지만은 않았다. 1921년 2월 극동공화국(ДВР)[76] 중앙위원회(Главком) 지시에 따라 최 파벨 부대는 연해주 스파스크 지구(Спаский район)에서 아무르주 스보보드느이(자유시, г.Свободный)에 도착했다. 그곳에서 그의 부대는 다른 부대들과 함께 하나의 특수사할린빨치산부대(Особо-Сахалинский партизанский отряд)로 재편되었고, 그는 이 부대의 참모장 직무대리로 임명되었다. 하지만 1921년 6월에 특수사할린빨치산부대는 소비에트 당국의 새로운 지휘부의 지휘를 받는 것에 거부를 했다. 이로 인해 특수사할린빨치산부대는 무장해제가 되었고, 최 파벨을 포함하여 80명의 지휘관들은 불복종을 선동한 죄로 체포되었으며, 이르쿠츠크에 있는 감옥(Дом Заключения)으로 이송되었다. 이른바 해외한인독립운동사에서 최대의 비극이라 할 수 있는 '자유시 참변'의 아픔을 겪게 된 것이다. 1922년 11월에 최 파벨은 코민테른(КОМИНТЕРН)[77]의 결정으로 혐의를 벗고 다행히 석방되었다.

---

75) ЦойВалентин Петрович(1), указ. соч., с.36-37.

76) 극동공화국(Дальневосточная Республика, 1920.4.6-1922.11.15, 수도-치타): 일본의 야욕을 저지하기 위해 소비에트 당국에 의해 임시로 세워졌던 완충국가.

77) 코민테른(Коммунистический интернационал, 3-й Интернационал): 1919-43년 시기에 존재했던 국제적인 공산주의 통합조직.

석방 직후인 1922년 12월에 최 파벨은 치타(г.Чита)로 왔고, 그곳에서 극동지방위원회(Далькрайком) 한인분과(Корсекция)의 지시로 네르친스크 지구(Нерчинский район)에서 노동조합장 자격으로 1923년 8월까지 활동을 했다.[78]

1922년에 소비에트 체제가 수립되면서 극동지역은 점차 안정을 찾아 나갔다. 하지만 극동은 혈기 넘치고 꿈많은 청년 최 파벨이 활동하기에 너무 좁았다. 1923년, 최 파벨은 극동지방위원회에 의해 모스크바로 보내졌다. 1923년 8월 이후 최 파벨은 모스크바에 있는 한인동맹 중앙집행위원회(ЦИК Союза корейцев)에서 활동을 시작했다. 그곳에서 그는 극동 출신의 한인청년들이 교육기관이나 라브팍(рабфак, 노동자 대학예비학교), 당학교 등에 자리를 잡도록 주선해 주는 일을 담당했다.[79] 이 기간 동안 최 파벨은 더 많은 것을 보고 들으며 경험과 경력을 쌓아 나갔고, 아울러 더 큰 꿈을 키워 나갔다.

1923년 말, 마침내 최 파벨에게도 자신의 꿈을 웅장하게 펼칠 기회가 찾아왔다. 혁명군사소비에트(РВС, Революционный военный совет)가 최 파벨을 레닌그라드 프룬제 해군군사학교(Военно-морское училище и м.Фрунзе)에 보낸 것이다. 1924년 2월 8일에 혁명군사소비에트(РВС, Рев олюционный военный совет)의 지시로 최 파벨은 프룬제 해군군사학교 특별과정에 입학했다. 1926년 10월 5일에 해군군사학교를 졸업한 최 파벨은 노농붉은해군(РККФ)[80]의 간부(지휘관) 자격을 부여받고, 11월에 아무르함대 주력함 〈스베르들로프호〉의 당직사관(вахтенный коман дир)으로 임명되었다. 이후 1927년 11월부터 1928년 10월 기간 동안에

78) РГАВМФ, Ф.2192, Оп.2, Д.1696, Л.9. 「1935년 3월 5일자....최선학의 자기소개서」; ЦойСофия Петровна, ЦойОльга Петровна, указ. соч., с.3; ЦойВалентин Петрович(1), указ. соч., с.26.
79) ЦойСофия Петровна, ЦойОльга Петровна, там же, с.3
80) 노농붉은해군(Рабоче-Крестьянский Красный Флот): 1946년 이후 소련방 해군(ВМФ)으로 개칭.

[그림 24] 아무르함대 주력함〈스베르들로
프호〉근무 시절 최 파벨의 모
습(1926.11)

그는 함대의 간부지휘능력향상
과정(КУКС, Курсы усовершенствов
ания командного состава) 포병분
과 교육생 신분으로 간부특별과
정을 이수했고, 1928년 10월부터
는 카스피함대 포함(канонерская
лодка) 〈레닌호〉의 포병분과장
으로 근무했다. 또 1931년 5월부
터는 카스피함대 참모부의 포병
중대장으로 근무했으며, 1933년
11월부터는 발틱함대 주력함 〈마
라트호〉의 선임 포병중대장으로
근무했다.[81] 최 파벨의 큰 꿈은

그렇게 실현되어 나갔다.

[표 5] 해군군사학교 최 파벨 페트로비치의 직무관련 예비지식 평가서[82]

노농붉은군대(PKKA) 엠베,프룬제 해군군사학교	
1926년 해군군사학교 교육협의회에 의해 발급된 직무관련 예비지식 평가서	
성명	최 파벨 페트로비치
생년월일	1900년 11월 25일
해군군사학교 진학 이전 예비지식/근무경력	2단계 (과정) 학교(школа II ступени)
일반과정 및 특별과정 수학기간	특별과정, 3년
해군군사학교 진학 전후 항해 경험 (경력)	입학 후 생도 신분으로 항해-2회

81) ЦойВалентин Петрович(1), указ. соч., с.26; ЦойСофия Петровна, ЦойОль
га Петровна, указ. соч., с.3.
82) РГАВМФ, Ф.2192, Оп.5, Д.4290, Л.5. 「해군군사학교 최 파벨 페트로비치의
직무관련 예비지식 평가서」.

노농붉은군대(P K K A) 엠베.프룬제 해군군사학교	
1926년 해군군사학교 교육협의회에 의해 발급된 직무관련 예비지식 평가서	
부조타수 직에 대한 예비지식	만족(удовлетворительно)
함포 지휘관 직에 대한 예비지식	좋음(хорошо)
부(副)수뢰수(水雷手) 직에 대한 예비지식	좋음
정치 예비지식	우수(отлично)
대열(隊列) 예비지식	좋음
당직부(副)책임자 직에 대한 예비지식	만족
육체적 단련도	만족
특히 관심있는 전문분야(보직)	조타수 직책
성격	활발함
졸업 시 배속보직	

1926년 9월 7일, №1810

서명자: 해군군사학교 임시교장 쿠르코프(Курков), 교육협의회장 겸 학교위원·책임자 루레(И.Лурье), 학년분과장 다닐로프(Данилов), 대열(隊列)분과장 소로킨(И.Сорокин), 교육협의회 서기 서명.

위의 [표 5]는 해군군사학교 졸업 전에 최 파벨에게 부과된 학교당국의 '직무관련 예비지식 평가서'이다. 나타나고 있듯이, 최 파벨은 우수한 성적으로 군사학교를 졸업했고, 유능한 예비간부로서 능력을 받아가고 있었다. 군사학교 수학 기간 동안에 그는 더 넓은 세계를 돌아보며 많은 문물을 접했고, 최초의 한인장교로서의 자긍심을 키워나갔다. 최 파벨은 1924-1925년 시기에 노르웨이와 스웨덴에서 개최된 해상 군행사에 참여를 했고, 1934년에는 주력함 〈마라트호〉를 타고 폴란드 그드이냐 항구에 입항하여 유럽세계를 접하기도 했다.[83] 그것은 마치 아버지 최재형이 젊은 날 선원생활을 하며 세계의 여러 지역을 돌아보며 미래를 계획하고, 웅대한 포부를 꿈꾸었던 것과 흡사 같았다.

최 파벨은 군인으로서 인정을 받았다. 그는 모범적인 돌격활동과

---

83) ЦойВалентин Петрович(1), указ. соч., с.27.

[그림 25] 스탈린 탄압으로 조사를 받던
시기 최 파벨의 마지막 모습
(1937.4)

정치능력, 그리고 함포사격 능력 배양의 공로로 여러 차례 상을 받았다. 한 예로, 1929년에 시행되었던 함포사격대회에서 그는 금시계를 받았고, 1930년에는 리볼버 권총을 부상으로 받기도 했다. 최 파벨은 또한 정치적 능력, 즉 공산당원으로서도 자격을 인정받았다. 1927년에 그는 전소련방공산당(볼쉐비키)(ВКП(6))[84]의 후보당원이 되었고, 이후 1932년 5월에는 카스피함대 당위원회에 의해 마침내 전소련방공산당 당

원으로 정식 승격되었다.[85] 이 무렵까지 최 파벨은 인생 최고의 황금기를 보내고 있었다. 그러나 1930년대 중반으로 접어들며 극동의 한인사회에는 검은 먹구름이 드리워지기 시작했다. 사회 곳곳에서 체포와 당제명, 처형 등의 회오리가 불기 시작했다. 레닌그라드 국제학교의 모든 한인들이 투옥되었고, 이는 최 파벨에게 까지 영향을 미쳤다.

크론쉬탓트(Кронштадт, 핀란드만의 군항)에 있던 주력함 〈마라트〉호에서 복무 중이던 최 파벨이 함대 내에서 첫 번째로 탄압의 대상으로 지목되었다. 1935년 봄, 최 파벨은 2등대위 계급을 달고 내무인민위원부(НКВД)[86] 소속 기관에 의해 체포되었다. 이어 같은 해에는 아

---

84) 전소련방공산당(볼쉐비키)(Всесоюзная Коммунистическая партия(больш евиков): 1952년 소련방공산당(КПСС)으로 개칭.

85) ЦойВалентин Петрович(1), указ. соч., с.27.

86) 내무인민위원부(Народный Комиссариат Внутренних Дел): 인민위원부(Народный Комиссариат)는 현재의 부(министерство)에 해당.

버지의 사회적 지위를 숨긴 죄, 즉 출신성분을 속였다는 명분으로 당
에서 축출되었다. 1935년 12월-1937년 12월 3일 기간 동안 최 파벨은 당
국에 의해 지리한 조사를 받았고, 그 과정에서 그는 1936년 12월에는
노농붉은해군에서 해고가 되었다.[87] 스탈린 정권의 억지와 허구가 드
러나는 대목이 아닐 수 없다. 최 파벨의 아버지가 극동지역에서 항일
투쟁을 했고, 사재를 털어 지역사회의 발전에 기여했음은 그 시대가
알고, 무엇보다 당국이 잘 알고 있는 사안이었기 때문이다.

남동생 최 발렌틴은 당시 주력함 〈마라트호〉 사령부에 최 파벨의
안전을 묻는 문의서를 제제출한 바 있었다. 하지만 그는 아무런 답변
도 받지 못했다.[88] 최 파벨의 체포는 당시 아버지 최재형의 죽음 이
후 가족에 닥친 최초의 스탈린 탄압의 시작이자 비극의 시작이었다.
도시 내에서는 비공개재판이 진행되었고, 당시 레닌의 최측근들 또한
재판에 회부되고 있는 상황이었으며, 재판에 회부된 대부분의 사람들
은 대부분 총살을 당했다.

1937년 4월 경에 석방된 후 최 파벨은 소집해제되어 예비병력으로
분류되었다. 하지만 그는 모스크바에서 함대 복직을 위해서 노력을
기울였다. 그는 당시 모스크바에서 근무하고 있던 군동료들의 지원을
기대하고 있었고, 군동료들 또한 그의 복귀에 협조해 주기로 약속해
주고 있던 상황이었다. 그러나 복귀를 위한 부단한 노력과 기다림 뒤
에 돌아온 관계기관의 답변은 '최 파벨은 모스크바에서 살 수 없다'는
것이었다. 우여곡절 끝에 1937년 12월, 최 파벨은 알랄해의 국영해운
회사(Госпароходство)로 보내져 항구책임자 보조직에 임명되었다. 석
방 후 최 파벨은 아주 잠깐 귀향을 해서 어머니와 함께 시간을 보냈

---

87) ЦойВалентин Петрович(1), указ. соч., c.27. 조사 기간은 회상수기 자료에
    서 약간의 차이가 있는데, 전후 기술된 내용을 놓고 볼때, 조사 종료(석방)
    시점은 1937년 4월 경으로 보인다.
88) ЦойВалентин Петрович(2), указ. соч., c.72-73.

다. 어머니는 파벨의 귀향에 정신없이 기뻐하셨다. 이것은 '한 지붕 아래서' 모두가 같이 지낸 최초이자 마지막 시간이었다. 최 파벨은 가족과 함께 새해 직전까지 지냈고, 이후 당국의 지시에 따라 아랄해의 국영해운회사 관리국으로 떠났다.[89] 가족 모두가 그것으로 최 파벨의 고난은 끝나는 것으로 알았고, 또한 그렇게 되기를 간절히 바랐다.

그러나 그것도 잠시였다. 이듬해인 1938년 6월, 최 파벨은 다시 당국에 의해 체포가 되었다. 그에게 적용된 형법은 러시아 소비에트 사회주의 연방 공화국 형법(УК РСФСР) 58조 1а항이었다. 최 파벨은 1938년 10월 17일에 카자흐스탄 크즐오르다에서 총살을 당했다. 그런데 비슷한 시기에 남동생 최 발렌틴 또한 드제르쥔스카야 거리(ул.Дзерж инская)에 있는 카자흐공화국(КССР) 내무인민위원부의 내부 감옥에 수감되어 조사를 받고 있던 중이었다. 최 발렌틴이 있던 감방에는 6명이 있었는데, 그중에는 마침 2명의 아랄해 국영해운회사 출신 근로자들도 있었다. 최 발렌틴은 그들을 통해 형 최 파벨의 죽음에 대해서 들을 수 있었다. 들어 알게 된 사실은, 최 파벨은 심문과정에서 심한 모욕과 폭행을 당했다고 한다. 그런데 그 과정에서 최 파벨은 모욕을 참지 못하고 의자를 들어 조사관을 때렸고, 그로 인해 고문을 받은 후에 셋째 날에 크즐오르다로 압송되었다. 이후 다른 동료들은 11월까지도 알마타 감옥에서 아직 심문을 참아내고 있는 상황이었지만 최 파벨은 10월 17일에 총살을 당했다고 한다.[90] 역사에서 가정이란 무의미한 것이지만, 만일 그때 최 파벨이 끝까지 자신의 잘못을 시인하지 않고, 마지막까지 인내했더라면 어찌되었을까하는 아쉬움이 든다. 마치 남동생 최 발렌틴이 마지막까지 침착하고 인내력있게 심문을 견뎌내고 석방되어 살아나왔던 것처럼 말이다. 그러나 그 또한 아무도 모르는 일일 것이다. 그 시대는 스탈린의 날선 탄압의 칼

---

89) ЦойВалентин Петрович(2), там же, с.④-⑥(별도로 표기된 쪽수), 74-75.
90) ЦойВалентин Петрович(2), там же, с.⑤-⑥(별도로 표기된 쪽수).

날이 미친 듯이 휘둘려지고 있던 광란의 시대였으니 말이다.

V. 맺음말

이상에서와 같이 최 파벨 페트로비치의 생존한 가족구성원들이 작성한 회상수기 자료들을 중심으로 1900-1930년대 중반 시기 최 파벨과 그 가족의 생생한 비극적인 가족사에 대해서 살펴보았다.

1900년대에서 1930년대 말 강제이주를 전후한 시기에 중국 만주와 극동지역의 한인사회는 격변의 근현대 역사를 체험해야 했다. 최 파벨 집안 또한 20세기 초 '항일의병-빨치산투쟁-스탈린 탄압'으로 이어지는 역사의 중심에 있었다. 부모(최재형, 최 엘레나 페트로브나) 이하 최 파벨을 포함하여 11명의 형제자매들은 철저하게 슬픈 역사의 희생양들이 되고 말았다. 이토록 대가족 구성원 대다수가 역사의 소용돌이에 휘말려 죽음을 당하거나, 혹은 심문과 고문을 거쳐 가까스로 살아남아 마지막까지 정신적 트라우마를 갖고 살아가야 했던 사례도 극동 한인의 역사에서 흔치 않을 것이다.

만주와 극동을 포함한 동아시아 근현대 시기는 전쟁과 지배, 투쟁과 탄압의 역사로 점철되어 있다. 얼룩진 동아시아 근현대사의 중심에는 바로 일제가 있었다. 일제의 삐뚤어지고 과대망상으로 가득찬 대륙진출 명분과 식민지배 욕구는 해당국가 뿐만 아니라, 한인을 포함한 해당지역 거주민족들의 운명을 송두리째 흔들어 놓고 말았다. 영일동맹(1903)을 체결하고 러일전쟁(1904-05) 승리로 러시아를 제압한 일제가 한반도에서의 식민쟁탈권을 확보받은 그 순간부터 만주와 극동을 포함한 동아시아 제민족들의 운명에 먹구름이 드리워지기 시작했다. 1917년 러시아혁명이 발발하자 자국민 보호를 구실로 6만 여명의 병력을 싣고, 그것도 주권국가인 러시아의 블라디보스톡항에 입성한 일제의 끝없는 야욕과 침략성은 1945년 8월에 원자폭탄을 통해서만이 중단시킬 수 있었다. 최 파벨의 아버지 최재형도, 형 최 표트르의 죽음도 결국은 일제의 광기어린 야욕으로 빚어진 일이었다고 할 수 있다. 어디 그 뿐인가. 그들의 고문과 학살로 죽어간 수많은 극동의 한인들의 원혼은 어느 누가 대신 달래줄 수 있단 말인가.

1937년 8월, 소련방 인민위원회의 및 전소련방 공산당(볼쉐비키) 중앙위원회는 극동변강지역에서 한인들의 스파이 행위를 저지한다는 명목으로 전대미문의 비인간적인 강제이주를 결정했다. 그 중심에는 바로 스탈린이 있었다. 결정문에는 전소련방 공산당(볼쉐비키) 극동변강위원회, 변강집행위원회와 내무인민위원부 극동변강관리국이 극동변강 국경지역의 한인 전체를 남카자흐스탄주, 아랄해와 발하쉬호, 우즈벡 공화국으로 이주시키고, 1938년 1월 1일 이전까지 계획을 완료시키라는 등의 12가지 결정사항이 담겨 있었다. 1937년 8월 24일 내무인민위원 예조프는 극동 내무인민위원회 위원장 류쉬코프에게 반소비에트 활동과 국경지역에서 간첩행위 혐의가 있는 한인들과 반혁명 분자들을 긴급체포하여 사법기관에 넘기라는 전문을 보냈다. 이보다 앞서 스탈린 정권은 1937년 강제이주 조치를 전후하여 내무인민위원부 3인위원회(Тройка НКВД)를 앞세워 수천명의 당 및 소비에트 근무자, 군인, 반체제 인사와 지식인들, 그리고 한인, 중국인, 폴란드인, 독일인 등에 대해 정식재판 절차없이 대대적인 숙청작업을 단행해 오고 있었다. 이어 전대미문의 소수민족 강제이주가 시작되었다. 스탈린 탄압의 가장 큰 희생양은 그 어떤 민족보다도 한인이었다.

아무도, 왜 스탈린이 그와 같은 비인간적이고 반인륜적인 강제이주 정책을 강행했는지 모른다. 단지 당시의 정치·안보적 요인과 사회·경제적인 요인 등을 고려하여 그 원인을 추적해 볼 따름이다. 그러나 따지고 보면 이 또한 일제의 극동과 이어지는 만주에 대한 침탈

야욕과 무관하지 않다. 1900년대부터 드러난 일제의 대륙침탈 야욕은 1945년까지 이어졌다는 점을 볼 때 이는 분명해진다. '일제의 스파이', 주변국과의 전쟁 시 일제에 동조할 '불온한 세력'이라는 불명예스런 딱지가 단지 한인 강제이주의 표면적인 명분으로만 그치는 것은 아니다. 탐욕스런 일제의 침탈야욕과 자신의 측근조차도 믿지 못하고 토사구팽했던 스탈린의 과대망상이 애꿎은 제민족들을 죽음과 고통으로 몰아넣었고, 인류 앞에 씻을 수 없는 범죄를 저지르고 말았다. 최 파벨의 형제들 중에서 일부의 여자 형제가 가까스로 살아남았고, 최 발렌틴만이 유일한 남자 생존자이다. 최 발렌틴의 경우, 마지막 숨을 거두기 전까지 과거의 고통스런 기억에서 벗어나지 못한 채 여전히 감옥에 갇혀있는 듯한 정신적 고통을 느끼며 살았다. 과거 카자흐스탄 알마타에서 만난 최 파벨의 넷째 여동생 최 엘리자베타는 노령의 몸에도 불구하고 과거의 기억을 또렷이 회상하고 있었다. 그녀는 아버지 최재형에게 가해진 일제의 만행에 대해, 그리고 한 가족의 운명을 비극으로 몰아넣었던 스탈린의 광기에 대해서 분노를 표출하고 있었다.

이제 그들 모두 역사의 뒤안길로 사라져 가고 있다. 비록 사후 복권과 명예회복이 이루어지기는 했지만 최 파벨 가족 생존자들의 가슴 속에 자리잡고 있는 형언할 수 없는 슬픔과고통을 대신해 줄 수 있는 것은 없다. 다만 역사가의 붓끝을 통해 과거의 사실과 역사적 의미를 찾아가는 작업만이 그들을 위로하고, 오늘을 살아가는 우리가 감당해야 할 의무가 아닌가 싶다.

최 파벨 가족의 역사적 발자취를 찾아가는 작업은 계속될 필요성이 있다. 본 논문에서 필자는 주로 최 파벨의 생존 가족들이 생산해 낸 다량의 가족사 회상수기(回想手記) 1차 원자료들을 활용했다. 그런 만큼 활용된 자료들이 시기, 원인, 주변 상황 등에 있어서 객관성이나 공식성보다는 주관적인 기억 속의 내용들이 적지 않은 만큼, 객관성과 공식성을 담보해 줄 수 있는 최 파벨 가족 밖에서 생산된 자료들을 활용하여 또 다른 측면에서 가족사를 조명할 필요성이 있다. 따라서 이어지는 후속연구(가제: 소비에트 붉은군대 최초의 한인해군 장교: 최 파벨 페트로비치-러시아국립해군기록보존소 원자료들을 중심으로-)에서는 러시아국립해군기록보존소의 최 파벨 관련 소장자료들을 중심으로 최 파벨 문제에 집중하여 살펴볼 것이다. 과거 노농붉은군대 해군행정당국에서 생산된 해당 원자료들은 기존의 최 파벨 관련 연구에서 거의 활용된 바가 없는 사료적 가치고 높은 자료들이며, 1920년대 말부터 1938년도까지 최 파벨의 빨치산 및 해군복무 상황, 그리고 죽음에 이르기까지의 행적을 담고 있다.

[참고문헌]

1차 자료

〈최 파벨 및 가족관련: 서신, 회상수기, 전기, 연표, 기록보존소 자료〉

ЦойВалентин Петрович(1), [Что помню и узнал об отце], 1990-94.

ЦойВалентин Петрович(2), [Кратко о себе и о нашей семье], 1990.6, г.Алма-Ата.

ЦойВалентин Петрович, [Хронология жизни Цой Петра Семёновича-Зя Хена, 1860-1920], 1992.3.

ЦойВалентин Петрович, ЦойЕлизавета Петровна, [Краткая биография Цой Петра Семёновича-Зя Хена], 1990.2, Алма-Ата.

ЦойОльга Петровна, [Моя жизнь], 1990.1.10, г.Москва.

ЦойСофия Петровна, ЦойОльга Петровна, [Биография Цой Шен Хак-Павел Петровича], 1961.5.

최 표트르 세묘노비치(재형) 후손계보도, [Генеалогия потомков ЦойП.С.], 1990년 12월 작성.

최 올가 페트로브나가 엘리자베타 야코블레브나에게 보낸 편지, 「Милая Елизавета Яковлевна!」

РГАВМФ(러시아국립해군기록보존소), фонд(Р).2192,опись.5,дело.4290,лист.8,8а, 9,9а./11,11а,12. 「해군군사학교 최 파벨 페트로비치의 직무관련 예비지식 평가서」; 「1935년 3월 5일자 작성된 붉은기발틱함대 주력함(линейный корабль) 〈마라트〉호 포병분과장(командир артиллерийского сектора) 최선학의 자기소개서」; 「1937년 4월 10일자 레닌그라드에서 작성한 최선학의 자기소개서」.

〈기타 자료〉

ГАХК(하바로프스크변강주 국립기록보존소), Ф.П-442, Оп.1, Д.476, Л.1-27. 「혁명전사 김-스탄케비치 알렉산드라 페트로브나」.

ГАХК, Ф.П-442, Оп.2, Д.18, Л.39-46, 55-57. 「1905-1918년 시기 김-스탄케비치 알렉산드라 페트로브나의 혁명 활동에 관한 여동생 김 마리야 페트로브나

의 회상기」; 「여성혁명가 김 알렉산드라 페트로브나」; Д.273, Л.2-15. 「김
-스탄케비치 알렉산드라 페트로브나」.

РГВИА(러시아국립군역사기록보존소), Ф.2000, Оп.1, Д.4107, Л. 「프리아무르 대
군관구 사령부로 보내는 1909년 11월 11일자 첩보보고서」.

АВПРИ(제국러시아대외정책기록보존소), Ф.ЯС(Японский стол), Оп.493, Д.1968,
Л.4,6,12. 「남우수리스크 노보키예프스크 국경행정관 스미르노프가 연
해주지사 프루그(В.Е.Флуг)에게 보낸 1908년 4월 5일자 전문」; 「내무성
부내무대신 이즈볼스키에게 보낸 1908년 5월 8일자 전문」; 「1908년 5월
24일 플란손(Плансон)이 작성한 이범윤 관련 메모」.

ЦГАОР, Ф.5446, Оп57. 「1937년 8월 21일자 극동국경지역 한인강제이주에 관한 소
련 인민위원회의 및 전소련방 공산당(볼쉐비키) 중앙위원회의 결정」.

РГИАДВ(극동국립역사기록보존소), Ф.1, Оп.10, Д.327, Л.8. 「블라디보스톡 경비
대장이 연해주지사에게 보낸 1910년 10월 27일자 전문」.

РГИАДВ, Ф28, Оп.1, Д.1119, Л.71-73. 「1920년 4월 4일-6일 사건조사위원회가 임시
정부-연해주 주자치참의회에 보낸 보고서 발췌본」.

РГИАДВ, Ф.226, Оп.1, Д.448, Л.1-3. 「Прошение Комитета по устройству празд
нования 50-летия переселения корейцев в Приамурский край г.При
амурскому генерал-губернатору от февраля 1914г., г.Владивосток」.

РГИАДВ, 「한국어 통역관 3등관 팀(С.Тим)이 남우수리스크 국경행정관에게 보
낸 1909년 1월 30일자 보고서」.

ЦГАДВ, Ф.1, Оп.11, Д.106, Л.4. 「우수리철도 헌병경찰국장 쉐르바코프(Р.П.Щерб
аков)가 연해주 군무지사 스볘친(И.Н.Свечин)에게 보낸 서신, 블라디
보스톡,1911년3월15일」.

ГАХК, Ф.2, Оп.5, Д.174, Л.143, 150, 180, 166, 157. 「데이회 특별전로한족대표회의
회의록(의사록), 사천이백오십일년류월(1918년 6월), 소왕령에서」(노어
본과 한글본).

1937년 8월 24일자 소련방 내무인민위원 예조프가 극동 내무인민위원부 위원장
겸 국가보안위원회 위원장 루쉬코프에게 보낸 지시문(No.56).

Баковецкая В.С.(глав.ред.)(1992), *Коковцов Владимир Николаевич, Из моего
прошлого вспоминания 1903-1919гг.*, книга 1.

Граве В.В.(1912), "Китайцы, корейцы и японцы в Приамурье", (Отчёт Уполно
моченного Министерства Иностранных Дел В. В. Граве), *Труды ко
мандированной по Высочайшему повелению Амурской экспедиции,*

Вып.11, СПб..

Сим Енг Соб, Еим Герман(ред.)(1998), 『카자흐스탄 韓人史』(고문서자료 제1집), 알마아타 한국교육원, 알마트이·서울.

Ку Светлана(авт., сост.)(2000-2012), Ли Хен Кын(глв.ред.), *Корейцы-жертвы политических репресий в СССР 1934-1938гг.*, Книга 1-12, Москва.

십월혁명십주년원동긔념준비위원회(1927), 『십월혁명십주년과 쏘베트고려민족』, 해삼위도서주식회사, 크니스노예델로.

『Голос Родины』, 7 апреля 1920г., 「В Корейской Слободке」; 9 апреля, 「Осмо тр Корейской Слободки」; 「Сообщение корейцев」; 11 апреля, 「В Кор ейской Слободке」; 16 апреля, 「К аресту корейцев」.

『레닌기치』, 1972년 10월 25일, 3면. 「첫 조선녀성공산당원, 인민위원」.

『레닌기치』, 1988년 9월 14일, 2면. 「첫 조선녀성-혁명가, 인민위원 - 김쓰딴께위 츠 알렉싼드라 뻬뜨로브나의 최후 70주년에 즈음하여」.

『고려일보』, 1993년 4월 17일, 토요일, 10-11면. 「Мёртвые и живые」.

2차 자료

Бутенин Н.А., Бутенина Н.Д.(2006), "Участие корейцев в гражданской войне в России", 『역사문화연구』, 제24집, 한국외국어대학교 역사문화연구소.

Губельман М.И.(1956), 『Лазо』, Молодая Гвардия, Москва.

_____(1958), 『Борьба за Советский Дальний Восток. 1918-1922』, Вое нное издательство Министерства Обороны СССР, Москва.

Ильюхов Н.К., Самусенко И.(1962), 『Партизанское движение в Приморье』, В оенное издательство Министерства Обороны СССР, Москва.

Ким Сын Хва(1965), *Очерки по истории советских корейцев*, Наука, Алма-Ата.

Пак Б.Д.(1967), 『Освободительная борьба народа накануне первой мировой войны』, Наука, Москва.

Петров А.И.(2006), "Юг Приморья в период гражданской войны в России: 1918-1922 гг.", 『역사문화연구』, 제24집, 한국외국어대학교 역사문화연 구소.

Фадеев А.(1961), 『Повесть нашей юности. Из писем и вопоминаний』, Госизд ательство детской литературы Министерства Просвещения РСФСР,

Москва.

Цой Брони(под ред.)(2003), 『Энциклопедия Корейцев России: 140 лет в Росс ии』, Москва.

Цой В.В.(2000), 『ЧХВЕ ДЖЭХЁН-Цой Пётр Семёнович』, Алматы.

Цой В.В.(2001), 『ЧХВЕ ДЖЭХЁН-Цой Пётр Семёнович』,(дополненное) Алматы.

김 블라디미르 저, 김현택 옮김(2000), 『러시아 한인 강제 이주사』(문서로 본 반 세기 후의 진실), 경당.(김 블라디미르의 단행본 "Правда: полвека спу стя, Ташкент, 1999"의 번역본).

김 블라디미르, 조영환 역(박환 편해제)(1997), 『재소한인의 항일투쟁과 수난사』 (강제이주 60주년에 되돌아본), 국학자료원.

강만길(1999), 『회상의 열차를 타고』, 한길사.

국가보훈처(2001), 『국외독립운동사적지 실태조사보고서 2000-2001년도』.

부가이 지음, 최정운 번역, 류한배 감수(1996), 『재소 한인들의 수난사』(해설 및 관계 공문서), 세종연구소.

박보리스(2004), 부가이 니콜라이 지음(김광한, 이백용 옮김), 『러시아에서의 140 년간』, 시대정신.

박 환(2003), 『대륙으로 간 혁명가들: 만주와 시베리아의 무장독립운동가들』, 국 학자료원.

_____(2008), 『시베리아 한인민족운동의 대부·최재형』, 역사공간.

윤병석(1993), "러시아 연해주(沿海州)에서 한국민족운동(韓國民族運動)의 동향 (動向)", 「한국독립운동사연구」제7집, 한국독립운동사연구소.

이정은(1996), "최재형(崔才亨)의 생애(生涯)와 독립운동(獨立運動)", 「한국독립 운동사연구」제10집, 한국독립운동사연구소.

_____(1997), "3·1운동을 전후한 연해주 한인사회의 독립운동", 「한국독립운동사 연구」제11집, 한국독립운동사연구소.

이상일(2002), "1937년 연해주 한인의 강제이주 배경과 일본의 對蘇 정보활동", 「한국독립운동사연구」제19집, 한국독립운동사연구소.

잡지 「고려사람」, 1993년 6·7호. 스탈린 지도부의 한인탄압을 받은 인물들의 명 단과 죄목, "총살명부" 등등

https://search.i815.or.kr/Degae/DegaeView.jsp?nid=1746(2011.4.14일 검색/『1920년대 전 반 만주·러시아지역 항일무장투쟁』, 독립기념관 '한국독립운동의 역사' 시리즈).

ABSTRACT

The Tragedy of Stalin's Terror through the Reminiscences of Survivors
- Focusing on the First Korean Naval Officer, Choi Pavel Petrovich (Seon-Hak Choi), and his Family -

This study looked into the tragic life of the first Korean Naval Officer in the Soviet Union, Choi Pavel Petrovich (Seon-Hak Choi, 1900-1938), and his family history living in modern and contemporary period in the Far East.

The research looked through Choi Pavel's partisan struggle against Japan during the civil war (1918-1922) after the Russian Revolution and his activities as a naval officer in the Stalin government (1920-1930) as well as Choi Pavel's family members including his parents and ten brothers. To conduct this research, it referred the family memoirs written by living family members and some data from the *Russian State Naval Archive*.

Choi Pavel inherited the resistance spirit to Japan from his father, Jae-Hyong Choi, who was the leader of anti-Japanese movement. After graduating from the *Leningrad Navy Academy named Frunze* in 1926, he became the first Korean naval officer in the Soviet Union and played active parts throughout seas of Russia. However, the tragedy comes to his family with his eldest brother's death at the battle during the Russian civil war followed by his father's sudden death in 1920. Moreover, in October 17, 1938, Choi Pavel died by Stalin's terror at Kazakhstan. And in the same period, his brothers, elder and younger brothers-in-law also died and only some of his family members survived from Stalin's terror.

Choi Pavel's tragic family history provides a look at the face of the life of Koreans who lived in the Far East in the early 20th century, which is characterized by resistance to Japan, partisan struggles and Stalin's terror. And through the research using testimony and recorded reminiscences, we could see vivid examples of Stalin government's repressive measure (cruelty, iniquity, and illegality) to minorities.

2장 기록보존소 자료를 통해 본 소비에트시기 최초의 한인 해군장교(최 파벨 페트로비치)의 죽음과 스탈린 탄압의 비극 *

I. 머리말

필자는 선행연구를 통해 최 파벨 페트로비치(Цой Павел Петрович, 최성학, 1900-38)의 생존가족들이 생산해 낸 다량의 '가족사 회상수기 (回想手記)'[1] 1차원자료들을 중심으로, 최 파벨의 행적(빨치산활동과 해군 복무상황)과 그의 가족 전체가 겪어야 했던 스탈린 탄압의 실상을 미시사적인 측면에서 조명한 바 있다.[2] 필자가 최 파벨과 그의 가

---

1) 선행연구물에서 활용된 '가족사 회상수기'(약 350쪽 분량)는 대부분 러시아 어 필기체로 수기 작성된 것이다. 최 파벨 관련 '가족사 회상수기' 목록들: 최 표트르 세묘노비치(재형) 후손계보도, [Генеалогия потомков ЦойП.С.], 1990.12.; ЦойВалентин Петрович(1), [Что помню и узнал об отце], 1990-94; ЦойОльга Петровна, [Моя жизнь], 1990.1.10, г.Москва; ЦойВалентин Петр ович(2), [Кратко о себе и о нашей семье], 1990.6, г.Алма-Ата; ЦойСофия Петровна, ЦойОльга Петровна, [Биография Цой Шен Хак-Павел Петрови ча], 1961.5; ЦойВалентин Петрович, [Хронология жизни Цой Петра Семё новича-Зя Хена, 1860-1920], 1992.3; ЦойВалентин Петрович, ЦойЕлизавета Петровна, [Краткая биография Цой Петра Семёновича-Зя Хена], 1990.2, Алма-Ата; 최 올가 페트로브나가 엘리자베타 야코블레브나에게 보낸 편 지, 「Милая Елизавета Яковлевна!」.
2) 이병조, "생존자의 회상을 통해서 본 스탈린 탄압의 비극: 최초의 한인 해 군장교, 최 파벨 페트로비치(최선학) 가족을 중심으로", 「재외한인연구」, 제24호 (재외한인학회, 2011), pp. 119-173. 필자의 선행연구에서는 최 파벨

족구성원들(본인 포함 11형제와 매제, 자형들)[3]을 연구대상으로 설정
했던 것은 선행연구에서 밝혔듯이 최파벨의 죽음 또한 1937년을 전후
한 스탈린 정권의 지식인 탄압의 대표적인 한 사례라고 보았기 때문
이다. 또한 그의 가족구성원들의 죽음에 이르기까지의 과정 역시 당
시 스탈린 정권의 소수민족 탄압정책의 불법적이고 잔악한 일면들을
고스란히 보여주고 있는 역사적 사례로서의 가치가 충분하다고 판단
했기 때문이었다.

한편 선행연구 과정에서 필자는 또한 본 후속연구와 간접적으로
관계가 있는 연구물들도 살펴보았다. 여기에는 1937년 전후 한 시기
스탈린 정권에 의한 탄압희생자들과 기타 주제(항일의병, 빨치산, 문
화, 예술, 언론)와 관련된 인물 중심의 연구물들이 해당된다.[4] 물론

의 한국명을 '최선학'으로 했으나 후속 논문에서는 '최성학'으로 바로 잡아
표기했다.

3) 최 파벨 페트로비치(2남)의 부모형제들: 최 표트르 세묘노비치(부, Цой Пёт
р Семёнович, 최재형, 1860년생), 최 엘레나 페트로브나(모, ЦойЕлена Пет
ровна, 1880년생), 최 표트르 페트로비치(1남, ЦойПётр Петрович, 1883년
생), 최 베라 페트로브나(1녀, ЦойВера Петровна, 1885년생), 최 나제쥐다
페트로브나(2녀, ЦойНадежда Петровна, 1888년생), 최 류보프 페트로브나
(3녀, ЦойЛюбовь Петровна, 1898년생), 최 소피야 페트로브나(4녀, ЦойСоф
ия Петровна, 1902년생), 최 올가 페트로브나(5녀, ЦойОльга Петровна,
1905년생), 최 발렌틴 페트로비치(3남, ЦойВалентин Петрович, 1908년생),
최 류드밀라 페트로브나(6녀, ЦойЛюдмила Петровна, 1910년생), 최 엘리
자베타 페트로브나(7녀, ЦойЕлизавета Петровна, 1912년생), 최 비켄티 페
트로비치(4남, ЦойВикентийПетрович, 1914년생).

4) 스탈린 정권의 탄압희생자들에 관해 인물중심으로 다루고 있는 국내 저작
물들은 적다. 국외에서는 В.А. Хан-Фимина, Корейский Интернационалис
т Хан Мен Ше(Се) и Его Семья, (Москва, 2001) 등이 있다. 그 외의 기타
주제로 인물중심으로 기술된 국내외 저작물로는, 이정은, "최재형(崔才亨)
의 생애(生涯)와 독립운동(獨立運動)", 『한국독립운동사연구』, 10호 (한국독
립운동사연구소, 1996); 정제우, "연해주(沿海州) 이범윤(李範允) 의병(義
兵)", 『한국독립운동사연구』, 11호 (한국독립운동사연구소, 1997); 박환, "崔
才亨과 재러한인사회 : 1905년 이전을 중심으로", 『사학연구』55, 56호 (한국

살펴본 연구물들 외에도 최 파벨과 간접적으로 관련이 있는 연구물
들은 더 있을 수 있다.

필자가 앞서 최 파벨의 생존 형제들에 의해 생산된 '가족사 회상
수기'를 중심으로 수행했던 선행연구의 내용을 간단히 정리하면 다음
과 같다.

"최 파벨은 극동 항일운동의 대부이자 1920년 4월참변[5]으로 희생된 최
재형(Цой Пётр Семёнович, 1860-1920)의 차남이다. 그는 내전기(граждан
ская война, 1918-22) 빨치산 활동에 이어 1926년 레닌그라드 프룬제(Фрун
зе) 해군군사학교 졸업 후 소비에트 군대 최초의 한인 해군장교가 되어
소련전역의 바다를 누비며 활동했다. 하지만 내전기 전투에서 큰형이 전
사하고, 1920년에는 아버지 최재형이 비명횡사하며 그는 계속되는 가족의
처참한 불운을 겪어야 했다. 1937년을 전후하여 최 파벨의 10명의 형제자
매들과 매제, 자형들이 스탈린정권의 탄압으로 대부분 죽거나 일부만이

사학회, 1998); 동 저자, 『(시베리아 한인민족운동의 대부) 최재형』(역사공
간, 2008); 반병률, "4월참변 당시 희생된 한인애국지사들-최재형, 김이직,
엄주필, 황경섭", 『역사문화연구』, 26집 (역사문화연구소, 2007); 동 저자,
"안중근(安重根)과 최재형(崔在亨)", 『역사문화연구』, 제33집(역사문화연구
소, 2009); 박민영, "국치전후 이상설(李相卨)의 연해주지역 독립운동", 『한
국독립운동사연구』, 29호 (한국독립운동사연구소, 2008); 오영섭, "이위종의
생애와 독립운동", 『한국독립운동사연구』, 29호 (한국독립운동사연구소,
2008); Б.Д. Пак, *Возмездие на Харбинском вокзале* (М.-И., 1999); В.В. Цой,
ЧХВЕ ДЖЭХЁГ-Цой Пётр Семёнович (Москва, 2000); он же, *ЧХВЕ ДЖЭХЁГ
-Цой Пётр Семёнович,* (дополненное) (Алматы, 2001); Ю.В. Ванин(под ре
д.), Б.Д. Пак(сост.), *Ли Бомджин* (Москва, 2002); Евгений Цой(сост.), Ми
н Гын Хо и его потомки в Казахстане (Алматы, 2003); Ю.В. Ванин(под
ред.), Б.Д. Пак(сост.), *Ким Пен Хва и колхоз (Полярная звезда)* (Москв
а, 2006) 등이 있다.
5) 4월참변은 일제가 1920년 4월 4일-5일 새벽에 걸쳐 블라디보스톡, 니콜스크-
우수리스크, 하바로프스크, 스파스코예, 포시에트, 수찬 등지에서 저지른
비인간적인 학살만행사건이다.

겨우 목숨을 건졌고, 마지막에는 최 파벨 또한 해군장교 신분이면서도 스탈린 정권의 무고한 탄압으로 1938년 10월 17일에 카자흐스탄에서 형장의 이슬로 사라져 갔다. 결과적으로 1917년 10월혁명 이후 러시아 내전기에 한인빨치산 투쟁에 참여하며 아버지 최재형의 항일정신을 계승해 나갔던 최 파벨은 스탈린 탄압에 의한 전형적인 한인 지식인 희생자의 한 예를 상징적으로 보여주었다. 또한 그의 형제자매 및 그 배우자들에게 가해진 혹독했던 탄압은 스탈린 탄압의 광기어린 불법성을 여실히 보여주었다."

하지만 필자의 선행연구에서는 최 파벨 한 개인보다는 가족구성원 전체의 가족사에 더 초점이 맞추어져 있었다. 또한 활용된 자료들은 최 파벨 직계가족들의 주관적인 기억에 의존해 작성된 '가족사 회상수기'가 중심을 이루었다. 그런 만큼 필자의 선행연구물에서는 최 파벨의 행적을 둘러 싼 시기와 죽음의 원인, 주변 상황 등을 밝혀내는데 있어서는 그 분량면에서도 지극히 한계가 있었다. 게다가 언급된 내용들 자체가 생존 가족들의 기억의 정확성이나 객관성의 담보 문제 측면에서 한계를 안고 있었음을 부인할 수 없다.

따라서 본 후속연구에서 필자는 최 파벨의 '가족사 회상수기'에 객관성과 공식성을 더 담보해 줄 수 있는 자료들을 활용했다. 이는 당시 소련 해군당국에 의해 생산된 최 파벨 관련 자료들로써 러시아국립해군기록보존소(Российский Государственный Архив Военно-морского Флота)에 소장되어 있는 노농붉은군대[6] 해군당국(13건 30쪽 분량)과 기타 관련당국(5건 13쪽 분량)에서 생산된 1차 사료들이다. 이는 필자의 선행연구에서 뿐만 아니라, 기존의 최 파벨 관련 연구에서 활용된 바가 없는 사료적 가치가 높은 자료들이다. 해당 자료들은 무엇보다 선행연구에서 활용된 '가족사 회상수기'에 실린 정보들을 객관적인

---

6) 노농붉은군대(РККА, Рабоче-Крестьянская Красная Армия, 1918-46): 약칭 '붉은군대'. 1946년 이후에 '소비에트 군대'(Советская Армия)로 개칭되었다.

측면에서 보완해 줄 수 있을 것이고, 특히 최 파벨의 해군 복무상황 및 죽음과 관련된 객관적이고 공식적인 상황정보들을 엿볼 수 있을 것으로 본다.

필자는 언급된 기록보존소 자료들을 주축으로 최 파벨의 행적과 죽음을 둘러 싼 역사적 사실관계와 정황들을 선행연구에서의 미시사적인 시각을 넘어 위로부터라는 거시적인 시각에서도 바라보고자 시도했다. 이를 통해 필자는 궁극적으로는 20세기 초 '빨치산투쟁-스탈린 탄압-숙청'으로 이어지는 최 파벨의 행적, 특히 죽음을 둘러싼 정황들을 재구성 및 재조명하고자 한다. 나아가 최 파벨이라는 한인 지식인 탄압의 실상 속에서 드러난 스탈린 정권의 전형적인 소수민족 탄압정책의 잔악성과 불법성의 한 단면을 부차적인 목적으로 설정하고 연구를 수행해 나가고자 한다.

본 후속연구의 선행연구와의 차별성은 언급했듯이 기존의 미활용 자료들을 이용하여 또 다른 시각에서 최 파벨의 행적과 죽음을 둘러싼 새로운 사실관계들을 재조명하고자 시도했다는 데에 있다. 무엇보다 새로운 사료의 등장은 역사 연구라는 측면에서 볼 때 가장 의미있고 가치있는 일이라 할 수 있다. 해군 장교였던 최 파벨의 경우처럼 1937년 강제이주 이전 시기의 소비에트 당국에 의해 생산된 자료 중 한인의 군복무 관련 기록은 결코 흔하지도 않고, 또 존재한다하더라도 찾아보기도 쉽지 않다. 이를 고려했을 때, 소비에트 당국에 의해 생산된 최 파벨 관련 기록보존소 자료들이 갖는 역사적 의미와 가치들(새로운 자료의 발굴과 제시 측면)은 결코 적지 않다고 할 것이다. 그런 측면에서 해당 후속연구와 활용된 자료들은 유사분야 연구와 연구자들에게도 적게 나마 기여할 수 있으리라 생각된다.

II. 해군군사학교 입학과 해군함대 생활

1. 빨치산 활동과 해군군사학교 입학

[그림 26] 최 파벨과 블라디보스톡 코뮨 동료들

출처: 러시아 연해주 우수리스크 고려인문화센터 내 4월참변 추모식 전시사진

　　최 파벨의 빨치산 행적과 관련해서는 적지 않은 자료들이 있을 것이나 본 절에서는 선행연구에서도 이미 다루고 있는 만큼 기록보존소 자료들에 기반 한 빨치산 행적들만을 언급하고자 한다.

　　최 파벨은 일찍이 유년·학창 시절부터 항일운동가 였던 아버지 최재형의 발자취를 따라갔다. 그의 항일의식은 이미 블라디보스톡 상업학교(Владивостокское городское коммерческое училище) 시절(1914-18)부터 마음 속에 자리잡아 가고 있었다. 특히 상업학교 내에서의 콤뮨(коммуна, 공동체) 활동은 그의 항일 의식이 성장해 나가는데 작은 사상적 기반이 되기도 했다. 1918년 가을, 이때는 백위파(белогвардеец)에 의해 극동지역이 점령되어 있던 시기였는데, 최 파벨은 학생조직에서 활동했다는 이유로 학교에서 제적되었다. 이어 그는 1919년 3월까지 니콜스크-우수리스크[7)에 있는 레알노예 학교(Реальное училище)를 다

넜는데, 이번에는 3·1시위에 참여했다는 이유로 제적되는 아픔을 겪기도 했다. 블라디보스톡 상업학교와 레알노예 학교를 다니는 동안 최 파벨은 동시에 연해주 한인학생동맹에서 일을 했다.[8] 이뿐만이 아니었다. 1918년 여름부터 그는 니콜스크-우수리스크역 철도교통 청년학생 및 노동자들과 관계를 맺었고, 신문 『골로스 우차쉬흐샤』(Голос учащихся, 학생의 목소리)를 '야노프미크'(Янофы Мик)라는 편집명으로 발간하기 시작했다. 또한 신문 『크라스노예 즈나먀』(Красное Знамя, 붉은기)의 비밀기자로 활동하기도 했다.[9] 이런 과정들은 최 파벨이 미래의 한인 빨치산이나 장교로서의 삶에 적지 않은 영향을 미쳤다.

1919년 봄, 최 파벨은 이제 학생이 아닌 완전한 한인 빨치산의 길을 걷기 시작했다. 1919년 5-8월 시기에 최 파벨은 대한국민의회(Корейский Национальный Совет)의 배정에 따라, 중국 지역의 분산된 한인 빨치산

[그림 27] 내전기 연해주에서 진지를 구축하고 있는 일본군의 모습, 1918

출처 : 러시아 하바로프스크 그로데코프 국립박물관

---

7) 현재의 '우수리스크'이다. 우수리스크는 с.Никольское(1866), г.Никольск(1898), г.Никольск-Уссурийск(1926), г.Ворошилов(1935), г.Уссурийск(1957-현재) 순으로 도시 명칭이 변경되어 왔다.

8) РГАВМФ, Ф.2192, Оп.2, Д.1696, Л.8. 「1935년 3월 5일자 작성된 붉은기발틱함대 주력함 〈마라트호〉 포병분과장 최성학의 자기소개서」. 이 행적은 최 파벨의 군복무시절에 작성된 자기소개서에 근거해 제시된 것이다.

9) 최 올가 페트로브나가 엘리자베타 야코블레브나에게 보낸 편지, 「Милая Елизавета Яковлевна!」(친애하는 엘리자베타 야코블레브나에게), 3쪽; Цой Ольга Петровна, указ. соч., с. 11. 이 행적 또한 어디까지나 최 파벨 가족의 회상수기에만 근거한 행적이며 사료비판이 필요함을 밝혀둔다.

부대들로 구성된 하얼빈의 에호한인부대(корейский национальный батальон)에서 빨치산 부대의 재조직과 관련해서 활동을 했다. 그 해 8월, 최 파벨은 백위파에 의해 체포되었다. 하지만 5명의 동료들과 함께 탈출을 했고, 이후 연해주 폴타프카 지구(Полтавский район)로 도망을 와 그곳에서 홍범도 관할의 한인 빨치산 부대에 입대했다. 그 부대에 있는 동안 최 파벨은 3차례 걸쳐서 백위파나 일본군 부대들에 대항한 전투에 참여를 했다.[10] 1920년 3월, 니콜스크-우수리스크에 레닌의 붉은군대와 빨치산 부대들이 입성했다. 당시 최 파벨은 콤소몰(전연방 레닌공산주의청년동맹, Всесоюзный Ленинский Коммунистический Союз Молодёжи) 조직을 결성하는데 참여하고 있었는데, 이때부터는 니콜스크-우수리스크 지구의 군지휘부(빨치산 혁명본부, Революционный штаб)에 의해 발간되는 신문 『나찰로』(начало, 시작)의 서기(세크리터리)로도 활동을 했다.[11]

[그림 28] '자유시참변' 발생지-스보보드느이(자유시) 수라쉐프카주변 "미하일-체스노코프스카야역"

출처 : 필자 촬영

1920년 4월 4일에서 5일로 넘어가는 새벽에 블라디보스톡과 니콜스크-우수리스크 일대에서 일본군의 동시다발적인 공격과 학살만행인 이른바 '4월참변'이 발생했다. 이 과정에서 최 파벨의 부친인 최재형과

---

10) РГАВМФ, Ф.2192, Оп.2, Д.1696, Л.8а. 「1935년 3월 5일자 작성된 붉은기발틱 함대 주력함 〈마라트호〉 포병분과장 최성학의 자기소개서」; ЦойВалентин Петрович(1), указ. соч., с. 26.

11) Там же, Л.8а; Там же, Л.11а. 「1937년 4월 10일자 레닌그라드에서 작성한 최성학의 자기소개서」.

그 일행이 체포되어 처형을 당했다. 한편 파벨이 속해있던 33보병연대 혼성중대는 일본군에 밀려 폴타프카역으로 후퇴를 했고, 그곳에서 다른 빨치산 부대들과 함께 제1아무르 독립여단(Ⅰ Амурская отдельная бригада)에 속해 있던 보스코보이니코프(Воскобойников)의 지휘를 받는 하나의 부대로 통합되었다. 최 파벨은 이 부대의 첩보분과 책임자로 임명되었다. 그 해 5월, 최 파벨의 부대는 다시 1개의 제1극동독립대대(Ⅰ Дальневосточный отдельный батальон)와 기병연대로 재조직되었고, 그는 제1극동독립대대의 부관으로 임명되었다. 그 후 최 파벨의 부대는 폴타프카 지구에서 아누치노 지구(Анучинский район)[12]로 이동했고, 그곳에서 다시 제1아무르독립여단(бригада)으로 편성되었다. 그 해 8월에 최 파벨은 코쿠쉬킨(Кокушкин) 휘하의 여단 군사위원회(Военный комитет)의 지시에 따라 중국과 연해주의 다양한 지역에서 이동해 온 무리들로 구성된 한인 빨치산 부대의 조직에 착수했고, 12월에는 이 한인 빨치산 부대로 넘어갔다.[13] 당시 최 파벨의 가족은 아버지가 없는 상황에서 끔찍한 가난과 굶주림에 허덕이고 있는 상황이었다. 비극적으로 남편을 떠나보낸 최 파벨의 어머니는 최 파벨만큼은 평범한 길을 걷기를 갈망했었으나 아들의 뜻을 꺾을 수는 없었다.[14] 최 파벨은 점점 더 깊게 빨치산 투쟁 속으로 빠져들어 갔다. 4월참변 이후 백위파 및 일본군의 기세는 다시 살아나고 있었고, 한인 빨치산 부대는 더 조심스럽게 투쟁을 이어 나갔다.

한편 최 파벨은 1921년 2월에 부대를 이끌고 극동공화국[15] 중앙위

---

12) 아르세녜프강 우안에 위치하고, 우수리스크에서 약 100km 정도 떨어진 연해주 남부의 산악지대.

13) Там же, Л.8а.; Там же, Л.11а.

14) 『고려일보』, 1993년 4월 17일, 토요일, 10면. 「Мёртвые и живые」(산 자와 죽은 자).

15) 극동공화국(Дальневосточная Республика, 1920.4.6-1922.11.15, 수도-치타): 일본의 야욕을 저지하기 위해 소비에트 당국에 의해 임시로 세워졌던 완

원회(Главком) 지시에 따라 연해주 스파스크 지구(Спаский район)에서 아무르주 스보보드느이(자유시, г.Свободный)에 도착했다. 그곳에 극동에서 활동하던 대부분의 한인 빨치산 부대들이 집결을 했다. 최 파벨의 부대 또한 이들 부대들과 더불어 특립사할린빨치산부대(Особо-Сахалинский партизанский отряд, 사할린의용대; '니항군대'에서 개칭)로 재편성되었다. 최 파벨은 재조직된 부대의 참모장 직무대리로 임명되었고, 부대가 해체될 때까지 직무대리로 활동을 했다.[16] 그러나 1921년 6월, 최 파벨이 속해있던 부대는 자유시참변(自由市慘變)[17]의 소용돌이에 휘말리게 되었다. 최 파벨이 속한 부대는 코민테른[18] 극동비서부(원동비서부, Дальневосточный Секретариат)에 의해 조직된 고려혁명군정의회 총사령관 칼란다라쉬빌리(부사령관 오하묵)의 무장해제 요구에 불응했고, 그 과정에서 총격전이 벌어져 무수히 많은 사상자가 발생했다. 사할린의용대는 무장해제가 되었고, 최 파벨을 포함하여 80명의 지휘관들이 불복종 선동죄로 체포되어 이르쿠츠크에 있는 감옥으로 이송되어 한동안 옥고를 치렀다. 최 파벨은 1935년에 해군장교 시절에 작성한 '자기소개서'에서 사할린의용대가 소비에트 적군의 지휘와 무장해제에 불응한 이유를 새로운 지휘부의 구성원 중에 과거 백위파 군대 출신의 장교들도 있었기 때문으로 기록하고 있다.[19] 기록보존소 자료에서 최 파벨이 지적한 무장해제 거부의 근본 원인을 그대로 받아들이기에는 무리가 있어 보인다. 당시 사건의 근본적인 원인은 한인무장독립군 세력의 재편성 과정에서 이르쿠츠크

충국가.

16) РГАВМФ, Ф.2192, Оп.2, Д.1696, Л.9, 11а.

17) 자유시참변은 1921년 6월 28일 러시아 스보보드느이(자유시)에서 독립군 무장세력 간의 군통수권 갈등 속에서 발발한 무장충돌 사건이다.

18) 코민테른(Коммунистический интернационал, 3-й Интернационал): 1919-43년 시기에 존재했던 국제적인 공산주의 통합조직.

19) РГАВМФ, Ф.2192, Оп.2, Д.1696, Л.9.

파 고려공산당과 상해파 고려공산당 간의 군권 주도권 다툼 속에서 찾아보는 게 더 타당한 측면이 있기 때문이다. 그러나 아마도 사상적 문제를 의식하여 원인을 백위파 세력에 돌린 것이 아닌가 하는 추측도 한편으로는 든다. 한민족 해외독립운동사의 최대 비극이었던 '자유시참변'의 여파로 체포되었던 최 파벨은 1922년 11월에 코민테른의 결정으로 혐의를 벗고 다행히 석방되었다. 석방 직후인 1922년 12월에 최 파벨은 아무르주에 인접한 치타(г.Чита)로 왔다. 그곳에서 그는 극동지방위원회(Далькрайком) 한인분과(Корсекция)의 지시로 네르친스크 지구(Нерчинский район)에서 노동조합장 자격으로 1923년 8월까지 활동을 했고, 이후 군사학교로 보내졌다. 당시 한인노동자동맹(Союз корейских рабочих)은 최 파벨의 희망에 따라 그를 혁명군사소비에트(Революционный военный совет)를 통해서 레닌그라드 프룬제 해군군사학교(Военно-морское училище им.Фрунзе)로 보냈던 것이다. 1923년 말, 최 파벨은 레닌그라드 프룬제 해군군사학교에 입학을 했고, 1924년 1월 30일에 해군군사학교의 생도로 등록이 되었다.[20] 소비에트 붉은군대 최초의 예비해군장교가 탄생되는 순간이다.

2. 최초의 한인 해군장교의 탄생과 군복무 생활

1926년, 최 파벨은 해군군사학교를 졸업했다. 러시아국립해군기록보존소 문헌에서 최 파벨의 군사학교 생도 시기 전체에 대한 자세한 기록은 찾아볼 수가 없다. 다만 이에 대한 정황은 최 파벨이 졸업하던 해인 1926년에 해군군사학교에서 발급된 '1926년도 해군군사학교 최 파벨 직무 예비지식평가서'[21]에서 살짝 엿볼 수 있다.

---

20) Там же.
21) РГАВМФ, Ф.2192, Оп.5, Д.4290, Л.5. 「1926년도 해군군사학교 최 파벨 직무 예비지식평가서」.

[그림 29] 1926년도 해군군사학교 최 파벨
직무 예비지식평가서

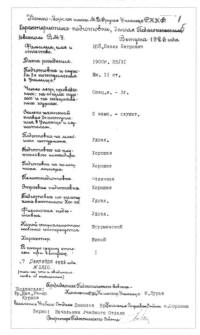

평가서에서 예비 해군장교 최 파벨은 우수한 평가를 받고 있다. 그는 해군군사학교 수학 기간에는 2차례의 항해를 통해 세계 문물을 접한 경험이 있는 데, 1924-25년 시기에 해군군사학교 생도신분으로 노르웨이와 스웨덴에서 개최된 해상 군행사에 참여한 바가 있다. 또한 1934년 에는 주력함 〈마라트호〉를 타고 폴란드의 그드이냐항을 다녀오는 등[22] 해외 항해교육훈련 경험을 포함하여 모든 분야에서 예비 간부로서 우수한 평가를 받고 있음을 엿볼 수 있다. 눈에 띄는 부분은 정치 예비지식에 대한 부분인데, 다른 분야에 비해서 특별히 고평가가 되어 있다. 이는 아마도 아버지(최재형)의 억울하고도 황망한 죽음과 죽음 이후의 아버지에 대한 소비에트 당국의 의외의 평가에서 자극을 받은 최 파벨이 정치 예비지식 분야에서 특별히 신경을 써 온 때문이 아닌가 생각해 본다. 즉 1922년 소비에트 건설 이전 시기에 아버지 최재형은 항일운동과 특히 지역사회 발전을 위한 사회활동을 통해 러시아 당국에 헌신했다. 그럼에도 불구하고 소비에트 당국은 아버지에게 부르주아 '꿀락'(부농, 지주)의 굴레를 씌웠고, 이러한 예상치 못한 이념적 평가는 한편으로는 아들인 최 파벨로 하여금 더욱더 정치적, 이념적 측면

---

22) РГАВМФ, Ф.2192, Оп.2, Д.1696, Л.9а.

에서 확고한 신뢰성있는 이미지를 지니도록 요구받지 않았나 생각해 본다.

한편, 이와는 달리 해군군사학교 졸업 이후의 최 파벨의 행적에 대해서는 기록보존소 자료에 비교적 자세하게 기록이 되어 있다. 1926년 10월 5일, 최 파벨은 해군군사학교를 졸업했고, 노농붉은해군(Рабоче-Крестьянский Красный Флот)[23]의 간부(지휘관) 자격을 부여받았다. 이어 그는 11월 1일자로 아무르함대 주력함(линейный корабль) 〈스베르들로프호〉의 당직사관(вахтенный командир)으로 임명되었다. 이후 1927년 11월부터 1928년 10월 기간 동안 최 파벨은 간부지휘능력 향상과정(Курсы усовершенствования командного состава) 포병분과 교육생 신분으로 간부특별과정을 이수했고, 1928년 11월부터는 카스피함대 포함(канонерская лодка) 〈레닌호〉의 포병분과장에 임명되어 근무했다. 또한 그는 1931년 5월부터는 카스피함대 참모부의 포병중대장직에, 그리고 1933년 11월부터는 붉은기발틱함대(КБФ) 주력함 〈마라트호〉의 포병분과장에 임명되었다.[24] 그는 이 기간 동안 승승장구 해군장교로서의 경험과 노하우를 축적해 나갔다. 최 파벨이 이후 탄압의 소용돌이에 점차 휩싸이게 됨을 감안했을 때, 언급된 시기들은 최 파벨의 군생활에서 가장 전성기였다고 할 수 있다.

최 파벨의 군복무 경력에 대해서는 필자에 의해 재정리된 최 파벨의 '연도별 주요 근무수행경력'[25] 사항을 통해서도 일목요연하게 확

23) 노농붉은해군(Рабоче-Крестьянский Красный Флот): 1946년 이후 소련방 해군(ВМФ)으로 개칭.

24) РГАВМФ, Ф.2192, Оп.2, Д.1696, Л.9,11а-12. 이전까지 최 파벨의 이력사항에 서는 이 시기(1933.11) 그의 직책명은 (붉은기)발틱함대 주력함 〈마라트호〉 의 '선임 포병중대장(старший артиллерист)'으로 나타나고 있다.

25) РГАВМФ, Ф.2192, Оп.2, Д.1696, Л.7,13. 「최 파벨의 노동붉은군대 연도별 근 무수행경력」. 최 파벨의 군복무 행적을 최대한 알리는 차원에서 가능한 시 기별 활동상황을 그대로 두었다.

인해 볼 수 있다.

[연도별 주요 근무수행경력]

	부대(근무지) 명칭	직위 명칭	등급/구분	지시(번호)
1924.2.8	프룬제 명칭 해군군사학교 등록 (입학)	수강생(생도)		해군군사학교№6
1926.11.1	아무르함대〈스베르들로프호〉 임명			579
1926.11.5	아무르함대〈스베르들로프호〉 도착	당직사관		720
1927.9.1	함대 지휘능력향상과정(КУКС)에 파견			383-1
1927.10.1	간부지휘능력향상과정을 위해 군사학교 도착	포병분과 수강생		172-1
1927.11.26	간부지휘능력향상과정	포병분과 수강생		
1928.10.1	간부지휘능력향상과정 이수			388
1928.10.2	카스피함대 포함〈레닌호〉에 도착			393
1928.10.13	카스피함대 포함〈레닌호〉	포병분과장		
1928.10.22	카스피함대 포함〈레닌호〉	포병분과장		440
1931.5.19	카스피함대 참모부	포병중대장		
1933.11.10	붉은기발틱함대 주력함 〈마라트호〉	포병분과장	9종	
1933.11.28	붉은기발틱함대 주력함 〈마라트호〉	선임 포병중대장		

항해 경력

연도	함대명칭	직책	일수(日數)		
			출항이동	정박	근무대기
원	순양함 〈오로라호〉	함대 근무자	4	14	21
본	함포 〈붉은기호〉	함대 근무자	10	9	5
훼	함포 〈마라트호〉	함대근무자	39	52	32
손	아무르함대 주력함 〈스베르들로프호〉	당직사관	-	-	-

최 파벨은 복무기간 동안 우수한 장교 자원으로서 인정을 받았다. 그는 모범적인 군복무생활과 정치능력, 그리고 함포사격 능력배양의 공로로 여러 차례 상을 받는 등 최초의 해군 한인장교로서의 자질을 키워나갔다. 한 예로, 1929년에 시행되었던 카스피함대 함포사격대회에서는 그는 금시계를 받았고, 1930년에도 1등상으로 리볼버 권총을 부상으로 받기도 했다.[26] 최 파벨이 우수한 장교 자원이었음은 1929년 12월과 1932년 11월에 작성된 최 파벨에 대한 군당국의 이하의 직무수행능력 사정평가서들에서도 잘 드러나고 있다. 우선 1929년도에 작성된 사정평가서에서는,

> "이것은 사정평가위원회의 최종결정으로 간주한다. 사정평가 대상자는 행정업무에서도 숙련되어 있으며, 업무상 지휘 능력이 있고 엄한(까다로운) 편이다. 최 파벨은 자존심이 강하고 완고함이 있다. 또한 그는 사격과 관련하여 선임들의 지시와 주의에 대해서는 조용히 받아들인다. 개인적인 성격적 결함들은 바른 지도 하에서 쉽게 수정될 수 있고, 향후 훌륭한 포지휘관이 될 수 있다고 본다. 그는 첫 해 함포사격 지휘에서 성공적인 모습을 보여주었고, 이러한 성공적인 모습들을 통해서 향후에 있을 경험들을 강화시켜 나갈 필요가 있다. 수행 중인 직무에 부합되며, 사정평가서를 승인한다."[27]

는 내용과 함께 제6종 중급간부(지휘관)에 포함시키라는 결정사항이 적혀있다. 1932년도에 작성된 사정평가서에서도,

> "최 파벨 동무는 카스피함대 참모부 포병중대장 의무를 2년 동안 수행해 오고 있다. 직무수행기간 동안 최 동무는 우수한 함포 근무 조직자로

---

26) РГАВМФ, Ф.2192, Оп.2, Д.1696, Л.9а.
27) РГАВМФ, Ф.2192, Оп.5, Д.4290, Л.12а. 「직무수행능력 사정평가서」.

서의 자질을 보여주었고, 또한 자신의 개인 학습과 다른 지휘관들이나 전문가들과의 끊임없는 교류를 통해서 함대의 함포준비능력을 상승시켜 놓았다. 그는 함포 동료들 사이에서 권위를 인정받고 있으며, 설명과 시범을 통해 교육(훈련)을 수행하고 있다. 또한 그는 함대 내에 함포사격 준비에 따른 체계를 마련해 놓았고, 모든 포훈련과 포사격에 대한 사전 준비체계를 주입시켜 놓았으며, 이러한 상황들을 전투원 개개인에게 까지 숙지시켜 놓았다. 그는 참모부 근무자로서 의심의 여지없이 성장하고 있다....(중략). 직책은 부합이 되고 있다. 주력함에서 어느 정도의 경력을 쌓은 이후에는 훌륭한 선임 포병중대장으로 활용될 수 있다."[28]

[그림 30] 아무르함대 주력함 〈스베르들로프호〉 근무 시절 최 파벨의 모습 /1926.11

라고 언급하며, 최 파벨의 군생활에 대해 긍정적인 평가가 언급되고 있다.

1923년 말에 해군군사학교에 입학한 이래 최 파벨은 인생 최고의 황금기를 달리고 있었다. 최 파벨은 이 시기를 거치며 공산당원 자격도 부여받았다. 1927년에 최 파벨은 전소련방공산당(볼쉐비키)(ВКП(б))[29]의 후보당원이 되었고, 1932년 5월에는 카스피함대 당위원회에 의해 전소련방공산당 당원으로 정식 승격되었다.[30] 이는 해군함대의 장교로서,

---

28) РГАВМФ, Ф.2192, Оп.5, Д.4290, Л.14-15. 「1931년 5월 20일부터 카스피함대 참모부 포병중대장직을 수행해 온 최성학에 대한 1932년도 사정평가증명서」.

29) 전소련방공산당(볼쉐비키)(Всесоюзная Коммунистическая партия(большевиков)): 1952년 소련방공산당(КПСС)으로 개칭.

그리고 이념성을 검증받은 공산당원으로서 주류사회의 한 일원이 되었다는 점에서 최 파벨에게는 적지 않은 의미를 가져다주는 계기가 되었다고 할 것이다.

그러나 1930년대 중반으로 접어들며 극동의 한인사회에는 점차 검은 먹구름이 드리워지기 시작했다. 스탈린의 광기가 시작되며 사회 곳곳에서 체포와 당(黨) 제명, 처형 등의 회오리가 불기 시작한 것이다.

Ⅲ. 스탈린 탄압과 최초의 한인 해군장교의 죽음

1. 기록보존소 자료 속에 나타난 최 파벨의 비극적인 죽음

최 파벨의 절정의 군복무 생활은 바램처럼 그리 오래 지속되지 못했다. 그 또한 1930년대 초중반을 거치며 점차 스탈린의 광기어린 소수민족 탄압정책의 회오리에 휘말리기 시작했던 것이다. 스탈린 정권은 내무인민위원부 3인위원회(Тройка НКВД)를 앞세워 수천명의 당 및 소비에트 근무자, 군인, 반체제 인사와 지식인들, 그리고 한인, 중국인, 폴란드인, 독일인 등에 대해 정식재판 절차없이 대대적인 숙청작업을 단행해 오고 있었다. 기록보존소 자료들에는 최 파벨의 군복무 기간이 흐를수록 당국의 최 파벨에 대한 입장은 점차 부정적인 측면으로 기울어 갔음이 감지되고 있다. 앞서 언급했던 1929년, 1932년도 직무수행능력 사정평가서들을 보면 눈에 띄는 평가 기록들이 있다.

우선, 1929년도 사정평가서에는, 주로 긍정적인 평가들 외에, "때로는 우둔한 측면이 있고, 자제력이 적다"[31]고 기록되어 있으며, 1932년도 사정평가서에서는,

---

30) РГАВМФ, Ф.2192, Оп.2, Д.1696, Л.9а,12.

31) РГАВМФ, Ф.2192, Оп.5, Д.4290, Л.12а.

"부하들을 다스릴 줄을 알고 있으나 급하고 쉽게 흥분하는 성격이 지휘권 수행에 방해가 되고 있기도 하고, 근무에 따른 올바른 상호관계를 항상 유지시켜 주고 있지는 못하다. 최(성학) 동무의 의욕은 많으나 감정적인 결함과 과도한 조급함으로 인해 정기적으로 본인의 근무 및 일상적인 측면들이 일그러뜨려지는 경향이 있다....(중략) 최 동무는 카스피함대 근무에 부담을 느끼고 있으며, 다른 함대로 전출을 희망하고 있다. 정치적인 측면에서 만족스런 학습능력을 갖고 있으나 특별한 적극성을 발휘하지 않고 있다. 최 동무는 퇴폐주의적 기분에 굴하는 성향이 있으며, 이로 인해서 급한 성격과 때로는 무기력증이 나타나고 있다. 성격상 최 동무는 급하고 때로는 자제력을 잃기도 한다."[32]

는 내용에서 부정적인 강도가 더 해가고 있음을 알 수 있다. 물론 그밖에 1933년에 붉은기발틱함대 당위원회에 의해 지나친 음주에 대해 질책을 받은 경우도 있고,[33] 1934, 1935년에는 〈마라트호〉에서도 질책을 받은 경력도 있다. 하지만 이 당시까지의 평가는 단순히 일반적으로 조직 내에서 진행될 수 있는 인사평가나 일반적으로 발생할 수도 있는 질책사유였다고 치부할 수도 있다. 무엇보다 이후 2년 여 동안을 더 해군 장교로서의 지위와 보직을 유지해 나갔기 때문이다.

최 파벨에게 스탈린 탄압의 불운한 기운이 직접적으로 불어닥치기 시작한 것은 1935년도 봄 무렵부터이다. 최 파벨은 2등대위 계급을 달고 내무인민위원부(НКВД)[34] 소속 기관에 의해 체포되었고, 1935년 12월 20일부터 1936년 12월 3일까지 사회적 출신을 속인 혐의로 크론

---

32) Там же, Л.14-15.

33) РГАВМФ, Ф.2192, Оп.2, Д.1696, Л.2-3а. 「1937년 4월 7일 작성된 최성학의 신상기록부」; там же, 9а,12.

34) 내무인민위원부(Народный Комиссариат Внутренних Дел): 인민위원부(Народный Комиссариат)는 현재의 부(министерство)에 해당.

쉬탓트(Кронштадт, 핀란드만의 군항)에서 심문을 받았다.[35] 이어 같은 해에는 아버지의 사회적 지위를 숨긴 죄, 즉 출신성분을 속였다는 명분으로 붉은기발틱함대 당위원회에 의해 전소련방공산당(볼쉐비키) 당원(1932-35) 자격에서 제명이 되었다.[36] 스탈린 정권의 억지와 허구가 드러나는 대목이 아닐 수 없다. 최 파벨의 아버지가 극동지역에서 항일투쟁에 헌신을 했고, 특히 사재를 털어서까지 시역사회의 발전에 기여했음은 무엇보다 소비에트 당국이 너무도 잘 알고 있는 사안이 었기 때문이다.[37] 자료에 드러난 기간과 내용을 통해서 볼 때 최 파벨은 전체적으로 1935년 12월-1937년 12월 3일 기간에 걸쳐 지리하게 조사를 받은 것으로 보인다. 그 과정에서 그는 소련방 혁명군사소비에트(Революционный военный совет) 지시(№225) 674조 'e'항에 의거하여 1936년 12월 경에 국방인민위원부(Народный комиссариат обороны) 지시(№01512)로 노농붉은해군에서 공식적으로 해임이 되었다(12월17일).[38] 해임과 더불어 예비 자원으로 분류가 되었으나 최 파벨은 여전히 군부의 목록에는 간부자격이 유지되고 있었다. 스탈린의 망령이 꿈틀대던 시대에 작은 사상적 결함은 곧 죽음과도 같은 것이었다. 불운은 여전히 진행 중이었고, 그의 앞에는 여전히 스탈린의 망령이 저승사자처럼 기다리고 있었다.

최 파벨의 해임은 불운의 연속선상에서 한 과정일 뿐이었다. 스탈린 탄압의 망령이 닥치는대로 숙청의 칼날을 들이대던 그 시절이었

---

35) РГАВМФ, Ф.2192, Оп.2, Д.1696, Л.2-3a.

36) Там же, Л.6-7a. 「1937년 4월 11일에 작성된 최성학에 대한 사정평가서」, 「최 파벨의 노농붉은군대 연도별 근무수행경력」, 「최성학의 신상기록부」.

37) 최 파벨 아버지(최재형)의 항일 및 사회활동에 대해서는 필자의 선행연구 ("생존자의 회상을 통해서 본 스탈린 탄압의 비극: 최초의 한인 해군장교, 최 파벨 페트로비치(최선학) 가족을 중심으로", 『재외한인연구』, 24호 (재외 한인학회, 2011)에서 확인해 볼 수 있다.

38) РГАВМФ, Ф.2192, Оп.2, Д.1696, Л.3a, 6a-7; там же, Л.13. 「최 파벨의 노농붉 은군대 연도별 근무수행경력」.

다. 벗어나기 힘든 강력한 미늘이 최 파벨의 몸속으로 계속 파고들기 시작한 것이다. 이러한 죽음의 그늘은 비단 최 파벨 1인에게만 드리워진 것이 아니었다. 이미 선행연구에서 밝힌바 대로 내전기인 1919년에 서시베리아 전투에서 사망한 큰 형 최 표트르와 중국에서 거주하고 있었던 큰 누나 최 베라 가족을 제외한 나머지 8명의 남은 형제자매들, 그리고 어머니의 운명 또한 서서히 스탈린의 서슬퍼런 탄압의 수레바퀴 속으로 빠져 들어가고 있었다.

소비에트 해군당국은 최 파벨의 해임에 만족하지 않았다. 그들은 최 파벨을 군부에서 완전히 제거해 내고자 끊임없이 구실을 만들어 나갔다. 2건의 기록보존소 문건 - '1937년 4월 11일 최 파벨 관련 사정평가위원회 조서록', '최성학 관련 사정평가위원회 결정' - 은 최 파벨이 완전히 군부에서 해직되는 순간의 상황을 자세히 보여주고 있다.

사정평가위원회는 조서록에서,

> "최 파벨을 간부직에서 완전히 해직시킬 것을 제안한다. 최 파벨은 이미 소련방 혁명군사소비에트(Революционный военный совет) 지시(№ 225) 674조 'e'항에 의거하여 1936년 국방인민위원부(НКО) 명령(№01512)으로 해직되었다(12월17일). 최 파벨은 함대에서 간부로서 활용될 수 없으며, 간부직에서 완전히 해직시켜야 한다"[39]

고 강하게 평가의견을 제시하고 있다.

이어지는 사정평가위원회 결정문에서는 최 파벨에 대한 징계사유를 구체적으로 적시하고 있다. 그 내용은 다음과 같다.

> "최성학(파벨 페트로비치)은 1935년에 전소련방공산당(볼쉐비키) 당원

---

39) Там же, Л.14. 「1937년 4월 11일 최성학 관련 사정평가위원회 조서록」.

[그림 31] 최 파벨 관련 사정평가위원회 조서록/1937

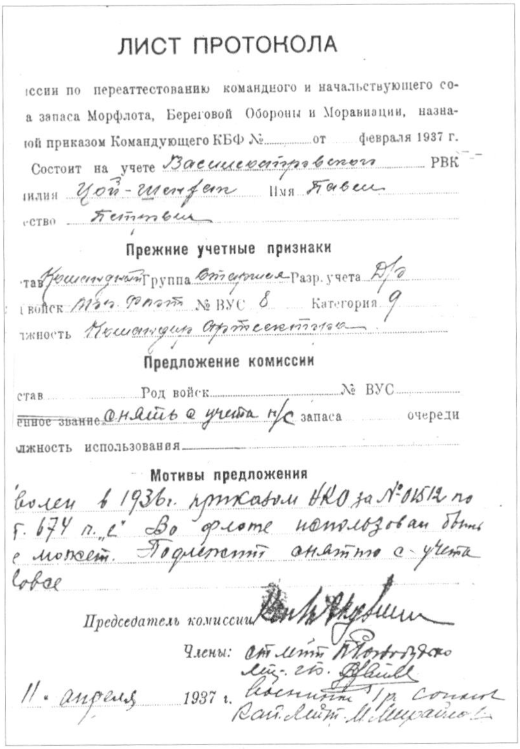

ЛИСТ ПРОТОКОЛА

...ссии по переаттестованию командного и начальствующего со-
...а запаса Морфлота, Береговой Обороны и Моравиации, назна-
...юй приказом Командующего КБФ №........ от ...... февраля 1937 г.

Состоит на учете Василеостровского РВК

...милия Цой-Шенфан Имя Павел

...ество Петрович

Прежние учетные признаки

...тав Командный Группа Старшая Разр. учета Д/о

...войск Мор. флот № ВУС 8 Категория 9

...лжность Командир артсектора

Предложение комиссии

...став........ Род войск........ № ВУС........

...енное звание снять с учета н/с запаса .... очереди

...лжность использования........

Мотивы предложения

...волен в 1936 г. приказом НКО за № 01512 по ...г. 674 п. „е" Во флоте использован быть не может. Подлежит снятию с учета совсе...

Председатель комиссии [signature]

Члены: ст. лейт. ...
лейт. ...
военинж. ...
вой. лейт. М. Михайлов

11 апреля 1937 г.

에서 제명이 되었다. 그의 아버지는 한인 대지주였고, 최성학 자신은 사할린 빨치산 부대 참모장 직을 수행하면서 러시아 국적의 한인들을 상해파 그룹에 끌어들였다. 사할린 빨치산 부대는 무장저항을 한 죄로 무장해제 되었고, 그 부대의 지휘관들과 최성학 자신은 재판을 받았다. 그는 이 모든 사실들을 숨겨왔으며, 따라서 그의 행위는 함대 내에서 정치적인 신뢰를 가져다 줄 수 없다."[40)]

사정평가위원회는 이상의 사유를 제시하며 최 파벨을 병역등록부

40) Там же, Л.16. 「최성학 관련 사정평가위원회 결정」.

[그림 32] 예비역 간부 최 파벨 관련 사정평가위원회 결정

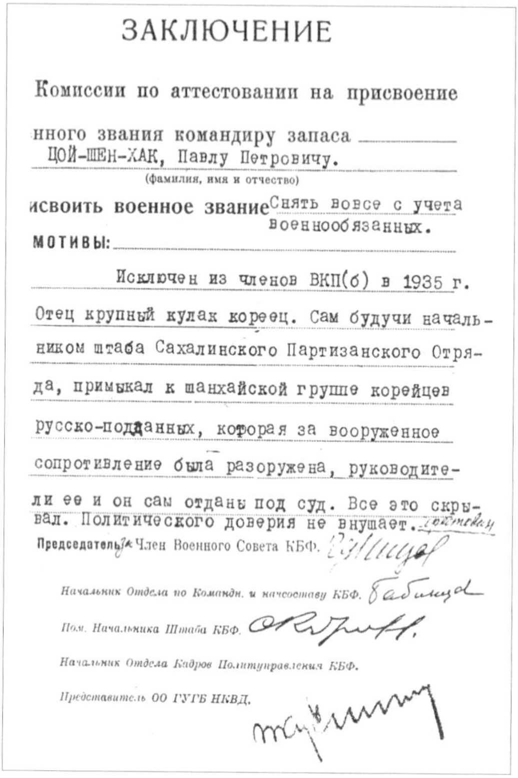

ЗАКЛЮЧЕНИЕ

Комиссии по аттестовании на присвоение

нного звания командиру запаса
ЦОЙ-ШЕН-ХАК, Павлу Петровичу.
(фамилия, имя и отчество)

исвоить военное звание Снять вовсе с учета военнообязанных.

МОТИВЫ:

Исключен из членов ВКП(б) в 1935 г. Отец крупный кулак кореец. Сам будучи начальником штаба Сахалинского Партизанского Отряда, примыкал к шанхайской группе корейцев русско-подданных, которая за вооруженное сопротивление была разоружена, руководители ее и он сам отданы под суд. Все это скрывал. Политического доверия не внушает.

Председатель Член Военного Совета КБФ.

Начальник Отдела по Командн. и начсоставу КБФ.

Пом. Начальника Штаба КБФ.

Начальник Отдела Кадров Политуправления КБФ.

Представитель ОО ГУГБ НКВД.

에서 아예 삭제 시킬 것을 최종결정했다. 최종결정문 서명에는 붉은기발틱함대 내 고위직 간부들(군사소비에트 위원/의장, 간부및지휘관분과장, 부참모장, 정치관리국 인사분과장)과 내무인민위원부 국가보안중앙관리국 특별분과장이 참여했다. 소비에트 중앙당국과 해군 당국이 한 명의 우수한 자원을 죽음으로 몰아넣기 위해 공모해서 빠져나올 수 없는 올가미를 만들어 낸 것이다. 내전기 극동에서 백위파와 일제에 대항한 빨치산 투쟁과 자유시참변의 연루 경력이 최 파벨을 죽음으로까지 몰고 간 것이다. 그렇게 스탈린과 그 권력자들은 허무맹랑한 구실을 내세워 누구든 숙청의 대상으로 삼았다. 그러나 이 모

든 것은 1937년의 한민족 중앙아
시아 강제이주에 앞선 전주곡에
불과했다.

[그림 33] 스탈린 탄압으로 조사를 받던
시기 최 파벨의 마지막 모습
/1937.4

소비에트 당국에 의해 1937년
4월 경에 군부에서 완전히 축출
된 후 최 파벨은 예비병력으로 분
류되었다. 하지만 그는 복직을 포
기하지 않았고, 모스크바에서 근
무하는 동료들의 지원을 받아 함
대 복직을 하고자 부단한 노력을
기울였다. 1937년 12월, 최 파벨은
가까스로 아랄해의 국영해운회사
(Госпароходство) 항구책임자 보조직에 임명되어 근무를 시작했다.[41)]
하지만 평온은 오래 이어지지 못했다. 이듬해인 1938년 6월, 최 파벨
은 다시 소비에트 당국에 의해 체포가 되었다. 그에게 적용된 형법은
러시아 소비에트 사회주의 연방공화국 형법(УК РСФСР) 58조 1a항이었
다. 결국 최 파벨은 1938년 10월 17일에 카자흐스탄 크즐오르다에서
총살을 당했다. 유사한 시기에 공교롭게도 카자흐공화국(ККСР) 내무
인민위원부의 내부 감옥에는 남동생 최 발렌틴이 수감되어 있었다.
동생 최 발렌틴은 동료 수감자들로부터 둘째 형인 최 파벨의 죽음에
얽힌 사연을 전해 듣게 되었다. 전해들은 이야기로는, "최 파벨은 심
문과정에서 심한 모욕과 폭행을 당했고, 그 과정에서 모욕을 참지 못
하고 의자로 조사관을 폭행했다. 이후 고문을 받은 후에 크즐오르다
로 압송되었고, 10월 17일에 총살을 당했다"고 한다.[42)] 당시 동생 최

---

41) 이병조, "생존자의 회상을 통해서 본 스탈린 탄압의 비극: 최초의 한인 해
군장교, 최 파벨 페트로비치(최선학) 가족을 중심으로", 『재외한인연구』, 24
호 (재외한인학회, 2011), pp. 162-163.

발렌틴도 소비에트 당국의 지리한 심문을 받았으나 끝까지 침착하게 유죄를 인정하지 않았고, 결국은 석방되어 나올 수 있다. 동생 최 발렌틴이 마지막까지 인내하며 심문을 견뎌내고 살아서 석방된 것과는 대조적인 안타까운 죽음이라 아니할 수 없다.

1937년을 전후로 스탈린의 대숙청 사업은 절정에 달했다. 한인(오늘날 고려인)들의 경우 강제이주 이후에도 곳곳에서 숙청 작업이 진행되었다. 가령 카자흐스탄 악츄빈스크 지역의 예를 보자. 해당 지역에서는 강제이주 이후 간첩이나 국가반역죄 등을 뒤집어 씌워 1938년 여름과 가을에만 115명의 한인들이 내무인민위원부에 의해 체포되었고, 이들 대부분이 최고형인 총살형에 처해졌다. 뿐만 아니라 그 정도 규모의 사람들이 체포되어갔으나 이후 돌아오지 못했다.[43] 이와 유사한 일들은 CIS 전역 곳곳에서 지금도 그 흔적을 확인할 수 있다. 탄압받은 한인들은 우선적으로 지도급인사들과 지식인들, 소비에트 열성 당원들, 노동자와 농민들 등 각계각층의 인물들이었다. 지식인 그룹에 있던 한인들은 그렇게 비운을 맞이했다. 당시 1937년을 전후하여 억울하게 탄압희생 된 한인 지식인들의 수는 2,500여명에 달했다고 한다.[44] 어느 한 명의 특정인물을 지칭하기에 그 규모는 너무도 컸다. 희생자들 모두가 한민족 공동체의 영향력있는 인사들이었고, 그들의 죽음의 여파는 한민족 공동체의 근간을 흔들어 놓을 정도로 실로 컸다.

2. 명예회복을 위한 살아남은 자의 노력

1937년 강제이주 이후 중앙아시아 한인들에 대한 규제는 1956년 말에 거의 해제 되었다. 1957년부터는 공식적으로 한인들이 자의적으로

---

42) Ibid., p. 163.
43) 『레닌의 기치』, 1990년 12월 29일, 4면. 「잊을수없는 추억」.
44) 박보리스, 부가이 니콜라이 지음, 김광한, 이백용 옮김, 『러시아에서의 140년간』(서울: 시대정신, 2004), pp. 313-314.

이주하는 것이 승인되었다. 이와 나란히 억울한 죽음에 대한 명예회
복과 복권을 위한 유가족들의 노력이 진행되어 나갔다. 최 파벨의 남
겨진 형제들(정확하게 표현하면 '스탈린 탄압에 구사일생으로 살아남
은 자'란 표현이 더 어울릴 것이다) 또한 그랬다. 최 파벨을 포함한 11
명의 형제들(4남 7녀)과 배우자들 중 많은 사람이 스탈린 탄압으로 죽
음을 맞았다. 살아남은 자는 남자 형제 중 최 파벨의 첫째 남동생인
최 발렌틴이 유일하고, 4명의 여자 형제들(최 소피야, 최 올가, 최 류
드밀라, 최 엘리자베타)이 체포와 심문에 겨우 살아남았다. 하지만 살
아남은 자들에게는 또 하나의 적지 않은 과제가 지워졌다.

1950년대 초 스탈린 사망 이후 최 파벨의 유일한 남자형제 생존자
인 최 발렌틴과 생존 여동생들은 비명횡사한 형제들의 명예회복을
위해 관계 기관과 접촉해 나갔다. 그 결과 남겨진 형제들은 카자흐

[그림 34] 최 파벨의 죽음과 관련 크즐오르다 주법원의 재심 결정서

```
                    К О П И Я

    КЗЫЛ-ОРДИНСКИЙ ОБЛАСТНОЙ   С У Д   КАЗАХСКОЙ   С С Р

      " I8 "  сентября 1957 г.    № 369   гор.Кзыл-Орда


                    С П Р А В К А

     Дело по обвинению ЦОЙ ШЕН-ХАК он же Павел Петрович-
    пересмотрено в Президиуме Кзыл-Ординского областного суда
    31 мая 1956 года.
       Решение быв.Особой Тройки УНКВД по Кзыл-Ординской
    области от 17 октября 1938 года в отношении ЦОЙ Шен-Хак
    он же Павел Петрович - о-т м е н е н о  и дело производст-
    вом прекращено.

         М.П.          ПРЕДСЕДАТЕЛЬ
    Кзыл-Ординский    КЗЫЛ-ОРДИНСКОГО ОБЛСУДА /подпись/ С.ЕЛЬШИБАЕВ
    Областной суд
    Министерства
    юстиции Казахс-
    кой ССР
```

소비에트 사회주의 공화국(오늘날 카자흐스탄) 크즐오르다 주법원으로부터 최 파벨을 죽음으로 몰고 간 소비에트 당국의 결정은 파기되었었고, 사건은 종결되었음을 알리는 증명서를 발급받았다. 내용은 다음과 같다:

> "증명서: 최성학(최 파벨 페트로비치) 혐의 사건은 1956년 5월 31일 크즐오르다(г.Кзыл-Орда) 주법원 간부회에서 재심이 되었다. 그 결과 최성학(최 파벨 페트로비치)과 관련한 1938년 10월 17일자 크즐오르다주 전(前) 내무인민위원부관리국 산하 특별3인위원회(Особая тройка УНКВД)의 결정은 파기가 되었으며, 사건은 종결 되었다."[45]

1990년대 초 소비에트 붕괴 이후 들어서도 남겨진 최 파벨 형제자매 가족들의 노력은 계속 이어졌다. 이 시기에는 이미 고령으로 사망했거나 고령의 부모 세대를 대신해서 최 파벨의 직계 유가족과 최 파벨의 조카들이 중심이 되어 탄압받은 부모와 그 형제들의 사인 규명과 명예회복을 위해 뛰어 다녔다. 1992년 2월 20일에 최 파벨의 아들 네온과 조카 최 발렌틴 발렌티노비치[46]가 최 파벨이 총살을 당한 도시인 크즐오르다(г.Кзыл-Орда) 주법원에 최 파벨의 죽음과 관련하여 청원서를 제출했고, 당월 3월 6일에 크즐오르다주 국가안보위원회관리국(Управление Комитета Государственной Безопасности)에 접수가 되었다.[47] 이후 국가안보위원회관리국은 답변을 통해 최 네온과 최 파

---

45) 카자흐 소비에트 사회주의 공화국 크즐오르다 주법원에서 발급한 최 파벨 페트로비치의 명예회복증명서, 1957년 9월 18일/№369.

46) 최 파벨의 조카로 유일한 생존 남동생(최 발렌틴 페트로비치)의 아들. 아버지 최 발렌틴과 동명이다.

47) 크즐오르다주 국가안보위원회관리국 부책임자 기텐코(А.Гитенко)가 최 파벨 페트로비치와 관련 최 네온 파블로비치에게 보낸 1992.3.11일자 답변서(№624).

벨 앞으로 다음과 같은 결과를 통보해 왔다:

　"최성학(파벨 페트로비치)은 1900년 11월 25일에 연해주 포시에트 지구
(Посьетский район, 현재 하산 지구)의 얀치헤(с.Янчихе, 연추)에서 출생
했습니다. 그는 체포 이전에 아랄스코예 모례(г.Аральское море)에서 거
주했으며, (해직 이후에) 국영해운회사(Госпароходство) 항구책임자 보
조직으로 근무했습니다. 그는 가정을 구성하고 있었고, 가족으로는 아내
(한 타티아나 안드레예브나; Хан Татьяна Андреевна), 딸(타야; Тая, 4
세), 아들(네온; Неон, 당시 3개월)을 두고 있었습니다. 당시 그의 가족은
모스크바(주소: 모스크바, 호홀로프스키 골목, d.13, kb.307)에서 거주 중이
었습니다. 최성학은 1938년 6월 13일에 체포가 되었는데, 그는 러시아 소
비에트사회주의 연방공화국 형법 58-1'a'항에 규정된 범죄행위에 대해 혐
의를 받았습니다. 그는 1938년 10월 17일, 크즐오르다주 내무인민위원부관
리국 산하 특별3인위원회(Особая тройка УНКВД)에 의해 법정최고형인
총살형을 선고받았고, 1938년 10월 26일에 크즐오르다에서 형이 집행되었
습니다."[48]

　최 파벨의 죽음에 대한 정황 외에 국가안보위원회관리국의 답변
서에는 계속해서 다음과 같은 내용이 실려 있다:

　"유감스럽게도 기록보존소에는 당시 탄압희생자들의 매장지에 관한
자료들이 존재하지 않고, 이로 인해서 귀하의 부친의 매장지(위치)에 대
해 알리는 것은 불가능한 상황입니다. 귀하의 청원서에 근거해서 판단해
볼 때, 이전에 귀하께서 부친의 죽음에 대해 받은 정보들은 왜곡된 부분
이 있었습니다. 따라서 금년 3월 2일에 국가안보위원회관리국은 호적등

---

48) Ibid.

[그림 35] 1957년, 1992년도에 발급받은 최 파벨 사망증명서

출처: 최 발렌틴 발렌티노비치 제공; 최재형의 손자, 즉 최재형의 생존 아들인 3남
　　최 발렌틴 페트로비치의 아들

록소(Запись актов гражданского состояния) 아랄분과로 귀하 부친의
실제적인 죽음의 원인과 시간과 관련해서 사망기록부의 내용을 수정하도
록 통보를 보냈습니다. 아울러 부친의 새로운 사망증명서를 최 네온 파블
로비치 앞으로 발송해 달라는 부탁을 호적등록소에 통보해 두었습니다.
이에 덧붙여서 국가안보위원회관리국은 재심을 위해 최성학(파벨 페트로
비치) 관련한 기록보존소 자료들을 크즐오르다주 검사국에 보냈으며, 검
사국을 통해 부친의 명예회복 증명서가 귀하에게 송달이 될 것임을 알리
는 바입니다. 귀하 부친의 비극적인 죽음에 대한 소식을 전하면서, 한편
으로 부친의 불의의 죽음과 관련하여 진심 어린 위로를 표하는 바입니
다.″49)

---

49) Ibid.

최 파벨의 죽음 이후 약 80년의 시간이 지났다. 역사는 언제나 후대에 의해 회자되고 평가 속에 그 위치를 자리잡아 간다. 최 파벨은 스탈린 체제의 비인도주의적이고 반인륜적인 정치 테러에 의한 한 명의 희생자일 뿐이다. 무수히 많은 사람들이 허망하게 죽음을 당했고, 이는 비

[그림 36] 1934년경 형제들과 함께하고 있는 최파벨의 모습; 좌측부터 최소피아(여동생), 최발렌틴(남동생), 최올가(여동생), 최파벨

출처 : 러시아 연해주 우수리스크 고려인문화센터 내 4월참변 추모식 전시사진

단 민족을 구분하지 않았다. 크즐오르다주 국가안보위원회관리국은 답변서에서 공권력에 의한 정치적 만행에 대해 국가적 입장에서 유감과 위로를 전하고 있다. 고인의 명예를 뒤늦게나마 바로 잡아주었다는 점에서 적지 않은 의미가 있겠으나 스탈린의 광기와 탄압으로 입은 상처와 아픔은 여전히 후손들의 가슴 속에서 사라지지 않고 있다.

최 파벨 집안의 유일한 남자 생존자였던 남동생 최 발렌틴은 숨을 거두는 순간까지 스탈린 시대의 잔인한 기억들을 간직하고 살아왔다. 지금은 고인이 된 그는 한 언론과의 인터뷰에서 고통스럽게 가족의 비극사와 시대의 고통을 다음과 같이 전한 바 있다.

"기억으로부터 벗어난다는 것은 저에게 무척 어려운 일입니다...모든 것을 제거해버리던 시대였습니다. 저의 식구들 중에서 단지 여자 형제들인 올랴(Оля), 리자(Лиза), 밀라(Мила), 소냐(Соня), 그리고 저만 탄압 속에서 살아남을 수 있었습니다...저 또한 체포되어 콘베이어 방식으로 심문을 당했습니다. 즉 9시부터 18시까지, 그리고 21시부터 아침 7시까지 끊임없이 심문을 가했습니다. 18시에서 21시 사이에는 잠자는 것조차 허용

되지 않았습니다...심문 기간 동안에 우리는 항상 감시를 당했습니다. 저는 아무 것도, 조국에 대한 어떠한 배신행위에 대해서도 인정하지 않았고, 어떠한 서류에도 서명하지 않았습니다. 하지만 많은 사람들이 고문으로 죽어나갔습니다....아마도 무죄에 대한 저의 확고한 믿음이 저를 구한 것 같습니다. 사실상 소비에트 형법 58조 1항에 따라 당시 저는 총살을 당할 수밖에 없는 상황이었습니다."[50]

죽음의 문턱에서 살아남은 자의 정신적 트라우마(trauma, 정신적 외상 후 스트레스 장애)는 쉽게 치유되지 않는다. 동생 최 발렌틴은 평생을 스탈린 시대의 망령에서 온전히 벗어나 살아오지를 못했다. 그럼에도 그는 최 파벨의 후손이나 생존 형제들과 함께 관계기관을 접촉하며 억울한 죽음을 당한 가족들의 복권과 명예회복을 위해 마지막까지 최선을 다하며 살았다. 그렇게 하는 것이 살아남은 자로서의 의무라고 생각했기 때문이다. 스탈린 탄압으로 비명횡사한 무수한 한인들의 명예회복과 복권은 사실상 해빙기인 1980년대 후반부터 이미 진행되었다. 실례로 1989년 1월 5일자 〈1930-40년대 및 1950년대 초 탄압희생자들의 복권에 관한 소련공산당 중앙위원회의 결정〉과 1989년 1월 16일자 소련방 최고소비에트의 결정을 실현하는 과정에서 카자흐스탄 악츄빈스크주 검사국은 국가안보위원회관리국과 협동으로 4,210명에 대한 3,419건의 형사사건을 재심의 했고, 이중 95%의 한인들이 명예회복이 되었다.[51] 한인들의 명예회복 문제는 1990년대에 들어 더 확고하게 법적으로 규정되었다.

---

50) 『고려일보』, 1993년 4월 17일, 토요일, 10면. 「Мёртвые и живые」(산 자와 죽은 자).
51) 『레닌의 기치』, 1990년 12월 29일, 4면. 「잊을수없는 추억」.

V. 맺음말

이상으로 러시아국립해군기록보존소에 소장되어 있는 최 파벨 관련 원자료들을 중심으로 최 파벨의 죽음에 이르기까지의 정황과 그 과정에서 드러난 스탈린 정권의 광기어린 반인륜적, 비인도적인 행위들에 대해서 살펴보았다.

본 논문의 우선적 가치는 무엇보다도 소비에트 초기 최초의 한인 장교의 군복무 활동을 엿볼 수 있는 기존의 미활용 자료가 이용 및 소개되었다는데 있다. 나아가 선행연구에서 다루어 졌던 '가족사 회상수기' 중심의 아래로부터의 미시사적인 연구 외에, 소비에트 정권 차원에서 생산된 자료를 통해 위로부터의 역사보기가 시도되었다는 점이다. 필자는 이러한 역사보기를 통해 최 파벨이라는 인물의 군복무 활동 행적을 집중적으로 추적해 보았고, 이를 통해 그의 죽음과 관련된 역사적 단편-퍼즐을 맞추어 보았다.

제2장에서 드러난 최 파벨의 빨치산 활동의 경우 최 파벨 본인이 작성한 자기소개서를 중심으로 내용이 소개가 되었다. 그런 만큼 선행연구에서 활용된, 형제들이 중심이 되어 작성된 '가족사 회상수기'에 언급된 활동들과 비교해서 좀 더 상세하고, 무엇보다 사실관계에 있어서 더 정확성이 있다고 할 수가 있다. 특히 자기소개서에서 최 파벨은 '자유시참변'의 충돌원인을 언급하는 대목에서, 최 파벨이 아버지의 사회적 신분을 고려하여 얼마나 사상적 문제에 각별히 주의를 기울이며 생활해 나갔는지를 엿볼 수 있었다.

제3장에서는 러시아국립해군기록보존소의 자료들을 통해 선행연구의 '가족사 회상수기'에서는 찾아볼 수 없었던 최 파벨의 군복무활동 행적이 비교적 자세하게 다루어 졌다. 본문에서 언급한 바대로 해군 당국은 최 파벨에 대해서 이른 시기부터 두 가지의 시선을 갖고

바라보고 있었던 것으로 보인다. 물론 이는 단순한 인사근무평가일 수도 있다. 하지만 1930년대 들어 체포와 숙청의 구실을 찾기에 혈안이 되어 있던 스탈린 추종자들에게 최 파벨은 한 마리의 순한 먹잇감이 될 수밖에 없었다. 사정평가서에서 공통적으로 반복되는 구절 중의 하나가 최 파벨의 '급한 성격'에 대한 언급부분이다. 선행연구에서도 일찍이 최 파벨이 의협심과 정의심이 강하면서도 한편으로는 급한 성격의 다혈질적인 성향이 있음이 언급된 바 있다. 이는 최 파벨의 생존 남동생 최 발렌틴의 경우와 대비되는 측면이기도 했다. 최 발렌틴은 소비에트 당국의 모진 심문에도 극도의 침착함을 유지하며 최종적으로 석방이 되었기 때문이다. 최 파벨의 여동생 최 올가는 그런 최 발렌틴을 두고, "남동생 최 발렌틴이 삶에 불평을 하는 적이 결코 없었고, 본인의 황금같은 성격, 즉 놀랍도록 차분하고 강한 인내심 덕분에 결국은 죽음으로부터 살아남을 수 있었다"[52]고 회고했다. 최 발렌틴은 최 파벨이 심문과정에서 조사관을 폭행했고, 그러한 행위가 오히려 죽음을 더 가속화시킨 것이 아니가 하는 아쉬움을 비친 적도 있다. 하지만 이 모든 것은 단지 식구들의 안타까운 마음일 뿐 최 파벨 숙청의 근본원인과는 전혀 거리가 멀다고 하겠다. 자신의 측근조차도 종국에는 신뢰하지 않았던 스탈린의 광기가 이미 소련 전역을 휘돌고 있던 시기였다는 것에 더 원인을 찾는 것이 옳을 것이다. 최 파벨의 죽음은 명백한 탄압의 결과물이며 살인이다. 최 파벨이라는 지식인 1인의 탄압 사례를 통해 얼마나 무수한 사람들이 황당하고도 허망하게 비명횡사를 겪었을지 가히 짐작이 가고도 남는다.

한편, 1993년 4월 1일에 러시아연방 최고회의에 의해 불법적으로 탄압당한 한인들의 역사적 공정성과 명예회복을 목적으로 한 「러시아 한인(고려인) 명예회복에 관한 러시아연방 최고회의 결정」이 최종

---

52) 이병조, op. cit., p. 152.

승인되었다. 그러나 이러한 명예회복에 관한 법적인 결정으로 모든 문제가 해결된 것은 아니었다. 특별한 명예회복 및 복권문서(증명서)를 교부받는 데에는 많은 절차상의 어려움이 뒤따랐다. 강제이주 문서들이 훼손되어 있거나 탄압당한 피해자에 대한 또 다른 형태의 탄압이 가해짐에 따라 당국의 행정처리에 많은 비난이 야기되기도 했다. 희생자 가족들은 관련 서류제출을 위해 또다시 동분서주해야 했으며 많은 시간과 비용을 소모해야 했다. 그럼에도 1993년 4월 1일에 승인된 「러시아 고려인의 명예회복에 관한 러시아연방 최고회의 결정」은 러시아연방이라는 새로운 환경 속에서 한인들의 삶에 엄청난 영향과 변화를 가져다주었다. 이 결정은 러시아연방 전체 민족들에 대한 명예와 정의를 회복시키고, 소수민족들의 민족문화를 부흥시킬 수 있는 법적근거를 제시해 주었으며, 또 다른삶을 형태를 열어주는 기폭제가 되었기 때문이다.

끝으로, 기록보존소 자료들을 통해 최 파벨의 군복무활동을 살펴본 것은 매우 의미있는 시간이었다. 최 파벨에 대한 연구는 계속 지속될 필요성이 있으며, 차후에도 최 파벨과 관련되거나 유사한 사례의 새로운 자료가 더 발굴이 될 수 있기를 기대한다. 또한 현재에도 최 파벨을 포함한 4남 7녀의 가장이자 극동지역 항일운동의 대부였던 최재형과 본 논문의 주인공인 최 파벨, 그리고 탄압받은 그 형제들과 배우자들에 대한 연구를 계속해 나가고 있는 최 파벨 집안의 모든 분들에게 본 논문이 조금이나마 도움이 되었으면 하는 바램이다.

[참고문헌]

1차 자료

러시아국립해군기록보존소(РГАВМФ, Российский Государственный Архив Во
енно-морского Флота)

ф.2192, оп.5, д.4290, л.3,3а,4,4а. 「최 파벨 근무 및 신상기록부」; л.5. 「1926년도
해군군사학교 최 파벨 직무 예비지식평가서」; л.12а. 「직무수행능력사
정평가서」; л.14-15. 「1931년 5월 20일부터 카스피함대 참모부 포병 중
대장직을 수행해 온 최성학에 대한 1932년도 사정평가증명서」.

ф.2192, оп.2, д.1696, л.2,2а,3,3а. 「1937년 4월 7일 작성된 최성학의 신상기록부」;
л.6,6а. 「1937년 4월 11일에 작성된 최성학에 대한 사정평가서」; л.7.
「최 파벨의 노농붉은군대 연도별 근무수행경력」; л.7а. 「최성학의 신상
기록부」; л.8,8а,9,9а. 「1935년 3월 5일자 작성된 붉은기발틱함대 주력함
〈마라트호〉 포병분과장 최성학의 자기소개서」; л.11,11а,12. 「1937년 4월
10일자 레닌그라드에서 작성한 최성학의 자기소개서」; л.13.

최 파벨의 노농붉은군대 연도별 근무수행경력」; л.13а. 「최 파벨의 신상기록부」;
л.14. 「1937년 4월 11일 최성학 관련 사정평가위원회 조서록」; л.16. 「최
성학 관련 사정평가위원회 결정」.

최재형 '가족사 회상수기': 서신, 회상수기, 전기, 연표 등
최 표트르 세묘노비치(재형) 후손계보도, [Генеалогия потомков ЦойП.С.],
1990.12.
최 올가 페트로브나가 엘리자베타 야코블레브나에게 보낸 편지,「Милая Елиза
вета Яковлевна!」.
크즐오르다주 국가안보위원회관리국 부책임자 기텐코(А.Гитенко)가 최 파벨
페트로비치와 관련 최 네온 파블로비치에게 보낸 1992.3.11일자 답변서
(№624).
Цой, Валентин Петрович(1), [Что помню и узнал об отце], 1990-94.
Цой, Валентин Петрович(2), [Кратко о себе и о нашей семье], 1990.6, г.Алма-
Ата.

Цой, Валентин Петрович, [Хронология жизни Цой Петра Семёновича-Зя Хе на, 1860-1920], 1992.3.

Цой, Валентин Петрович, ЦойЕлизавета Петровна, [Краткая биография Цой Петра Семёновича-Зя Хена], 1990.2, Алма-Ата.

Цой, Ольга Петровна, [Моя жизнь], 1990.1.10, г.Москва.

Цой, София Петровна, ЦойОльга Петровна, [Биография Цой Шен Хак-Павел Петровича], 1961.5.

〈기타 자료〉

『고려일보』, 1993년 4월 17일, 토요일, 10-11면. 「Мёртвые и живые」.

『레닌의 기치』, 1990년 12월 29일, 4면. 「잊을수없는 추억」.

2차 자료

국가보훈처. 『국외독립운동사적지 실태조사보고서 2000-2001년도』. 2001.

박보리스, 부가이 니콜라이 지음(김광한, 이백용 옮김). 『러시아에서의 140년간』. 시대정신, 2004.

박 환. 『대륙으로 간 혁명가들: 만주와 시베리아의 무장독립운동가들』. 국학 자료원, 2003.

_____. 『시베리아 한인민족운동의 대부-최재형』. 역사공간, 2008.

반병률. "4월참변 당시 희생된 한인애국지사들-최재형, 김이직, 엄주필, 황경 섭." 「역사문화연구」, 26집. 역사문화연구소, 2007.

_____. "안중근(安重根)과 최재형(崔在亨)." 「역사문화연구」, 제33집. 역사문화 연구소, 2009.

박민영. "국치전후 이상설(李相卨)의 연해주지역 독립운동." 「한국독립운동사 연구」, 29호. 한국독립운동사연구소, 2008.

윤병석. "러시아 연해주(沿海州)에서 한국민족운동(韓國民族運動)의 동향(動 向)." 「한국독립운동사연구」 제7집. 한국독립운동사연구소, 1993.

이병조. "생존자의 회상을 통해서 본 스탈린 탄압의 비극: 최초의 한인 해군장 교, 최 파벨 페트로비치(최선학) 가족을 중심으로." 「재외한인연구」, 24 호. 2011.

이정은. "최재형(崔才亨)의 생애(生涯)와 독립운동(獨立運動)." 「한국독립운동사연구』 제10집. 한국독립운동사연구소, 1996.

_____. "3·1운동을 전후한 연해주 한인사회의 독립운동."「한국독립운동사연구』제11집, 한국독립운동사연구소, 1997.

정제우. "연해주(沿海州) 이범윤(李範允) 의병(義兵)."「한국독립운동사연구」,11호. 한국독립운동사연구소, 1997.

https://search.i815.or.kr/Degae/DegaeView.jsp?nid=1746 (검색일: 2011.4.14.;『1920년대 전반 만주·러시아지역 항일무장투쟁』, 독립기념관 '한국독립운동의 역사' 시리즈).

Ким Сын Хва. Очерки по истории советских корейцев. Алма-Ата: Наука, 1965.

Пак, Б. Д. Освободительная борьба народа накануне первой мировой войны. Москва: Наука, 1967.

Хан-Фимина, В. А. Корейский Интернационалист Хан Мен Ше(Се) и Его Семья. Москва, 2001.

Цой, Брони(под ред.). Энциклопедия Корейцев России: 140 лет в России. Москва, 2003.

Цой, В. В. ЧХВЕ ДЖЭХЁН-Цой Пётр Семёнович. Алматы, 2000.

Цой, В. В. ЧХВЕ ДЖЭХЁН-Цой Пётр Семёнович(дополненное). Алматы, 2001.

ABSTRACT

The Death of the First Korean Naval Officer in the Soviet Union(Choi Pavel Petrovich) and the Tragedy of Stalin's Terror through the Data from the Russian State Naval Archive

This study is a succession of the preceding study related to Choi Pavel Petrovich(Seon-Hak Choi), the first Korean Naval Officer in the Soviet Union. The ultimate aim of this study is to reconstruct and reconsider the record of performances of Choi Pavel which, in the early 20th century, passed through the following phases : "Partisan struggle-Stalin's terror-Purge" and especially the circumstances surrounding his death. Furthermore, this study was conducted to collaterally look into a cross section of cruelty and illegality of Stalin government's typical repressive measure to minorities which was revealed among the reality of oppression to a Korean intellectual named Choi Pavel. For these purposes, on the basis of the data from the Russian State Naval Archive related to Choi Pavel, the present writer viewed his record of performances and historical facts and circumstances associated with his death not only from microscopic perspective but also in a broad one that starts from the top.

Choi Pavel, the first Korean naval officer in the Soviet Union, was the second son of Jae-Hyung Choi(Choi Petr Semenovich) who was godfather of anti-Japanese movement in the Far East. Having had the experience taking part in the anti-Japanese partisan struggle, he was commissioned a naval officer to thread among the sea as a crew member of the fleet. In the process, Choi

Pavel furthered his career demonstrating his excellency and capability as an officer. However, he was also one of those who failed to avoid the insanity of Stalin's oppression of minorities which was brought about since early 1930s. The authorities of the Soviet Union always viewed Choi Pavel in two different ways. In 1935, the authorities arrested and interrogated him after expelling him from the Communist Party. Naval authorities questioned Choi Pavel's personality and gift as an officer in addition to the class his father, Jae-Hyung Choi, belonged to in the past. Arrests and interrogations were repeated, and finally in 1938, he was shot in Kzyl-Orda. Choi Pavel's death bears witness to a cross section of cruelty and illegality of Stalin government's typical repressive measure to minorities.

From the mid-1950s, bereaved families entered upon retrials to restore the honors of the victims of Stalin's oppression and their reinstatements. "The Decision of the Russian Supreme Council on Rehabilitations of Goryeoins in Russia" was approved in April, 1993, and it brought a huge change to lives of Goryeoins residing in Russia. Choi Pavel's honor was also restored thanks to his surviving brothers. This study can be said to have the largest significance and investigative value in the fact that existing unused primary historical materials are introduced and circumstances of Choi Pavel's performances and death are observed and revealed from a new perspective through the materials.

제3부

고려인의 전통문화와 삶

1장 독립국가연합(CIS) 고려인의 전통문화유산에 대한 인식과 전승실태 *

– 중앙아시아·러시아의 고려인 무형문화유산을 중심으로 –

Ⅰ. 머리말

본 연구의 주요 목적은 독립국가연합(과거 소련지역) 고려인의 무형문화유산에 대한 실태를 조사하고, 무형문화유산에 대한 고려인의 인식을 살펴보는데 있다. 또한 그 과정에서 고려인의 독립국가연합 정주 상황과 포괄적인 역사문화자원의 소장상황에 대해 살펴보고, 나아가 고려인의 역사문화자원에 대한 포괄적인 이해를 돕는데 부차적인 목적을 두고 있다.

최근 고려인, 조선족, 재일 및 재미코리안 등의 재외한인 디아스포라 연구에서 자주 등장하는 용어 중의 하나가 '트랜스내셔널/transnational', '트랜스내셔널리즘/transnationalism)이다. 이 용어들은 각각 '초국적, 초국가적', '초국가주의'로 번역해 볼 수 있겠고, 의미상으로는 '한 국가의 영토 내에서, 해당 국가의 정신적, 물리적 영역을 초월하여 발생하는 상황'이나, 혹은 '한 국가의 영토와 국경을 넘어 타국을 중심으로 형성되는 상황'으로 이해할 수 있다. 후자의 개념에 가장 부합되는 대상은 단연 중국 조선족 디아스포라라고 할 수 있다. 오늘날 중국 조선족 디아스포라는 한국(44만여명, 2009년 기준), 일본(5-6만명), 북미(8만여명), 러시아(2-3만명)[1] 등지로 초국가적인 이주를 통해 세계

---

1) 박광성. 2010. "초국적인 인구이동과 중국조선족의 글로벌 네트워크." 『재

각국에 집거지들을 형성하고 있다.[2) 약 150년의 역사를 갖고 있는 독립국가연합 고려인의 규모가 이미 45-50만 명 규모임을 감안해 볼 때, 한국 내 조선족의 규모와 점차 증대되는 중요성에 대해서는 굳이 논할 필요가 없다 하겠다.

조선족에 견줄 바는 아니지만 독립국가연합 고려인의 한국을 포함한 초국가적인 해외 진출 또한 꾸준히 증대되어가고 있다. 특히 중앙아시아 지역 고려인의 이동현상이 두드러지고 있다. 물론 고려인의 이주규모나 특히 국적취득과 정착문제 등에 있어서는 조선족의 경우와 성격이 사뭇 다르다. 하지만 2007년 하반기부터 방문취업비자(H-2), 그리고 결혼이주나 유학 등 중앙아시아 고려인 청장년층의 한국진출이 점차 증대되고 있는 만큼 다문화다민족 사회로 나아가며 통일한국을 지향하고 있는 우리에게 있어서 고려인들의 역할 또한 점차 커

외한인연구』제21호: 362. 현재 한국 내 중국 조선족의 규모는 제시된 수치보다 더 많이 들어와 있을 것으로 본다.

2) 독립국가연합 고려인과 중국 조선족을 포함한 재외한인 디아스포라의 초국가적 이동상황과 그에 수반된 문제점들을 다루는 최근의 저술물들로는 다음과 같다: 임채완. 2008. "지구화시대 디아스포라의 초국가적 활동과 모국 : 동남아 화인과 중국조선족에 대한 비교연구." 『國際政治論叢』48-1집; 안병삼. 2009. "초국가적 이동현상에 따른 중국 조선족의 가족해체 연구." 『한국동북아논총』제14권 제3호 통권52집: 153-177; 박광성. 2010. "초국적인 인구이동과 중국조선족의 글로벌 네트워크." 『재외한인연구』제21호; 357-374; 임채완. 2010. "동북아공동체 구축가능성과 디아스포라의 역할 : 디아스포라 공동체 형성을 중심으로." 『국제문제연구』제10권 제3호 통권39호. 국가안보전략연구소: 1-39; 이채문. 2010. "중앙아시아의 이산민족과 초국가주의 고려인과 아흐스카 튀르크인의 비교." 『한국동북아논총』제15권 제2호 통권55집, 한국동북아학회: 245-272; 윤인진·박상수·최원오. 2010. 『동북아의 이주와 초국가적 공간』. 서울:아연출판부; 윤인진. 2008. "Korean diaspora and transnationalism : the experience of Korean Chinese." 『문화역사지리』제20권 제1호 통권34호. 한국문화역사지리학회: 1-18; 임영언. 2011. "초국가시대 세계 디아스포라 민족공동체의 변화양상에 관한 고찰." 『한국동북아논총』제16권 제2호 통권59집. 한국동북아학회: 231-261 등이 있다.

지고 있는 것이 사실이다.

고려인 디아스포라의 이주개척사는 조선족과 마찬가지로 19세기 중반 암울했던 근현대 시기를 배경으로 시작되어 왔다. 고려인들은 극동(1864-1937)-중앙아시아(1937-53)-유라시아대륙(1953-현재) 시기를 거쳐 오늘에 이르고 있다. 특히 1991년 소련방 붕괴 이후에는 러시아와 우크라이나, 그리고 한국이나 캐나다, 미국 등지로 다시 이동과 진출의 물결이 이어져 왔다. 하지만 여전히 절대 다수의 고려인 디아스포라는 중앙아시아 국가들이나 러시아에 정주하고 있다. 약 150년의 정주 기간 동안에 고려인 디아스포라는 바로 중앙아시아 및 러시아를 포함한 독립국가연합 내에서 문헌, 사진, 영상 등 다양한 형태의 고려인 역사문화자원들(유무형의 무형문화유산 포함)을 생성해 왔다. 이는 오늘날 고려인 디아스포라 연구에 더할나위없이 귀하고 값지게 활용되고 있다. 더 주목할 만한 것은, 중국 조선족과 달리 자치가 아닌 이주와 유랑으로 점철된 격동의 삶 속에서도 고려인 디아스포라는 적지 않게 한민족의 고유한 전통문화유산, 즉 무형문화유산들을 계승해 오고 있다는 점이다.

본 글에서 필자는 궁극적으로 독립국가연합 고려인 디아스포라 내에서 전승되어 오고 있는 한민족 전통문화유산, 즉 무형문화유산의 전승실태와 고려인 디아스포라의 문화유산에 대한 인식에 주목하고 있다. 1990년대 들어 본격으로 독립국가연합 고려인 디아스포라 연구가 수행된 이래로 설문과 인터뷰, 문헌 등을 통해서 역사, 문학, 민속 등 여러 분야에서 연구가 진행되어 왔다. 하지만 고려인 디아스포라의 무형문화유산의 관점에서 수행된 연구는 극히 적다. 게다가 수행되어 온 이들 연구의 성격 또한 무형문화유산의 관점에서 보다는 주로 민속학적인 관점에서 연구가 수행되어 왔다.[3] 이러한 경향은 국내

---

3) 민속학적인 관점에서 수행되어 온 독립국가연합 고려인 연구성과물들은

학술기관에서 발주되어 온 학술연구프로젝트에서도 마찬가지이다. 개인연구자이든 학술기관이든 그동안 무형문화유산의 주제 하에 고려인 연구가 수행되어 온 바는 거의 없는 것으로 알고 있다.

독립국가연합 고려인 무형문화유산과 그 전승실태 및 인식에 새삼 주목할 필요성은 무엇일까? 필자는 독립국가연합 고려인의 전통문화유산에 주목하는 가운데, 무형문화유산에 대한 고려인들의 인식과 전승실태 속에서 주목할만한 사실들을 발견할 수 있었다. 즉, 한반도 본토와의 오랜 결별 속에서도 고려인의 무형문화유산 내에는 한반도-중앙아시아-러시아 지역의 한민족 사회가 공유하고 있는 공통의 전통문화유산 요소들이 계승되는 한편으로, 대륙(중앙아시아, 러시아)과 사할린 한민족공동체의 무형문화유산 내에서는 공통점과 차이점이 동시에 존재하고 있었다. 다시 말해서, 중앙아시아와 러시아 지역의 고려인 디아스포라의 무형문화유산에 대한 인식과 전승실태에 있어서, 해당 지역과 한반도 본토, 그리고 대륙과 사할린 지역 간에는 차이점과 지역을 뛰어넘는 공통점, 혹은 변형된 새로운 형태의 무형문화유산 요소들이 내재되어 있었다는 것이다.

그렇다면 과연 독립국가연합 내 고려인 디아스포라의 무형문화유산의 전승실태와 이에 대한 고려인 디아스포라의 인식은 어떠한가?

대표적으로 다음과 같다: 국립민속박물관. 1999. 『우즈벡스탄 한인동포의 생활문화』. 도서출판대학사; 국립민속박물관. 2000. 『까자흐스탄 한인동포의 생활문화』. 태웅그래픽; 국립민속박물관. 2001. 『러시아 사할린·연해주 한인동포의 생활문화』; 전경수 편. 2002. 『까자흐스딴의 고려인』. 서울: 서울대학교출판부; 김병학·한야꼬브. 2007. 『재소고려인의 노래를 찾아서 -Korean folksong in CIS. 1-2』. 서울: 화남; 이복규. 2007. "중앙아시아 고려인의 구전설화 연구." 『東아시아古代學』제16집: 323-346; 이복규. 2008. 『중앙아시아 고려인의 구전설화』. 파주: 집문당; 진용선. 2009. 『러시아 고려인 아리랑 연구』. 정선군: 정선아리랑문화재단; 강현모. 2011. "우즈벡 고려인의 구비설화 전승양상과 의미: 전승방식을 중심으로." 『비교민속학』제45집: 351-379.

필자는 이에 대한 물음의 해결을 위해 2012.07.11-31일(21일)과 2012.08. 06-14일(9일) 기간 동안 총 1개월에 걸쳐 중앙아시아 3개국(우즈베키스탄, 카자흐스탄, 키르기즈스탄)과 러시아에서 고려인 무형문화유산에 대한 실태조사 및 목록작업을 수행했다.[4] 실태조사는 유네스코 지정 7개 무형문화유산의 범주를 기준으로 수행했다. 7개 무형문화유산의 범주와 연구대상자 및 대상물, 연구내용과 방식 등에 대한 자세한 내용은 제3장에서 언급하기로 한다.

본 연구는 고려인의 포괄적인 역사문화자원 내에 숨겨져 있던 전통문화유산들을 그동안의 고려인 연구에서 거의 다루어 오지 않았던 무형문화유산 관점에서 접근했다는 점에서 1차적인 의의가 있다고 본다. 이는 결과적으로 고려인 디아스포라 관련 역사문화자원들에 대한 새로운 시각과 자원적 가치에 대한 새로운 이해를 돕는데 기여하리라 본다. 나아가 고려인 사회를 바라보는 또 하나의 시각을 제시해주는데 일부분 도움을 줄 수 있을 것으로 본다. 뿐만 아니라, 학술과제의 측면에서는, 고려인 무형문화유산 실태조사 및 목록화를 통해서 무형문화유산 및 관련 자원의 보존과 한민족 문화원형 확보에, 그리고 해외한민족 문화지평의 확대와 글로벌 문화공동체의 토대구축에도 기여할 수 있으리라 생각한다.

본 글의 서두에서 밝힌 연구의 주·부차적인 목적을 염두에 두며, 필자는 현지조사과정에서 입수한 자료들에 대한 분석을 토대로 제기된 문제들을 해결해 나갈 것이다. 필자는 제1장에 이어, 제2장에서는 본격적인 논의에 앞서 연구의 범위, 내용 및 방법을 제시할 것이다.

---

4) 현지조사는 문화재청이 주관하는 '2012년도해외전승무형문화유산학술조사연구' 사업(2012.06.-12)의 일환에서 수행되었다. 본 사업의 목적은 '독립국가연합(CIS) 지역의 주요 고려인 집거지에서 전승되고 있는 무형문화유산의 전승실태를 파악하고, 전승현황을 체계적으로 목록화하고 수집·관리'하는 데에 있다. 본 사업에 총괄P.M.(Project Manager)으로 참여하고 있는 필자는 입수된 자료의 일부를 본고에 활용함을 밝혀둔다.

이 과정에서 고려인의 독립국가연합 정주 상황과 포괄적인 역사문화
자원의 소장상황에 대해 살펴보고, 고려인 역사문화자원에 대한 일반
적인 이해를 도울 것이다. 또한 제3장에서는 유네스코 지정 7개 무형
문화유산의 범주를 기준으로 독립국가연합 고려인의 무형문화유산에
대한 인식과 전승실태에 대해서 살펴볼 것이다. 마지막으로, 제4장에
서는 도출된 결과들을 토대로 조심스럽게 결론을 도출해 보고자 한다.

II. 연구의 범위, 내용 및 방법

1. 연구의 범위

1) 시기적 범위 : 1860년대~현재

필자가 속한 연구팀은 연구의 시기적 범위를 고려인의 이주가 시
작되는 1860년대 이후부터 현재까지로 설정하고 연구를 수행했다.[5]
고려인의 약 150년 이주개척사의 단계별 과정을 간략히 제시하면 다
음과 같다(박 보리스, 부가이 니콜라이·김광한, 이백용, 2004).[6]

[표 6] 독립국가연합 고려인 이주개척사의 단계별 과정(사할린주 포함)

시기	지역(생활권역)	내용
1시기 (1864-1937)	극동	○ 극동지역을 중심으로 지신허, 연추, 신한촌 등의 많은 정착촌 건립
	연해주	○ 1910년 전후 항일의병, 빨치산 투쟁, 1922년부터 사회

---

5) 일반적으로 사할린은 '고려인'이라는 용어 대신에 '한인'이라는 용어가 사
용되나 본 연구에서는 기본적으로는 '고려인'으로 통일해서 사용하고, 꼭
필요한 경우에는 '한인' 용어를 사용할 것이다.

6) http://kosa.culturecontent.com/(스토리뱅크-원형스토리-1~4시기 참고), 2012/08/
23일 검색). 해당 사이트는 필자가 참여했던 "고려인 러시아 140주년 이주
개척사 소재 문화원형 디지털콘텐츠개발" 사업의 결과물이다.

시기	지역(생활권역)	내용
	아무르주 자바이칼주 캄차트카주 사할린주	주의 건설 참여 ○ 1910년대부터는 군복무, 유학 등으로 극동 이외 지역 거주가 많아짐 ○ 1920-30년대 콜호즈 조직, 민족교육(한민학교, 명동학교, 고려사범대학 등), 예술(한인극장), 언론(선봉신문) 등의 분야에서 부흥을 누림
2시기 (1937-53)	중앙아시아	○ 스탈린탄압으로 17만여명의 고려인들이 중앙아시아로 강제이주
	우즈베키스탄 카자흐스탄 키르기즈스탄 타지키스탄 투르크메니스탄	○ 대부분의 고려인들이 우즈베키스탄(호레즘주, 카라칼팍스탄 자치공화국 등), 카자흐스탄(우쉬토베, 아랄해 구역, 발하쉬구역 등) 지역에 정착 ○ 극동에서처럼 경제공동체-생활의 중심인 콜호즈 재건에 착수. 거주이전의 제한 속에서도 콜호즈에서의 높은 생산성을 통해 2차대전기 후방지원 ○ 2차대전기 노동군대와 전투병참전을 통해 소비에트 체제에 헌신. 점차 소비에트 당국의 신뢰와 위상을 회복해 나감 ○ 언론(레닌기치), 예술(고려극장, 아리랑가무단)분야에서도 재부흥 ○ 일제에 의해 조선인들 강제징용(사할린주)
3시기 (1953-91)	유라시아	○ 1953년 스탈린 사후 삶의 영역이 유라시아 전역으로 확대
	중앙아시아 포함 유라시아 전역	○ 대도시(모스크바, 성-페테르부르그, 노보시비르스크, 연해주, 하바로프스크 등)나 비옥한 농업지대(볼고그라드, 우크라이나 남부, 크르임반도 등)에서 대학교육, 농업활동(고본질, 계절농업), 기타 전문직 종사를 원하는 청장년층 고려인들의 유라시아 진출 러시가 이어짐 ○ 유라시아 전역에 새로운 공동체를 형성하고 고려인의 존재를 알려나감 ○ 주류사회 진출하여 정계와 재계, 법조계, 교계에서 성공을 이루어 내고, 언론(레닌기치) 및 공연예술(고려극장) 등에서도 부흥을 이루어 감
4시기 (1992- 현재)	독립국가연합	○ 1991년 소련의 붕괴 직후 중앙아시아 내에서 민족주의(특히 우즈베키스탄)나 내전(타쥐키스탄)이 발발
	과거 소련권 전지역	○ 많은 고려인들이 안정된 삶을 찾아 독립국가연합 전역(극동, 볼고그라드, 사라토프, 로스토프, 우크라이나

시기	지역(생활권역)	내용
		등)으로 다시 유랑의 길을 떠남 ○ 탄압희생자들에 대한 관련법령이 제정되어 복권, 명예회복이 이루어짐 ○ 『레닌기치』(1938-91)에 이은 『고려일보』(1991-현재)와 고려극장(1938-현재), 소련 붕괴 전후 설립되기 시작한 고려인협회나 고려인민족문화자치회 등의 활동을 통해서 한민족 전통문화의 맥이 이어져 나감 ○ 강제징용 1세대 3천여명 영주귀국, 사할린주에 한인 약 4만명 거주

2) 지역적 범위 : 우즈베키스탄, 카자흐스탄, 키르기즈스탄, 러시아

필자를 포함한 연구팀은 가장 크게 고려인 집거지가 형성되어 있는 중앙아시아 3개국과 러시아, 총 4개국을 현지조사 대상지로 설정하고 조사를 수행했다. 4개국의 위치는 이하 지도에 표기된 바와 같다(1-우즈베키스탄, 2-카자흐스탄, 3-키르기즈스탄, 4-러시아 연해주, 5-러시아 사할린주).

[그림 37] 중앙아시아, 러시아를 포함한 독립국가연합(CIS) 전체지도

2. 연구의 방법

1) 고려인 무형문화유산 개념 및 범주 설정

필자가 참여한 '2012년도해외전승무형문화유산학술조사연구' 사업의 목적은 '독립국가연합(CIS) 지역의 주요 고려인 집거지에서 전승되고 있는 무형문화유산의 전승실태를 파악하고, 전승실태를 체계적으로 목록화하고 수집·관리'하는 데에 있었다. 연구팀은 선행작업으로 고려인 무형문화유산의 선정 및 실태조사의 근거와 기준이 될 수 있는 국내외 법적, 제도적 측면들을 검토했다. 즉, 연구팀은 현재 국내 무형문화유산의 개념(정의) 및 지정 상황을 검토했고,[7] 이어 세계지식재산기구의 전통지식 분류 기준,[8] 그리고 2003년 유네스코에서 체결된 〈무형문화유산보호협약〉(총 9장 40조)과 이에 수록된 무형문화유산의 개념(정의), 범주 규정을 검토했다.[9]

최종적인 검토를 통해 연구팀은 유네스코 무형문화유산 개념(정의) 및 7개 범주를 기준으로 설정하고, 독립국가연합 고려인 디아스포라의 무형문화유산 실태조사 및 목록화 작업에 착수했다.[10][7개 범

---

7) 한국 무형문화유산 개념(정의) 및 지정 기준에 따르면, 한국은 국내의 문화재보호법(제2조)에 의해 지금까지 연극, 음악, 무용, 공예기술 등 무형의 문화적 소산으로서 역사적, 학술적, 예술적 가치가 있는 전승 자료에 대해 무형문화재로 지정해 왔다. 또한 국내에서는 물적 유산에 대해서는 무형문화재에 소속시키지 않거나 따로 민속자료 등으로 지정해오고 있다.

8) UN 산하 세계지식재산권기구(WIPO)의 정의에 따르면, "전통지식(Traditional Knowledge)"은 전통을 토 대로 한 문학적, 예술적, 과학적 작품, 공연, 기술, 과학적 발견, 디자인, 마크, 명칭, 심볼, 비공개 정보, 산업적·과학적·문학적·예술적 분야에서 지적 활동의 결과로 생성되는 전통을 기반으로 한 기술과 창조물로 규정하고 있다.

9) 유네스코 무형문화유산보호협약 제2조에 따르면, "무형문화유산"은 공동체, 집단 및 개인들이 문화유산의 일부분으로 인식하는 실행, 표출, 표현, 지식 및 기술뿐 아니라, 이와 관련된 전달도구, 사물, 유물 및 문화공간 등 모두를 의미하고 있다.

10) 유네스코 기준 무형문화유산 7개 범주는 다음과 같다: [1분야]전통적 공연

주 및 세부사항에 따른 주요조사내용은 제3장의 2절('주요조사목록 및 내용')을 참고. 이는 예능과 기능으로만 무형문화재를 분류해온 국내의 무형문화유산 분류기준을 역사문화적 특수성을 안고 있는 고려인 무형문화유산에 적용했을 경우, 전통문화유산으로서의 충분한 가치를 안고 있는 소중한 한민족 역사문화자원들이 자칫 무형문화유산의 범주에 포함되지 못하는 결과를 초래할 가능성을 많이 안고 있다고 판단했기 때문이다. 따라서 해당 연구에서는 [각주]9,10에서처럼 국제적인 기준과 추세가 적용되었고, 이를 기준으로 무형의 요소만이 아니라, 그와 관련된 "전달 도구, 사물, 유물 및 문화 공간"이라는 유형의 요소까지 고려인 무형문화유산 범주에 포함시켜 현지조사를 수행했다.

2) 현지조사 및 자료수집

(1) 현지조사

현지조사는 여러 나라, 넓은 지역을 대상으로 수행되고, 고려인 '무형문화유산'이라는 관점에서 처음 시도되는 사업이었던 만큼 필자가 속한 연구팀은 사전 현지조사 방안을 수립하여 현지조사를 준비했다. 즉, 세부적인 현지조사 대상지를 선정한 후([표 7]), 기존의 관련 자료를 통해 그 지역에서 확인할 수 있는 한민족 관련 역사문화자원의 내용을 파악했고, 현지조사 지역의 일반적인 특징, 예컨대 생업, 산업, 인구, 특산물, 전통 등을 개괄적으로 파악했다. 나아가 조사대상(구술자, 유무형 전통문화자원 등)을 최종 선정한 후에 조사할 내용과 질문, 실태조사기록지 등을 준비했다. 그 외에 현지 협력기관 및

예술(연행), [2분야]공예, 미술 등에 관한 전통기술, [3분야]의학[민간요법], 농경·어로 등에 관한 전통지식, [4분야]구전전통 및 표현, [5분야]의식주 등 전통적 생활관습, [6분야]민간신앙 등 사회적 의식(儀式), [7분야]전통적 놀이·축제 및 기예·무예.

단체, 협력연구자과 협력체계를 구축하고 사전에 조사일정을 조율했다(특히 현지 협력연구자로 하여금 조사에 들어가기 전에 당 기관 및 지역 대표에게 연락하여 조사의 취지와 시간을 알려 조사장소와 조사대상자 섭외에 대해 이해를 구했다).

[표 7] 국가별 세부적인 현지조사 대상지역

우즈베키스탄	카자흐스탄	키르기스스탄	러시아	
			연해주	사할린주
타쉬켄트	알마타	비쉬케크	우수리스크	유즈노사할린스크
타쉬켄트주 콜호즈들: 〈김병화〉, 〈시온고〉, 〈북쪽등대〉, 〈폴릿닫젤〉	우쉬토베 (탈드이쿠르간주)	카라발타 (비쉬케크 근교)	아르춈	시네고르스크
	박박트이(알마타주)			
	우쉬토베 근교 콜호즈들: 〈레닌의길〉, 〈달성〉, 〈원동〉, 〈연해주사람〉, 〈모프르〉		파르티잔스크	

(2) 자료수집

자료수집과 관련하여, 필자를 포함한 연구팀은 부분적으로 유사과제 수행경력이 있는 국내 연구자들의 보유자료 외에, 현지조사 과정을 통한 자료확보에 주력을 했다. 필자는 크게 두 부분으로 구분해서 현지조사를 수행했다. 첫째는, 기관 및 단체, 개인 연구자들이 소장하고 있는 주로 유형의 문화유산 기록물들(문헌/텍스트, 사진, 음성, 영상 등)에 대한 조사이고, 둘째는, 고려인 농촌마을(콜호즈)에 주로 존재하거나 채집이 가능한 무형의 문화유산 기록물들(구전전통, 의식주, 전통의례, 전통놀이·축제 등)에 대한 조사였다.

뿐만 아니라 이를 통해서 첫째, 구술인터뷰를 통한 무형의 문화유산 구술채록(예; 세시풍속, 관혼상제, 명절 등), 둘째, 고려인들이 보유하고 있는 유형의 문화유산들(예; 체, 키, 맷돌 등)과 재현 행위(음식 조리, 놀이, 춤 등)에 대한 사진 및 비디오 촬영, 셋째, 주제와 관련이 있는 기존의 문헌, 사진, 영상물 등 직간접적인 자료를 수집 및 확보할 수 있었다.

3. 연구의 내용

약 150년의 독립국가연합 고려인의 이주개척사는 다양한 분야에서 짧지만 굵은 족적들을 남겨왔다. 오늘날 독립국가연합 내의 주요 국가들(러시아, 우즈베키스탄, 카자흐스탄 등) 내에는 약 150년 동안 생성되어 온 한국학 및 고려인 관련 다양한 형태의 지식정보자원들이 기록보존소나 학술연구소, 대학 및 시립도서관, 고려인 연구자, 기타 고려인 단체들에 보존되어 있다. 물론 이 지식정보자원들은 문서/텍스트나 사진, 음성, 영상 등의 유형물이나 공연예술이나 전통기술 및 지식, 구전전통 및 표현 등의 무형의 형태로 이루어져 있다.

하지만 소련 붕괴 이후 20여년의 고려인 관련 연구에서 부분적으로 민속연구 차원에서 수행된 것을 제외하고는 무형문화유산의 관점에서 수행된 학술사업은 거의 없었다. 고려인 사회의 중심지인 러시아나 중앙아시아 지역의 경우, 강제이주나 소련의 개혁개방 이후 많은 고려인 집거지와 생활문화가 붕괴, 혹은 변형되어 가고, 무형문화유산으로서의 가치가 있는 한민족의 문화원형들이 소실되어 갔다. 하지만 유감스럽게도 독립국가연합 내 어느 곳에서도 고려인의 일반적인 역사문화자원을 제외하고, 고려인의 무형문화유산을 관리하는 정부기관이나 고려인 조직이나 단체는 거의 부재한 상황이다. 또한 고려인 무형문화유산 계승자나 이에 종사하는 개인들도 거의 체계적인 보호가 이루어지지 못하고 있는 실정이고, 무형문화유산의 중심 대상이자 중요 정보의 제공이 가능한 세대들이 속속 역사의 뒤안길로 사라져 가고 있는 현실이다.

독립국가연합의 고려인 사회는 한 장소에서 안정된 집거지를 구축해온 중국 조선족 사회와는 달리, 계속되는 이주와 유랑의 역사 속에 놓여 왔었다. 이는 달리 표현하면 이주의 시기와 배경은 유사함에도 불구하고 이주개척의 진행과정에서 볼 때, 안정적인 바탕 위에 체계적으로 한민족의 전통문화자원들을 보존 및 계승해 올 수 있는 환경 속에 있지 못했다는 의미이기도 하다. 바로 이런 점들은 이웃한 중국 조선족 사회와 비교했을 때, 독립국가연합 고려인 디아스포라만의 특수성이라 할 수 있다.

필자는 위에서 언급한 독립국가연합 고려인 사회의 특수성을 염두에 두면서, 그간의 고려인 연구과정에서 확보해 온 관련자료들과 현지와의 구축된 학술네트워크를 기반으로 현지조사를 수행했다. 현지조사에서 수행된 연구의 주요내용은 다음과 같다.

[표 8] 현지조사 대상 및 내용

조사대상		내용
㉮고려인 관련 기관, 단체, 개인연구자 소장 무형문화유산(유형물 중심)	대상	• (우즈베키스탄): 우즈베키스탄 국립 학술원 산하 도서관, 우즈베키스탄 국립 중앙 기록물보관소, 타쉬켄트 국립 기록물보관소, 국가정보원 기록물보관소, 국립영상기록물 보관소, 고려인방송국, 고려신문(사), 고려문화협회, 타쉬켄트 한국교육원 • (카자흐스탄): 국립중앙도서관(푸쉬킨도서관), 국립영상물보관소, 고려인방송국, 고려일보(사), 고려극장, 고려인협회, 알마타한국교육원 • (키르기스스탄): 국립기록보존소, 고려인협회, 비쉬케크한국교육원 • (러시아·연해주): 극동국립역사기록물보관소, 인류·고고학역사연구소, 아르세네프국립박물관, 극동국립대학교, 고려신문(사), 한국교육원 • (러시아·사할린주): 사할린주 국립기록물보관소, 사할린 국립박물관, 사할린우리말방송, 새고려신문(사), 유즈노-사할린스크한국교육원

조사대상		내용
	자원	▪ 텍스트(문헌), 사진, 음성, 영상 등의 고려인 역사문화자원
	조사	▪ 필자는 상기 기관 및 단체들에서 한국학 관련 원자료들을 포함, 텍스트(문헌), 사진, 음성, 영상 등의 다양한 형태의 고려인 역사문화자원들을 이미 확보하고 있음. 이번에는 무형문화유산의 시각에서 특히 유형의 기록물들에 대한 조사 및 수집작업을 수행
㉑수도 및 수도권역 도시나 콜호즈들 내의 무형문화유산(무형물 중심)	대상	▪ (우즈베키스탄): 타쉬켄트 외에, 타쉬켄트주 내 〈김병화〉, 〈시온고〉, 〈북쪽등대〉, 〈폴릿닫젤〉 등의 콜호즈들 ▪ (카자흐스탄): 알마타, 박박트이 외에, 우쉬토베와 탈드이쿠르간주 내 〈레닌의길〉, 〈달성〉, 〈원동〉, 〈연해주사람〉, 〈모프르〉 등의 콜호즈들 ▪ (키르기즈스탄): 비쉬케크, 카라발타 지역 ▪ (러시아·연해주): 우수리스크 고려인문화센터 산하 조직들(아리랑가무단, 고려신문사, 고려인민족문화자치회, 고려인노인단), 파르티잔스크 ▪ (러시아·사할린주): 유즈노사할린스크 고려인협회, 사할린고려악단 등의 단체, 우글레고르스크, 코르사코프 ▪ 무형문화유산 관련 구술가능자(이주1세대)에 대한 구술 조사(전체지역)
	자원	▪ 구전전통, 의식주, 전통의례, 전통놀이·축제 등 분야의 전통문화자원(민요, 설화, 음식, 세시풍속, 관혼상제, 화투 등)
	조사	▪ 중앙아시아는 고려인 무형문화유산 실태조사에서 가장 중심이 되는 곳. 특히 콜호즈는 중앙아시아 이주 및 정착 초기부터 고려인들의 삶의 중심 기능을 해 온 곳. 고려인들에게 콜호즈는 생존 근거지인 경제공동체일 뿐만 아니라, 사회문화의 중심지이자 고향과도 같은 존재 ▪ 우즈베키스탄의 타쉬켄트 근교 〈김병화〉, 〈시온고〉, 〈북쪽등대〉, 〈폴릿닫젤〉 등의 콜호즈들/카자흐스탄의 최초의 고려인 정착지인 우쉬토베와 탈드이쿠르간주 내 〈레닌의길〉, 〈달성〉, 〈원동〉, 〈연해주사람〉, 〈모프르〉 등의 콜호즈들에서 구전전통, 의식주, 전통의례, 전통놀이·축제 등의 분야에서 한민족 전통문화유산들을 조사(키르기즈스탄에서도 동일한 조사 수행) ▪ 러시아 연해주 고려인 사회의 뿌리는 중앙아시아 고려인 사회. 중앙아 시아 고려인 사회에서처럼 사회적 의식과 의례, 민속신앙, 명절과 놀이, 세시풍습, 관혼상제 등의 한민족 전통문화유산이 이어져 오고 있음. 이주1세대 고려인이나 관련 단체들을 중심으로 조사를 수행

조사대상	내용
	▪ 러시아 사할린주의 한인 사회는 대륙에 거주하는 고려인의 이주개척사나 출신지 배경 등, 여러 면에서 차이점이 존재. 하지만 근본적인 전통문화유산의 계승 측면에서는 고려인 사회와 유사성이 남아있음. 강제징용 1세대 한인이나 관련 단체들을 중심으로 조사를 수행

Ⅲ. 독립국가연합 고려인 전통문화유산의 전승실 태와 인식

1. 국가별 고려인(사할린 한인) 구술자 및 인터뷰 상황

앞서 소개한 것처럼, 중앙아시아 3개국과 러시아, 총 4개국의 고려 인 무형문화유산에 대한 실태조사 과정에서 여러 기관 및 단체, 구술 자(주로 고려인 이주1세대)에 대한 방문 및 인터뷰 조사가 이루어졌 다. 특히 이번 현지조사에서 인터뷰에 응한 고려인 구술자들의 수는 80명으로, 그 기본 인적사항은 다음 [표 9]와 같다.

[표 9] 독립국가연합 국가별 고려인 구술자 목록

성명	출생 년도	성별	거주지	성명	출생 년도	성별	거주지
우즈베키스탄(18명)				강000	1923	여	비쉬케크
한000	1930	여	북쪽등대콜호즈	강000	1936	여	비쉬케크
허000	1948	남	북쪽등대콜호즈	손000	1939	여	카라발타
김000	1948	남	북쪽등대콜호즈	박000	1943	여	카라발타
김000	1943	남	북쪽등대콜호즈	전000	1941	여	카라발타
박000	1944	여	북쪽등대콜호즈	박000	1936	남	카라발타
안000	1929	남	타쉬켄트	이000	1935	남	카라발타
최000	1928	여	타쉬켄트	김000	1929	남	비쉬케크
최000	1925	남	타쉬켄트	고000	1935	남	비쉬케크
김000	1930	남	김병화콜호즈	김000	1937	여	비쉬케크

성명	출생년도	성별	거주지	성명	출생년도	성별	거주지
장OOO	1940	여	김병화콜호즈	러시아(사할린주)(10명)			
황OOO	1942	여	시온고콜호즈	박OOO	1942	남	유즈노사할린스크
서OOO	1974	여	시온고콜호즈	김OOO	1945	여	유즈노사할린스크
김OOO	1937	남	시온고콜호즈	장OOO	1945	여	유즈노사할린스크
최OOO	1938	여	시온고콜호즈	전OOO	1933	남	유즈노사할린스크
남OOO	1941	남	북쪽등대콜호즈	허OOO	1936	남	유즈노사할린스크
허OOO	1931	남	폴릿닫젤콜호즈	우OOO	1925	여	유즈노사할린스크
황OOO	1937	남	폴릿닫젤콜호즈	김OOO	1939	남	유즈노사할린스크
김OOO		여	폴릿닫젤콜호즈	정OOO	1922	남	유즈노사할린스크
카자흐스탄(20명)				방OOO	1928	여	유즈노사할린스크
김OOO	1930	남	알마타	김OOO	1925	남	시네고르스크
박OOO	1930	남	알마타	러시아(연해주)(20명)			
김OOO	1953	남	알마타	김OOO		여	아르춈
정OOO	1936	여	우쉬토베	유OOO	1943	여	아르춈
김OOO	1952	여	우쉬토베	김OOO	1949	여	아르춈
박OOO	1937	여	우쉬토베	문OOO	1947	여	아르춈
김OOO	1935	여	우쉬토베	김OOO	1931	여	우수리스크
인OOO	1944	여	우쉬토베	김OOO	1931	여	우수리스크
김OOO	1937	여	우쉬토베	최OOO	1933	여	우수리스크
김OOO	1956	여	우쉬토베	허OOO	1936	여	우수리스크
박OOO	1935	남	우쉬토베	나·강OO	1939	여	우수리스크
천OOO	1925	남	우쉬토베	이OOO	1949	여	우수리스크
박OOO	1931	여	우쉬토베	윤OOO	1937	남	우수리스크
임OOO	1926	여	알마타	조OOO	1930	남	우수리스크
양OOO	1957	여	알마타	김OOO	1931	남	우수리스크
양OOO	1965	여	알마타	김OOO	1942	여	우수리스크
김OOO	1937	남	박박트이	톈OOO	1949	여	우수리스크
유OOO	1932	여	박박트이	고OOO	1943	남	우수리스크
김OOO	1933	여	박박트이	윤OOO		여	파르티잔스크
최OOO	1942	여	알마타	안OOO		여	파르티잔스크
키르기즈스탄(12명)				이OOO		여	파르티잔스크
나OOO	1934	남	비쉬케크	박OOO	1979	여	블라디보스톡
김OOO	1929	여	비쉬케크	총 80명			

중앙아시아와 러시아 연해주의 고려인 구술자들은 대부분 이주 1 세대들로 이루어져 있다. 반면 러시아 사할린주의 경우는 일제에 의한 강제징용자 1세대 한인들로 구성되어 있다. 구술자들에게는 유네스코 기준 무형문화유산 7개 범주에 따라 사전에 작성된 질문이 제시되었다[2절의 7개 범주 및 대·중·세분류 참조]. 그에 따른 구술내용을 토대로 이하 절에서 제시된바와 같이 고려인 무형문화유산의 전승실태를 작성했고, 전통문화유산, 즉 직접적으로는 무형문화유산에 대한 고려인 디아스포라의 인식을 살펴보았다. 이번 조사는 실태조사의 성격을 갖고 있는 만큼 깊이있는 분석보다는 고려인들의 무형문화유산의 현재의 전승실태와 문화유산에 대한 고려인들의 전반적인 인식을 알아보는데 역점을 두었다.

2. 고려인 무형문화유산의 전승실태와 그에 대한 인식

1) [1분야]전통적 공연예술(연행)

대분류	중분류	세분류	조사일	조사지역	주요조사목록 및 내용
1 분야	음악 무용 연희 놀이 의식 무예		7.12	타쉬켄트주 북쪽등대콜호즈	그룹파(그룹, 동아리, 단체) 활동, 소연극
			7.13	타쉬켄트	바호레(동아리 활동)
			7.13	타쉬켄트주 김병화콜호즈	구락부(춤모임)
			7.15	타쉬켄트주 시온고콜호즈	그룹파 활동, 사물놀이(2006년부터 활동)
			7.16	타쉬켄트주 폴릿탇젤콜호즈	〈청춘〉앙상블
			7.21	우쉬토베 및 주변 콜호즈들[11]	〈도라지〉가무단, 영화배우단, 연극단
			7.27	비쉬케크	예술극단(고려극장예술단)(심청전, 홍부전공연)
			8.6	유즈노사할린스크	예술극단, 사할린고려악단

대분류	중분류	세분류	조사일	조사지역	주요조사목록 및 내용
			8.10	아르쫌	〈칠성〉가무단(1996년부터)
			8.11	우수리스크	〈아리랑〉가무단(1993년 경부터 활동), 노인단내2개가무단: 〈모란봉〉(현재 '고려'로 불림), 〈조선노래〉(2008년 경부터 활동)

'[1분야]전통적 공연예술(연행)' 부분에서는, 과거 고려인 공동체 내에서 존재했거나 현재까지도 그 맥이 이어져 오고 있는 고려인들의 예술문화단체와 음악예술활동에 대해서 보여주고 있다. [1분야]의 경우, 파악된 내용물들이 무형문화유산의 개념에 부합되는지의 여부는 이후 관련 전문가 집단과의 논의를 거칠 필요가 있다.[12] 물론 이 과정에서 고려인 디아스포라의 역사문화적인 특수성은 반드시 고려되어 의미부여가 이루어질 필요성이 있다.

이상의 예술활동들은 강제이주 직후 사회적, 경제적 안정을 다시 찾아나가며 고려인 공동체 내에서 행해져 왔던 것들이다. 구술 증언에 따르면, 이들 소규모 예술단체들, 즉 '소인예술단' 활동은 주로 1960-70년대 소비에트 시기를 거치는 동안 각 지역의 고려인 콜호즈들에서 공식, 비공식적으로 이루어져 왔다.[13] 물론 중앙아시아 전체적으로 이러한 소규모 예술활동의 탄생과 지속적인 활동이 있기까지는 1931년 극동에서 조직되어 강제이주 이후에도 카자흐스탄에 중심을 두고 소비에트 전역에서 활동했던 〈고려극장〉과 순회공연단이었던

---

11) 본 글에서 우쉬토베 지역의 '주요조사목록 및 내용'은 앞서 제시한 주변의 몇 개 콜호즈에서 입수된 내용까지 포함하고 있다. 이하 표에서도 동일하게 적용되었다.

12) 이하 제시된 해당 현지조사연구의 분야별 성과물들은 차후 분야별 전문가 집단이 함께하는 검토와 학술회의(11월 16일)를 통해서 고려인 무형문화유산의 범주 및 가치의 적합성 여부를 판단받을 예정이다.

13) 〈시온고〉콜호즈에서 사물을 확인했지만 사물만 존재할 뿐 사물놀이는 전승되고 있지 않았다.

〈아리랑가무단〉의 존재와 역할, 그리고 공헌과 영향이 컸다고 할 것이다. 〈고려극장〉과 〈아리랑가무단〉은 고전물(춘향전, 심청전, 장화홍련전, 흥부와놀부, 이수일과 심순애 등) 연극이나 민요, 춤과 무용(부채춤, 항아리춤, 칼춤, 궁중무 등)[14]을 통해서 고려인 공동체를 위로하고

[그림 38] 1분야: 물동이춤을 추는 고려극장 가무단원들

출처: 카자흐스탄국립중앙영상 및 음성기록물보관소

한민족의 예술적 혼을 계승해 나갔다. 조직 이후 강제이주와 소비에트 시기를 거쳐 오늘날까지 80여년의 역사를 이어오는 동안 〈고려극장〉과 〈아리랑가무단〉, 그리고 각 지역의 소인예술단들은 '일본의 스파이', '불온한 민족'의 혐의를 안고 살아가는 고려인 이주자들(사할린 한인사회의 경우도 유사)에게는 큰 희망과 위안을 주었던 것이다. 뿐만 아니라, 비록 타문화와의 융합이나 영향으로 변형을 보여주고 있는 측면은 있으나, 오늘날 독립국가연합 고려인의 한민족 정신문화, 즉 무형문화유산의 근본을 지켜낼 수 있는데 큰

[그림 39] 1분야: 아르춈시〈칠성〉가무단의 부채춤 공연 준비 모습

---

14) 이에 대해서는 〈카자흐스탄국립중앙영상및음성기록물보관소〉에 소장된 고려인 관련 영상물(카자흐필름 제작) 참조 요망.

역할을 해왔다는 점에서 큰 의의와 가치를 부여할 수 있을 것이다.

전통예술문화활동이 독립국가연합 고려인 디아스포라의 정신문화의 근간을 유지시켜주는데 크게 기여를 해 온 만큼, 고려인 스스로도 그에 대한 자부심은 매우 크다. 러시아 연해주 아르춈시〈민족문화센터〉회장이자 〈칠성〉가무단 단장은 한민족 전통공연예술에 많은 애정을 갖고 있었다(이하 김 타티아나 인터뷰, 2012).

> "젊은 세대들은 전통예술에 관심이 적고, 또 세시풍속이나 명절 등 우리 것이나 특히 예의범절에 대해서 잘 모르고 있습니다. 하지만 가르쳐줄 전문가도 부족하고 교육프로그램이나 자료도 부족합니다. 누군가는 이러한 예술적 전통문화 계승과 교육에 대해 관심을 갖고 힘써야 된다고 생각합니다. 또한 좋은 전문가와 교재가 있다면 젊은이들도 관심을 갖고 배우고자 노력할 것입니다. 우리 가무단의 어린 학생들을 볼 때 그렇습니다. 앞으로도 민족적 자부심을 갖고 전통예술 보급과 교육에 힘써나갈 생각입니다."

고려인 집거지 어디를 가든 연령대에 상관없이 과거에 그랬던 것처럼 긍지와 자부심 속에서 한민족 특유의 가락과 소리, 흥이 배어있는 크고 작은 소인예술단체들을 찾아볼 수 있다. 특히 연해주 우수리스크의 〈아리랑〉과 〈고려〉, 〈조선노래〉가무단과 아르춈의 〈칠성〉가무단이 전통유산에 대한 강한 자부심을 갖고 활발한 활동을 하고 있었다. 이는 향후 고려인 사회의 미래를 밝고 긍정적으로 바라볼 수 있게 하고, 한반도와의 태생적인 끈을 강하게 계속 이어줄 수 있는 가교역할을 해주는 요소들이라 할 수 있을 것이다.

2) [2분야] 공예, 미술 등에 관한 전통기술

대분류	중분류	세분류	조사일	조사지역	주요조사목록 및 내용
2 분야	도자공예 금속공예 목칠공예 섬유공예 피모공예 지공예 석공예 기타(화문석 등)		7.16	폴릿닫젤콜호즈	삿갓
			7.27	비쉬케크	새끼꼬기, 가마니 짜기

'[2분야] 공예, 미술 등에 관한 전통기술' 부분은 고려인 무형문화유산 범주에서 가장 빈약한 분야라고 할 수 있다. 즉, 중분류에서 언급되고 있는 도자, 금속, 목칠, 섬유 등의 공예분야는 오늘날 독립국가연합 고려인 집거지 어디에서도 찾아보기가 힘들고, 그 전승 흔적을 추적하는 것도 거의 불가능하다. 물론 이주 초기에 어디에선가 누군가에 의해서 맥이 이어져 나갔을 개연성도 없지 않다. 하지만 20세기 초까지 대부분의 고려인 이주자들이 대부분 농민들이고, 농업이주가 지배적이었다는 점을 생각해 볼 때 그 가능성은 더욱 희박해진다고 할 수 있다. 현지조사 기간 동안 모든 구술자들에게 반복적으로 질문을 던져보았으나 전승상황이나 흔적을 추적해 볼 만한 아무런 단서도 얻어낼 수 없었다. 구술자들 중 일부가 어린 시절에 갓이나 가마니짜기, 새끼꼬기 등의 모습정도는 보았다는 증언 정도는 확보할 수 있었다. 다만 고려인들이 대나무 재질의 삿갓을 제작할 줄 알고, 농촌지역에서는 자주 쓰고 다니는 것은 이번 조사과정에서 직접 확인할 수 있었다.

3) [3분야]의학[민간요법], 농경·어로 등에 관한 전통지식

대분류	중분류	세분류		조사일	조사지역	주요조사목록 및 내용
3 분야	의학 (민간 요법)	식물 요법	구절초, 도라지, 쑥, 양귀비, 칡 등	7.13	타쉬켄트	모기예방(쑥), 혈압조절(홍새미)
				7.13	김병화콜호즈	냉치료(익모초)
				8.6	유즈노사할린스크	배앓이치료(쑥)
				8.10	아르촘	배앓이치료(쑥)
		동물 요법	가물치, 가재, 개, 두꺼비 등			
		광물 요법	백반, 소금, 유황 등	7.13	타쉬켄트	설사치료(가마솥검댕이)
				7.22	우쉬토베	침술
		주술 요법	눈병, 마마, 홍역 등에 걸렸을 때	7.12	북쪽등대콜호즈	치병주술(방토), 배앓이치료
				7.13	타쉬켄트	눈병치료
				7.13	김병화콜호즈	눈병치료
	농업	경작	경작방법	7.13	김병화콜호즈	벼농사경작방법 (수로 등), 깨나프 루부(삼)경작방법
				7.16	북쪽등대콜호즈	목화재배방법
				7.22	우쉬토베	벼농사, 품종개발 (박클리(박&이), 자랴, 오프이트느이, 우로좌이)
				8.7	유즈노사할린스크	감자, 양배추 경작방법(온실)
		농경속	농경관련 속신	7.15	시온고콜호즈	풍농기원의식
				8.11	우수리스크	농사기원제
		재래 농기구	가는 연장, 삶는 연장, 씨뿌리는 도구, 거름 주는 도구, 매는 연장, 물대는 도구, 거	7.12	북쪽등대콜호즈	디딜방아, 맷돌, 농기구들(낫, 호미, 쇠스랑, 극게)
				7.21-22	우쉬토베	농기구(낫, 호미, 쇠스랑, 극게), 체, 키

대분류	중분류	세분류		조사일	조사지역	주요조사목록 및 내용
		두는 도구 등		7.24	박박트이	농기구(낫, 호미, 쇠스랑), 체, 키, 디딜방아
				8.8	시네고르스크	절구/절구통, 맷돌, 되
				8.9	유즈노사할린스크	키, 되
				8.13	파르티잔스크	디딜방아, 맷돌, 체, 키, 도리깨
사냥·채집	사냥의례					
	채집			7.24	박박트이	사냥(덫, 새총, 활물취)
어업	어업의례					
	채집			7.16	북쪽 등대 콜호즈	민물낚시
축산업	가축					
	양봉/양잠			7.16	폴릿담젤콜호즈	양봉
	축산도구					

'[3분야]의학(민간요법), 농경·어로 등에 관한 전통지식' 부분에서는 고려인의 의학(민간요법)이나 농어축산업에 대한 전승실태를 보여주고 있다. 지역을 막론하고 고려인 사회에서는 부분적이지만 의학(민간요법) 부분에서도 전통이 유지되고 있었다. 민간요법 중에서는 쑥이나 익모초를 통한 요법들이 가장 널리 전승되고 있는데(특히 배앓이 치료), 이는 중앙아시아나 러시아(사할린 한인사회에서도)에서도 동일하게 확인할 수 있었다. 또 눈병 치료도 널리 전승되고 있었다. 특이한 점은 방토라는 치병주술인데, 일종의 무속식 치병요법이라고

[그림 40] 3분야: 타쉬켄트주〈북쪽등대〉콜호즈의 디딜방아

[그림 41] 3분야: 손맷돌(사할린주 시네고르스크 향토박물관)

[그림 42] 3분야: 절구통(사할린주 시네고르스크 향토박물관)

할 수 있다. 한국에서도 흔적만 발견할 수 있는 요법이 전승되고 있는 점이 새삼 놀라웠다. 풍농 기원 의식은 매우 간략한 형태로만 한정적으로 전승되고 있었는데, 기후나 환경에 따라 농법도 그에 맞춘 별식농법이 존재하고 있었다.

이외에도 어느 마을이나 가정에서든지 전통적인 형태의 각종 농기구들(호미, 삽, 고무래, 쇠스랑 등)을 흔히 볼 수 있었다. 특히 디딜방아, 맷돌, 절구와 절구통, 키, 체, 도리깨 등의 유형의 농경 문화유산들도 전해져 옴이 확인되었다. 물론 후자 유형물들의 경우, 지금은 실제적으로 거의 사용이 되지 않고 있는 경우가 대부분이었다.

[3분야]에서 특별히 주목할 분야 중의 하나로 벼농사를 들 수 있다. 현재 고려인의 벼재배 전통은 우즈베키스탄이나 카자흐스탄 일부 지역들(카라칼팍스탄자치공화국, 호레즘, 우쉬토베 등지)에서 제한적으

로나마 이어져 오고 있다.
하지만 강제이주 전 극동
지역에서는 연해주 한카
호수 부근, 호롤, 스파스
크, 그로데코보, 쉬마코프
나 남부 변경지대에서, 그
리고 아무르강을 따라 아
무르주   블라고베쉔스크
와 제야강까지 극동전역

[그림 43] 3분야: 벼가 자라고 있는 우쉬토베 들판

에서 벼재배가 이루어 졌다(김승화(Ким Сын-Хва), 1965: 181-185).[15]
뿐만 아니라 강제이주 이후에도 벼농사는 각 콜호즈에서 목화와 더
불어 가장 특색있는 생산물로서 재배가 이루어졌고, 특히 2차대전기
에는 쌀생산을 통해 소련의 전쟁수행 과정에서 식량지원에 큰 도움
이 되었던 품목이기도 하다.

벼농사 전통의 경우, 카자흐스탄 우쉬토베 지역의 벼농사가 가장
인상적이었다. 구술증언을 보자(박 니콜라이 인터뷰, 2012).

"벼농사 시작 과정에서 해당지역에는 '아르파샬라', '둥간샬라'라는 현
지 볍씨종자들이 있었다. 하지만 이들은 수확량이 많이 떨어지는 품종들
이어서 고려인 농학자들에 의해 우쉬토베와 알라굴 지역에서만 재배하게
하는 구역제한제가 실시되면서 어느 정도 수확량에 안정성을 꾀해 나가
게 되었다(약 45년 동안 재배). 하지만 품종의 노후와 연작문제로 인해 새

---

15) 벼농사는 내전기(1917-22) 이후 본격적인 소비에트 사회주의 체제가 가동되
고, 집산화 정책과 더불어 광범위하게 극동전역에 퍼져나갔다. 고려인(한
인) 벼재배 조합(콜호즈)들이 조직되기 시작했고, 고려인 콜호즈에서 중요
한 역할을 했는데, 총생산 가치의 41.6%를, 전체곡물 부분에서는 72.3%를
차지했다. 당국의 지원으로 벼 파종면적은 크게 확장되어 1923년에는
7978ha, 1934년에는 20664ha까지 재배가 확대되었다.

로운 품종개발의 필요성이 제기되었고, 1989-90년도 경에 마침내 우쉬토베 지역의 기후와 연작에 적합한 4개(박클리((박&이), 자랴, 오프이트느이, 우로좌이)의 신품종들이 개발되어 오늘에 이르고 있다.”[16]

마치 과거 극동에서 북해도 볍씨를 들여와 품종개발에 성공하여 벼농사 보급에 성공한 신우경의 후예들처럼 우쉬토베의 벼농사를 반석 위에 올려놓았던 것이다.

우쉬토베는 고려인들의 최초의 정착지로서의 1차적인 상징성을 갖고 있는 곳이다. 또한 최초의 벼농사가 이루어졌던 박박트이 지역보다도 지금은 그 전통의 중심이 우쉬토베로 옮겨져 더 체계적으로 벼재배 전통이 이어져오고 있었다. 평생을 볍씨개발과 농업발전에 헌신해 온 박 니콜라이 알렉산드로비치(농업생산조합〈오프이트노예〉 부회장)는 우쉬토베의 벼재배 전통에 대해서 현실적 어려움 속에서도 고유한 민족전통이 이어져 오는 것에 대해서 큰 자부심을 갖고 있었다(박 니콜라이 인터뷰, 2012).

> “아쉽게도 오늘날 전반적으로 고려인들의 쌀 수요가 줄어들고 있습니다(밥, 떡·증편, 골미떡 등). 게다가 고려인들의 식탁에 적합한 품종들은 역으로 쌀의 특성상 현지인들의 식탁(밥, 플로프)에는 맞지 않은 측면들이 있습니다. 그래서 현재는 알이 길고 굵어 국제시장에서도 호평을 받고 있고, 현지인들의 식탁에 더 적합한 '박클리' 품종이 주로 재배되고 있습니다. 이 품종은 현재 러시아에까지 수출이 되고 있습니다. 이곳의 벼농사 전통은 제가 살아있는 동안에는 앞으로도 계승되어 나갈 것으로 봅니다.”

고려인 젊은 세대들이 떠난 우쉬토베의 들녘은 고즈넉하기만 했

---

16) 박 니콜라이(농학박사)는 농업생산조합〈오프이트노예〉의 부회장으로 근무하고 있다.

다. 또한 과거의 풍성하고 위용있는 모습은 찾아보기가 어려웠다. 하지만 물이 올라 튼튼해진 벼줄기와 한창 차오르는 낟알만큼은 보는 이의 마음을 흡족하게 해주었다.

4) [4분야]구전전통 및 표현

대분류	중분류	세분류		조사일	조사지역	주요조사목록 및 내용
4 분야	설화	신화	창세신화, 건국 신화, 씨족 신화 등	8.10	아르촘	단군신화(현대전래, 학습)
		전설	지명전설, 암석 전설, 고목 전설 등			
		민담	재미있는 이야기들	7.20/23	알마타	봉이 김선달, 아리랑의 유래, 가죽침을 놓은 사람, 어린신랑의 기지, 게에게 그곳을 물린 여자, 부와 용녀, 달래강 전설, 아버지와 셋째딸, 건망증이 심한 사람, 간나새끼, 내밥 먹고 남의 씹한다, 밤마다 곧뻗은 사람 들어와 못나온 아이, 꼬마신랑의 재치, 오줌싸면 소금 얻어 와라, 효불교 다리, 결혼식의 방식, 저승 갔다 온 이야기, 호랑이와 싸운 시아버지, 개만도 못하다의 유래, 고려장이 없어진 유래, 꾀꼬리 높이 날지 못한다
				7.21	우쉬토베	고려장이 없어진 유래, 어머니가 본 귀신, 택시를 타고 온 귀신, 귀락이 새기 없어(상사뱀), 도깨비 정체
				7.24	박박트이	귀신불(벼락불), 호랑이와 싸운 사람, 어린 신랑의 기

대분류	중분류	세분류	조사일	조사지역	주요조사목록 및 내용
					지, 방귀소동, 아기장수, 고려장이 없어진 유래, 동삼동자, 묘지를 잘못 안 아들의 무덤, 저승 갔다 온 사람, 묻어 온 귀신(실화), 귀신소리들은 소금장수, 흥부와 놀부, 춘향전, 심청전
			7.27/28	비쉬케크	고려장이 없어진 유래1,2, 배나무로 찾은 아들, 내덕에 산다, 홍범도, 늑대와 말의 싸움, 호랑이를 물리친 성냥, 흥부전, 계모담, 귀신에 붙은 사람에서 방축한 일화
			7.29	카라발타	우시(양가선물주고받기)가 없어진 유래, 바보신랑, 자린고비, 총을 잘 쏜 홍범도, 바닷물을 팔아먹는 김삿갓, 공작새를 살린 며느리, 춘향전, 소금장수와 혼령
			8.6	유즈노사할린스크	떡 하나주면 안 잡아 먹지, 한석봉이야기, 심청이, 춘향이, 흥부놀부
민요	노동요	모심는 소리, 모찌는 소리 등	7.13	타쉬켄트	클레멘타인, 황제러시아
			7.13	김병화콜호즈	씨뿌리는 노래(씨뿌리기), 볏단뿌리는 노래(볏단뿌리기)
			7.22	우쉬토베	씨를 뿌려라, 농부가
			7.24	박박트이	농부가, 농부의 일생, 추수의 노래(풍년의노래)
			7.27-28	비쉬케크	농부야, 저건너로(지심매기), 이농판의 씨뿌리면, 연자방아 노래, 농부의 일생
			8.11	우수리스크	농부가, 나의고향, 목화따는 처녀

대분류	중분류	세분류	조사일	조사지역	주요조사목록 및 내용
		의식요	상여소리, 달구질 소리 등		
		유희요	놀면서 부르는 노래들	7.13	타쉬켄트	수일가, 강남달, 아리랑, 동북선, 둥둥둥내사랑
				7.13	김병화콜호즈	내가 입은 저고리, 좋은 세상
				7.21/22	우쉬토베	아리랑, 에헤요, 자장가, 창가, 빨치산의노래, 나이가 들면(백발가), 찔레꽃, 5월 이와, 김정자의 시집살이
				7.23	알마타	따뜻한 봄날에, 순애야, 놀자타령, 사랑가
				7.24	박박트이	아리랑
				7.27-28	비쉬케크	불타령, 자장자장, 아리랑, 꽃이라고 다 꽃이냐, 내사랑 크레멘타임, 장백산, 남쪽나라 떠나는 곳, 심청가
				7.29	카라발타	아리랑, 농부가, 나의고향, 목화따는 처녀, 클레멘타임, 정든 고향 원동,
				8.6	유즈노사할린스크	도라지, 아리랑
				8.7	유즈노사할린스크	날좀보소, 아리랑, 도라지, 노들강변
				8.9	유즈노사할린스크	다리세기 노래
				8.10	아르홈	아리랑, 도라지
				8.11	우수리스크	아리랑, 에헤요, 날좀보소
	무가	청배무가	바리데기, 삼신풀이, 이공풀이 등			
		축원무가	축원문 등			

대분류	중분류	세분류		조사일	조사지역	주요조사목록 및 내용
		축사 무가	옥추경, 옥갑경, 축사경 등			
	판소리	춘향가, 심청가, 흥부가 등				
	속담 및 수수께끼	가는 말이 고와야 오는 말이 곱다 등		7.23	알마타	시집은 낮아도 된다, 구렁이가 나가면 집안이 망한다
				7.24	박박트이	귀먹어 삼년 벙어리 삼년 소경 삼년
				7.27/28	비쉬케크	섣달 그믐날 일찍 자면 눈썹이 센다,할머니의 손은 약손, 비었을 때 민들레를 붙이면 낫는다, 개에 물렸을 때털을 베어 붙이면 낫는다, 벌레에 물리거나 벌에 쏘였을 때 장이(된장)를붙이면 낫는다. 머리(골이)가 깨졌을 때 쟁이 붙이면 낫는다
				7.29	카라발타	먹을 게 없는 제사는 절을 9번 받는다, 부자집의 구정물(우물물)을 가져오면 복을 받는다, 키가 큰남자가 들어와야 좋다, 여자가 먼저 들어오면 재수가 없다(호랑이날), 설날에 여자가 들어오면 병이 든다, 애 태어난 집에 바로 들어가면 눈이 나빠진다, 함경도 상놈 강원도 양반, 식사는 천천히 먹어야 한다, 달걀 세 개 먹으면 아들 서이 낳는다

'[4분야]구전전통 및 표현' 부분에서는 고려인의 설화, 민요, 무가, 판소리나 속담, 수수께끼 등과 관련된 전승실태를 보여주고 있다. 실

태조사 결과, [4분야는 독
립국가연합 고려인 사회에
서 아직까지는 가장 뚜렷하
게 확인해 볼 수 있는 분야
였고, 여전히 고려인 노인
세대들 사이에서는 입에서
입으로 전수되어 지고 있음
을 확인할 수 있었다.

설화에서 신화, 전설은
찾아보기가 어려웠고, 민담,

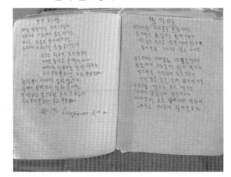

[그림 44] 4분야: 타쉬켄트시 최알렉산드라의 1950
년대 민요공책

즉 '봉이김선달'같은 다양한 종류의 재미있는 이야기들은 조사했던
전 지역에서 다수 확인이 되었다. 다만 고려인들의 출신배경이나 한
반도와의 지속적인 접촉부재, 그리고 현지의 영향으로 이야기의 기본
골격은 같으나 변형된 이야기들이 적지 않게 있었다. 예로, '귀신불
(벼락불)'의 경우, 한국의 '혼불이야기'의 변형이라 할 수 있는데, 고려
인들은 혼불이 들어오면 집안에 불행한 일이 생긴다고 믿고 있었다.
음담패설의 경우는 현지의 이야기가 고려인들 사이에서 회자되는 경
우도 있었다.

민요의 경우는 설화와 함께 그간 일부 민속학 분야 연구자들에 의
해서 간헐적으로나마 연구가 되어 왔던 분야로, 누구든지 몇 곡 정도
는 부분적으로나마 기억하고 있었다. 노동요나 의식요의 경우도, 유
희요 만큼은 아니지만 일부 확인되었다. 많은 고려인들의 콜호즈 농
업활동이 이 계통의 노래가 계승되어 오는데 적지 않게 영향을 미쳤
을 것으로 보인다(씨뿌리기, 농부가, 농부의 일생 등). 물론 이런 류의
노래들은 더 있을 것으로 본다. 민요에서 가장 많은 분포를 보인 것
은 유희요, 즉 놀면서 부르는 노래들이었는데, 고려인들 사이에서 가
장 광범위하게 퍼져 불려지고 있었다. 콜호즈 거주 고려인들의 경우,

[그림 45] 4분야: 우쉬토베시 노인회 산하 〈도라지〉가무단 민요연습 모습

농업활동과 관련된 민요가 많이 전승되고 있었다. 한 가지 주목할 점은 한국에서는 농사 단계별로 각기 다른 민요가 전승되고 있는데, 고려인의 경우는 씨 뿌릴 때, 볏단 나를 때 등, 일부 단계의 민요만 주로 전승되고 있었다. 그외 다양한 형태의 유희요를 확인했는데, 대체로 이북지역에서 유입된 것으로 추정되는 민요들이 다수를 이루었다.

그밖에 무가와 판소리의 경우는 조사과정에서는 찾아볼 수가 없었다. 마지막으로 속담 및 수수께끼의 경우, 한국에서 전승되고 있는 속담의 원형이 그대로 남아 있었는데(예, 귀먹어 삼년 벙어리 삼년 소경 삼년), 일부의 경우는 변형된 형태로 존재해 오고 있었다. 특히 속담보다는 속신의 형태로 전승되어 오는 경우가 더 많았는데(여자가 먼저 들어오면 재수가 없다(호랑이날), 설날에 여자가 들어오면 병이 든다, 애 태어난 집에 바로 들어가면 눈이 나빠진다 등), 속신을 통해서도 잔반제도나 삶의 희로애락을 함축하고 있는 점이 흥미로웠다.

'4분야구전전통 및 표현'에서, 특히 민요는 고려인들의 희로애락을 가장 보여주는 분야라고 할 수 있다. 한 예로, 우쉬토베 지역 고려인 노인단의 경우, 특정 요일에 만나 고운 한복차림에 민요와 춤을 추며 결속을 다지는 자체활동을 활발히 해오고 있었다. 한때 우쉬토베 지구 〈보스톡〉콜호즈 대표까지 지냈고, 현재는 〈도라지〉가무단의 리더인 정 류드밀라(1936년생)는 누구보다도 고려인 가무에 많은 애정을 갖고 있었다(정 류드밀라 인터뷰, 2012).

"1970년대 초에 음악가인 첫 번째 남편과 함께 가무단을 조직했고, 80여명의 가무단원이 정기적으로 활동을 해왔습니다.....두 번째 남편 또한

음악가였는데, 그와 함께 최근까지 가무단을 이끌어 왔습니다....이곳에서 뿐만 아니라 북한에 가서도 공연하기도 했습니다. 소련 붕괴 이후에는 한국의 가무를 배워서 가무단에서 사용해오고 있습니다. 평생을 한민족 가무에 종사하고 있고 우리 것을 많이 사랑하고 있습니다."

라고 증언하고 있다. 아쉽게도 가무단은 4년 전 리더였던 남편이 타계한 후 해체가 된 상황이나 정 류드밀라에 의해 어려움 속에서도 명맥이 유지되고 있었다.

연해주의 우수리스크에 서도 노인단 내 가무단에 의해서 전통가무의 맥이 이어져 오고 있었다. 앞서 언급한 아르쬼의 〈칠성〉가무단 외에, 이곳에서는 전문적으로 활동하고 있는 〈아리랑〉가무단과 노인단의 〈고

[그림 46] 4분야: 우수리스크시 노인단 산하 〈조선노래〉가무단의 민요연습 모습

려〉가무단('모란봉'에서 개칭), 〈조선노래〉가무단이 민요를 부르고 춤을 추며 한민족의 가무전통을 이어가고 있었다. 300여명으로 구성된 노인단을 이끌고 있는 윤 스타니슬라프(1937년생) 회장은(윤 스타니슬라프 인터뷰, 2012),

"노인단은 연고가 없는 노인세대들을 환갑이나 장례식 때 도움을 주기 위해서 1956년도 재이주 초기에 조직되었습니다....노인단 내 이주1세대 노인들로 구성된 〈조선노래〉가무단은 노인들에게 조상의 고국에 대한 향수도 심어주고 인생을 재미있게 살아가는데 도움이 되고 있습니다. 우리 것을 잊지 않고 살아가는 것만큼 중요한 것은 없다고 생각합니다."

라며 〈조선노래〉가무단의 활동에 의미를 부여하고 있다. 또한 〈조선노래〉가무단 조직멤버인 최 나제즈다 알렉산드라(1933년생)는(최 나제즈다 인터뷰, 2012),

> "우리는 조선사람이기 때문에 역사적으로 조선말도 옳게 할 수있고, 또 조선의 노래도 하기 쉽습니다. 그래서 이곳에(가무단)에 들어오게 되었습니다. 가무단에서 조선의 노래를 부르고 춤을 추는 것이 너무 재미있습니다. 조선 민족으로서 자부심을 갖고 있습니다."

라며 가무단 활동을 자랑스러워했다. 작은 노인단 사무실에서 민요 '날좀보소'로 시작된 10명이 넘는 고려인 이주 1세대 노인들에 대한 인터뷰는 민요 '아리랑'으로 마무리되었다.

염려스런 것은 향후 얼마나 저들의 입을 통해 한민족의 민요가 불려지게 될지는 아무도 모른다는 점이다. 이주 1세대의 나이가 70-80대이기 때문이다. 또한 현지 문화와 삶에 동화된 젊은 세대들은 우리 것에 대한 관심이 적다. 설화와 민요와 같은 구전전통 마저 사라져버리고, 전승이 단절된다면 그보다 큰 민족적 아픔은 없을 것이다. 자기 것을 모르는 소수민족은 결국은 자신들의 주변에서도 인정받지 못하고, 힘있는 소수민족으로서도 목소리를 내기가 어렵기 때문이다.

5) [5분야]의식주 등 전통적 생활관습

대분류	중분류	세분류		조사일	조사지역	주요조사목록 및 내용
5 분야	의생활	방적	무명짜기, 베짜기, 모시짜기 등			
		바느질	바느질법	7.21	우쉬토베	버선
		염직	염료			

대분류	중분류	세분류		조사일	조사지역	주요조사목록 및 내용
		복식	평상복, 노동복, 의례복			
		특수의상	수의 등			
		세탁·다듬이질	세탁, 다듬이질			
	식생활	일상음식		7.15	시온고콜호즈	북장, 오누비장, 시락장물, 무장물, 우화, 가지볶음, 버섯볶음, 고추볶음
				7.23	알마타	국시
				8.6	유즈노사할린스크	수제비(잡아떼기)
				8.13	파르티잔스크	고추된장볶음, 두부, 비지장
		별식		7.13	김병화콜호즈	토주, 엿, 골미떡(지름굽이, 지름떡)
				7.22	우쉬토베	엿
				7.23	알마타	감주
		절식(節食)	떡국, 화전, 쑥떡, 팥죽 등	7.13	타쉬켄트	오그레, 오가지밥, 쑥떡
				7.20	알마타	콩볶아먹기(2월), 거자수먹기(4월), 호두떡 만들어 먹기(5-6월)
				7.24	박박트이	오그레
				7.27	비쉬케크	콩볶아먹기(2월), 오그레, 두부먹기
				7.29	카라발타	오곡밥, 귀밝기술
				8.7	유즈노사할린스크	떡국, 물뱅세이(물만두), 오곡밥, 팥죽
				8.11	우수리스크	팥죽(동지죽, 오그랑죽)
		의례음식	제사음식 등	7.13	김병화콜호즈	찰떡, 증편
				7.15	시온고콜호즈	찰떡, 증편, 가주리, 감주, 비고제

대분류	중분류	세분류		조사일	조사지역	주요조사목록 및 내용
				7.23	알마타	가주리, 시루떡, 골미떡 (지름굽이, 지름떡), 찰떡, 증편, 순대
				8.10	아르촘	찰떡, 증편, 가주리, 탁주
				8.13	파르티잔스크	떡메/떡구시
		구황 음식	고구마, 감자 등			
		음식 도구		7.13	김병화콜호즈	떡구시
				7.15	시온고콜호즈	드로우밀까(전기바이), 전기숯돌
				7.21-22	우쉬토베	떡메/떡구시
				7.24	박박트이	떡메/떡구시
				7.27	비쉬케크	조리(복조리)
				8.6/7/9	유즈노사할린스크	오봉(찻쟁반), 되, 저울, 제기, 놋수저, 시리바지/절구, 절구통, 손저울, 간장통, 김치통
		저장 식품	김치 등	7.13	김병화콜호즈	마쓰로(치즈)
				7.15	시온고콜호즈	김장김치, 된장, 고추장
				7.23	알마타	김치, 양파김치, 파김치, 깍두기, 물김치, 고추장, 된장, 간장
				8.8	유즈노사할린스크	꼼뽀뜨(사과주스), 바레니(쨈)
				8.10	아르촘	김치(연어, 청어)
				8.13	파르티잔스크	된장, 고추장, 간장, 김장김치, 토마토절임, 오이

대분류	중분류	세분류		조사일	조사지역	주요조사목록 및 내용
						절임, 양배추절임
		상차림	일상상			
			의례상			
	주생활	집안의 시설물과 설비	취사시설, 수장시설, 난방시설, 부대시설	7.13	김병화콜호즈	온돌, 우물
				7.20	알마타	온돌(흙벽돌)
				7.15	시온고콜호즈	온돌, 사우나, 물타워, 샤워실
				7.21	우쉬토베	지하저장고(포그리브)
				8.8	유스노사할린스크	사우나, 지하저장소(포그리브)
				8.13	파르티잔스크	우물
		공간의 기능	취침, 접객, 식사, 기타 (화장실 등)	8.9	시네고르스크	호롱불
		가옥의 구조	재료, 사용도구, 구조명칭, 가구, 지붕			
		건축 의례	집터다지기, 성주봉안 등			
	세시 풍속			7.12/16	북쪽등대콜호즈	한식, 단오, 추석, 설, 대보름, 한식, 단오, 천렵, 추석
				7.15	시온고콜호즈	윤달
				7.20	알마타	설(세배), 대보름, 한식, 단오, 추석, 동지(동지팥죽), 윤달, 복날
				7.21	우쉬토베	설, 한식, 단오, 추석, 동지
				7.24	박박트이	설, 한식, 단오, 추석, 동지
				7.27/28/29	비쉬케크	설, 한식, 단오, 추석, 동지, 대보름, 까마귀날
				8.6/7	유즈노사할린스크	단오, 중양절, 복날, 추석, 설, 대보름, 삼짓날, 동지

대분류	중분류	세분류	조사일	조사지역	주요조사목록 및 내용
			8.10	아르촘	설, 한식, 어린이날, 단오, 추석
			8.11	우수리스크	설, 십이지상일, 대보름, 한식, 단오, 추석, 동지
			8.13	파르티잔스크	윤달

'[5분야]의식주 등 전통적 생활관습' 부분에서는 고려인의 의식주 생활 및 세시풍속과 관련된 전승실태를 보여주고 있다. 실태조사를 통해서 [5분야]의 식생활과 세시풍속 부분은 [4분야]처럼 가시적인 확인이 가장 확실한 분야 중의 하나였다. 즉, 고려인 사회에서는 아직까지도 음식문화 전통과 명절, 절기별 세시풍속을 다른 분야에 비해 상대적으로 잘 계승해오고 있었다.

의생활의 경우, 우쉬토베 지역에서 버선을 만들어 신는 사례를 제외하고는 전통적인 방식의 의생활 모습은 찾아볼 수 없었다. 이 전통은 이미 오래전에 사라진 것으로 조사결과 나타났으며, 추적 또한 불가능했다. 게다가 수의나 물레 등 개별적으로 남아있는 유형의 문화유산물들에 대한 확인을 시도했으나 결과물을 얻는데는 실패했다. 다만 배냇저고리나 오래된 한복의 경우는 드물게 찾아볼 수 있었다. 특

[그림 47] 5분야: 타쉬켄트 쿠일륙 시장에서
파는 가주리

히 카자흐스탄 알마타의 최 아리타(1942년생)의 소장품 중에서 극동시기에 입었던 한복류와 기타 수예품들을 볼 수 있었다. 그녀는 한국학 및 다양한 형태의 고려인 관련 자료를 포함, 1910-20년대 항일 및 빨치산 운동에 투신했었던 김경

천의 집안에서 사용된 생활품들을 다량 소장하고 있었다.[17]

[그림 48] 5분야: 우쉬토베 지역의 베고자

식생활의 경우는 비록 식재료와 양념의 차이로 인해서, 또 현지의 영향 등으로 변형된 형태도 적지 않았으나 여전히 많은 부분이 원형의 형태를 유지해 오고 있었다. 즉, 일상음식으로는 시락장물(된장국), 국시, 두부, 비지장, 별식으로는 토주, 엿, 감주, 절식(節食)으로는 오그레, 오곡밥, 쑥떡, 귀밝기술, 물뱅세이(물만두), 팥죽(동지죽, 오그랑죽), 의례음식(명절-설, 한식, 단오/생일, 환갑/ 제사 등)으로는 찰떡, 증편, 가주리, 감주, 베고자, 그리고 저장식품으로는 김치(배추, 무, 양파 등), 된장, 고추장, 간장 등을 만들어 먹는 전통을 유지하고 있다. 가령, 우즈베키스탄 〈시온고〉콜호즈에서는 된장만들기 전통이 거의 완벽하게 전승되어 오고 있었다. 평생 콜호즈에서 살아 온 황 류드밀라(1942년생)는 메주콩을 삶아서 으깬다음 다시 납작하고 둥근 형태의 메주로 만들어 그늘에 말리는 과정까지 완벽하게 재현을 해보였다. 사실 그것은 재현이라기 보다는 실제로 한 해 식구들이 먹을 된장을 만드는 과정을 보여준 것이었다. 황 류드밀라는(황 류드밀라 인터뷰, 2012),

---

17) 연구팀이 방문한 최 아리타의 집은 흡사 작은 박물관과도 같았다. 그녀는 본인이 소장하고 있는 다양한 형태의 한국학 및 고려인 관련 자료들을 어느 나라에서든지 먼저 도움을 제시하는 대상에게 제공할 의사가 있다고 밝혔다. 부분이 아닌 전체구입을 해 줄 것을 희망하고 있었기 때문에 개인보다는 국내 관련기관에서 관심을 갖고 접근할 필요성이 있다고 여겨진다.

"아직도 된장, 고추장, 간장을 직접 담가서 먹는 고려인들이 많이 있습니다. 자기 민족의 전통을 알고 지킨다는 것은 중요하고 자랑스런 일이라고 생각합니다. 딸과 며느리에게도 만드는 법을 알려주고 있는데, 앞으로도 스스로 만드는 법을 이어가고, 손자들에게도 전해주었으면 좋겠습니다."

라며 전통을 계승해 나가는 것에 큰 자부심을 느끼고 있었다. 이외에 인절미(찰떡)를 만들 때 쓰는 떡메와 떡구시 같은 전통적인 음식도구 또한 심심찮게 볼 수 있었다. 이 도구들은 오랫동안 사용되어 왔는데, 지금은 떡을 공장에서 만들어 판매하기 때문에 거의 사용을 하지 않고 있다.

사할린 한인의 경우도 설에 떡국과 물만두, 동지에 팥죽 등을 먹는 등 근본적으로는 유사한 식문화를 유지하고 있었다. 하지만 대륙 고려인의 경우와 달리 음식의 재료와 양념 등에서 한국의 그것과 거의 동일한 맛과 모양을 유지하고 있었다. 이는 대륙의 고려인과 서로 다른 출신배경에서 그 원인이 있으리라 본다. 한편으로 집에 딸린 텃밭에서 수확한 오이와 토마토, 양배추 등을 큰 병에 담아 절임형태로 만들어 겨울동안 먹는 관습은 고려인이든 사할린 한인이든 현지의 식문화에 영향을 받은 것으로 보였다.

주생활의 경우 거의 대부분 현지식 주택구조나 현대식 건물에서

[그림 49] 5분야: 연해주 파르티잔스크 지역에 있는 떡메와 떡구시

[그림 50] 5분야: 타쉬켄트주〈시온고〉콜호즈의 메주만드는 모습

생활을 하고 있다. 하지만 도시가 아닌 농촌지역 주택의 방 한 칸 정도는 온돌식으로 난방시스템을 설치하는 경우가 심심찮게 눈에 띄었다. 물론 넓적한 온돌을 이용한 전통방식이 아닌 변형된 형태라고 할 수 있다. 우즈베키스탄 〈시온고〉콜호

[그림 51] 5분야: 파르티잔스크 안엘레나 집에 있는 전통식 우물

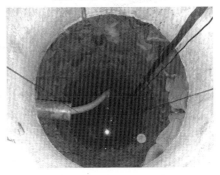

즈의 황 류드밀라(1942년생) 집에서 마침 지어지고 있는 변형된 형태의 온돌식 방을 확인할 수 있었다. 며느리 서 알료나(1974년생)는 젊은 세대이지만 평소 전통식 온돌방식에 관심이 많았다고 한다. 남편이 아닌 자신이 직접 온돌방을 설계하여 짓고 있었다. 서 알료나는 (서 알료나 인터뷰, 2012),

"도시에서는 온돌식 방을 만드는 일이 어렵지만 농촌 주택에서는 가능합니다. 온돌방은 여러 가지로 건강에도 좋은데, 특히 노인분들에게는 러시아식 난로나 스팀 난방시스템보다 고려인의 전통식이 더 도움이 됩니다. 남편은 직장생활을 하고 있어서 평소 관심을 갖고 있던 차에 이번에 제가 직접 설계를 해보았습니다. 조상들이 이렇게 난방을 만들어 왔다는 것이 신기하고 지혜롭다고 생각합니다."

라며 자신에 의해서 전통의 한 부분이 실현되고 이어지는 것에 대해서 스스로를 대견하게 생각하고 있었다.

주생활과 관련하여, 현지조사 기간 동안에 우즈베키스탄 〈김병화〉콜호즈와 러시아 연해주 파르티잔스크에서 두 개의 우물을 확인할 수가 있었다. 〈김병화〉콜호즈 장 엠밀리야(1940년생) 집 마당 한켠에

[그림 52] 5분야: 한식날 성묘하는 고려인들(우즈
베키스탄 〈시온고〉콜호즈)

있는 우물은 깊이가 7m정도
이고, 우물벽은 지름 120cm
정도의 둥근 석조원형틀로
되어 있었다. 그에 비해 연
해주 파르티잔스크의 안 엘
레나(1942년생) 집에 있는
우물은 더 전통적인 방식으
로 만들어 졌다. 지상 돌출
부 1m정도가 둥근 석조원형
틀로 처리된 것을 제외하고
는 6m 정도의 우물벽은 둥글고 고른 돌들로 정성스레 쌓아올려져 있
었다. 이런 우물 등은 지금도 과거 강제이주 전 연해주 남부의 한인정
착촌들(지신허, 연추 등)에서도 여전히 그 흔적을 찾아볼 수가 있다.

세시풍속의 경우, 명절로서 설, 한식, 단오, 추석, 동지 등이 생명력
을 유지하고 있었다. 특이한 것은 한식과 단오는 한국과는 비교할 수
없을 정도로 큰 명절로 인식되고 있는 점이다. 한식의 경우, 고려인들
은 음식을 준비해서 성묘를 하고, 부모님을 공경하는 날로써 쇠고 있
었다. 이는 사할린의 경우도 유사했다. 겨울에 들어 있는 설은 집안에
서 보내고, 한식과 추석에 주로 성묘를 다니고 있었다. 윤달에 대한
인식 또한 한국과 매우 달랐는데, 고려인들은 윤달을 매 6월로 인식
하고 있었고, 이 기간에 궂은 일을 하는 것으로 나타났다.

6) [6분야]민간신앙 등 사회적 의식(儀式)

대분류	중분류	세분류		조사일	조사지역	주요조사목록 및 내용
6 분야	마을 신앙	산신제				
		서낭제				

대분류	중분류	세분류		조사일	조사지역	주요조사목록 및 내용
		장승제				
		솟대제				
		기타				
	가정 신앙	성주신앙		8.7	유즈노사할 린스크	성주모심
				8.11	우수리스크	대들보신(성주신) 봉인
		터주신앙		7.29	카라발타	토지신앙
				8.7	유즈노사할 린스크	토지님 제사
		조왕신앙		8.11	우수리스크	조왕신앙
				7.20	알마타	조왕신앙
		삼신신앙		8.6	유즈노사할 린스크	삼신상, 삼신기도
		조상신앙		7.29	카라발타	업신앙
		기타				
	무속 신앙	기복굿	재수굿 등	7.16	폴릿단젤콜 호즈	하락시(점쟁이)
				7.22	우쉬토베	하락시(점쟁이)
				7.27	비쉬케크	하락시(점쟁이)
		양재굿	병굿 등	8.6	유즈노사할 린스크	○○굿(40-50년 전)
	속신앙	어떤 주술적인 믿음 내지 행동 등		7.13	김병화콜 호즈	3색동물(복), 부정물림 (소금)
				7.15	시온고콜 호즈	귀신 쫓는 풀(이스룩푸리), 귀신 쫓는 천(붉은 리본), 이사액막이(기름냄새)
				7.20	알마타	사주점치기
				7.27	비쉬케크	제웅치기(짚인형)[18]
				7.29	카라발타	방토[19]
				8.6/7	유즈노사할 린스크	대장군방,[20] 토정비결, 귀 신풀기(된장국)
				8.10	아르촘	기자속신, 배냇저고리(시 험), 귀신물림(칼, 부적, 닭

대분류	중분류	세분류		조사일	조사지역	주요조사목록 및 내용
						등), 제웅치기(짚인형)
				8.11	우수리스크	고양이죽음(반드시 이사), 흰쥐(부) 등
		산육속		7.16	북쪽등대콜호즈	산모금기, 돌
				7.20	알마타	태아금기, 백일, 돌, 태처리법, 배냇저고리
				7.21	우쉬토베	태몽, 태아감별법, 태아금기, 돌, 돌잡이(쌀 3그릇, 바늘, 실, 책, 알켜(팥), 연필, 돈)
				7.27	비쉬케크	태몽, 태처리법, 출산후 출입금기(한달), 돌, 돌잡이(쌀3그릇, 바늘, 실, 책, 알켜(팥), 연필, 돈)
	일생 (통과) 의례			7.29	카라발타	태아감별법, 태몽, 태처리법(물에 띄워버림), 출산후 출입금기(40일-타문화 영향), 돌, 돌잡이
				8.6	유즈노사할린스크	태아감별법
				8.7	유즈노사할린스크	태처리, 100일, 돌, 수유, 작명
				8.10	아르춈	산모금기, 수유, 100일, 돌, 생일
		관례		7.16	북쪽등대콜호즈	성인식
		혼례		7.16	북쪽등대콜호즈	결혼식
				7.20	알마타	결혼식(맞선, 사주점치기, 청치, 우실, 결혼, 거울드리기, 쌀가마넘어오기, 폐백, 결혼상)
				7.21	우쉬토베	결혼식(청치, 우실)

대분류	중분류	세분류	조사일	조사지역	주요조사목록 및 내용
			7.27/28	비쉬케크	결혼식(혼새, 혼샛말, 맞선, 청치, 우실 등), 임신한 여자 혼례상 차리기
			7.29	카라발타	결혼식(청치, 우시, 국시먹이기)
			8.6/7	유즈노사할린스크	결혼식
			8.10/14	아르쬼	결혼식, 임산부 결혼
		환갑, 칠순	7.16	북쪽등대콜호즈	환갑, 칠순
			7.20	알마타	환갑
			7.27	비쉬케크	환갑(상차림)
			7.29	카라발타	환갑(상차림)
			8.7	유즈노사할린스크	환갑, 칠순, 희수, 미수, 백수
			8.10	아르쬼	환갑(참여조사)
		장례, 제례	7.16	북쪽등대콜호즈	장례, 제례
			7.20	알마타	장례(임종확인, 혼부르기, 칠성판, 명정쓰기, 운구, 발인제, 삼우제), 성묘(한식, 추석)
			7.21	우쉬토베	성묘(한식, 추석)
			7.27	비쉬케크	성묘(한식, 추석), 장례(임종 확인법, 혼부르기, 칠성널(판), 명정쓰기, 운구, 발인제, 초우제/반혼제, 재우제, 삼우제, 기제사(1, 2년), 묘제(한식, 추석)
			7.29	카라발타	제사
			8.6/7/ 8.11	유즈노사할린스크	산신제(장례 중), 사망제사, 장례, 돌아가신 날 제사, 3년제사
			8.13	파르티잔스크	장례, 제례

'[6분야]민간신앙 등 사회적 의식(儀式)'에서는 고려인의 마을, 가정, 무속 및 속신앙 등의 민간신앙과 일생(통과)의례와 관련된 전승실태를 보여주고 있다. [6분야의 경우, 일생의례의 돌잔치와 돌잡이, 환갑, 장례분야를 제외하고는 실제적으로 전승되지 않고 있거나 혹은 아주 약하게 전승되어 오고 있었다.

마을신앙 관련, 조사 결과 전승되거나 남아있는 유형의 문화유산은 아무 것도 없었다. 또한 가정신앙의 경우도 어린 시절 듣거나 본 것 외에는 현재는 거의 전승되지 않고 있었다.

무속신앙의 경우, 마찬가지로 굿행위가 전승되는 곳은 없었다. 러시아 사할린주의 유즈노사할린스크에서 40-50년 전까지 무당굿이 전승되어 왔다는 사실은 확인할 수 있었다. 그나마 점쟁이나 점치기에 대해서는 회자되고 있었는데, 이 전통은 대략 20년 전에 사라졌다고

[그림 53] 6분야: 타쉬켄트주〈폴릿닫젤〉콜호즈 하락시의 화투점 치는 모습

한다. 점쟁이 또한 추적을 해보았으나 대부분 지역에서 만나보기 어려웠다. 다만 수소문 끝에 우즈베키스탄 〈폴릿닫젤〉콜호즈에서 한 명의 점쟁이(하락시, 김 아샤)를 어렵게 만나볼 수 있었다. 그녀는(김 아샤 인터뷰, 2012),

---

18) 세시풍속의 하나로 악성을 상징하는 나후성이란 짚 인형을 만들고, 그 머리에 동전을 넣어 정월 보름 전날 초저녁에 거리에 버리는 행위이다.
19) 칼 던지기와 칼의 방향을 통해 악한 기운을 물리고 병을 퇴치하는 행위이다.
20) 대장군방(大將軍方)이란 대장군이 있는 방향을 의미한다. 대장군은 한 방위에 3년씩 머물다가 동서남북으로 돌아가는데, 대장군 방위로 함부로 이사, 이장, 증·개축, 신축, 수리 등을 해서는 안되며, 그렇지 않으면 우환과 질병, 손재수 등 다양한 형태로 고통이 따른다는 의미가 있다.

"고려인 사회에서 하락시 전통이 사라진지 오래되었습니다. 주변에서도 저 외에는 없습니다. 아마도 제가 죽고나면 이 전통도 같이 사라지겠지요. 제가 하는 일에 자부심을 갖고 있었는데 누군가는 관심을 갖는 사람이 있었으면 좋겠습니다."

라고 언급하며, 사라져가는 하락시 전통을 안타까워했다.

김 아샤의 화투패를 조작하여 점을 치는 모습이 이색적이었는데, 그녀와의 대화과정에서 '영신'이라는 신의 존재에 대해서 들었지만 그것은 '영신'이 아닌 '용신'이었다. 즉, 개방 이후 무속신앙이 유입 전승되는 측면도 있지만 명칭과 의미 등에 있어서 왜곡된 면도 있음을 확인할 수 있었다. 그럼에도 이번 조사에서 하락시 전통과 당사자를 만나볼 수 있었다는 점은 나름의 성과라고 할 수 있겠다.

속신앙의 경우 또한 오늘날 전승되는 사례는 드물다. 다만 일부 귀신 쫓는 행위도 전승되고 있었는데, 방토의 경우는 간혹 민간에서 나타나고 있었다. 또 러시아 사할린주에서 속신앙으로서 대장군방(大將軍方) 금기가 전승되고 있는 것을 확인할 수 있었다.

이상의 민간신앙의 경우, 상기 표의 '주요조사목록 및 내용'에 수록된 내용들은 구술채록 과정에서 언급된 것들이다. 앞서 밝힌대로 대부분 전승되지 못하고 있으며, 구술자가 어린 시절 부모나 이웃이 행하는 것을 본 내용들이라 할 수 있다.

일생의례의 경우는 전승되고 있는 부분이 상대적으로 많았다. 산육속에서는, 아이 출생 후 돌잔치를 하고 그 과정에서 돌잡이를 하는 등 비록 변형된 부

[그림 54] 6분야: 우쉬토베 지역의 돌잡이 모습

[그림 55] 6분야: 유즈노사할린스크 한인의 회갑
잔치 모습(박승의 교수 제공)

분이 있기는 여전히 잘 전
승되어 오고 있었다. 고려
인들은 돌잡이 시에 쌀, 바
늘, 실, 책, 연필, 알켜(팥),
돈, 심지어 가위도 놓는데,
몇 가지 물건놓기에 차이
가 있었다.[21] 또한 성인식
등이 포함된 관례 부분은
이번 조사에서 확인된 내

용이 없었다. 혼례 부분에서, 과거에는 결혼식에서 맞선, 사주점치기,
청치, 우실, 결혼식, 거울드리기, 쌀가마넘어오기, 폐백 등의 과정들이
있었다. 그러나 이 또한 이미 오래전의 일로 지금은 예식장이나 대형
음식점에서 현대식으로 치러지고 있다.

반면 환갑과 장례의 경우는 상당 부분 지켜지고 있었다. 환갑 시
에 모든 자녀들은 부모에게 찰떡, 증편, 가주리, 감주, 베고자 등의 음
식상을 차려올리고, 당사자는 자녀와 친척들, 그리고 이웃의 축하를
받으며 생일을 맞이하고 있다. 물론 과거처럼 집이 아닌 큰 레스토랑
에서 치러진다는 점에서 과거와 차이가 있을 것이다. 장례·제례 의식
은 사망 직후의 혼부르기부터 시작해서 칠성널(판), 명정쓰기, 운구,
발인제(사망 당일), 초우제/반혼제(장례 직후 당일), 재우제(장례 2일
째), 삼우제(장례 3일째), 기제사(사망 1, 2주년), 묘제(한식, 추석) 등의
전통이 여전히 지켜져 오고 있었다. 그러나 언급된 절차과정들을 모
든 고려인이나 사할린 한인들이 동일하게 지키고 있는 것은 아니고,

---

21) 한국에서도 최근에는 다양한 직업들이 생겨나면서 선호되는 직업을 의미
하는 물품들(마이크-연예인, 판정망치-법조인, 골프채-운동선수)을 돌잡이
에 놓고 있다. 같은 이치로 고려인 사회에서도 돌잡이 물품이 변해 온 것
으로 보인다.

저마다 개별차인 차이를 보이고 있다는 점을 염두에 두고 이해할 필요가 있다. 특히 사할린 한인의 일반적인 제사의 경우, 고려인의 그것과 달리 그 형식과 절차에 있어서 거의 온전한 형태로 전승되고 있었다.

[그림 56] 6분야: 유즈노사할린스크 한인의 제사상 모습(박승의 교수 제공)

[6분야]의 돌잔치와 돌잡이, 환갑, 장례·제례 분야가 나름 전승되어 오는 것은 그나마 다행스런 일이 아닐 수 없다. 사할린국립종합대에서 평생 한국어 및 한국학 교육에 헌신해 온 박승의 교수는(박승의 교수 인터뷰, 2012),

"평생을 노력해 왔지만 세대가 변하면서 우리의 많은 것들이 잊혀져 가고 있습니다. 젊은 세대들은 우리의 전통을 알고 지키는데 관심이 적습니다. 이제 우리 1세대들이 가고 나면 어떻게 될지 걱정이 됩니다. 러시아 땅에서 자기의 것을 지키고, 또 무엇이 있었는지 아는 것은 매우 중요합니다. 그게 바로 러시아 땅에서 한민족을 지키고 유지해 나가는데 힘이 될 수 있기 때문입니다."

라고 말하며, 사라져 가는 한민족의 전통문화에 대해서 안타까움을 토로했다.

7) [7분야]전통적 놀이·축제 및 기예·무예

대분류	중분류	세분류		조사일	조사지역	주요조사목록 및 내용
7 분야	놀이	집단놀이	지신밟기, 줄다리기 등	8.7	유즈노사할린 스크	줄댕기기(들놀이 중)
		개인놀이	화투, 장기, 바둑, 고무 줄놀이 등	7.13	타쉬켄트	널뛰기, 그네뛰기
					김병화콜호즈	화투, 카드
				7.20	알마타	화투, 육구치기(윷놀 이), 공기놀이(설, 대보 름), 씨름, 그네뛰기, 널 뛰기(단오)/기타-제기 차기, 알치기(알차), 돈 치기, 말타기, 숨박꼭 질, 연날리기, 자치기
				7.22	우쉬토베	사방치기, 목자치기, 제기차기(쟁구), 팽이 치기, 널뛰기, 육구치 기(윷놀이), 구양치기, 돈치기(벽/원이용), 쌔 쌔쌔, 실뜨기, 숨박꼭 질, 수건돌리기, 꼬리 잡기, 인간줄다리기, 줄넘기, 공기놀이, 썰매타기
				7.27/28	비쉬케크	육구치기, 나무치기, 알따먹기, 알칙(양무 릎 뼈던지기 놀이), 제 기차기, 굴기, 숨박꼭 질, 썰매타기, 썰매, 연 날리기, 팽이치기, 공 기놀이, 돈치기(벽/원/ 금이용), 말타기, 쌔쌔 쌔, 장치기, 수건돌리 기, 실뜨기, 자치기
				7.29	카라발타	연날리기, 숨박꼭질, 팽이치기, 공기놀이, 자치기, 돌치기, 돈치 기(벽/원이용), 그네타

대분류	중분류	세분류		조사일	조사지역	주요조사목록 및 내용
						기, 널뛰기, 썰매, 째째째, 제기차기
				8.6/7/8	유즈노사할린스크	씨름(광복절 경축 생사), 그네뛰기, 널뛰기, 눈싸움, 눈으로 성쌓기, 윷놀이, 화투, 눈썰매, 스키, 고무줄, 줄넘기, 정글링, 실뜨기, 숨바꼭질, 제기차기, 동전따먹기, 자치기
				8.10	아르촘	연날리기
				8.11	우수리스크	액연날리기/그네뛰기, 씨름, 줄다리기(단오)
	축제	고려인 마을이나 협회 단위로 행하는 축제 등		7.12	북쪽등대콜호즈	단오행사
				7.13	김병화콜호즈	추석놀이
				8.6/7/8	유즈노사할린스크	들놀이, 추석·광복절 경축 행사
				8.11	우수리스크	단오행사
	무예	태권도, 택견 등		8.14	아르촘	태권도 학원

'[7분야]전통적 놀이·축제 및 기예·무예'에서는 고려인의 놀이와 축제, 무예와 관련된 전승실태를 보여주고 있다.

놀이의 집단놀이(지신밟기, 줄다리기 등) 경우, 대륙의 고려인 사회에서는 찾아보기 힘들었지만 러시아 사할린주에서는 들놀이(7월 셋째주 혹은 넷째주)에서 집단놀이의 한 형태로 줄다리기가 전승되고 있었다.[22] 개인놀이(화투, 장기, 바둑, 고무줄놀이 등)와 관련해서, 과

---

22) 2012년도 들놀이 행사는 7월 28일 유즈노사할린스크시 노보알렉산드로프스크 제31호 중학교 주변의 운동장에서 치러졌다. 유즈노사할린스크시 한인회와 노인회 주최로 열린 이 행사에서는 '뱃노래' 등의 민요부르기와 남여팀 줄다리기 시합이 있었다.

[그림 57] 7분야: 유즈노사할린스크의 7월 하순 들놀이 모습(『새고려신문』, 2012.8.03)

거 고려인 사회에서는 과거 사방치기, 목자치기, 제기차기(쟁구), 팽이치기, 널뛰기, 육구치기(윷놀이), 돈치기(벽/원이용), 실뜨기, 숨바꼭질, 수건돌리기, 공기놀이, 썰매타기, 그네타기, 널뛰기 등의 많은 개인놀이들이 행해 졌었다. 하지만 지금은 일부지역에서 설이나 단오 때에 제기차기, 윷놀이, 그네타기, 널뛰기 정도가 행해지고 있을 뿐이다. 사할린주의 한인사회에서도 그네뛰기, 널뛰기, 씨름, 연날리기, 윷놀이, 화투 등이 설과 추석·광복절행사, 단오 때에 개인놀이들이 행해지고 있었다. 약간의 차이가 있다면, 대륙의 고려인사회에서와 달리 사할린주 한인사회에서는 추석을 겸한 광복절행사(양력)[23]가 정기적으로 대대적으로 치러지고 있다는 점이다. 단오와 추석을 일종의 축제로 여겨 마을 단위에서 축제놀이를 벌이고 있는 것은 한반도에서와는 다른 독립국가연합 한민족만의 특징이라고 할 수 있다.

마지막으로 무예(태권도, 택견 등) 관련, 전승차원에서 무예교육이

23) 2012년도 추석·광복절 67주년 행사는 8월 18일에 유즈노사할린스크시 유. 가가린 명칭 공원 〈코스모스〉경기장에서 성대하게 개최되었다. 이 행사에서는 사할린예술단원들과 한국인 대중가수들이 참여해 흥을 돋구었으며, 씨름과 줄다리기를 비롯한 민속놀이와 단체놀이가 행해졌다(『새고려신문』, 2012.8.10일자, 8면, 「광복절 기념행사」참조).

이루어지고 있는 곳은 조사과정에서 찾아볼 수 없었다. 1990년대 개방 이후부터 한국에서 들어 간 태권도 학원이 운영되는 정도였다.

Ⅳ. 맺음말

이상에서와 같이 독립국가연합 지역 고려인의 무형문화유산 전승실태와 무형문화유산에 대한 고려인들의 인식에 대해서 살펴보았다. 본문에서 나타난 바와 같이 고려인 무형문화유산 요소들 중에서 오늘날까지도 가장 뚜렷이 찾아볼 수 있는 분야는 '4분야구전전통 및 표현'에서 특히 설화(민담), 민요 분야, '5분야의식주 등 전통적 생활관습'에서는 식생활과 세시풍속 분야, 그리고 '6분야민간신앙 등 사회적 의식(儀式)'에서 일생(통과)의례 분야였다.

하지만 실태조사 결과 이들 분야 역시 온전한 형태라기보다는 변형된 형태로 전승되는 경우가 많았다. 이는 한편으로는 자연스런 현상이라 할 수 있다. 즉 오랜 세월동안 전통문화유산의 근원지인 한반도와의 자연스런 접촉이 이루어지지 못한 채 다민족 국가에서 살아왔기 때문이다. 그래서 많은 경우 속해 있는 국가 내의 현지 생활문화의 영향을 받아 변형된 형태로 표출되고 있었다. 하지만 다른 한편으로는 적지 않은 아쉬움과 나아가 우려감을 떨쳐버릴 수가 없다. 즉 한민족의 무형문화유산을 포함한 관련 유형물들을 간직하고 후대에 전수해 줄 이주 1세대들이 점점 역사의 뒤안길로 사라져 가고 있기 때문이다. 한민족의 정신과 물질문화에 대해 그나마 알고 있고 구술증언이 가능한 세대들은 현재 연령대가 70-80대이다. 향후 얼마나 이들이 '우리 것'에 대한 증언을 해 줄 수 있을지 아무도 모른다. 연령대가 내려올수록 증언의 내용 또한 희미해지기 마련이다. 게다가 이를 계승시켜 다시 자신의 자녀들에게 물려주어야 할 지금의 젊은 세대들 또한 '우리 것'에 대한 관심이 희박해져 가고 있다는 점에서도 크게 우려하지 않을 수 없는 실정이다.

더 나아가서 아직까지 독립국가연합 국가들 내에서 소수민족 무형문화유산과 관련하여 이에 대한 관심이나 지원은 미미하기만 하다. 아마 거의 없다고 표현하는 것이 맞을 것이다. 물론 본래부터 해당 지역에서 살아왔던 원주민들(러시아의 나나이족, 니프히족, 에벤족, 에벤키족, 타즈족 등)에 대한 보존정책이나 지원은 다를 수 있다. 더구나 과거 소련으로부터 독립한 중앙아시아 국가들의 경우 자민족 중심의 국가체계를 구축해 가는 시점에서 소수민족에 대한 보호정책 내지는 지원책을 바라기는 더더욱 어려운 상황이다. 이는 러시아도 크게 다르지 않다. 그런 점에서 독립국가연합의 한민족들은 중국 조선족 사회와는 크게 다른 환경 속에서 살아가고 있다고 할 수 있다. 현재 독립국가연합 고려인의 무형문화유산을 체계적으로 보호하고, 전승시켜나갈 공식적인 정부 기관이나 단체, 개인은 부재한 상황이다. 계속된 유랑의 역사 속에서 힘들게 간직해 온 정신적이고 물질적인 문화유산들이 점차 사라져 갈 위기에 처한 것이다. 안정된 정착지와 생활기반을 유지해 올 수 있었던 중국 조선족 사회에서는 조선족 무형문화유산의 보호체계가 잘 구축되어 있다. 전수단체나 개인 차원에서 이미 등록 및 목록화가 되어 있다. 오히려 무서울 정도로 국가가 나서서 소수민족의 무형문화유산 보호정책을 주도해 나가고 있는 점에서 크게 대비되는 대목이 아닐 수 없다.

독립국가연합의 한민족들은 '자기 것'인 무형문화유산에 대해서 큰 자부심을 갖고 있었다. 이따금씩 개별적으로 연구자들이 민속학적인 관점에서(주로 설화와 민요 분야) 고려인들과 접촉을 해 온 것으로 알고 있다. 그들 또한 구술채록 과정에서 느꼈으리라 본다. 구술 인터뷰에 응한 고려인들 모두가 열정적으로 구술을 해주었다. 유네스코 지정 무형문화유산 7개 범주 기준 하에서 실태조사가 이루어진 만큼 묻는 이도, 답하는 이도 지칠 정도로 질문의 양은 방대하고 깊었다. 살아오는 동안 아무도 자신들에게 그런 주제로 그렇게 길고 깊게 물어오는 이들은 자주 접해보지 못했을 것이다. 한국에서까지 날아와 '옛 것'에 대해서 물어 준 것에 대해 그들 모두가 감사를 표했고, 같은 피를 나눈 한민족이라는 것에 자부심을 느꼈다. 고려인들은 비록 소수민족으로 살아가나 주변 민족들의 것을 부러워하지 않았다. 오히려 화려하던 초라하던 '자기 것'을 제대로 알고 간직해 나갈 때, 민족적 정체성을 지킬 수 있고, 오히려 이를 통해 무시당하지 않고 힘있고 영향력있는 소수민족으로 당당히 살아갈 수 있다고 여기고 있었다. 즉 '자기 것'을 모를 때, 그때는 소수민족의 생명력도 이미 끝이라는 것을 고려인 이주1세대 구술자들 모두 인식하고 있었다.

이번에 독립국가연합 주요 고려인 집거지들을 대상으로 진행된 무형문화유산 조사는 어디까지나 실태조사이다. 게다가 지역적으로도 크게 한계를 안고 수행되었다. 현지 이주 1세대들이 고령임을 감안할 때 신속하게 남은 지역들에 대해서도 추가적인 조사가 요구되는 시점이라고 여겨진다. 나아가서 그나마 계승되어 오고 있는 유무형의 문화유산들만이라도 잘 보존될 수 있도록, 그리고 가능하다면, 사라진 것들에 대해서는 복원이 이루어져 전승체계가 잡혀나갈 수 있도록 한국정부 차원에서 적절한 관심을 기울일 때가 도래했다고 본다. 이제부터라도 지속적인 관심을 기울이고, 충분한 검토와 논의를 통해서 고려인을 포함, 해외 한인 무형문화유산에 대한 보호정책을 수립하고 적절한 지원을 실행해 나갔으면 하는 바램이다. 그들에 대해 관심을 갖고 그들과 교류하고 소통을 유지하는 것만큼 독립국가연합 고려인 디아스포라에게 더 큰 선물은 없을 것이다.

【참고문헌】

1차 자료

김 타티아나 인터뷰, 〈아르촘시민족문화센터〉 내 사무실, 2012.08.10,14.

박 니콜라이 알렉산드로비치 인터뷰, 우쉬토베 자택, 2012.07.22.

박승의교수 인터뷰, 러시아 유즈노사할린스크 자택 및 차안, 2012.08.6-8.

서 알료나 페트로브나 인터뷰, 우즈베키스탄 〈시온고〉콜호즈 시어머니(황 류
    드밀라) 집, 2012.07.15.

『새고려신문』, 2012.8.10일자, 8면, 「광복절 기념행사」.

『새고려신문』, 2012.8.03일자, 1,2면, 「전통적인 들놀이: 춤도 추고 줄다리기도 하
    고·어르신네들 다시 만나 뵙게 되어 반갑습니다!」.

윤 스타니슬라프 그리고레비치 인터뷰, 러시아 우수리스크 고려인문화센터 노
    인단 사무실, 2012.08.11.

정 류드밀라 파블로브나 인터뷰, 카자흐스탄 우쉬토베 고려인 노인문화회관,
    2012.07.21.

최 나제즈다 알렉산드라 인터뷰, 러시아 우수리스크 고려인문화센터 노인단
    사무실, 2012.08.11.

황 류드밀라 인터뷰, 우즈베키스탄 〈시온고〉콜호즈 자택, 2012.07.15.

〈카자흐스탄국립중앙영상및음성기록물보관소〉 고려인 관련 영상물(카자흐필
    름 제작)

2차 자료

국립민속박물관. 1999. 『우즈벡스탄 한인동포의 생활문화』. 도서출판대학사.

국립민속박물관. 2000. 『까자흐스탄 한인동포의 생활문화』. 태웅그래픽.

국립민속박물관. 2001. 『러시아 사할린·연해주 한인동포의 생활문화』.

강현모. 2011. "우즈벡 고려인의 구비설화 전승양상과 의미 : 전승방식을 중심
    으로." 『비교민속학』제45집: 351-379.

김병학·한야꼬브. 2007. 『재소고려인의 노래를 찾아서·Korean folksong in CIS. 1-2』.
    서울: 화남.

박 보리스, 부가이 니콜라이 저·김광한, 이백용 옮김. 2004. 『러시아에서의 140
　　년간』. 서울: 시대정신.

박광성. 2010. "초국적인 인구이동과 중국조선족의 글로벌 네트워크." 『재외한
　　인연구』제21호: 357-374.

안병삼. 2009. "초국가적 이동현상에 따른 중국 조선족의 가족해체 연구." 『한국
　　동북아논총』제14권 제3호 통권52집: 153-177.

윤인진·박상수·최원오. 2010. 『동북아의 이주와 초국가적 공간』. 서울: 아연출판부.

윤인진. 2008. "Korean diaspora and transnationalism : the experience of Korean
　　Chinese." 『문화역사지리』제20권 제1호 통권34호. 한국문화역사지리학
　　회: 1-18.

임영언. 2011. "초국가시대 세계디아스포라 민족공동체의 변화양상에 관한 고
　　찰." 『한국동북아논총』제16권 제2호 통권59집. 한국동북아학회: 231-261.

임채완. 2008. "지구화시대 디아스포라의 초국가적 활동과 모국 : 동남아 화인
　　과 중국조선족에 대한 비교연구." 『國際政治論叢』48-1집.

임채완. 2010. "동북아공동체 구축가능성과 디아스포라의 역할 : 디아스포라 공
　　동체 형성을 중심으로." 『국제문제연구』제10권 제3호 통권39호. 국가안
　　보전략연구소: 1-39.

이채문. 2010. "중앙아시아의 이산민족과 초국가주의 고려인과 아흐스카 튀르
　　크인의 비교." 『한국동북아논총』제15권 제2호 통권55집, 한국동북아학
　　회: 245-272.

이복규. 2007. "중앙아시아 고려인의 구전설화 연구." 『東아시아古代學』제16집:
　　323-346.

이복규. 2008. 『중앙아시아 고려인의 구전설화』. 파주: 집문당.

전경수 편. 2002. 『까자흐스딴의 고려인』. 서울: 서울대학교출판부.

진용선. 2009. 『러시아 고려인 아리랑 연구』. 정선군: 정선아리랑문화재단.

Ким Сын-Хва. 1965. 『Очерки по истории советских корейцев』. Алма-Ата: На
　　ука.

ABSTRACT

The Transmission State and Perception of Korean of CIS toward Intangible Cultural Heritage
- Focusing on Intangible Cultural Heritage of Korean of CIS Around Central Asia and Russia -

This research will study the state of intangible cultural heritage of Koreans of the Commonwealth of Independent States (USSR regions in the past) and the perception of Koreans of CIS toward intangible cultural heritage. In the process, this research will also examine the state of settlememt of Koreans in CIS and the handling of generic cultural heritage, and will secondarily aim to give a better understanding of general information of cultural heritage of Koreans in CIS.

During the period of 150 years of settlement, Korean diaspora of CIS has produced Korean cultural heritage (including tangible and intangible cultural heritage) in many forms such as writing, photography, and video images. These are effectively and valuably used in Korean diaspora research today. What is important to notice today is that despite their lives of constant migration and travel, Korean diaspora has been trasmitting cultural heritage, in other words intangible cultural heritage, unique to Korean culture in no small measure.

Researches have been intermittently carried out in Korea regarding cultural heritage of Koreans in CIS by certain researchers or the National Folklore Museum. However, these researches were limited to fables and folk songs or were carried out in the perspective of folk lore, not 'cultural heritage'. The writer carried out a state research and cataloguing task on Korean cultural heritage in 3 Central Asian countries (Uzbekistan, Kazakhstan, Kyrgyzstan) and Russia for total of 1 month in the period of 2012.07.11-31 (21 days) and 2012.08.06-14 (9 days). State research was carried out based on the seven cultural heritages designated by Unesco. Following this standard, tangible cultural heritages were included in the research along with intangible cultural heritages as well.

Through field research, the writer examined the transmission state and the perception of Koreans toward intangible cultural heritage. It was confirmed that despite long isolation, there are common factors shared by Korean cultures in Central Asia-Russia-Korean Peninsula regions being passed down, but there are also differences. In other words, the writer was able to confirm that in Central Asian and Russian regions, within intangible and tangible cultural heritage of Koreans (including Sahalin Koreans), similiarities and differences crossing countires and borders, or changed forms of new cultural heritage are inherent.

2장 독립국가연합 고려인 공동체의 한민족 민속문화 전승 연구

― 우즈베키스탄 타시켄트 주 고려인 콜호즈의 민속문화를 중심으로*

Ⅰ. 머리말

필자진은 문화재청이 발주한 '2012년도 해외 전승 무형문화유산 학술조사'의 일환으로, 동년 7~8월간 중앙아시아 3개국(우즈베키스탄, 카자흐스탄, 키르기즈스탄)의 고려인 집거지와 러시아(연해주, 사할린 주)의 고려인, 한인 집거지를 현지 조사했다.[1] 이 과정에서 독립국가연합 고려인(사할린 주 한인 포함)의 한민족 전통문화유산을 유네스코 지정 무형문화유산의 개념과 범주를 기준으로 면밀히 확인했다.[2] 본 논문의 주제인 '우즈베키스탄 고려인의 민속문화 전승 양상'

---

* 본 논문은 문화재청의 '2012년도 해외 전승 무형문화유산 학술조사(2012. 03~12)' 사업의 지원으로 이루어졌다.
1) 고려인은 독립국가연합 지역에 사는 한민족을 지칭하는 용어로서 1937년 중앙아시아 강제이주 이후부터 '고려인'이라는 용어를 사용하기 시작했다. 국내 학계에서는 일반적으로 강제이주를 전후하여 '한인'과 '고려인'으로 구분해서 용어를 사용하고 있다. 고려인의 대부분이 과거 고구려가 위치했던 한반도 이북 지역 출신이고(사할린 한인 제외), 한때 한반도가 고려(COREA)로 불렸던 것에 착안해서 오늘날 스스로를 '고려인,' '고려사람'이라 칭하고 있는 것으로 전해지고 있다. 한편, 일반적으로 사할린의 한민족은 '고려인' 대신에 '한인'이라는 용어를 사용하고 있다.
2) 유네스코 무형문화유산보호협약 제2조에 따르면, '무형문화유산'은 공동체, 집단 및 개인들이 문화유산의 일부분으로 인식하는 실행, 표출, 표현, 지식

과 관련해서도 민속생활, 민속신앙, 민속예술, 민속놀이 등이 삶의 공
간으로서 기후나 지리, 어떤 정치·사회적 분위기 속에서 왜곡, 변질된
부분이 없지 않아 있었지만, 기억 너머로 화석화되지 않은 채 삶의
현장에서 생명력을 발휘하고 있음을 확인했다. 때마침 우리의 '아리
랑'을 유네스코에 등재시키기 위해 전방위적으로 해외 한민족의 무형
문화유산에 관심을 기울이고 있던 터라 현지조사의 의미는 남달랐다.
　현지조사를 토대로, 필자진이 본 논문의 주제를 '우즈베키스탄 고
려인의 민속문화 전승 양상'으로 굳이 범위를 줄인 것은 중앙아시아
및 러시아의 여느 공동체보다 한민족 고유의 원형적인 민속문화가
광범위하게 전승되고 있을 뿐만 아니라, 강하게 생명력을 발휘하고
있기 때문이다. 그런데 아직까지 우즈베키스탄 고려인 공동체에서 전
승되고 있는 민속문화 전반에 대한 민족지적 논의는 이루어지지 않
았다.[3] 그럴 것이 산발적인 수집, 정리가 이루어지기는 했지만,[4] 어떤

　　및 기술뿐만 아니라, 이와 관련된 '전달도구, 사물, 유물 및 문화공간' 등을
　　의미하고 있다. 그런 만큼 '무형'의 문화유산뿐만 아니라 그것과 관련한
　　'유형'의 문화유산도 두루 관심을 갖고 현지 조사했다. 무형문화유산의 현
　　지조사는 유네스코에서 지정한 7개 범주, 즉 [1분야] 전통적 공연예술(연
　　행), [2분야] 공예, 미술 등에 관한 전통기술, [3분야] 의학(민간요법), 농경·
　　어로 등에 관한 전통지식, [4분야] 구전전통 및 표현, [5분야] 의식주 등 전
　　통적 생활관습, [6분야] 민간신앙 등 사회적 의식, [7분야] 전통적 놀이·축제
　　및 기예·무예 - 에 기준을 두고 실시되었다.
3)　금번 현지조사의 개괄적인 내용과 성과를 이병조의 "독립국가연합(CIS) 고
　　려인의 전통문화유산에 대한 인식과 전승실태: 중앙아시아·러시아의 고려
　　인 무형문화유산을 중심으로", 『재외한인연구』, 제28호 (서울: 재외한인학
　　회, 2012) 및 "독립국가연합 고려인 무형문화유산의 발자취를 따라서", 『무
　　형문화유산』, 10월호(문화재청, 2012)에서 확인할 수 있다.
4)　독립국가연합 고려인 공동체의 생활문화 및 구비전승과 관련한 기존의 결
　　과물을 연도별로 나열하면 다음과 같다. ① 국립민속박물관, 『우즈벡스탄
　　한인동포의 생활문화』 (서울: 국립민속박물관, 1999). ② 국립민속박물관, 『까
　　자흐스탄 한인동포의 생활문화』 (서울: 국립민속박물관, 2000). ③ 국립민속
　　박물관, 『러시아 사할린·연해주 한인동포의 생활문화』 (서울: 국립민속박

프로젝트의 일환으로 관련 자료를 체계적으로 수집, 정리하는 작업이 금번에 처음으로 이루어졌기 때문인 듯하다.[5] 한국학의 대중화를 위해 20세기 한국역사문화 및 한국예술 자료의 지식정보화를 추진하고 있지만, 우리나라 어느 포털 사이트에서나 해외 한민족 자료가 매우 미미하다는 사실을 감안하면,[6] 금번 현지조사 및 그것을 토대로 작성한 본 논문은 새로운 가치를 구현하는 초석이라고 할 수 있다.

이러한 의미를 부각시키기 위해 우선 150여 년간 독립국가연합 고려인이 어떻게 한민족의 정체성을 유지할 수 있었는지를 통시적으로 추적할 것이며, 이를 바탕으로 우즈베키스탄 고려인 공동체에서 전승되고 있는 민속문화의 전승 양상을 하위분류하여 정리할 것이다. 우즈베키스탄 고려인이 한반도에서 유리될 수밖에 없었지만, 한민족 고유의 원형적인 민속문화를 계승하고 있다는 사실을 확인할 수 있을 것이다. 그렇기에 나아가 그것의 계승을 위해 당장 어떤 노력이 필요

물관, 2001). ④ 전경수 편, 『까자흐스딴의 고려인』(서울: 서울대학교출판부, 2002). ⑤ 김병학·한야꼬브, 『재소고려인의 노래를 찾아서 - Korean folksong in CIS. 1-2』(서울: 화남, 2002). ⑥ 이복규, "중앙아시아 고려인의 구전설화 연구", 『東아시아古代學』, 제16집 (서울: 동아시아고대학회, 2007). ⑦ 이복규, 『중앙아시아 고려인의 구전설화』(파주: 집문당, 2008). ⑧ 진용선, 『러시아 고려인 아리랑 연구』(정선군: 정선아리랑문화재단, 2009). ⑨ 강현모, "우즈벡 고려인의 구비설화 전승양상과 의미 - 전승방식을 중심으로", 『비교민속학』, 제45집 (안동: 비교민속학회, 2011) 등.

5) 10여 년 전에 국립민속박물관에서 우즈베키스탄 고려인 공동체의 민속문화를 주제로 현지조사가 이루어진 바 있다. 그러나 본 연구의 초석으로서 금번의 현지조사는 유네스코 무형문화유산의 범주를 기준으로 민속문화를 아울렀기 때문에 더욱 다양한 시각에서 그 전승의 현장 실태를 포괄할 수 있었다. 이런 점에서 기존의 현지조사 방법론 및 결과물과 차이가 있다고 할 수 있다.

6) 한국학의 지식정보화 차원에서 구축한 '국가지식포털,' '한국역사정보통합시스템,' '국가문화유산종합정보서비스,' '한국학진흥원,' '향토문화전자대전,' '국가전자도서관' 등 포털사이트에서 20세기 한국역사문화 및 한국예술 자료의 집적이 미미하다는 사실을 확인할 수 있다.

한지 제기할 것이다. 독립국가연합 고려인 공동체의 삶을 직시할 수 있는 또 다른 시각을 제시할 수 있으리라고, 또 해외 한민족 문화 지평의 확대 및 글로벌 문화공동체의 토대 구축에 기여할 수 있으리라 믿는다.

Ⅱ. 독립국가연합 고려인 공동체의 형성과 한민족 정체성 유지

독립국가연합 고려인의 역사는 ① 극동(1864~1937, 연해주, 하바롭스크 변강, 사할린 주 등), ② 중앙아시아(1937~1953, 우즈베키스탄, 카자흐스탄, 키르기즈스탄 등), ③ 유라시아(1953~1991, 과거 소련 전역), ④ 독립국가연합(1992~현재까지, 러시아 및 중앙아시아 포함 독립국가연합 전역)으로 이주 공간과 시간을 분류할 수 있다. 이 공간에서, 그 시간에 독립국가연합 고려인의 이주는 유랑의 역사로 점철된 채 이어져 왔다. 그런 연유로 적지 않은 점에서 유사한 이주 배경을 갖고 있지만, 비교적 안정된 집거지를 구축해 온 중국 조선족의 삶과는 다른 양태들이 적지 않게 존재하고 있음을 부인할 수 없다.[7] 그럼에도 한편으로는 언어 및 생활습속을 동반한 집단이주와 정착이었기에 한민족의 문화적 정체성을 유지하고자 노력했고, 결과적으로 '우리 것,' 즉 한민족다운 유무형의 문화유산을 간직할 수 있었다. 그런 점에서 독립국가연합의 고려인은 한민족의 후예라 칭하기에 부족함이 없다고 할 것이다.

독립국가연합 고려인 공동체는 처음 러시아 연해주에서 형성되었

---

7) 안상경, "연변조선족자치주 정암촌 청주아리랑의 문화관광콘텐츠 개발 연구" (서울: 한국외국어대학교 박사학위 논문, 2009), pp. 3-6.

다. 1860년대 이주 초기부터 1937년 강제이주 이전의 극동거주 시기에 고려인은 러시아 당국의 재이주 정책에 의한 불안전한 삶에도 불구하고 한민족의 문화적 정체성을 유지하며 다양한 분야에서 유무형의 문화유산을 창조했다. 우선 농업개척 및 1910년을 전후한 의병, 빨치산투쟁(내전기, 1918~22)을 통해 한민족의 근면성과 농업적 우수성, 극동의 권력수호를 위한 헌신성을 보여주었다. 나아가 1922년 소련 결성 이후에는 블라디보스토크의 신한촌을 중심으로 사회주의 건설의 적극적인 참여와 콜호즈 조직을 통해 러시아 주류사회로부터 인정을 받았다. 「해조신문」(1908), 「대동공보」(1908~1910), 「권업신문」(1912~1914), 「선봉」(1923~1937) 등의 언론활동, 고려극장의 전신으로서 한인극장(1932)의 예술문화활동, 한민학교(1924), 명동학교(1924), 제9호모범중학교(1924), 조선사범전문학교(1924), 고려사범대학(1931) 등의 교육활동을 통해 한민족의 정체성을 유지할 수 있었다.

무엇보다 이 시기에는 구비전승, 식생활, 세시풍속, 일생의례, 놀이와 축제 등의 무형문화유산을 가장 선명하게 지켜나갔고, 또 다음 세대로 계승시켰다. 그 외에도 농경과 관련한 기구들, 식생활과 관련한 디딜방아, 맷돌, 떡메, 키, 체, 전통 주거공간과 관련한 우물 등의 유형문화유산들도 한민족다운 정체성을 유지시키는 데 일조했다.[8]

---

8) 극동 거주 시기(1937년 강제이주 이전) 고려인 문화유산과 관련한 내용을 다음 자료에서 확인할 수 있다. 이상근, 『韓人 露領移住史硏究』(서울: 탐구당, 1996); 현규환, 『韓國流移民史』상 (서울: 대한교과서주식회사, 1972); 십월혁명십주년원동긔념준비위원회, 『십월혁명십주년과 쏘베트 고려민족』(해삼위: 해삼위도서주식회사 크니스노예델로, 1927); King Ross, "Blagoslovennoe: Korea Village on the Amur, 1871-1937", Review of Korean Studies, Vol. 4, No. 2 (2001); С.Д. Аносов, Корейыы в Уссурийском крае (Хабаровск-Владивосток: Книжное дело, 1928); В. Вагин, "Корейцы на Амуре", Сборник исторических и статистических сведений о Сибири и сопредельных ей странах, Т. 1 (СПб., 1875); В.В. Граве, "Китайцы, корейцы и японцы в Приамурье", (Отчёт Уполномоченного Министерства Иностранных Дел В.В.

그러나 1937년 스탈린의 소수민족 탄압과 강제이주 정책은 고려인의 집거지를 중앙아시아로 송두리째 옮겨놓았다. 중앙아시아 거주 시기에 고려인은 거주제한이라는 법적인 구속에서도 생존투쟁과 더불어 한민족의 정신을 유지해 나가는 데 소홀하지 않았다. 이주 직후부터 고려인 사회는 콜호즈 재건과 농·축산업(벼, 목화, 기타 작물, 가축 등) 분야에서 괄목할 만한 생산성을 구축했다. 1928년부터 시작된 스탈린의 농업집단화와 국유화 정책으로 소련 전역은 이미 콜호즈 체제로 생활권역이 재편되어 오고 있었다. 중앙아시아 지역에서 고려인의 삶 또한 콜호즈를 중심으로 펼쳐져 나갔다. 콜호즈는 고려인에게 단순히 하나의 행정단위가 아닌 생존 근거지인 경제공동체이자 사회문화의 중심지로 고향과도 같은 곳이었다.

고려인 사회는 거주제한과 '불온한 민족'이라는 민족적 차별 아래

Граве), *Труды командированной по Высочайшему повелению Амурской экспедиции*, Вып. 11 (СПб., 1912); А.В. Кириллов, "Корейцы села Благос ловенного", (историко-этнографический очерк), *Приамурские ведомост и*, № 58-59, Приложения (1895); А.Т. Кузин, *Дальневосточные корейцы: ж изнь и трагедия судьбы* (Южно-Сахалинск, 1993); Н.А. Насекин, "Корейц ы Приамурского края", (Краткий исторический очерк переселения коре йцев в Южно-Уссурийскийкрай), *Труды Приамурского отдела ИРГО*, Вы п.1 (Т.11) (Хабаровск, 1895); И.П. Надаров, "Южно-Уссурийский край в с овременном его состоянии", (Сообщение в общем собрании И.Р.Г.О. 1889. 4. 19), *Известия императорского русского географического общес тва*, Т. 25 (СПб., 1889); Н.М. Пржевальский, *Путешествие в Уссурийском крае, 1867-1869 гг.* (СПб., 1870), (Владивосток, 1990); Н.М. Пржевальский, "Инородческое население в южнойчасти Приморской области", ИРГО, Т. 5, No. 5, отд. 2 (СПб., 1869); А.И. Петров, *Корейскя диаспора на Даль нем Востоке России 60-90е годы 19 века* (Владивосток, 2000); А.И. Петро в, *Корейскя диаспора в России 1897-1917гг.* (Владивосток, 2001); Б.Д. Па к, *Корейцы в Российской империи (Дадьне- восточный период)* (М., 1993); Б.Д. Пак, *Корейцы в Советской России (1917-конец 30-х годов)* (М., Иркутск, -СПб, 1995.

서도 콜호즈 중심의 눈부신 농업활동을 통해 2차 대전 시기 후방지원
의 선봉역할을 맡았다. 나아가 '불온한 민족'의 딱지를 떼고 '신뢰받
는 민족'으로 거듭나며 중앙아시아 전역에서 인정을 받아 나갔다. 콜
호즈 중심의 생활 속에서 고려인 사회는 극동에서처럼 구비전승, 식
생활, 세시풍속, 일생의례, 놀이와 축제 등의 무형문화유산을 계승했
다.[9] 한편으로는 우즈베키스탄과 카자흐스탄을 중심으로 「레닌기치」
(1938~1991; 1923년 창간된 「선봉」의 후신) 등 언론활동, 고려극장(1938~

---

9) 중앙아시아 거주 시기(1937년 강제이주 이후) 및 유라시아/독립국가연합
거주 시기(현재) 고려인의 유무형의 문화유산자원에 대해서는 대표적으로
다음의 자료들에서 참고해 볼 수 있다: 고송무, 『쏘련의 한인들, 고려사람』
(서울: 이론과실천, 1990); 고송무, 『쏘련 중앙아시아의 한인들』, 국협총서
제5호 (한국국제문화협회, 1984); 국가보훈처, 『국외독립운동사적지 실태조
사보고서 2000-2001년도』(국가보훈처, 2001); 독립기념관(한국독립운동사연
구소), 『국외항일운동 유적(지) 실태조사 보고서-Ⅱ』(2002); 김 게르만, 『한
인 이주의 역사』(서울: 박영사, 2005); 박 보리스, 부가이 니콜라이 저, 『러
시아에서의 140년간』, 김광한, 이백용 옮김 (서울: 시대정신, 2004); Г.Н. Ки
м, Коре Сарам: Историография и библиография (Алматы, 2000); Г.Н. Ки
м, Корейцы за рубежом: прошлое, настоящее и будущее (Алматы, 1995);
Г.Н. Ким, История иммиграции корейцев, вып. 19-1945вв., (Алматы,
1999); Ким Сын Хва, Очерки по истории советских корейцев (Алма-Ата:
Наука, 1965); Ли Герон. Гобонди (записки наблюдателя о любви корейц
ев к земле) (Бишкек, 2000). 이외에 본 주제와 직접적인 관련성이 있는 민
속학적인 관점의 연구 성과물은 다음과 같다: 국립민속박물관, 『우즈벡스
탄 한인동포의 생활문화』(서울: 도서출판 대학사, 1999); 국립민속박물관,
『까자흐스탄 한인동포의 생활문화』(서울: 태웅그래픽, 2000); 국립민속박
물관, 『러시아 사할린·연해주 한인동포의 생활문화』(2001); 전경수 편, 『까
자흐스딴의 고려인』(서울: 서울대학교출판부, 2002); 김병학·한야꼬브, 『재
소고려인의 노래를 찾아서-Korean folksong in CIS. 1-2』(서울: 화남, 2007); 이
복규, "중앙아시아 고려인의 구전설화 연구", 『東아시아古代學』, 제16집
(2007), pp. 323-346; 이복규, 『중앙아시아 고려인의 구전설화』(파주: 집문당,
2008); 진용선, 『러시아 고려인 아리랑 연구』(정선군: 정선아리랑문화재단,
2009); 강현모, "우즈벡 고려인의 구비설화 전승 양상과 의미 : 전승방식을
중심으로", 『비교민속학』, 제45집 (2011), pp. 351-379.

현재; 1932년 조직된 조선극장의 후신), 아리랑가무단(순회공연예술단, 소인예술단) 등 예술문화활동을 통해 한민족의 정체성과 민족적 전통을 유지해 나갈 수 있는 토대를 닦아 나갔다. 이러한 토대는 이후 펼쳐지는 1950~1980년대의 삶 속에서 큰 결실로 이어지게 되었다.

이 시기에는 대륙의 고려인 사회 외에 사할린 주에도 한민족 공동체가 형성되었다. 사할린에 한인이 등장한 것은 1870년대 무렵으로 추정된다. 하지만 대부분의 사할린 한인은 1941~1945년 일본의 강제동원(모집, 알선, 징용)에 의해 자유의사에 반하여 강제 이주되어 온 사람들과 그 후손들이 주류를 이루고 있다. 사할린 한인들은 이주 시기나 출신(주로 남한 출신) 측면에서 대륙의 고려인 공동체와 다른 역사적 배경을 갖고 있다. 3~4만 명 규모였던 사할린 한인 공동체는 현재 한인 1세대들의 영주귀국으로 대략 약 25,000명 정도가 남아 있다.[10] 전통문화의 현상과 계승적인 측면에서 고려인 사회의 그것과 부분적인 차이는 다소 존재하나 사할린 한인 공동체 또한 한민족의 다양한 문화유산을 간직하며 오늘에 이르고 있다.

그런데 1953년 스탈린의 죽음과 흐루쇼프의 등장은 중앙아시아 고려인 공동체의 삶에 큰 전환점을 가져다주었다. 1953년 스탈린 사후 중앙아시아 고려인의 삶은 중앙아시아에서 유라시아 전역(과거 소련권 전역)으로 확대되어 나갔고, 고려인 공동체의 성장과 발전은 계속되었다. 학생 및 청년층의 유학이나 고본질(계절농업) 등으로 이주나 장기거주가 확대되면서 콜호즈 체제에도 변화가 생겼다. 고려인의 삶은 이전 시기보다 더 한층 여유와 풍요를 누려나가기 시작했다. 중앙아시아를 떠나 유라시아 전역에 자리 잡은 고려인은 나름의 위치에서 새로운 고려인 공동체를 형성하며 고려인의 존재를 알려나갔다.

---

10) 「새고려신문」, 2012년 1월 20일자(음력12월27일), 「Корейцы по численности на втором месте」.

특히 이 시기에는 앞선 시기의 노력 덕분에 「레닌기치」와 고려극
장 사업에서 큰 발전과 부흥이 이루어졌다. 「레닌기치」는 「선봉」
(1923~37)과 「고려일보」(1992~현재) 사이에서 약 50여 년의 생명력을 유
지했던 해외 유일의 한글판 재외한인 민족신문으로, 소비에트 시기
중앙아시아 고려인의 언어와 문학, 전통문화 등 다양한 분야에 걸쳐
귀중한 정보가 수록되어 있다. 고려극장 또한 80년의 전통을 자랑하
는 해외 유일의 민족극장으로 '심청전'과 '흥부전,' '양반전,' '장화홍련
전' 등의 고전과 다양한 민요가 어우러진 공연활동을 통해 민족예술
의 계승자 역할을 감당해 왔다. 물론, 이전 시기에 이어 알마타의 고
려극장과 더불어 각지의 고려인 공동체에서 활동해 온 소인예술단들
의 활약과 역할 또한 빼놓을 수 없다. 비록 소비에트 체제 말기에 삶
의 질의 변화로 세시풍속이나 일생의례 등의 분야에서조차 계승 상
황이 약해져 가지만 「레닌기치」와 고려극장, 각지의 소인예술단, 고려
인 이주 1세대들의 노력으로 유라시아 고려인 공동체의 한민족다운
유무형의 문화유산들은 지켜지고 꾸준히 창조되어 나갔다.

유라시아 고려인 사회의 진화와 변화 양상은 1991년 소련의 붕괴
이후부터 현재에 이르는 독립국가연합 시기에도 계속되고 있다. 비록
소련 붕괴 직후 경제체제의 혼란과 중앙아시아 내 민족주의(특히 우
즈베키스탄)나 내전(타지키스탄)의 발발로 어려움도 있었다. 적지 않
은 중앙아시아의 고려인이 정든 고향을 떠나 안정된 삶을 찾아 우크
라이나(장코이 등), 러시아(볼고그라드 주, 사마라 주, 로스토프 주, 연
해주 등) 등지로 다시 유랑의 길을 떠난 것이다. 그럼에도 불구하고
독립국가엽합의 고려인 공동체는 이전 시기처럼 농업 분야를 넘어서
정계와 재계, 법조계, 교계, 언론 및 공연예술 등의 분야에서 두각을
나타내며 당당히 주류 사회에서 자리를 잡아나갔다. 이러한 현상은
민족주의가 득세하고 있는 우즈베키스탄을 제외하고는 여타의 지역
에서 유지가 되고 있다.

독립국가연합 고려인 사회의 민족적 부흥이 있기까지는 특히 소련 붕괴를 전후하여 설립되기 시작한 고려인협회나 고려인민족문화자치회, 기타 조직이나 단체들의 민족언어와 전통부활, 민족정신 계승을 위한 눈물겨운 노력의 덕분이라고 할 수 있다. 무엇보다 1994년에 탄압받은 민족의 명예와 복권에 관한 법령이 발표됨으로써 고려인의 법적인 과거사아 지위문제가 해결되었고, 이는 고려인 공동체의 민족적 부흥의 큰 동력으로 작용했다. 현재 우즈베키스탄과 카자흐스탄, 그리고 러시아의 모스크바와 상트페테르부르크, 연해주와 사할린주 등의 한민족 사회를 중심으로 독립국가연합 한민족의 민족적 정체성과 전통문화 계승을 위한 노력이 계속되고 있다. 즉, 고려인 사회에서는 한국어와 전통문화를 찾기 위한 노력이 계속되고 있고, 특히 소비에트 시기에 활동했었던 소인예술단을 부활시켜 민요와 공연, 무용 등의 전통예술 활동이 활발하게 이어지고 있다.

오늘날 독립국가연합 고려인 사회 내에서 상대적으로 찾아보기 용이한 전통문화유산(무형문화유산 포함)의 하위 분야는 전통적 공연예술(연행), 구전전통, 식생활과 세시풍속, 통과의례 등이다. 기존에 역사학적인 관점에서는 쉽게 인지되지 못했던 분야였지만, '무형문화유산'이라는 주제 하에서는 꽤 적지 않은 무형문화유산 요소들이 여전히 존재하고 있었다(이에 대해서는 3장에서 자세히 다룰 예정). 그러나 전반적으로 해당 지역의 고려인 전통문화유산, 즉 무형문화유산의 요소들은 원형과 변형의 경계를 넘나들고 있었고, 많은 부분들이 변형이나 주변 문화와 혼합을 이루고 있었다. 이러한 상황은 고려인 사회의 역사문화적인 특수성에 기인한다고 할 수 있다. 즉 안정된 집거기반을 유지해 왔던 중국 조선족 사회와는 달리, 고려인의 경우 잦은 유랑의 환경 속에서 온전히 '자기것'을 지켜오기가 쉽지 않았던 것이다. 게다가 오늘날 우즈베키스탄을 포함한 독립국가연합 고려인 사회에는 소수민족 고려인의 문화유산을 특별 관리하는 정부기관이나 고려인 단체 및 개인종사자, 전승단체도 부재한 상황이다.

Ⅲ. 우즈베키스탄 고려인 공동체의 한민족 민속 문화 전승 양상

필자진은 2012년 7월 11일부터 18일까지 우즈베키스탄 타시켄트 시와 타시켄트 주 4개 콜호즈에 거주하고 있는 고려인을 대상으로 민속 문화 실태조사를 수행했다. 이를 위해 관련 기관 및 단체와 사전에 협력하여 고려인 민속문화에 대해 구술이 가능한 강제이주 1세대들을 중심으로 제보자를 선정했고, 일정에 맞추어 현지를 방문했다. 금번 현지조사에 응한 고려인 제보자의 인적사항은 다음과 같다.

[표 10] 우즈베키스탄 고려인 제보자

연번	성명	출생 연도	성별	현주지	원주지
1	한나제즈다	1930	여	타시켄트주 북쪽등대콜호즈	한국(충청도)
2	허필립	1948	남	타시켄트주 북쪽등대콜호즈	북한(함경도)
3	김일리야	1948	남	타시켄트주 북쪽등대콜호즈	북한(함경도)
4	김게오르기	1943	남	타시켄트주 북쪽등대콜호즈	북한(함경도)
5	박마르타	1944	여	타시켄트주 북쪽등대콜호즈	북한(함경도)
6	안블라디미르	1929	남	타시켄트 중심로 (미상)	북한(함경도)
7	최알렉산드라	1928	여	타시켄트 중앙로4 21-39호	북한(함경도)
8	허세르게이	1925	남	타시켄트 중앙로4 21-39호	북한(함경도)
9	김니콜라이	1930	남	타시켄트주 김병화콜호즈	미상
10	장엠밀리야	1940	여	타시켄트주 김병화콜호즈	북한(함경도)
11	황류드밀라	1942	여	타시켄트주 시온고콜호즈	북한(함경도)
12	서알료나	1974	여	타시켄트주 시온고콜호즈	미상
13	김비탈리	1937	남	타시켄트주 시온고콜호즈	북한(함경도)
14	최아나스타샤	1938	여	타시켄트주 시온고콜호즈	미상

연번	성명	출생 연도	성별	현주지	원주지
15	남보리스	1941	남	타시켄트주 북쪽등대콜호즈	한국(경상도)
16	허일	1931	남	타시켄트주 폴릿닫젤콜호	북한(함경도)
17	황안드레이	1937	남	타시켄트주 폴릿닫젤콜호즈	북한(함경도)
18	김아샤	1947	여	타시켄트주 폴릿닫젤콜호즈	미상

고려인 제보자의 대부분은 원주지(原住地)로서 조부모의 본향이 함경도이다. 봄철이면 두만강을 건너 러시아 연해주에서 농사를 짓다가 가을이면 다시 고향 마을로 돌아갔던 함경도 농부들의 후예라고 할 수 있다. 1937년 스탈린의 소수민족 탄압과 강제이주 정책으로 연해주에서 우즈베키스탄으로 본거지를 옮길 수밖에 없었지만, 원주지의 언어와 생활습속을 동반한 집단이주와 정착이었기 때문에 오늘날에도 한민족의 문화적 정체성이나 동질성을 삶의 근간에서 유지하고 있다.

1. 민속생활

1) 의식주

(1) 의생활

의생활의 경우, 전통적인 방식의 옛 것은 찾아보기 어렵고, 추적 또한 불가능하다. 수의나 물레 등 유형으로나마 잔존할 수 있는 것에 대한 추적을 시도할 수 있으나 현지의 상황은 그것 또한 여의치 않다. 그러나 콜호즈 중심으로 설행사나 단오행사가 이루어질 때면 저마다 한복을 차려입는다. 또한, 구락부 활동에 이은 소인예술단 또는 앙상블의 자체 공연이 이루어질 때 한복을 차려입는다. 한복은 한국 제품이 제일 곱다고들 하지만, 값이 비싸 중국이나 북한 제품을 선호한다. 한편, 아이가 "큰 시험"을 치를 때 배냇저고리를 건네면 합격한다고 여겨 그것을 고이 보관해두기도 한다.

(2) 식생활[11]

a) 일상음식

[그림 58] 일상음식(시온고콜호즈 황류드밀라)

국은 된장을 넣고 끓이는 시락장물, 무장물이 일반적이다. 시락장물은 된장에 소금, 돼지고기, 시래기, 양파, 배추 등을 넣고 끓이는데 한국의 시래기국과 흡사하다. 무장물은 된장에 소금, 소고기, 무를 넣고 끓이는데 한국의 소고기무국과 흡사하다. 찌개는 북장이 일반적이다. 북장은 된장에 소금, 소고기, 두부, 감자, 호박 등을 넣고 자잘하게 끓인다. 볶음반찬은 고추볶음과 가지볶음이 일반적이다. 고추볶음은 목화기름에 양파를 넣고 볶다가 된장과 식초를 넣고, 양파의 숨이 어느 정도 죽으면 고추, 토마토, 양배추 등을 넣고 조금 더 볶는다. 가지볶음은 목화기름에 양파를 넣고 볶다가 된장과 식초를 넣고, 양파의 숨이 어느 정도 죽으면 가지, 토마토, 양배추 등을 넣고 조금 더 볶는다.

---

11) 우즈베키스탄 고려인 공동체의 식생활을 다룬 논문으로 박마야의 "우즈베키스탄 시온고콜호즈의 고려인 음식생활" (성남: 한국학중앙연구원 석사학위 논문, 2011)을 주목할 필요가 있다. 타시켄트 주 시온고콜호즈 고려인 공동체의 식생활을 일상생활과 음식, 통과의례와 음식으로 분류하여 정리했는데, 그곳에서 1년간 참여 관찰한 결과물이라는 데 의미가 있다. 이외 우즈베키스탄 고려인 공동체의 식생활을 다룬 논문으로 임영상·박마야의 "타시켄트의 신코리아타운 '시온고' 고려인마을과 한국문화", 『글로벌문화콘텐츠』, 제5집 (서울: 글로벌문화콘텐츠학회, 2010), 정재윤의 "우즈베키스탄 고려인의 음식문화와 정체성" (성남: 한국학중앙연구원 석사학위 논문, 2003)이 있다.

b) 별식

[그림 59] 말린 가지(시온고콜호즈)

여름철에 포도나 사과로 일종의 과일주인 토주를 담갔다가 겨우내 마신다. 포도토주의 경우, 우선 가마솥에 포도와 설탕을 넣고 발로 밟아 으깬다. 그 해 포도가 달면 설탕을 적게 넣고, 그렇지 않으면 설탕을 많이 넣는다. 10~15일이 지나면 발효되는데, 이때 누룩을 넣고 센 불로 끓이다가 약한 불로 달인다. 연기가 서서히 올라오면 찬물을 붓는데, 오래도록 달이면 토주의 도수가 높아진다.

때때로 엿을 고아 먹기도 한다. 가마솥에서 싸라기를 죽처럼 끓이다가 식힌 후 엿기름[엿질금]을 넣고 개어 발효시킨다. 10여 시간이 지나면 물이 많이 생기는데, 그러면 그 아래 있는 침전물을 건져낸다. 가능한 물만 떠내어 구멍이 촘촘히 뚫린 자루주머니에 넣고 짠다. 이 물이 찐득찐득해질 때까지 약 5시간 정도 끓인다.

c) 절식

설 절식으로 '오그레'를 먹는다. 찹쌀가루를 반죽해 새알심 모양으로 만들고, 엄지로 그 중간을 눌러 움푹 들어가게 한 후 찐다. 대보름 절식으로는 오곡밥을 먹는다. 오곡밥을 달리 '오가지밥'이라고 하는데, 보통 쌀, 기장, 옥수수, 콩 등을 섞어 짓는다.

d) 의례 및 잔치음식

차례나 제사, 잔치 때에는 찰떡, 증편, 골미떡, 베고쟈, 가주리, 감주 등을 반드시 마련한다.[12] 골미떡은 달리 '지름떡' 또는 '지름굽이'

[그림 60] 의례음식 베고쟈(시온고콜호즈)

[그림 61] 의례음식 가주리(타시켄트 쿠일륙시장)

라고 하는데, 명절이나 제삿날에는 홀수로 진설하고, 잔칫날에는 짝수로 진설한다. 베고쟈는 일종의 만두로 재질에 따라 쌀가루베고쟈, 밀가루베고쟈, 녹말베고쟈 등으로 분류한다. 가주리는 한과로서 최고의 고급음식으로 여긴다. 찰떡 1kg이 8,000숨인 반면 가주리 두 장은 15,000숨이다.

e) 저장음식

된장, 간장, 고추장은 물론이고, 김장김치를 저장한다. 김장김치는 10월 하순을 전후로 담근다. 밭에서 배추를 캐어 손질하고 하루 동안 소금에 절인다. 배추 속은 향채, 마늘, 고추 등을 갈아 만들고, 절인 배추를 갈라 속이 골고루 배게 한다. 이를 항아리에 넣고 창고에 저장한다. 보통 100kg 가량의 김장김치를 만들어 자식들과 함께 나누어 먹는다. 그리고 우유를 발효시켜 '마쓰로'라고 하는 치즈를 만들어 저

---

12) 디딜방아를 흔히 '바이'라고 한다. 1960년대 북쪽등대콜호즈에 정미소가 생기기 전까지 3~4일에 한 번씩 벼, 보리, 옥수수, 고추 등을 바이에서 찧었다. 콜호즈가 한창 번성했을 때, 전체 400여 호가 있었는데 24회한 줄마다 2개 정도의 바이가 있었다. 바이가 없는 집에서는 바이를 찧을 때마다 답례로 한 바가지 정도의 쌀가루나 보릿가루를 내어주었다. 특히 명절이면 찹쌀, 멥쌀을 찧어 증편을 만드느라 북적였다.

[그림 62] 된장 담그는 모습(시온고콜호즈 황류드밀라)

[그림 63] 고추장(시온고콜호즈 황류드밀라)

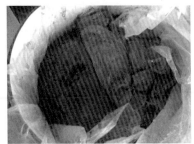

장하기도 한다.

(3) 주생활

온돌이 일반적이지는 않지만, 옛 방식대로, 그러나 변형된 형태의 온돌로써 난방을 하기도 한다. 시온고콜호즈의 황류드밀라 집에는 방 안 일부에 온돌 자리를 만들고 황토와 자갈을 깔았다. 그 위에 굵은 쇠파이프 1개를 기본 선으로 삼아 가로로 설치하고, 기본선으로부터 세로로 8개의 이음선을 설치했다. 기본선에서 이음선으로 따뜻한 물이 흘러 방 안 전체에 온기가 퍼지도록 했다. 물을 데우기 위해서 집 밖에 가스 시설을 설치했는데, 이를 '비치카'라고 한다. 비치카에서 물을 데울 때 나오는 연기조차 활용하기 위해 연통에 물통을 부착시켰다. 연기의 열기로써 물통의 물을 데워 샤워를 할 수 있도록 이중장치를 설치했다.

[그림 64] 변형태의 온돌 가설(시온고콜호즈 황류드밀라)

김병화콜호즈의 장엠밀리야 집에도 방 안 일부에 너른

널을 깔았다. 널 아래쪽에는 8~10cm 가량 크기의 합판(톱밥을 뭉쳐 만 듦)을 일렬로 세우고, 그 사이사이마다 자갈과 모래를 깔았다. 한편, 장엠밀리야 집에는 재래식 우물도 남아 있다. 1966년에 시멘트로 맨 홀 4개를 넣어 만들었는데 깊이는 4m 가량이다. 지금도 우물물을 펌 프로 끓어 올려 집 청소용으로 사용하고 있다.

2) 세시풍속[13]

(1) 봄철

한식을 기해 집안 대소사의 일정을 정한다. 집터, 산소터를 잡는다 거나 심지어 화장실[분깡]을 옮기는 것도 한식에 그 지점을 정해야 한 다. 그러면 그 후 어느 날에 작업을 해도 탈이 나지 않는다고 여긴다.

(2) 여름철

6~7월 중에 날을 잡아 농사팀, 건축팀별로 강가에 가서 물고기를 잡아 끓여 먹거나 벌판에 가서 양 꼬치구이를 해먹는다. 일종의 천렵 으로, 이를 '마이유브까'라고 한다.

(3) 겨울철

a) 설

양력 12월 31일에 흩어졌던 가족들이 모여 저녁을 먹는다. 가능한 자정까지 기다렸다가 새 해가 시작될 때 건배를 하며 한 해의 복을

---

13) 필자진 중 교신저자는 2001년부터 2003년까지 국립문화재연구소에서 추진 한 '전국 세시풍속 실태조사'의 공동연구진으로 참여하여, 절기에 따른 세 시풍속의 전승 양상을 현지 조사한 바 있다. 당시 집성촌을 중심으로 현지 조사가 이루어졌는데, 마을마다 최소 50여 건에 해당하는 세시풍속이 전승 되고 있음을 확인했다. 금번 현지조사에 임해서도, 그 경험을 토대로 고려 인 고노들에게 동일한 질문을 했지만, 기억에서조차 남아 있는 것들은 매 우 미미했다.

기원한다. 다음 날, 아침을 먹기 전에 손자 손녀에게 선물을 건네며 덕담을 한다. 고려인 가정마다 다를 수 있지만, 북쪽등대콜호즈에서 세배[큰절]는 사라졌다. 세배를 '큰절'이라고 하는데, 큰절은 환갑이나 칠순 등 잔칫날에만 한다. 아침 식사로 찰떡, 증편, 시락장물(두부, 미역 등을 넣음), 녹말베고쟈, 가주리, 감주 등을 먹는다. 아침 식사 후에는 콜호즈의 웃어른을 찾아 뵙고 새해 인사를 올린다. 그러면 웃어른은 으레 보드카와 안주를 내어준다. 점심 식사로는 주로 잡아뜨개[수제비]를 먹는다. 잡아뜨개를 달리 '뜨디국'이라고 한다.

점치는 사람[신세이, 하락신, 하락시]을 찾아 한 해 운수를 점치기도 한다. 점치는 사람은 만세력이나 화투 패를 참고해 한 해 운수를 점친다. 북쪽등대콜호즈에서는 김온자라는 점치는 사람이 활동했다. 백발노인이 선몽해 방토하는 방법을 일러준 후로 점치는 사람이 되었다고 하는데, 그녀는 신을 "아버지"라고 불렀다고 한다. 남보리스의 지인이 황달병으로 김온자를 찾았는데, 머리카락을 태워 그 재를 먹게 하기도 하고, 칼로 몸을 둘러 휘두르기도 했다고 한다.

b) 대보름

14일 밤, 잠을 자면 눈썹이 희어진다고 해서 뜬 눈으로 지샌다. 잠을 자면, 장난으로 눈썹에 분가루를 칠하기도 한다. 친구들이 모여 밤새 화투를 치기도 하고, 술을 마시며 노래를 부르기도 한다. 대보름 저녁에는 거리에 나가 달맞이를 하기도 한다.

⑷ 윤달

윤달 금기를 철저히 준수하고 있다. "윤달에는 개미굴도 건드리지 않는다."라는 언어전승이 만연할 정도로 윤달에는 그 어떤 일이든 삼간다. 그런데 윤달을 음력 6월로 고정하여 인식하고 있다.

3) 일생의례

(1) 산·육속

[그림 65] 금줄(시온고콜호즈)

산모는 모난 과일을 먹지 않으며, 머리를 깎지 않으며, 개장국을 먹지 않는다. 모난 과일을 먹으면 못난 아이를 낳는다고 여겨 주변 사람들이 산모에게 예쁜 과일을 선물하기도 한다. 산모가 임신 중에 머리를 깎으면 아이가 단명한다고 여긴다. 개장국을 먹으면 태아에게 부정이 낀다고 여긴다. 아들을 낳으면 삼칠일 금줄을 치며, 딸을 낳으면 일칠일 금줄을 친다.

돌잔치는 카페나 레스토랑에서 대대적으로 행한다. 돌잔치 음식으로 찰떡, 증편, 가주리, 베고쟈(쌀베고쟈, 녹말베고쟈, 밀가루베고쟈) 등을 반드시 마련한다. 가능한 많은 사람들을 초대해 많은 음식을 대접해야 아이가 복을 받는다고 여긴다. 또 점심 전에 돌잔치를 해야 아이가 결혼을 제때에 한다고 여긴다. 돌잡이상에 쌀, 붉은 콩, 책, 공책, 연필, 활과 화살, 실, 가위 등을 놓고 아이가 어떤 것을 잡느냐에 따라 미래를 점친다. 쌀을 잡으면 부자가 될 것이라고, 붉은 콩을 잡

[그림 66] 돌잔치(시온고콜호즈)

으면 건강하게 자랄 것이라고, 책, 공책, 연필을 잡으면 수재가 될 것이라고, 활과 화살을 잡으면 군인이 될 것이라고, 실을 잡으면 오래살 것이라고, 가위를 잡으면 손재주가 뛰어날 것이라고 여긴다. 초대 받은 사람들은 아이의 부모에

게 돌반지나 축의금을 전달한다. 돌잡이를 전후해 참여한 모든 사람
들이 신나는 음악에 맞춰 춤을 추기도 한다.

(2) 관례

자녀가 18세가 되면 생일날을 일종의 성인식으로 삼아 금목걸이나
금반지를 선물한다. 그리고 큰 상을 차려놓고 사식에게 덕담을 건넨다.

(3) 혼례

결혼 적령기는 남자 20세 후, 여자 20세 전이다. 우즈베키스탄에서
는 우즈벡인과 고려인은 16살에, 러시아인은 14살에 여권을 받을 수
있는데, 그 이후에는 언제든 결혼이 가능하다. 결혼식은 주로 호텔을
빌려서 하는데, 엄숙한 분위기가 아니라 앙상블을 중심으로 축제 분
위기를 자아낸다. 결혼식 비용은 신랑집에서 일체 부담한다.

(4) 환갑, 칠순

환갑잔치와 칠순잔치에도 찰
떡, 증편, 가주리, 베고쟈(쌀베
고쟈, 녹말베고쟈, 밀가루베고
쟈) 등을 반드시 마련한다. 다
만 특이한 것은, 잔치 1년 전부
터 돼지를 키우고 잔칫날에 맞
춰 잡아 환갑이나 칠순을 맞이
한 분에게 갈비, 족, 간을 삶아

[그림 67] 환갑잔치(북쪽등대콜호즈 김게오
르기 모친)

건넨다. 잔칫상 가운데 주인공이 앉고, 그 양 옆으로 동갑내기 친구
들, 그 다음 옆으로 사돈, 부모, 가까운 친지들이 앉는다. 자식, 손자
들이 잔칫상에 앉아 있는 모든 분들께 이불이나 보드카 등을 선물한
다. 먹고, 마시고, 노래하고, 춤추는 등 축제 분위기를 자아낸다.

(5) 장례

[그림 68] 시신 운구차 - 향도차(시온고콜호즈)

전통방식과 현대방식을 결합해 장례를 치른다. 우선 숨을 거둘 때가 되면 머리를 북쪽으로 향하게 누인다. 그럴 수 없으면 서쪽으로 누이지만, 동쪽이나 남쪽은 삼간다. 숨을 거두면 망자의 손과 발을 쭉 펴 차렷 자세로 하고 알코올로 몸 구석구석을 씻긴다. 그런 후에 혹여 망자가 다시 살아날 수 있다고 여겨 지붕 위로 올라가 평소 입던 옷을 흔들며 "1900년에 ○○에서 태어난 ○○○ 오시오. 복! 복! 복!"이라고 외친다. 얼마 지나 맏아들이 망자의 입에 쌀을 세 숟가락 넣으며 "백 석이오, 천 석이오, 만 석이오"라고 왼다. 그리고 입이 열리지 않도록 턱으로부터 줄을 당겨 머리에 동인다. 또 수의를 입힌 후 솜으로 귀와 코를 막고 손, 발, 등, 어깨 등을 동인다. 그런 후 시신을 칠성판에 올려놓는다. 이때 자식들이 수의를 입는다. 남성은 양복에 검은 완장을 팔에 두르고, 여성은 머리에 흰 수건을 두른다. 조문은 3일간 이루어진다. 영구차 출발하기 전에, 그 앞에 간단히 상을 차리고 제사를 올린다. 맏아들이 "혼영은 이미 영구차에 모셨습니다. 이제 가시면 영영 볼 수 없게 됩니다. 영원히 떠나시는 길에 예를 올립니다. 영면하시옵소서"라고 하며 술잔을 올리고 세 번 배례한다. 장지에 올라서는, 우선 삶은 닭과 술을 진설하고 산신제를 올린다. 또 산소가 될 지점의 네 귀퉁를 살짝 파고 그 위에 제물을 진설하고 세 번 배례한다. 일꾼들이 땅을 다 파고 관을 내려놓을 때, 맏아들부터 손으로 흙을 세 번 뿌린다. 봉분이 다 만들어지면 하산한다.

(6) 차례

a) 한식차례

북쪽등대콜호즈의 남보리 스는 한식을 기해 산소에 올 라 차례를 올린다. 제수로서 지름굽이[지름떡], 삶은 닭과 계란, 훈제 물고기, 과자, 사 과, 귤, 오렌지, 바나나, 메 등 을 마련한다. 이 중 지름굽이 [지름떡]는 산소에서 직접 굽 는다. 산소에서 기름 냄새를

[그림 69] 한식차례(시온고콜호즈 황나제즈다)

피워야 귀신들이 물러간다고 여긴다. 산소에 오르면, 우선 산소 뒤편 에서 '땅주인[땅의 신, 산신]'에게 술을 한 잔 올리고 한 번 배례한다. 다음 지름굽이를 굽고 제수를 진설한다. 고기류는 오른쪽에, 나머지 것들은 왼쪽에 진설한다. 남녀를 불문하고 항렬에 따라 술잔에 술을 붓고 세 번씩 배례한다. 이를 흔히 '차례절'이라고 한다. 제수를 물린 후에는 그것을 약간씩 떼어 산소 위에 흩뿌리고 모두 세 번씩 배례한 다. 이를 흔히 '이별절'이라고 한다. 의식이 끝나면 음복한다.

b) 추석차례

북쪽등대콜호즈의 남보리스는 추석을 기해 차례를 올린다. 우선 집에서 갖가지 제수를 진설하고 차례를 올린다. 차례 후를 올린 후에 는 닭장국[닭기장물]을 함께 먹는다. 이후 산소에 올라 성묘를 하는데, 제수는 삶은 닭과 과일 등으로 간소하다.

한편, 북쪽등대콜호즈의 김일리아는 부친이 사용하던 놋수저, 놋 젓가락을 간직하고 있다. 한식, 단오, 추석에 차례를 올리거나 성묘를 갈 때 이 놋수저, 놋젓가락을 올린다. 명절 제수로서 삶은 닭고기와

[그림 70] 놋수저, 놋젓가락(북쪽등대콜호즈 김일리아)

달걀, 구운 생선과 민물고기, 야채(오이, 토마토), 부추, 과일, 과자, 소시지, 지름구이(찹쌀떡구이), 보드카 등을 마련한다. 단 추석에는 햅쌀을 쪄 메[밥]로 진설한다. 송편 빚는 풍속은 사라진 지 오래이다. 차례는 집에서 올리고, 오전 8시를 전후해서 부인, 손녀와 함께 1km 가량 떨어진 산소에서 성묘를 한다. 산소에 올라서는 주변 정리를 하고 식보를 펴 제수를 진설한다. 성묘 시 제수는 삶은 닭고기와 보드카 정도로 간소하다. 우선 산소 위쪽에 올라 산신을 향해 한 번 배례한다. 이를 '후토제'라고 한다. 이어 항렬에 따라 잔에 술을 세 번씩 나누어 붓고 세 번씩 배례한다.

4) 생업활동

해당 분야에서 특별히 주목할 분야 중의 하나로 벼농사를 포함한 전답농사를 들 수 있다. 오늘날 고려인의 벼재배 전통은 우즈베키스

[그림 71] 김병화콜호즈 수로

탄이나 카자흐스탄 일부 지역들(카라칼팍스탄자치공화국, 호레즘, 우쉬토베 등지)에서 제한적으로나마 이어져 오고 있다. 하지만 강제이주 전 극동 지역에서는 연해주 한카호수 부근, 호롤, 스파스크, 그로데코보, 쉬마코프나 남부 변경지

대에서, 그리고 아무르강을 따
라 아무르주 블라고베쉔스크와
제야강까지 극동전역에서 벼재
배가 이루어 졌었다.[14]

[그림 72] 목화 재배(폴릿닫젤콜호즈)

과거 김병화콜호즈에서는 많
은 고려인들이 벼농사에 종사
했다. 하지만 이곳에 정착할 당
시에는 사방이 온통 갈대숲이
었는지라 물기가 많아 농사를 짓기 어려웠다. 이에 콜호즈를 빙 둘러
수로를 만들고 물을 뺐다. 그리고 치르치크강의 물을 끌어 와 땅을
개간해 벼농사를 짓기 시작했다. 오늘날에는 5월 초에 닷새 간 볍씨
를 뿌린다. 너무 일찍 볍씨를 뿌리면 씨가 곯아 농사를 망칠 수 있기
때문에 일기를 보아 볍씨 뿌리는 기간을 정한다. 볍씨는 마을에서
"재간 있는 사람"이 뿌린다. 1주일이 지나면 싹과 풀이 함께 돋아난
다. 풀은 손으로 일일이 뽑는다. 너무 세게 풀을 뽑으면 벼이삭도 함
께 뽑히기 때문에 손으로 살살 뽑는다. 6월 15일을 전후해 본격적으로
지심을 맨다. 논의 규모에 따라 다르지만, 지심은 보통 3명이 짝을 이
루어 2~3번 고쳐 맨다. 지심을 다 매면 풍작을 하늘에 맡기고 일손을
잠시 놓는다. 9월에 수확을 한다. 볏단을 엮어 집집마다 마당에 쌓아
놓는데, 이를 흔히 "무덤해놓는다"라고 한다. 일기가 불규칙해 쌓아놓
은 볏단이 얼어버리는 경우가 있는데, 그러면 볏단을 집 안으로 들여

---

14) 벼농사는 내전기(1917~22) 이후 본격적인 소비에트 사회주의 체제가 가동
되고, 집산화 정책과 더불어 광범위하게 극동 전역에 퍼져나갔다. 고려인
(한인) 벼재배 조합(콜호즈)들이 조직되기 시작했고, 고려인 콜호즈에서 중
요한 역할을 했는데, 총생산 가치의 41.6%를, 전체곡물 부분에서는 72.3%를
차지했다. 당국의 지원으로 벼 파종면적은 크게 확장되어 1923년에는
7,978ha, 1934년에는 20,664ha까지 재배가 확대됐다. Ким Сын-Хва, *Очерки по
истории советских корейцев* (Алма-Ата: Наука, 1965), с. 181-185.

와 말린다.[15]

폴릿달젤콜호즈의 고려인은 대부분 목화업에 종사하고 있다. 1965
년부터 국가가 주관하여 목화 농사를 지었는데, 이를 흔히 '목화질'이
라고 한다. 파종은 4월 초에 한다. 전년도에 거둔 목화를 공장에서 씨
만 따로 모아 파종 시기에 맞춰 전달한다. 전수 수작업으로 씨를 심
었을 때에는 목화밭의 밭고랑 사이가 60~70cm 간격이었지만, 오늘날
에는 '씨에루까'라는 기계가 있어 그 기계의 바퀴 간격에 맞춰 45cm
간격을 유지한다. 1ha에 보통 백 만 개의 씨앗을 심는다. 1주일 후면
새싹이 돋는데, 그때 후치질을 해 땅을 부드럽게 고른다. 이후 잎사귀
가 4~5개 정도 나면 도랑의 물을 댄다. 그 전에 물을 대면 뿌리가 썩
을 수 있다. 6월 초부터 목화가 피기 시작하는데, 그러면 약을 친다.
7월이면 만개하는데 한 줄기에 7~8개 송이가 연다. 8월에는 목화가 더
자라지 않도록 윗가지를 모두 꺾어버린다. 10월 전에 '감바이'라는 기
계를 몰아 2~3차례에 걸쳐 수확한다. 이를 펼쳐 볕에 말린다. 모든 손
질이 끝나면 조합폴릿달젤 집단에 전달한다. 목화업에 종사하는 사
람들은 국가로부터 월급을 받는다.[16]

---

15) 김병화콜호즈에서는 벼농사 이외 깨나프루부를 경작한다. 깨나프루부는
삼의 일종인데, 나무의 껍질로 바(밧줄)나 질긴 포대자루를 만든다. 이른
봄에 씨를 뿌린 후 8월에 수확한다. 경작함에 특별히 손이 가지 않는다. 수
확 후 물기가 마르기 전에 껍질을 벗긴다. 손가락 가량의 크기로 껍질을
잘라 손질한 후 큰 물통에 넣었다가 건져내 며칠 말린다. 전량 외국으로
수출한다.

16) 폴릿달젤콜호즈에서는 목화업 이외 봄에는 산에서, 여름에는 밭에서 벌을
친다. 3개월이면 벌통마다 꿀을 채취할 수 있다. 벌통 안에는 12~13개의
'소트'가 있는데, 그 안에 여왕벌이 알을 낳는다. 일벌들이 새끼 벌들을 먹
이려고 꽃가루분에서 꿀을 모아 와 그 안에 넣는다. 꿀이 다 차면 '메다곤'
이라고 하는 기계에 소트를 넣고 꿀을 짠다. 보통 한 사람이 40kg 가량의
꿀을 짠다.

2. 민속신앙

1) 속신앙

귀신을 쫓아내는 형태의 속신앙이 광범위하게 전승되고 있다. 예컨대 대들보에 귀신 쫓는 풀을 매달아 놓는다거나, 처마에 귀신 쫓는 붉은 천을 매달아 놓는다. 귀신 쫓는 붉은 천은 이외 대문, 돼지우리, 닭장 등에 매달아 놓는다. 또 아이들이 빈방아를 찧으면, '귀신 비쳤다'고 해서 바가지

[그림 73] 귀신 쫓는 풀(시온고콜호즈 황류드밀라)

에 된장을 풀어 그 아이 몸에 휘휘 돌린 후 칼을 문 밖으로 내던진다. 칼끝이 문 밖을 향해 나가면 귀신이 물러갔다고 여긴다. 칼끝이 문 밖을 향해 나가지 않으면 나갈 때 같은 행위를 반복한다.

액막이 형태의 속신앙도 전승되고 있다. 예컨대 새 집을 짓고 처음 들어갈 때, 사방에 소금을 뿌려 부정을 물린다거나 건물 네 귀퉁이에 굵은 소금을 뿌린 후 그 위에 종이를 놓고 태워 매캐한 냄새를 풍긴다. 그런 후 고양이를 먼저 들여보내는데, 고양이가 되돌아 나오지 않고 머물러 있으면 귀신이 없는 집으로 여긴다. 그러나 고양이가 바로 되돌아 나오면 귀신이 있는 집으로 여겨 하락시(점치는 사람, 무당)를 불러 또 다른 형태의 귀신물림을 한다.[17] 한편, 처음 입주할 때는 반드시 기름밥을 해먹는다. 기름 냄새를 집안 가득 풍겨야 구성원들이 무병무탈, 만사형통한다고 여긴다.

주술요법 형태의 속신앙도 전승되고 있다. 눈병이 나면, 해 뜰 무

---

17) 고양이를 통한 액막이 형태의 속신은 우즈베키스탄 현지의 풍속이라고 할 수 있다. 거주지의 풍속을 받아들인 대표적인 사례라고 할 수 있다.

렵에 화로를 지펴 그 안에 볍씨를 몇 개 넣고 머리에 구두를 올린 채 "이 벼알처럼 툭 튀어 나가라~ 이 벼알처럼 툭 튀어 나가라~ 이 벼알처럼 툭 튀어 나가라~"라고 외게 한다. 웬만한 눈병은 이 방법으로 치료할 수 있다고 한다. 한편 배앓이를 하면, 아이가 먹었던 모든 음식을 바가지에 약간씩 넣고 바가지를 따뜻하게 달구어 아이의 배를 문지른다.

2) 무속신앙

[그림 74] 화투점 치는 하락시(폴릿단젤콜호즈 김아샤)

현지조사 과정에서 유일하게 폴릿단젤콜호즈에서 '점치는 사람'(하락시, 김아샤)을 만나볼 수 있었다. 김아샤는 40여 년 전에 9대 선조가 뜬금없이 꿈에 나타나 사람들을 위해 점을 치라고 지시했다. 그 후 그녀는 점치는 사람이 되었는데, 하루에 단 한 번 화투 패를 이용해 운수를 점쳐주거나 이사 갈 방향을 잡아준다. 또 한 달에 한 번 막힌 운을 뚫어주거나 병을 고쳐준다. 그럴 때면 까라수강에 가서 촛불을 켠 후 강의 영신[용신]에게 기도를 올린다.

한편 시온고콜호즈에서는 정월 길일에 '점치는 사람'을 초청해 풍농의식을 치른다. '점치는 사람'은 흉한 방향에서 붉은 천을 태워 방토(액막이)하는 것으로써 풍농을 기원한다.

3. 민속예술[18]

소규모 예술단체들, 즉 '소 인예술단' 활동은 주로 1960~ 70년대 소비에트 시기를 거치 는 동안 각 지역의 고려인 콜 호즈들에서 공식, 비공식적으 로 이루어져 왔다.[19] 물론, 중 앙아시아 전체적으로 이러한 소규모 예술활동의 탄생과 지 속적인 활동이 있기까지는

[그림 75] 고려극장 '아리랑가무단' 순회공연

1931년 극동에서 조직된 후 카자흐스탄에 중심을 두고 소비에트 전역 에서 활동했던 〈고려극장〉과 순회공연단이었던 〈아리랑가무단〉의 공 헌과 영향이 컸다고 할 것이다. 〈고려극장〉과 〈아리랑가무단〉은 고전 물(춘향전, 심청전, 장화홍련전, 흥부와 놀부, 이수일과 심순애 등) 연 극이나 민요, 춤과 무용(부채춤, 항아리춤, 칼춤, 궁중무 등)을 통해서 고려인 공동체를 위로하고 한민족의 예술적 혼을 계승해 나갔다.

---

18) 구 소련 시절, 타시켄트 시에 고려인극장이 있었다. 이곳에서 '심청전,' '흥 부와 놀부,' '춘향전,' '크레믈의 종소리' 등 소연극을 했다. 그러나 소련이 붕괴하면서 고려인극장도 폐쇄되었다. 타시켄트 시 고려인은 심청이 이야 기, 흥부와 놀부 이야기, 춘향이 이야기 등을 구전이나 문헌을 통해 안 것 이 아니라 소연극을 통해 알게 되었다고 한다. 고려인극장과 관련해서, 그 형성과 변화 과정을 임영상의 "CIS 고려인 사회의 전통 공연예술: 〈고려극 장〉과 소인예술단", CIS고려인 공동체 무형유산 전승실태 연구성과 발표회 발표논문 (문화재청·한국외국어대학교 글로벌문화콘텐츠연구센터, 2012) 에서 확인할 수 있다.

19) 시온고콜호즈에서 사물을 확인했지만 사물만 존재할 뿐 사물놀이는 전승 되고 있지 않았다.

1) 북쪽등대콜호즈 소인예술단

[그림 76] 소인예술단 '등대' 목화밭 공연
(북쪽등대콜호즈)

북쪽등대콜호즈에서는 1968년부터 1982년까지 소인예술단 '등대'의 활동이 이루어졌다. 1950년대 후반에 북한 출신 김홍률이 타시켄트 주로 유학을 왔는데, 그가 북쪽등대콜호즈에 자주 들러 북한의 노래와 춤을 전수했다. 북쪽등대콜호즈 소인예술단원들은 김홍률과 함께 늘 밤 12시까지 노래와 춤을 연습했다. 설(양력 1월 1일), 여성기념일(양력 3월 8일), '큰전쟁해방된날'(양력 5월 9일), 단오(음력 5월 5일), 러시아 10월혁명기념일(양력 11월 7일) 등을 기해 콜호즈에서 자체적으로 공연을 했다. 또 프라우다, 폴릿단젤, 시온고 등지의 고려인 콜호즈로부터 초청되어 공연하기도 했다. 당시 소인예술단원은 20여 명이었는데, 남성은 악기를 다루었고, 여성은 창가를 부르며 춤을 추었다. 춤은 부채춤, 고리춤, 까삭춤(카자흐스탄춤), 로시아춤(러시아춤), 우즈벡춤(우즈베키스탄춤) 등이었고, 창가는 '장모님노래,' '소방울타령,' '우스벡창가,' '러시아창가' 등이었다. 이후 젊은이들의 참여율이 저조해 단절되었다.

2) 시온고콜호즈 우즈벡앙상블

시온고콜호즈에서는 1960년대까지 '바흐레'라는 우즈벡앙상블 활동이 이루어졌다. 앙상블 회원들은 한복을 차려입고 '황제러시아를 비롯하여 '스탈린노래', '레닌노래'와 같은 러시아 노래를 즐겨 불렀다.

3) 폴릿닫젤콜호즈 청춘앙상블

폴릿닫젤콜호즈에서는 청
춘앙상블 공연팀이 왕성하게
활동하고 있다. 무용단은 8~
10명이며, 음악단은 10~15명
이다. 현재 총감독은 황정녹
이라는 북한 사람으로 그의
지도에 따라 창가, 춤, 만담
등을 연습하고, 공연한다. 창

[그림 77] 청춘앙상블(폴릿닫젤콜호즈)

가는 러시아창가, 우즈벡창가, 고려창가[북조선창가]로 분류할 수 있
는데, 고려창가[북조선창가]는 '두만강,' '오동동,' '능수버들' 등이다.
춤도 러시아춤, 우즈벡춤, 조선춤으로 분류할 수 있는데, 조선춤은 부
채춤이 주류를 이루고 있다. 그런데 부채춤은 단순히 부채를 통한 춤
이 아니라, '처녀가 꽃을 캐러 가다가 목동을 만나고, 그와 사랑에 빠
진다'는 서사를 함축하고 있다. 만담은 두 사람이 일본을 비판하는 내
용으로 전개한다. '일본아이가 우물에 빠졌는데, 그의 이름이 너무 길
어 그 이름을 부르다가 그만 일본아이가 죽는다'는 내용이다. 타시켄
트 주에 국가의 주요 인물이 방문하면, 폴릿닫젤콜호즈로 안내해 청
춘앙상블의 공연을 관람한다. 또 요구가 있을 때마다 페르가나, 나만
간, 쓰르다리아, 사마르칸트, 알마타, 우쉬토베, 탈듸쿠르간 등지를 돌
며 순회공연을 하기도 한다.

4. 민속놀이[20]

1) 설행사

[그림 78] 증편(시온고콜호즈 최아나스타샤)

타시켄트 시에서는 고려인문화협회 주관으로 설행사를 대대적으로 치른다. 다만 음력설이 연휴가 아니기 때문에 그 전후로 행사 일정을 정한다. 전체 700~800여 명의 고려인이 저녁에 민족우정회관에 모여 먹고 마시며 노는데, 러시아인이나 우즈벡인은 물론 여느 민족들까지도 참여한다. 고려인 전통음식으로 찰떡, 증편, 가주리, 베고쟈 등을 먹는다. 고려인 노래로 '만남,' '눈물 젖은 두만강,' '돌아와요 부산항에' 등을 부른다. 또 고려무용단 회원들이 부채춤, 북춤, 장고춤 등을 추워 흥을 더욱 돋운다.

2) 단오행사

[그림 79] 단오행사(페르가나)

북쪽등대콜호즈의 고려인은 56학교에서 단오행사를 벌인다. 20여 년 전, 단오를 회복할 당시에는 줄다리기나 씨름을 대대적으로 행했지만, 근간에는 간단히 그네와 널을 뛴다. 당시 줄다리기는 직업별로 팀을 나누어 경합을 벌였다. 성인들은 농사팀, 건축팀, 기계팀 등으로 나누었고, 학생들은 A Class, B

---

20) 설행사, 단오행사, 추석행사를 세시풍속으로도 상정할 수 있지만, 무엇보다 집단놀이적 속성이 강해 민속놀이에 편입시켜 정리한다.

Class 등으로 나누었다.[21] 오늘날은 학생들의 합창과 연극소극이 주를 이루고 있으며, 집집마다 음식을 준비해 함께 나누어 먹는다. 저녁에는 나이트클럽과 같이 무대를 꾸미고 춤을 추며 흥을 한껏 돋운다.

김병화콜호즈의 고려인도 단오행사를 벌인다. 김병화콜호즈 이외 인근 고려인이 함께 참여해 씨름, 그네, 널, 북춤 등을 즐긴다. 또 증편, 찰떡, 시루떡 등을 미리 준비해서 어느 콜호즈의 것이 맛있는지, 어느 콜호즈 주민들의 한복이 예쁜지, 어느 콜호즈 주민들이 창가를 잘 하는지 경합을 벌인다. 1등을 하면 부상으로 수건을 수여받는다. 점심에는 각종 떡과 국수를 먹는데, 김치, 콩나물 무침, 식초에 절인 민물고기 등 반찬을 곁들인다.[22]

---

21) 과거 소비에트 시기에는 소련정부가 지정한 3월 8일(국제여성의날), 5월 9일(전승기념일), 11월 7일(혁명기념일) 등 국가명절과 1월 1일 새해 이외에는 어떤 민족의 명절도 공식적으로 축하할 수 없었다. 우즈베키스탄과 카자흐스탄 등 중앙아시아 지역민의 새해명절인 '나부르즈'나 한민족의 4대 명절인 음력설과 한식, 단오, 추석 등도 마찬가지였다. 중앙아시아 고려인 사회가 한민족의 전통명절인 음력설과 단오, 추석명절을 회복한 것은 1989년 이후이다. 중앙아시아 지역민의 최대 명절인 나부르즈도 1990년에 재생되었고 1991년부터는 국가명절로 공휴일이 되었다. 임영상, "우즈베키스탄 고려인의 전통명절과 문화콘텐츠", 『재외한인연구』, 제20호 (서울: 재외한인학회, 2009), p. 8.

22) 이러한 단오 세시풍속은 이우한 카자흐스탄이나 키르기스스탄, 그리고 러시아 고려인 및 사할린 주의 한인사회에서도 1990년대부터 부활되어 지켜져 오고 있다. 국내에서는 단오행사의 대표적인 사례로 강릉단오제를 들 수 있다. 강릉단오제는 세계문화유산에 등재(2005)된 이후 매해 활발한 전승활동이 벌어지고 있다.(2012년에는 법성포단오제가 국가무형문화재로 지정) 강릉단오제는 매해 6월이면 신주담기, 영신행차, 씨름, 그네뛰기, 난장 등의 축제활동을 통해 한민족의 정체성을 확인하고, 전통민속축제의 원형을 보여주며 대표적인 절기축제로 자리매김 해 나가고 있다. 국내 단오 행사가 원형에 가깝고, 또 원형보존과 계승의 차원에서 지켜지고 있다면, 우즈베키스탄을 포함한 독립국연합 고려인 사회의 단오는 주변의 타민족과의 조화와 협력, 공생의 가치를 추구해나가는데 더 역점을 두고 진행되고 있다고 할 수 있다. 즉 비록 씨름, 그네뛰기, 널뛰기, 떡만들기(증

3) 추수행사

김병화콜호즈의 고려인은 추수 후 날을 정해 종일토록 논다. 이를 일컫는 명칭은 없다. 그저 "노는 날"이라고 한다. 주최 측에서는 소와 돼지를 잡고, 집집마다 찰떡이나 토주를 마련한다. '아리랑', '도라지' 등 고려인 민요와 더불어 우즈베키스탄 노래를 부르며 춤을 춘다.

IV. 우즈베키스탄 고려인 공동체의 한민족 민속 문화 계승 방안

우즈베키스탄 고려인은 한반도의 한민족과 전혀 다른 역사·문화적 배경을 갖고 있지만, 여전히 삶의 근간에서 한민족의 민속문화를 향유하고 있다. 물론 삶의 공간으로서 기후나 지리, 어떤 정치·사회적 분위기 속에서 한민족 고유의 민속문화가 왜곡 또는 변질되었지만, 그 기억을 좇다보면 결국 100여 년 전에 우리 땅에서 전승되었던 우리 민속문화의 원형을 발견할 수 있다. 하여, 이제는 감정적인 차원에서 저 먼 땅에 고려인이 존재하고 있다는 사실, 그들이 아픈 과거를 간직하고 있다는 사실에만 관심을 둘 것이 아니라, 객관적인 차원에서 그들의 향유하고 있는 삶의 일부로서 민속문화의 실체 파악 및 보존과 계승에 관심을 기울여야 할 것이다.

이러한 기본적인 인식에서, 금번 현지조사를 통해 피부로 느낀 고려인 공동체의 민속문화 계승 방안을 제안한다.

첫째, 우즈베키스탄을 비롯한 독립국가연합 고려인 공동체의 민속문화를 전수조사할 필요가 있다. 집단이주와 정착, 개척이라는 버거

편, 찰떡 등) 등이 이어지고 있지만, 해당 지역 단오행사의 외형이나 내용은 여러 면에서 원형보다는 변형된 형태에 더 가깝다고 할 수 있다.

운 삶을 감내해야 했던 또 다른 한민족, 그들에 의해 전승되고 있는 민속문화의 적층성과 생명력은 한반도의 그것과 다른 매력을 갖고 있다. 물론 기존에 이러한 인식을 전혀 하지 않은 것은 아니어서, 설화나 민요의 전승과 변이 양상을 추적하기도 했고, 한식이나 추석 또는 그 의례음식의 현재상을 기록하기도 했다. 그런데 그 결과물들은, 절대 가치를 폄히시킬 수는 없지만, 산발적인 조사에 의해 이루어진 결과물이라는 데 한계가 있다. 금번 현지조사에 앞서서도, 본 조사팀과 문화재청 실무자간 기존의 결과물을 토대로 '과연 어떤 것들이 남아 있을까? 실제로 남아 있기는 한 것인가?'는 의문을 공유할 수밖에 없었다. 그러나 현지조사에 임하자 사정은 달랐다.

예컨대 현지조사 첫날, 북쪽등대콜호즈에서 '바이(디딜방아)'를 보았다. 그리고 그것을 언제 만들어 어떻게 사용했는지, 아이들이 빈 방아를 찧을 때 어떻게 방토(액막이)를 했는지 들을 수 있었다. 때마침 한 조사원이 벌에 쏘이자 고려인 할머니가 된장을 가져다 발라주기도 했다. 바로 옆집에 들러서는 맷돌과 재래 농기구를 보았다. 그리고 그 바로 옆집에 들러서는 재이주 당시부터 간직한 놋수저, 놋숟가락을 보았고, 그것을 한식차례나 추석차례에 진설한다는 것을 들을 수 있었다. 모두가 반나절에 벌어지고 확인된 현상들이었다. 현지조사에 임하는 본 조사팀은 긴장할 수밖에 없었다. 그러나 프로젝트의 일환으로 기존의 조사와 다른 체계성을 갖추고 있지만, 예산상의 문제로 각 분야별 전문 연구진을 포진시킬 수는 없었다. 비근하지만, "아는 만큼 보인다."라는 말이 있다. 민속문학, 민속생활, 민속신앙, 민속예술, 민속놀이 등 각 분야별 전문 연구진을 섭외하여 집약적으로 현지조사를 수행한다면, 더욱 가치 있는 독립국가연합 고려인 공동체의 민속문화가 수집, 정리될 것이다.

둘째, 독립국가연합 고려인 공동체에서 전승되고 있는 민속문화의 수집, 정리도 전방위적으로 이루어져야 하지만, 그 체계적인 계승을 위한 관 주도의 관심과 지원도 수반되어야 한다. 우즈베키스탄 고려인 공동체에는 누가 시킨 것도 아닌데, 한민족 민속문화를 보존·계승하려고 고군분투하고 있는 지식인들이 있다. 금번 현지조사 과정에서 현지 코디들의 주선으로 그러한 지식인들을 만날 수 있었다. 그리고 그들의 노력으로 한민족의 민속문화가 어떻게 살아났고, 어떻게 계승되고 있는지 확인할 수 있었다. 그런데 그들은 이구동성으로 "우리 힘만으로는 한계가 있다. 한국 관계자의 관심과 도움이 필요하다."라고 말한다. 그들이 원하는 것은 금전적인 지원이 아니다. 고려인 고노세대들의 사망, 본토문화의 수용에 따른 한국어 소멸과 정체성 혼란 등의 상황에 맞닥뜨려, 순수한 입장에서 한민족 민속문화의 정통 법식을 전수받고자 할 따름이다. 그러나 아직까지 관이 주도하는 문화적 지원은 이루어지지 않고 있다.

예컨대 시온고콜호즈에는 '시온고 어린이 회관'이 있다. 콜호즈 아이들이 모여 공부하고 뛰어노는 도서관이자 놀이터라고 할 수 있다. 2006년에 한국의 모 기업체에서 시온고 어린이 회관에 사물을 기증했다. 그러나 사물만 기증한 것이어서 사물놀이를 제대로 구현할 수 없었다. 이에 황나제즈다(1969년 출생, 동방대학교 한국어학과 강사, 1주일에 두 번씩 두 시간 동안 콜호즈 아이들을 대상으로 한국어 강의)가 인터넷 자료를 참고하여 콜호즈 아이들과 함께 사물놀이를 재현했다. 그러나 곧 한계에 봉착했다. 이러던 차, 2008년에 전북대학교 풍물팀이 콜호즈 7~8학년을 대상으로 사물놀이를 전수했다. 이를 계기로 잠깐 동안 사물놀이가 활성화되었지만, 분위기가 점차 시들해져 오늘날은 사물만 덜렁 전시하고 있다. 시온고콜호즈는 대표적인 고려인 집거지로서 아직도 고려인 아이들이 그곳에서 학교를 다니고 있다. 능숙하지는 않지만, 한국어로도 떠듬떠듬 어느 정도 의사소통이 가능하다. 한국어는 물론 한민족 민속문화의 정통 법식을 계승시킬 수 있는 토대가 이미 마련되어 있다고 할 수 있다.

셋째, 독립국가연합 고려인 공동체에서 전승되고 있는 민속문화의
전수조사, 그 체계적인 계승을 위한 관 주도의 관심과 지원에 이어
관련한 유·무형의 민속문화를 디지털 환경에서 아카이빙하고 전시할
필요가 있다.[23] 일반인의 접근을 용이케 하여 해외 한민족 민속문화
의 존재 여부 및 그 가치를 제고시켜야 하는 것은 물론 영구 보존도
기해야 하기 때문이다. 실세로, 근간에 이르러서 기존 박물관의 유물
을 디지털로 가공하여 새로운 형태로 전시하거나 응용한 문화상품이
속출하고 있다. 관련하여 유네스코는 박물관이 열린 정체성의 형성과
교육의 장으로 탈바꿈해야 하며, 문화복합주의(multi-culturalism)에 기
반을 두어야 한다고 주장하고 있다.[24] 이에 부응하여, 독립국가연합
고려인의 고단했던 삶, 그들이 애써 간직하고 계승하고자 했던 민속
문화를 다양한 이미지로 형상화한다면, 물리적인 공간과 시간을 초월하
여 너도 나도 다 같은 한민족이라는 동질성을 회복할 수 있을 것이다.

우즈베키스탄을 중심으로 독립국가연합 고려인 공동체에서 전승
되고 있는 민속문화의 계승 방안을 거칠게나마 제안했다. 독립국가연
합 고려인 공동체에서 전승되고 있는 민속문화의 전수조사 및 관 주
도의 전수 지원은 해외 한민족 문화유산의 재발견인 동시에 새로운
문화가치의 창조라는 점에서 의미를 부여할 수 있다. 지극히 현실적
으로는 고려인 사회의 해체와 해외 한민족 문화유산의 사장에 대응
하는 장기적인 문화전략으로서 의미를 부여할 수 있다. 조사보고서만
덜렁 남긴 채 더 이상 진전 없는 그런 의미 없는 작업이 되지 않기를

---

23) 문화재청 웹사이트에서는, '무형문화 아카이빙'을 "무형문화와 관련한 기
 록물의 영구보관 또는 향후 검색, 재사용을 위해 체계적인 기록물의 수집,
 분류, 정리, 보관에 관한 모든 작업 행위를 통칭한다."라고 설명하고 있다.
 그러면서 전국을 대상으로, 나아가 해외 한민족 사회를 대상으로 민속문
 화의 전수조사를 지향하고 있다.
24) 이후석, "문화관광상품으로서 박물관 서비스품질에 대한 중요도 만족도 분
 석", 『관광연구저널』, 제22집 (서울: 한국관광연구학회, 2008), pp. 55-56.

바라며, 본 결과물의 내용 및 계승 방안에 대한 제안이 해외 한민족 민속문화의 조사 체계 및 그 계승 방안의 선행모델이 될 수 있기를 바란다.

V. 맺음말

문화재청이 발주한 '2012년도 해외 전승 무형문화유산 학술조사'의 일환으로, 필자진은 동년 7월 11일부터 18일까지 우즈베키스탄 타시켄트(시)와 타시켄트 주 4개의 콜호즈에 거주하고 있는 고려인을 대상으로 민속문화의 전승 양상을 현지 조사했다. 삶의 공간으로서 기후나 지리, 어떤 정치·사회적 분위기 속에서 왜곡, 변질된 부분이 없지 않아 있었지만, 한민족의 원형적인 민속생활, 민속신앙, 민속예술, 민속놀이 등이 여전히 생명력을 발휘하고 있음을 확인했다. 본 논문은 당시 고려인들로부터 채록한 생생한 민속자료 및 현지에서 피부로 느낀 민속현실을 구현한 결과물이라고 할 수 있다. 지금까지 전개한 내용을 정리하면 다음과 같다.

먼저 독립국가연합 고려인의 역사를 극동(1864~1937, 연해주, 하바롭스크변강, 사할린 주 등), 중앙아시아(1937~1953, 우즈베키스탄, 카자흐스탄, 키르기즈스탄 등), 유라시아(1953~1991, 과거 소련 전역), 독립국가연합(1992~현재까지, 러시아 및 중앙아시아 포함 독립국가연합 전역) 등으로 분류하고, 통사적으로 한민족의 정체성을 유지할 수 있었던 기재로서 언론, 공연예술, 전통문화 등이 어떻게 활성화되었는지를 추적했다. 그리고 우즈베키스탄 고려인 공동체에서 전승되고 있는 민속문화를 단독 주제로 민속생활, 민속신앙, 민속예술, 민속놀이 분야에서 그 양상을 정리했다. 민속생활에서 주목할 것은 탈(액운)을 방지하기 위해 한식에 집안 대소사의 일정을 정하고 있다는 점, 윤달의 금기를 철저히 준수하고 있는데 윤달을 음력 6월(양력 7~8월)로 고정하여 인식하고 있다는 점 등을 꼽을 수 있다.[25] 민속신앙에서 주목할 것은 축사(逐邪), 방토(액막이), 주술 형태의 속신앙이 매우 광범위하게 전승되고 있다는 점, 무당(하락시)에 의한 신점(神占) 및 치병 행위가 명맥을 유지하고 있다는 점 등을 꼽을 수 있다. 민속예술에서 주목할 것은 1980년대까지 고려인 집거지에서 소인예술단이 활동함으로써 민속춤이나 창가가 활성화되었다는 점, 폴릿닫젤콜호즈에서는 청춘앙상블이 창가, 춤, 만담 등을 여전히 계승하고 있다는 점 등을 꼽을 수 있다. 민속놀이에서 주목할 것은 세시명절에 따라, 즉 설, 단오, 추석 등을 기해 고려인 공동체에 의한 집단놀이가 전승되고 있다는 점, 20여 년 전에 단오를 회복했을 당시에 줄다리기나 씨름을 대대적으로 행했다는 점 등을 꼽을 수 있다. 나아가 독립국가연합 고려인 공동체에서 전승되고 있는 민속문화의 실체 파악 및 보존과 계승 방안으로서 전수조사 필요성, 관 주도의 관심과 지원, 디지털로 변환 전시 등을 제안했다.

우즈베키스탄을 비롯한 독립국가연합에는 고려인 집거지가 산재하고 있다. 그러나 정치·경제·사회·문화 등 제반 여건의 변화에 따라 한민족의 언어와 풍습이 서서히 사라지고 있다. 고려인 3~4세대는 대부분 민족적 심리와 감정만 유지하고 있다. 고려인이 그 나라의 국적에 등재되어 있는 현실에서 피할 수도 막을 수도, 그렇다고 적극 수용할 수도 없는 고민이라 할 것이다. 하지만 고려인의 민속문화를 면밀히 들여다보면, 여전히 원주지의 동질적 그것이 전승되고 있음을 확인할 수 있다. 고노들이 죄다 스러지기 전에 해외 한민족 문화유산

---

25) 우즈베키스탄 고려인의 원주지가 대부분 북한 함경도인지라 그 지역의 풍속인지, 아니면 원형적인 형태의 것이 왜곡, 변질된 것인지 차후 검토해야 할 것이다.

의 재발견으로써 고려인 공동체에서 전승되고 있는 민속문화의 전수 조사 및 그 계승을 위한 방안 수립과 실천이 반드시 이루어져야 할 것이다.

【참고문헌】

1차 자료

십월혁명십주년원동긔념준비위원회. 『십월혁명십주년과 쏘베트고려민족』. 해
　삼위: 해삼위도서주식회사 크니스노예델로, 1927.

Аносов, С.Д. Корейыы в Уссурийском крае. Хабаровск-Владивосток: Книж
　ное дело, 1928.

Вагин, В. "Корейцы на Амуре." (Сборник исторических и статистических с
　ведений о Сибири и сопредельных ейстранах). Т. 1, СПб., 1875.

Граве, В.В. "Китайцы, корейцы и японцы в Приамурье." (Отчёт Уполномоч
　енного Министерства Иностранных Дел В. В. Граве). Труды коман
　дированной по Высочайшему повелению Амурской экспедиции, В
　ып. 11. СПб., 1912.

Кириллов, А.В. "Корейцы села Благословенного", (историко-этнографичес
　кий очерк). Приамурские ведомости, № 58-59. Приложения. 1895.

Насекин, Н.А. "Корейцы Приамурского края." (Краткий исторический очерк
　переселения корейцев в Южно-Уссурийскийкрай). Труды Приамур
　ского отдела ИРГО, Вып. 1 (Т.11). Хабаровск, 1895.

Надаров, И.П. "Южно-Уссурийский край в современном его состоянии." (С
　ообщение в общем собрании И.Р.Г.О. 1889. 4. 19). Известия императ
　орского русского географического общества, Т. 25, СПб., 1889.

Пржевальский, Н.М. Путешествие в Уссурийском крае, 1867-1869гг. СПб.,
　1870.

　　　　　　　　, "Инородческое население в южнойчасти Приморскойоблас
　ти." ИРГО, Т. 5, No. 5, отд. 2. СПб., 1869.

2차 자료

강현모. "우즈벡 고려인의 구비설화 전승양상과 의미 - 전승방식을 중심으로."
　『비교민속학』, 제45집. 안동: 비교민속학회, 2011.

고송무. 『쏘련의 한인들, 고려사람』. 서울 : 이론과실천, 1990.

고송무. 『쏘련 중앙아시아의 한인들』. 국협총서 제5호. 한국국제문화협회, 1984.

국가보훈처. 『국외독립운동사적지 실태조사보고서 2000-2001년도』. 2001.

김게르만. 『한인 이주의 역사』. 서울: 박영사, 2005.

국립민속박물관. 『우즈벡스탄 한인동포의 생활문화』. 서울: 국립민속박물관,
    1999.

_____. 『까자흐스탄 한인동포의 생활문화』. 서울: 국립민속박물관,
    2000.

_____. 『러시아 사할린·연해주 한인동포의 생활문화』. 서울: 국립민
    속박물관, 2001.

김병학·한야꼬브. 『재소고려인의 노래를 찾아서 - Korean folksong in CIS. 1-2』.
    서울: 화남, 2002.

독립기념관(한국독립운동사연구소). 『국외항일운동 유적(지) 실태조사 보고서-
    II』. 2002.

박보리스, 부가이 니콜라이. 『러시아에서의 140년간』. 김광한, 이백용 옮김. 서
    울: 시대정신, 2004.

박마야. "우즈베키스탄 시온고콜호즈의 고려인 음식생활." 성남: 한국학중앙연
    구원 석사학위 논문, 2011.

안상경. "연변조선족자치주 정암촌 청주아리랑의 문화관광콘텐츠 개발 연구."
    서울: 한국외국어대학교 박사학위 논문, 2009.

이복규. "중앙아시아 고려인의 구전설화 연구."『東아시아古代學』, 제16집. 서
    울: 동아시아고대학회, 2007.

_____. 『중앙아시아 고려인의 구전설화』. 파주: 집문당, 2008.

이상근. 『韓人 露領移住史硏究』. 서울: 탐구당, 1996.

임영상. "우즈베키스탄 고려인의 전통명절과 문화콘텐츠."『재외한인연구』, 제
    20호. 서울: 재외한인학회, 2009.

_____. "CIS 고려인 사회의 전통 공연예술: 〈고려극장〉과 소인예술단." CIS 고
    려인 공동체 무형유산 전승실태 연구성과 발표회 발표논문. 문화재청·
    한국외국어대학교 글로벌문화콘텐츠연구센터, 2012.

이후석. "문화관광상품으로서 박물관 서비스품질에 대한 중요도 만족도 분석."
    『관광연구저널』, 제22집. 서울: 한국관광연구학회, 2008.

진용선. 『러시아 고려인 아리랑 연구』. 정선군: 정선아리랑문화재단, 2009.

전경수. 『까자흐스딴의 고려인』. 서울: 서울대학교출판부, 2002.

현규환. 『韓國流移民史』 상. 서울: 대한교과서주식회사, 1972.

Ross, King, "Blagoslovennoe: Korea Village on the Amur, 1871-1937", *Review of Korean Studies*, Vol. 4, No. 2 (2001).

Ким, Г.Н. *Коре Сарам: Историография и библиография*. Алматы: 2000.

_____. *Корейцы за рубежом : прошлое, настоящее и будущее*. Алматы: 1995.

_____. *История иммиграции корейцев, в.п. 19-1945 вв.*, Алматы, 1999.

Ким Сын Хва. *Очерки по истории советских корейцев*. Алма-Ата: Наука, 1965.

Кузин, А.Т. *Дальневосточные корейцы: жизнь и трагедия судьбы*. Южно-С ахалинск, 1993.

Ли Герон. *Гобонди(записки наблюдателя о любви корейцев к земле)*. Биш кек: 2000.

Петров, А.И. *Корейскя диаспора на Дальнем Востоке России 60-90е годы 19века*. Владивосток, 2000.

_____. *Корейскя диаспора в России 1897-1917гг.* Владивосток, 2001.

Пак, Б.Д. *Корейцы В Российской империи (Дальневосточный период)*. М., 1993.

_____. *Корейцы В Советской России (1917-конец 30-х годов)*. М., Иркутск, 1995.

ABSTRACT

A Survey of Transmission of Korean Traditional Folk Culture in Goryein Community of CIS
- Focusing on Folk Culture of Goryein Kolkhoz in Tashkent Province of Uzebekistan -

As part of the '2012 abroad Intangible Cultural Heritage academic investigation transmission', it was ordered by the Cultural Heritage Administration to research the transmission aspects of folk culture on the same year since July 11th until 18th, subjecting Goryeo people(Goryein) living in Tashkent, capital of Uzbekistan and four kolkhoz in Tashkent Province. In the living environment, without a doubt elements of corruption and distortion exist within climate, geography, politics and social atmosphere however it is confirmed that the prototypical Korean folk culture, folk religion, folk games, folk art and furthermore still exert vitality.

The most noteworthy facts about folk life are, in order to prevent mishaps (misfortune) Korean households plan all their schedules, and strictly comply with the taboos on leap months recognizing the leap month fixed as June in the lunar calendar (July and August in solar calendar). The most noteworthy facts about folk religion are congratulatory address, Bangto (exorcism), and deep faith in incantation which are extensively transmitted from generation to generation, and also divination in Shaman (haraski) and curing illness to retain life. Also the most noteworthy facts about folk art until the 1980s is the fact that from Goryein residences to postmarked art companies, they actively participated to revitalize folk dance and traditional music; and in Politotdel Kolkhoz 'young' ensembles still play traditional music, dance and storytelling. Lastly the most noteworthy facts about folk games are that it is usually played on Korean national holidays namely News Years, Dano (fifth day of May according to the lunar calendar), Korean thanksgiving and so on, group games for the Goryein community are being passed down, and also more than 20 years ago when Dano was recovered mainly tug-a-war or wrestling were widely enjoyed.

However Goryein dwellers in Uzbekistan under the changing conditions in politics, economics, society, culture and so on, the language and custom of the Korean people is slowly fading. The third and fourth generation Goryein people mainly maintain ethnic psychology and sentiments. Research is urgently needed regarding the folk culture which is transmitted in the Goryein community to rediscover overseas Korean cultural heritage. Of course, improvement and collective succession for the value needs attention and support in all areas for the research regarding permanent conservation. Through this, over transcending physical space and time, we will be able to recover the concept of homogeneity of you and I being part of the same Korean heritage.

3장 러시아 사할린 한인 공동체의 한민족 민속문화 전승 연구 *

- 유즈노사할린스크 한인 공동체의 민속문화를 중심으로 -

Ⅰ. 머리말

필자들은 문화재청이 발주한 '2012년도 해외 전승 무형문화유산 학술조사연구사업'의 일환으로, 2012년 7~8월간 중앙아시아 3개국(우 즈베키스탄, 카자흐스탄, 키르기즈스탄)의 고려인 집거지와 러시아 (사할린주, 연해주)의 한인, 고려인 집거지를 현지조사했다.[1] 현지조 사에 앞서서는, 해당 지역에서 전승되고 있는 한민족 무형문화유산의 대략적인 양상, 무형문화유산의 보존 체계, 그 계승을 위한 법적, 제

* 본 논문은 문화재청의 '2012년도 해외 전승 무형문화유산 학술조사연구사 업(2012.06~12)'의 지원으로 이루어졌다.

1) 러시아 사할린주 및 사할린주 출신의 한민족에 대해서는 '한인'이라는 용 어를 사용하고 있다. 사할린주의 한민족(한인)은 러시아 대륙 및 중앙아시 아 거주 한민족(고려인)의 경우와는 이주 시기와 출신 배경 등에서 크게 차이가 있다. 또한 한반도 모국에 대해 갖는 의식과 정체성 측면에서도 양 자 간에 차이가 있다. 사할린주 출신의 한인들 스스로도 '고려인'이 아닌 '한인'으로 부르고 있으며, 1세대(1.5세대 포함)의 경우는 당연히 돌아가야 할 대한민국의 '한국인'으로까지 여기고 있는 경우가 적지 않다. 반면, 고 려인'의 경우, 국내외 학계에서는 일반적으로 1937년 강제이주를 전후하여 '한인'과 '고려인'으로 구분해서 용어를 사용하고 있다. 또한 고려인의 대 부분이 과거 고구려가 위치했던 한반도 이북 지역 출신이고(사할린 한인 제외), 한때 한반도가 고려(COREA)로 불렸던 것에 착안해서 오늘날 스스로 를 '고려인', '고려사람'이라 칭하고 있다.

도적 장치 등을 검토했다. 또 나아가서 세계지적재산권기구(WIPO)의 전통지식 분류 기준과 유네스코의 '무형문화유산보호협약(2003)'에서 합의한 무형문화유산의 개념 및 범주(총 9장 40조)를 검토했다.[2] 그리고 이러한 검토를 토대로, 독립국가연합 고려인과 사할린주 한인 사회에서 전승되고 있는 한민족 무형문화유산의 범주를 기존의 일반적인 무형문화유산은 물론, 그것과 직·간접적으로 관련한 유형문화유산까지 아울러 7개 범주[3]로 최종 설정했다.

이러한 범주 설정을 기반으로 현지조사를 수행했고, 그 결과물로써 결과보고서는 물론 두 편의 연구물(이병조, 2012; 안상경·이병조, 2013)을 발표했다.[4] 본고는 그 연장으로써 러시아 사할린주 한인 공동체의 한민족 무형문화유산, 그 중에서도 민속문화를 단독의 텍스트로 설정하여 전승과 변이 양상을 다루고자 한다. 구체적으로, 사할린주

---

2) 세계지적재산권기구(WIPO): "전통지식(Traditional Knowledge)"은 전통을 토대로 한 문학적, 예술적, 과학적 작품, 공연, 기술, 과학적 발견, 디자인, 마크, 명칭, 심볼, 비공개 정보, 그리고 산업적·과학적·문학적·예술적 분야에서 지적 활동의 결과로 생성되는 전통을 기반으로 한 기술과 창조물이 이에 해당된다; 유네스코(UNESCO): 무형문화유산보호협약 제2조는 '무형문화유산'을 공동체, 집단 및 개인들이 문화유산의 일부분으로 인식하는 실행, 표출, 표현, 지식 및 기술뿐만 아니라, 이와 관련된 '전달도구, 사물, 유물 및 문화공간 등을 의미한다.

3) 학술조사에 적용된 무형문화유산 7개 범주는 다음과 같다: [1분야] 전통적 공연예술(연행), [2분야] 공예, 미술 등에 관한 전통기술, [3분야] 의학(민간요법), 농경·어로 등에 관한 전통지식, [4분야] 구전전통 및 표현, [5분야] 의식주 등 전통적 생활관습, [6분야] 민간신앙 등 사회적 의식, [7분야] 전통적 놀이·축제 및 기예·무예.

4) 이병조. 2012. "독립국가연합 고려인의 전통문화유산에 대한 인식과 전승 실태: 중앙아시아·러시아의 고려인 무형문화유산을 중심으로."『재외한인연구』제28호. 재외한인학회: 187~240; 안상경·이병조. 2013. "독립국가연합 고려인 공동체의 한민족 민속문화 전승 연구: 우즈베키스탄 타쉬켄트주 고려인 콜호즈의 민속문화를 중심으로."『슬라브연구』제29호. 한국슬라브학회: 63~97.

한인 공동체에서 전승되고 있는 민속문화를 '문학', '생활', '신앙', '예술공예', '놀이'로 하위분류하여 정리할 것이다. 그리고 변이 양상과 관련해서는 제보자 대부분의 원주지(原住地)가 충청도와 경상도인 점을 감안하여, 원주지에서 전승되고 있는 일반적인 양상과 비교하여 변질된 부분을 추출할 것이다. 이러한 작업을 통해 사할린주 한인 공동체의 민속문화가 얼마만큼 원주지의 것을 수용하고 있는지, 그러면서도 삶의 공간으로서 인문환경에 맞춰 새로운 형태의 민속문화가 어떻게 생성되고 있는지 확인할 수 있을 것이다.

물론 간헐적이지만, 그간 사할린주를 포함한 독립국가연합 한민족의 문화유산에 대한 연구는 꾸준히 진행되어 왔다.[5] 하지만 이들 연구물들은 국립민속박물관(국립민속박물관, 2001)의 연구물을 제외하고는 주로 특정 분야, 즉 구비전승 분야에 치우쳐 있다. 이에 반해 본고는 앞서 언급한대로 제한된 분야가 아닌, 무형문화유산은 물론 그것과 직·간접적으로 관련한 유형문화유산까지 포괄하는 차원에서, 특히 '한민족 민속문화'에 초점을 두고 그 전체적인 전승과 변이 양상을

---

5) 본고와 직접적인 관계가 있는 연구물로는 다음과 같다: 국립민속박물관. 1999.『우즈벡스탄 한인동포의 생활문화』(서울: 도서출판 대학사); 국립민속박물관. 2000.『까자흐스탄 한인동포의 생활문화』(서울: 태웅그래픽); 국립민속박물관. 2001.『러시아 사할린·연해주 한인동포의 생활문화』; 전경수 편, 2002.『까자흐스딴의 고려인』(서울: 서울대학교출판부); 이정재. 2006. "사할린 한인의 민간신앙."『慶熙語文學』제27집: 93~105; 김병학·한야꼬브. 2007.『재소고려인의 노래를 찾아서-Korean folksong in CIS. 1~2』(서울: 화남); 이복규. 2007. "중앙아시아 고려인의 구전설화 연구."『東아시아古代學』제16집: 323~346; 이복규. 2008.『중앙아시아 고려인의 구전설화』(파주: 집문당); 진용선. 2009.『러시아 고려인 아리랑 연구』(정선군: 정선아리랑문화재단); 김정희. 2010.『사할린에서 싹 튼 아리랑 침뜸: 민간의술을 찾아서-러시아 손병덕 편』(서울: 허임기념사업회); 강현모. 2011. "우즈벡 고려인의 구비설화 전승 양상과 의미: 전승방식을 중심으로."『비교민속학』제45집: 351~379; 강현모. 2012. "우즈벡 고려인의 구비설화의 양상."『비교민속학』제47집: 387~416.

추적했다. 바로 이 점이 선행연구와 차이점이라고 할 수 있다. 이에 본고의 논의 결과가 독립국가연합 한민족 공동체의 무형문화유산에 대한 새로운 시각과 자원적 가치에 대한 이해를 돕는 데 기여하리라 본다. 뿐만 아니라 해당 지역 한민족의 무형문화유산 및 관련 자원의 보존과 한민족 문화원형 확보에, 그리고 해외한민족 문화지평의 확대와 글로벌 문화공동체의 토대구축에도 기여할 수 있으리라 믿는다.

II. 러시아 사할린 한인 공동체의 형성과 한민족 정체성 유지

사할린주에 한인이 등장한 것은 1870년대 무렵으로 추정된다. 당시 한인들은 대륙의 연해주 쪽에서 들어 간 사람들이었다. 하지만 이들 한인들은 1937년 스탈린 탄압 당시 대륙의 한인들과 함께 중앙아시아로 강제이주 되었다. 당시 강제이주를 당한 한인의 규모는 1,187명이었다(Кузин А.Т., 174).[6] 따라서 오늘날 우리가 알고 있는 사할린 한인의 대부분은 제2차세계대전 시기인 1930년대 말~1945년 기간에 일본의 기만적인 알선, 강제모집 및 강제징용에 의해 들어 온 1세대(1.5세대 포함)들과 그 후손들이다.

사할린주 한인들은 이주 시기나 출신(주로 남한 출신) 측면에서 대륙의 고려인 공동체와는 다른 역사적 배경을 갖고 있다. 해방 직후 당연히 한반도로 귀환이 이루어져야 했음에도 불구하고 소련과 일본 정부에 의해 외면을 당한 채 4만 여 명의 한인들이 그대로 사할린 땅에 남아있게 되면서 오늘에 이르고 있는 것이다. 1990년 소련 붕괴 이

---

6) 1937년 당시 사할린주 한인의 이주 규모는 연구자별 약간의 견해 차이가 있다. 사할린 한인출신 연구자 박승의(영주귀국)와 파쉬코프·포드페치니코프는 1,187명으로 보고 있다.

후 한국과 일본 적십자사 및 한인 공동체 당사자 간의 지리한 협상과 논의 끝에 한인 1세대(1945년 이전 출생한 1.5세대 포함)의 영주귀국이 이루어졌고, 현재 남아있는 사할린주 한인 공동체의 인구 규모는 약 24,993명으로 집계되고 있다(『새고려신문』, 2012년 1월 20일자). 한인 1세대들의 경우 러시아국적자로 평생을 사할린에서 살아왔음에도 불구하고, 정주 기간이 더 긴 대륙의 고려인들과는 다른 정체성과 고국관을 유지하고 있었다. 그들은 자신을 단순히 '한민족'이 아닌, '한국인'으로 언제가는 반드시 돌아가야 할 고향으로 생각하며 살아오고 있었다. 1세대(1.5세대 포함)의 경우, "사할린 한인들은 자발적 이민이 아닌 만큼 대한민국 국민의 책임과 의무의 대상 범주 안에 포함시켜 줘야 하는 역사적 운명의 공동체"(박승의, 2013)로 보고 있었다.

2012년 8월에 필자들이 현지에서 확인한 바에 따르면, 사할린주의 한인들(특히 1세대)은 한반도-고향에 대한 애정과 애착만큼이나 강하게 한민족의 전통적인 민속문화를 계승해 오고 있었다. 또한 러시아 대륙이나 중앙아시아 지역의 고려인 공동체와는 달리, 상대적으로 짧은 정주 기간과 출신지 배경 등으로 인해, 대륙의 고려인 공동체의 그것과도 부분적으로 다소 차이가 있었다. 하지만 동시에 소비에트 시기를 거치며 적지 않은 부분에서 한민족의 민속문화가 사라지거나 훼손 혹은 변형되어가고 있는 것 또한 확인할 수 있었다(사할린주 한인 공동체의 한민족 민속문화 전승 양상에 대해서는 다음 장에서 자세히 다루기로 한다).

필자들은 사할린주 유즈노사할린스크와 시네고르스크를 중심으로 본 논문의 주제를 포함, 한민족 전통문화유산자원의 흔적을 추적했다. 이하 제시하는 기관 및 단체들 외에도 사할린주 한인 공동체의 전통적인 생활문화의 모습을 살펴볼 수 있는 주체들은 더 있다. 특히 『새고려신문』과 청소년예술학교 '에트노스', 그리고 사할린우리말방송국의 경우, 사할린주 한인 공동체의 민족적 정체성 유지에 지대한

영향을 미치고 있다는 점에서 한국정부의 지속적인 관심의 대상이
되고 있다.

1. 사할린국립향토박물관

유즈노사할린스크에 있는 국립향토박물관에는 문헌자료[7]와 사진
자료, 그리고 실물자료 형태로 사할린주 한인 공동체의 전통문화유산
자원이 소장되어 있다.

문헌자료에는, 소비에트 시기 사할린 한인의 음식도구와 의복, 식
생활, 공연예술, 혼례 및 회갑, 제사 등의 수 십 점의 사진과 그에 대
한 설명이 수록되어 있다. 자료 중에서 무용가 김준경과 북한출신의
국악인 김준수의 경우, 사할린 한인의 음악과 공연예술 발전에 큰 발
자취를 남겼다. 국악인 김준수는 1948년 공연계약에 따라 북한에서
유즈노사할린스크에 들어온 후 1959년 폐쇄되기 직전까지 조선예술
단에서 활동했던 인물이다. 김준수의 개인자료들은 장구를 치며 창을
하거나 한인순회극장 공연모습, 그리고 극장단원들과 함께 활동하는
모습을 보여주고 있다.

사진자료에는, 혼인 및 장
례식, 돌잡이, 공연예술단,
즉 소인예술단(유즈노사할린
스크, 돌린스크, 코르사코프,
고르노자보드스크 소인예술
단) 등의 모습이 담겨져 있
다. 사진자료 또한 수 십 점
이 소장되어 있다. 박물관에

[그림 80] 전통생활도구(키, 체, 되, 그릇 등)(국
립향토박물관 소장)

7) 유즈노사할린스크 국립향토박물관 정기간행물; 사할린박물관 회보(도록),
   2호, 1995; 사할린박물관 회보(도록), 8호, 2001.

는 또한 실물자료로, 수저와 제기(제사용), 키, 체, 되, 그릇, 등잔을 비롯, 수 십 점의 일상생활 도구들이 소장되어 있다.

이들 자료 모두는 사할린주 한인 공동체의 전통문화유산의 흔적을 찾아볼 수 있게 해주고, 본 주제와 관련하여 사할린주 한인의 민속문화를 추적가능하게 해주는 단서-유형물들이라는 점에서 가치가 있다고 할 수 있다.

2. 유즈노사할린스크 한인문화센터 내 한인생활문화전시관

[그림 81] 전통생활도구(키, 체, 손맷돌 등)

한인생활문화전시관은 유즈노사할린스크 한인문화센터 내 2층에 자리잡고 있다. 전시관에는 키와 체, 되, 절구와 절구통, 낫, 음식도구 등의 유형물들이 전시되어 있다. 이들 실물자료들 또한 사할린주 한인 공동체의 전통문화유산의 발자취를 보여주고 있다. 조부모나 부모 세대와는 다른 한인 2~5세대들의 경우 오늘날 옛 것에 대한 향수나 애착, 관심이 희박해져 가고 있다. 그런 상황에서 기성세대들에 의해 기증이나 수집활동이 이루어지고, 또 보호가 용이한 한인문화센터 내의 전시관에서 관리가 이루어지고 있다는 점이 필자들에게는 큰 위안이 되었다. 전시품들의 품목이 다양하고, 수집과 전시활동을 지속해 나가고 있어 사할린 한인의 전통 민속문화를 추적해 나가는데 향후에도 기대해 볼 수 있는 곳이다.

3. 새고려신문사(『새고려신문』)

유즈노사할린스크 『새고려신
문』(대표-배빅토리야)은 1949년 6
월 1일부터 발간되어 온 한국어
신문이다. 전소련방공산당의 결
의로 창간된 이 신문은 처음에
는 하바로프스크에서 발간되었
고, 1950년 9월, 유즈노사할린스
크로 이전되며 공식적으로 사할

[그림 82] 『새고려신문』사 모습

린공산당위원회(사할린주 공산당위원회 기관지)로 넘어갔다.[8] 사할
린주 공산당위원회 기관지로서 신문명 또한 처음에는 『조선노동자』
로 시작되었다가 『레닌의 길로』(1961.5.14) 개칭되었고, 1991년 페레스
트로이카 이후 『새고려신문』(1991.1.1)으로 최종 개칭되어 지금의 명칭
을 유지하고 있다. 1991년부터는 주 5회 발간에서 3회로 줄였고, 1992
년 초부터 면수가 4면에서 8면으로 늘이는 대신 주 2회 발간으로 발
간 횟수는 줄어들었다. 이후 1993년 1월부터 면수는 8면 그대로 유지
하되 주 1회로 발간 횟수를 줄였고 현재까지 유지되고 있다.

『새고려신문』신문이 주목받는 이유는 무엇보다 알마타에서 발간
되어 오고 있는 『고려일보』신문처럼,[9] 60여년 동안 그 생명력을 유지
해 왔다는데 있다. 해당 신문에는 사할린주 한인사회의 사회경제적
생활 뿐만 아니라 한민족의 언어, 문학, 전통생활과 민속문화 등에 관

---

8) 『새고려신문』은 1992년 1월 1일부터는 공식적으로 사할린주 공산당위원회
　기관지로서의 역할을 끝내고 사할린주 동포신문으로서의 위상을 갖추어
　오고 있다. 2008년부터는 러시아어로 된 면을 추가하여 사할린주 포함, 러
　시아 및 독립국가연합 내 한민족 관련 소식을 전하고 있다.
9) 『고려일보』는, 『선봉』(1923)과 『레닌기치』(1938~1991)의 명맥을 이어오고 있
　는 해외 유일의 장수신문이다.

[그림 83] 윷놀이 모습 기사(2006.01 27일자-1면)

한 기사 정보가 적지 않게 수록되어 있다. 한인의 공연예술과 농어축산업, 의식주 및 세시풍속, 민간신앙 및 통과의례, 전통놀이 및 축제 등에 관한 정보를 제공해주고 있어 본 주제와 관련 훌륭한 연구대상이 되고 있다.

4. 시네고르스크 향토박물관

[그림 84] 전통생활도구(체)(시네고르스크 향토박물관 소장)

유즈노사할린스크에서 30여km 떨어진 곳에 위치한 시네고르스크는 대표적인 석탄채광지역 중의 한 곳이다. 1930년대 말~1945년 시기에 일제의 기만적인 알선, 강제모집 및 징용에 의해 들어 온 조선인 1세대(1.5세대 포함)들의 피땀과 한이 서려있다. 시네고르스크 지역에는 지금도 1940년대 일제가 운영했던 카와카미 탄광의 모습이 남아있는데, 타지역의 농업이나 어업·축산활동이 아닌 광산업 활동에 대해서 생생히 보여주는 역사의 현장이라 할 수 있다.

시네고르스크 행정관청이 들어서 있는 건물 3층에 시네고르스크 향토박물관(박물관장-미넨코 발렌티나 콘스탄티노브나)이 위치하고 있다. 박물관장 미넨코는 주변의 한인들이 기증하거나 본인이 직접 수집해 온 물품들을 작은 규모의 공간에 전시해 오고 있다. 전시품들은 키, 체, 되, 소쿠리, 낫, 절구와 절구통, 손맷돌 등의 농기구와 떡메

와 떡구시 등의 음식도구, 그리고 문방사우, 나무물통, 대패, 채광의
복 및 기구들, 한복 등 70여년 사할린 한인들의 전통생활모습을 잘 반
영해 주고 있다.

5. 청소년예술학교 '에트노스', 제9동양어문화학교, 사할린우리말방송국

[그림 85] 청소년예술학교 '에트노스' 장구춤 [그림 86] 제9동양어문화학교 건립 57주년
공연모습　　　　　　　　　　　　　기념식-물동이 춤추는 학생들

출처: '에트노스' 홈페이지

언급한 장소들 외에 사할린주 한인의 전통적인 생활모습과 민속
문화를 엿볼 수 있는 공간으로 청소년예술학교'에트노스', 제9동양어
문화학교, 사할린우리말방송국을 들 수 있다.

청소년예술학교'에트노스'(교장 에이디노바 나탈리야)는 1991년 11
월에 설립되었다. 이 학교에서는 미술과, 러시아 민속과, 한인민족예
술과 분야를 중심으로 교육이 이루어지고 있다. 이중 한인민족예술과
에서는 8~10세의 어린이가 입학을 하고 7년 동안 교육을 받는다. 교육
과정에서는 한민족 문화, 합창, 가야금, 장구춤, 부채춤을 배우고, 민
속악기앙상블이 활동하고 있다.[10] 학생들은 교육과정을 거치는 동안
에 내부적으로 뿐만 아니라, 각종 한인 행사 시에 공연을 하는 등 한

10) http://sakhetnos.ru/etnos/index.php(홈페이지, 2013.5.12일 검색).

[그림 87] 사할린우리말방송국 김춘자 국장

인사회에서 큰 사랑과 관심을 받고 있다. 무엇보다 미래의 한인 꿈나무들에 의해서 한민족의 공연예술이 체계적으로 계승되어 나가고 있다는 점이 가장 기쁘고 다행스런 일이 아닐 수 없다.

제9동양어문화학교(교장 타모노프 레오니드)의 역사는 1940년대 말부터 시작된다. 하지만 동양어 및 문화 심화교육 기관으로서 지위를 공식 부여받은 것은 1992년부터이다. 1997년부터 제9동양어문화학교에서는 1~11학년까지 동양어가 필수과목이 되었다.[11] 이곳에서도 한인 학생들에 의해서 한글 외에 한민족 전통공연활동이 이루어지고 있다. 꿈나무 청소년들에 의해서 한민족의 전통예술공연 활동이 행해지고 있는 만큼 한국에서도 지속적인 관심을 쏟을 필요가 있다.

사할린우리말방송국(국장 김춘자)은 사할린주 국영텔레비전, 라디오 방송국에 속해 있는 한국어 방송이다. 1956년 10월 1일에 '조선어라디오방송국'이란 이름으로 설립되었고, 1991년에 현재의 '사할린우리말방송국'이라는 이름으로 개칭되었다. TV방송은 2004년 8월 15일에 시작되었고, 한인뿐만 아니라 러시아인 청취자도 적지 않게 청취 및 시청하고 있다. 사할린주 한인 공동체의 가장 든든한 대변인의 역할을 해주고 있는 사할린우리말방송국은 사할린주에서 유일한 소수민

---

11) http://www.school9.sakh.com/about.shtml(홈페이지, 2013.5.12일 검색). 1946년에 소비에트 당국에 의해서 예전의 일본인남자중학교 자리에 제31번, 35번 초등학교가 조직되었다. 이듬해 이들 학교는 러시아인 이주민 학생들을 위한 제9번 중등학교와 한인 학생들을 위한 제8번 학교로 재조직되었다. 하지만 1963년 한인교육시설 폐쇄에 관한 소련방공산당 중앙위원회와 정부의 결정이 나온 이후 제8번, 9번 학교는 제9번 학교(제9동양어문화학교)로 통폐합되었고 오늘에 이르고 있다.

족언어방송국이기도 하다. 방송국에는 설과 한식, 추석행사를 대신하는 광복절행사 등 사할린주 한인 공동체의 세시풍속 행사모습을 담은 방송영상들이 보관되어 있다. 이들 자료들은 시각적인 영상자료들로서 지나온 사할린 한인 공동체의 전통 민속문화를 들여다 보고 연구하는데 중요한 시각적 정보들을 제공해 주고 있다. 하지만 이들 영상자료들은 대부분 테이프 형태로 소장되어 있다. 상기적인 보존과 용이한 활용을 위해서라도 국내 관련기관 차원에서 접근하여 이에 대한 방안을 마련해 보는 것이 시급해 보인다. 실제로 현지에서 만난 방송국 관계자 또한 방송국의 열악한 재정상황이나 방송자재의 질을 개선시키기 위한 다각적인 노력을 기울이고 있었다.

Ⅲ. 러시아 사할린 한인 공동체의 한민족 민속문화 전승 양상

필자들은 2012년 8월 6일부터 9일까지 러시아 사할린주 2개 시에 거주하고 있는 한인들을 대상으로, 한민족 민속문화를 중심으로 한 무형문화유산 실태조사를 수행했다. 그리고 8월 9일부터 14일까지 러시아 연해주 3개 시에 거주하고 있는 고려인을 대상으로 동일한 실태조사를 수행했다. 사전에 관련 기관 및 단체의 현지코디와 협력하여 강제이주 1.5세대들을 제보자로 선정했고, 일정에 맞추어 현지를 방문했다. 금번 현지조사에 응한 러시아 사할린주 한인의 인적사항은 다음과 같다.

[러시아 사할린주 한인 제보자 현황]

	성명	출생	성별	현주지	원주지	비고
1	박승의	1942	남	유즈노사할린스크 로드니코바야거리 2번지	한국(충청도)	영주귀국 (현 파주 거주)
2	김소자	1944	여	유즈노사할린스크 로드니코바야거리 2번지	북한(황해도)	영주귀국 (현 파주 거주)
3	장순애	1944	여	유즈노사할린스크 안가르스키1 / b-8호	한국(경상도)	-
4	전상주	1933	남	유즈노사할린스크 쿠릴스카야 3-8호	한국(경상도)	영주귀국 (현 김포 거주)
5	허남훈	1936	남	유즈노사할린스크 미상	한국(충청도)	영주귀국 (현 김포 거주)
6	우영자	1925	여	유즈노사할린스크 승리3주년거리 3a-2호	한국(경상도)	-
7	김원배	1939	남	유즈노사할린스크 하바로프스카야 2-9호	한국(경상도)	-
8	정양규	1922	남	유즈노사할린스크 피오네르스카야 38-42호	한국(충청도)	-
9	방춘자	1928	여	유즈노사할린스크 피오네르스카야 38-42호	한국(경상도)	-
10	김윤덕	1925	남	시네고르스크 유쥐나야 3번지	한국(경상도)	-

한인 제보자의 대부분은 원주지(原住地)로서 부모의 본향이 충청도와 경상도이다. 본향에서 평범한 농군으로 살다가 2차 세계대전 때 일제에 의해 강제로 이끌려 탄부(炭夫) 노릇을 했던, 이른바 남선(南鮮) 사람들의 후예라고 할 수 있다. 다만 우영자의 이주 계기가 예외적으로, 1929년에 그 부친이 소작권을 빼앗긴 후 가난을 이기지 못해 가족을 대동하고 사할린으로 옮겨 와 어부로 살았다고 한다. 한편 1994년에 한·일 정부가 공동으로 합의한 '영주귀국사업'의 일환으로 1997년부터 2001년 사이에 사할린 1.5세대 한인 1,300명이 귀국했고, '영주귀국확대사업'의 일환으로 2007년부터 2009년 사이에도 2,095명이

영주 귀국했다. 또 2010년에도 연장사업의 일환으로 127명이 영주 귀국했다.[12] 박승의, 김소자, 전상주, 허남훈 등이 영주귀국자로 한국에 새 보금자리를 틀고, 주로 여름철에 사할린을 오가며 새로운 삶을 영위하고 있다.

1. 민속문학

유즈노사할린스크의 한인 공동체에서도 설화, 민요, 판소리, 속담 등이 전승되고 있다. 그러나 각편마다 편린만 기억하고 있을 따름이라 실질적인 전승이라고 할 수는 없을 듯하다. 설화의 경우 흔히 "옛말"이라고 하는데, '해와 달이 된 오누이 이야기'나 '한석봉 이야기' 정도를 드문드문 확인할 수 있다. 민요의 경우에는 한인들 대부분 '아리랑'과 '도라지'를 기억하고 있으며 누구나 한 소절씩 부를 수 있다. 또 판소리계 소설인 '심청이 이야기', '춘향이 이야기', '흥부와 놀부 이야기' 등도 "옛말"이라고 하는데, 1950~1960년대 예술극단(조선예술단)이 한창 활성화되었을 당시 소연극을 통해 보고 들었던 것을 다만 핵심적인 화소(話素)만 기억하고 있다.

속담도 "옛말"이라고 하는데, "① 시험 보는 날 아침에 미역국 먹지 마라. ② 모든 사람은 먹을 것을 등에 업고 태어난다. ③ 여섯 살 적 버릇이 여든 살까지 간다. ④ 애들 꿈은 개꿈이다. ⑤ 어른들의 말을 잘 들으면 자다가도 떡이 생긴다. ⑥ 동지팥죽을 먹어야 한 살 더 먹는다. ⑦ 바늘도둑이 소도둑 된다. ⑧ 선생님 똥은 개도 안 먹는다. ⑨ 똥 싼 놈이 방귀뀐 놈 나무란다. ⑩ 소 잃고 외양간 고친다. ⑪ 부부 싸움은 칼로 물배기다. ⑫ 자식 이기는 부모는 없다. ⑬ 매도 먼저 맞는 게 낫다. ⑭ 조선 사람은 세 가지 체를 가지고 있다. 몰라도 아는

---

12) "2011년도 사할린동포 영주귀국설명회"(http://blog.daum.net/jso0869/6033440. 검색일자 2013.04.12.)

체, 없어도 있는 체, 못나도 잘난 체. ⑮ 바지 하나만 입어도 고향 간다." 등을 확인할 수 있다.

2. 민속생활

1) 의식주

(1) 의생활

일상생활에서 사할린 사회의 주류를 형성하고 있는 러시아인의 의생활과 차이가 없다고 할 수 있다. 다만 설행사 때 사할린예술단원들이 한복을 차려입고 부채춤이나 북춤을 춘다. 또 광복절경축행사 때면 으레 접어두었던 한복을 차려입고 선열들을 위로한다.

(2) 식생활

(2)-1. 절시식

[그림 88] 떡집에서 판매되고 있는 전통떡(한인 경영)(유즈노사할린스크)

절시식으로 떡국, 오곡밥, 팥죽 등이 전승되고 있다. 비록 양력설을 쇠지만, 설날 아침에 온 가족과 함께 떡국을 먹는다. 우선 멥쌀을 불렸다가 찌고, 미지근한 물에서 반죽을 한 다음 솥에 다시 한 번 찐다. 꺼내어 다듬이로 둥글게 만들고 칼로 썰어 떡첨을 낸다. 소고기 삶은 물로 육수를 만들고 떡국이 다 되면 그 위에 달걀로 고명을 얹는다. 경우에 따라 대파, 묵, 두부, 청포 등을 고명으로 얹기도 한다. 대보름 전날에는 오곡밥으로 이른 저녁식사를 한다. 쌀, 콩, 대추, 보리, 조 등을 넣어 만드는데, 여건상 나물반찬은 하지 못한다. 동지에는 한인

들이 한데 모여 팥죽을 먹는다. 붉은 팥이 귀해 대신 완두콩이나 녹
두를 삶아 죽을 끓이지만, 밀가루를 반죽해 새알심을 꼭 넣는다. "동
지에 팥죽을 먹어야 한 살 더 먹는다."라는 말도 전승되고 있다.

(2)-2. 저장식품

[그림 89] 김치통 및 도구(장순애, 1965)

[그림 90] 지하저장소의 과일, 오이, 토마토
절임(피클)(김소자, 2012)

전대 한인들은 김장김치, 된장, 고추장 등을 손수 만들어 저장했
다. 그러나 근간에는 필요할 때마다 소량으로 구매한다. 다만 엄격한
의미에서 저장식품이라고 할 수 있을지 의문이지만, 주스나 와인, 잼
을 직접 만들어 저장한다. 주스는 사과주스가 일반적인데, 재료는 "라
넷꺄"라는 종으로 열매가 크지 않다. 우선 사과를 손질한 후 끓는 가
마솥에 넣는다. 이때 적당량의 설탕을 넣는데, 그 해 사과가 달면 설
탕을 적게 넣고, 달지 않으면 설탕을 많이 넣는다. 1시간 가량 저어가
며 끓인 후 이를 3일간 발효시켰다가 시원하게 해서 마신다. 가능한
많은 양을 해 겨울까지 마실 수 있도록 한다. 사과 이외 배, 복숭아,
자두, 살구 등을 같이 넣으면 향이 더욱 좋다. 와인은 블루베리와인이
일반적이다. 잼은 사과, 자두, 살구, 복숭아 등으로 만드는데, 과일 1kg
당 설탕 1kg을 섞는다. 이 중 살구잼이 가장 맛있다.

(3) 주생활

[그림 91] 텃밭 경작(정양규, 1955)

유즈노사할린스크의 한 인들은 해방 후에야 집을 지을 수 있었다. 하지만 당시에는 판자로 일자형 집을 짓고 여러 채가 함께 살았다. 한 채 당 가로 6m, 세로 4m 가량의 공간이었다. 그러다가 소련기에 접어서면서 너른 공간을 확보하고 독채를 지었다. 이때부터 텃밭에 채소를 가꾸기 시작했다. 근간에는 온실을 지어 보다 많은 채소를 경작한다. 예컨대 정양규의 온실은 나무판자에 유리창을 결합시킨 형태로 가로 12m, 세로 6m 가량의 크기이다. 온실에서 토마토, 오이, 양배추, 감자 등을 기른다.

토마토와 오이의 경작 방법은 동일한데 다음과 같다. 씨를 12시간 물에 불렸다가 천에 싸서 3일간 보관한다. 그러면 싹이 나오는데, 그때 궤짝에 흙을 담고 싹을 심는다. 보름이 지나면 2~3개 잎이 돋아난다. 그때 보다 너른 궤짝에 5cm 간격으로 옮겨 심는다. 뿌리가 튼실해지면, 또 다시 땅에 옮겨 심는다. 1달 가량 키운 다음 줄기마다 꼬챙이를 박고 줄을 맨다. 꽃이 피기 전에 소독하고 비 온 후에 소독한다. 양배추의 경작 방법은 다음과 같다. 5~6m 크기의 긴 궤짝에 흙을 담고 그 위에 씨를 뿌린다. 그리고 궤짝을 비닐로 덮는다. 3일 후면 싹이 올라오는데, 그때 보다 너른 궤짝에 5cm 간격으로 옮겨 심는다. 보름이 지나 4~5개의 잎이 돋아나면 수확한다. 감자의 경작 방법은 다음과 같다. 감자를 습한 그늘에 보관하면 싹이 나는데, 그때 2~3개로 조각을 내어 땅에 심는다. 일정 시간이 지나 수확한다. 정양규는 온실에서 수확한 채소를 팔아 용돈으로 충당한다.

2) 세시풍속

유즈노사할린스크의 한인 공동체에서 확인할 수 있는 세시풍속은 매우 제한적이다. 봄철 삼짇날, 여름철 단오, 복날, 겨울철 설날 및 대보름에 한해 관련한 세시풍속만 전승되고 있다.[13] 가능한 삼짇날에 맞춰 장을 담근다. 이 날 장을 담가야 장

[그림 92] 사할린 한인 일상음식(된장, 고추장, 김치 등)

맛이 좋다고 여긴다. 삼짇날 장을 담지 못하면 말[馬]날에 장을 담근다. 단오에 맞춰서는 쑥을 뜯어 말린다. 이슬을 머금고 있는 어린 쑥을 뜯어 말리는데, 이를 '약쑥'이라고 한다. 배앓이를 할 때나, 관절에 통증이 있을 때 약쑥으로 뜸을 뜬다. 복날(초복, 중복, 말복)이면 삼삼오오 짝을 지어 물가에서 목욕을 한다. 이를 '약물한다'고 한다. 약물을 해야만 여름 내 더위를 먹지 않는다고 여긴다. 섣달그믐에 잠이 들면 눈썹이 하얗게 변한다고 여겨 잠을 자지 않는다. 크리스마스(양력 1월 7일)를 기해서는 손자들에게 설빔을 선물한다. 섣달그믐부터 트리를 만들어 놓는데, 그 밑에 양말이나 책 또는 약간의 돈을 설빔으로 놓아둔다. 대보름을 기해서는 달이 떠오르기 전에 재계한 후 달이 떠오르면 마당에 나와 달을 향해 비손하며 한 해 운수를 기원한다.

---

13) 필자들 중 교신저자는 2001년부터 2003년까지 국립문화재연구소에서 추진한 '전국 세시풍속 실태조사'의 공동연구진으로 참여하여 절기에 따른 세시풍속의 전승 양상을 현지조사한 바 있다. 당시 집성촌을 중심으로 현지조사가 이루어졌는데, 매 마을마다 최소 50여 건에 해당하는 세시풍속이 전승되고 있음을 확인했다. 금번 사할린 한인들을 대상으로 한 현지조사에서, 그 경험을 토대로 동일한 질문을 했지만 기억에서조차 남아 있는 것들은 매우 미미했다.

3) 일생의례

(1) 산육속

[그림 93] 돌잔치(정양규·우영자 부부 3남, 1965)

산모가 몸을 가볍게 놀리면 아들을 낳고, 그렇지 않으면 딸을 낳는다고 여긴다. 또 산모의 배 모양이 둥그스름하면 아들을 낳고, 그렇지 않으면 딸을 낳는다고 여긴다. 15년 전까지는 "점치는 사람"의 신점을 통해 감별하기도 했다. 그리고 임산부는 장례식 참석을 삼가며, 오리고기를 절대 먹지 않는다. 산모가 젖이 돌지 않으면 이웃 쌍둥이 엄마를 데려다 젖을 문지르게 한다.

한편 형편이 여의치 않아 많은 사람들을 대접하지는 못하지만, 백일잔치에는 떡(백설기)을 동네 사람들과 함께 나누어 먹는다. '백일잔치에 백 명의 사람들을 대접하면 아이가 복을 누릴 수 있다'고 여긴다. 돌잔치에는 지인들을 초대해 팥떡(시루떡), 세머리떡(팥, 포도, 찹쌀을 섞어서 만듦), 국수 등을 나누어 먹는다. 연필, 책, 실, 돈, 심지어 가위[14] 등을 놓고 돌잡이를 한다. 아이가 연필이나 책을 잡으면 공부를 잘 할 것이라고, 실을 잡으면 오래 살 것이라고, 돈을 잡으면 부자가 될 것이라고 여긴다.

---

14) 가위놓기는 한국과는 차이가 있는데, 가위를 잡으면 손재주가 뛰어날 것이라 여긴다고 한다. 한국에서도 최근에는 다양한 직업들이 생겨나면서 선호되는 직업을 의미하는 물품들(마이크-연예인, 판정망치-법조인, 골프채-운동선수)을 돌잡이에 놓고 있다. 같은 이치로 고려인 사회에서도 돌잡이 물품이 변해 온 것으로 보인다.

(2) 혼례

예컨대 김원배는 25살 되던 1964년도에 중신애비의 중신으로 20살 처녀와 결혼했다. 택일은 중신애비와 함께 신랑집에서 결정했는데, 궁합도 확인할 겸, "점치는 사람"에게 신랑, 신부의 사주를 건네주고 날을 받았다. 며칠 후 신랑집에서 신부집으로 함을 보냈다. 함은 신랑과 신랑 친구, 또는 신랑과 형들이 가지고 갔는데, 함 속에는 신랑의 사주 및 신부의 옷, 양말, 가락지 등을 넣었다. 결혼식 당일 아침에 신랑이 신부집으로 향했다. 이때 형과 누나가

[그림 94] 결혼식, 샤흐쵸르스크, 1944 (국립향토박물관 소장)]

따랐다. 결혼식을 올린 후 이튿날 신랑은 신부를 데리고 시댁으로 갔다. 1960년도까지 신랑을 다루는 동상례가 있었다. 김원배는 슬하에 1남 1녀를 두었다.

(3) 환갑, 칠순

유즈노사할린스크의 한인들은 환갑잔치만 행한다. 형편이 넉넉하면 너른 식당을 빌려 그곳에서 먹고 마시고 노래 부르고 춤을 추며 흥을 돋운다. 형편이 넉넉하지 못하면 집에서 가까운 지인들을 초청해 소고기, 닭고기, 찰떡,

[그림 95] 이한창 부모 환갑잔치(고르노자보드스크, 1960) (국립향토박물관 소장)

과일, 보드카 등을 함께 나누어 먹는다. 그러나 '칠순잔치를 하면 명

이 짧아진다'고 여겨 절대 삼간다. 희수(77세), 미수(88세), 졸수(90세), 백수(99세) 때에도 같은 의미로 잔치를 하지 않는다.

(4) 장례

[그림 96] 장례식-매장 직전 모습(유즈노사할린스크, 1979) (국립향토박물관 소장)

예컨대 박승의 부친이 1977년도에 돌아가셨는데, 그때의 기억을 더듬어 제보한 내용은 다음과 같다. 부친이 숨을 거두려고 하자 머리를 북쪽으로 향하게 누였다. 휴지를 코에 대어 숨을 거두었는지 확인했다. 시신의 다리를 차렷 자세로 뻗게 하고 손은 배 위에 X자 형태로 가지런히 놓였다. 이를 집안의 한 어르신께서 맡아 했다. 망자가 여성이면 여성이, 남성이면 남성이 하는 것이었지, 상주는 망자의 시신을 건드리지 못하게 했다. 그런 후 흰 천을 끈으로 삼아 어깨, 배, 다리, 발목 등을 묶었다. 끈이 풀어지면 망자가 귀신이 되어 후손들을 괴롭힌다고 여겨 최대한 촘촘히 묶었다. 또 수의 주머니에 망자의 손톱과 발톱, 동전, 평소에 차던 시계를 넣었다. 그런 후 시신을 관에 넣었는데, 관 위에는 붉은 천을 덮었다. 붉은 천 위에는 치약을 물에 타서 그것을 붓에 묻혀 부친의 이름을 써넣었다. 그런 후에 관 뚜껑을 덮고 병풍 뒤에 안치시켰다. 병풍 앞에는 부친의 사진을 신위[위패] 대신 모셔놓고, 향, 과일, 과자 등 제물을 진설했다. 저승사자를 위해 사자밥을 문 앞에 차려놓았다. 제물은 술 세 잔, 메 세 그릇(수저 꽂아놓음), 떡(수제비를 동그랗게 만듦) 한 그릇 등이었다. 최근에는 적삼과 신발을 사자상 옆에 걸어놓기도 한다. 당시에도 고축(告祝)은 하지 않았다. 대신 작장 동료들 중 대표가 부친의 공로나 인품, 망자를 떠나보내는 아쉬움 등을 토로하며 상주를 위로했다. 부친이 돌아가신 지 3일이 지난 아침에, 화물차 위에 붉은 천이나 카펫을 깔고 그 위에 관을 올려놓고 고정시켰다. 영정 - 화환 - 상주 친구들 - 관을 실은 화물차 - 상주들 순으로 제1공동묘지로 이동했다. 이때 군악대 출신 4명이 북, 트럼펫, 템벌린, 트럼본으로 슬픈 곡조를 연주했다. 부친의 초상화를 비석에 새겨 넣고, 삶의 내력도 간단히 기록해 넣었다. 오늘날에는 모든 일을 장례사무소[리투알로예푸리]에서 대행한다. 한편 망자가 병원에서 죽거나 객사하여 그 시신을 집에 들여야 할 때, 대문으로 들였다가 나갈 때는 창문으로 낸다. 들어간 곳으로 다시 나오면 집안에 액운이 낀다고 여긴다.

한편 유즈노사할린스크의 한인들은 사람의 일생에서 '돌상', '혼례상', '환갑상', '장례상'을 꼭 받아야 한다고 믿는다. 하여 '환갑상'을 받지 못하고 죽을 경우, 환갑이 되는 해 생일날에 묘지에 가서 망자를 위해 환갑잔치를 한다.

(5) 제례, 차례

유즈노사할린스크의 한인들은 '설차례', '추석차례'를 '설제사', '추석제사'라고 한다. 또 기제사를 '사망제사' 또는 '돌아가신 날 제사'라고 한다.

(5)-1. 설제사

양력 설날 아침 7~8시에 설제사를 올린다. 제수로서 소고기, 닭고기, 물고기, 떡, 두부, 과일, 보드카 등을 전날에 준비한다. 소고기는 칼집을 내고 두드려 기름에 굽는다. 닭고기는 통째로 삶는다. 물고기는 청어의 입과 머리를 끊어내고 굽는다. 떡은 감자떡, 찰떡, 시루떡을 찐다. 두부는 모두부를 생으로 준비한다. 과일은 사과, 귤, 배, 토마토, 오이 등을 홀수로 준비한다. 우선 촛불을 켜고 향을 지핀다. 장남부터 술잔에 술을 세 번씩 나누어 붓고 두 번씩 배례한다. 이어 항렬에 따라 같은 방식으로 배례한다. 한국과 거의 같은 방식이지만, 단 점심식사를 하기 전까지 철상하지 않고 그제가 되어서야 음복한다. 또 지방 대신 사진을 봉안한다.

(5)-2. 추석제사

유즈노사할린스크의 한인들은 망자가 운명한 지 10년 안에는 집에서, 지나면 산소[공동묘지]에서 추석제사를 올린다. 집에서 추석제사를 올릴 때에는 설제사 방식과 동일하게 진행한다. 산에서 추석제사를 올릴 때에는 향초, 과일, 나물을 기본으로 평소 망자가 좋아하는 음식을 비석 제단 앞에 진설한 후 장남부터 술잔에 술을 세 번씩 나누어 붓고 두 번씩 배례한다. 이어 항렬에 따라 같은 방식으로 배례한다.

(5)-3. 9일차례

사할린주 유즈노사할린스크의 한인들은 선조들 중에서 사망한 날이 불분명할 경우, 음력 9월 9일에 차례를 올린다. 차례 방식은 한식, 단오 때와 동일하다.

(5)-4. 사망제사

[그림 97] 사망제사(박승의 장인, 2011)

사망제사는 망자가 사망한 전날 밤 자정을 전후해서 올린다. 부친의 사망제사를 올릴 때에도 모친의 사진을 함께 올린다. 제수나 방식은 설제사와 동일하다. 고축(告祝)은 1970년대 이후 사라

졌다. 남성들만 양복을 갖춰 입고 사망제사에 참여하며, 여성들은 뒤에 앉아 있는다. 사망제사를 시작하기 전에 대문을 활짝 열어 놓는다. 제물을 북쪽으로 진설하고 초와 향에 불을 붙인다. 혹여 향이 없으면 연필을 깎아 수북이 쌓아놓고 불을 지핀다. 장자부터 항렬에 따라 술잔에 술을 세 번 나누어 붓고 두 번씩 배례한다. 장자가 첫 잔을 올린 후 매와 국을 진설하고 숟가락을 꽂는다. 철상한 후 음복하는데, 퇴주잔에 있는 술은 모두 마셔야 좋다고 여겨 일체 나누어 마신다. 집안에 따라 사망제사를 3년간만 올리기도 한다.

3. 민속신앙

1) 속신앙

유즈노사할린그크의 한인들이 믿고 있는 속신은 다음과 같다. "① 산모와 갓난아이에게 한 달 동안 방문하지 않는다. ② 어떤 경사를 앞두고 있을 경우 초상이나 기제사에 참석하지 않는다. 특히 목을 매죽은 사람의 장례식에 참석하지 않는다. ③ 산 사람의 밥상에는 밥을 왼쪽에, 국을 오른쪽에 놓아야 한다. ④ 밤에 머리 빗으면 귀신 나온다. ⑤ 밤에 손톱 깎으면 귀신 나온다. ⑥ 젖니가 빠지면 지붕 위에 던져야 된다. ⑦ 아이가 불장난을 하면 자다가 오줌 싼다." 이외 집을 짓거나, 별채 또는 화장실을 짓거나 할 때 반드시 대장군방을 가린다. 해자축(亥子丑)년은 서쪽이, 인묘진(寅卯辰)년은 북쪽이, 사오미(巳午未)년은 동쪽이, 신유술(申酉戌)년은 남쪽이 대장군방이기 때문에 이 방향에서는 어떤 새로운 일을 가급적 삼간다. 그렇지 않으면 집안에 어려운 일이 닥친다고 여긴다.

2) 개인신앙

삼신신앙, 터주신앙, 산신신앙을 확인할 수 있다. 심신신앙의 예로서 장순애의 삼신에 대한 믿음을 꼽을 수 있다. 그녀의 할머니 김복수(85년도에 사망)가 특히 삼신을 신봉했다고 한다. 장순애는 손자, 손녀들이 태어났을 때, 삼신상에 물 한 그릇, 쌀 한 그릇, 미역 한 다발을 진설하고 아이의 명과 복을 삼신에게 기원했다. 이런 방식으로 삼칠일[21일]이 지날 때까지 일 주일마다 한 번씩 기원했다. 한편 아이가 열 살을 넘길 때까지 생일날마다 수수팥떡을 먹인다. 그래야 아이에게 사기(邪氣)가 묻지 않는다고 여긴다. 또한 산신에 대한 믿음을 간직하고 있다. 그러나 산신을 마을 수호신으로서 산신이 아니라, 묘소가 있는 그곳 산의 신 정도로 인식하고 있다. 추석 당일에 벌초를 하는데, 그에 앞서 산신에게 먼저 예를 올린다. 묘소 뒤편 너른 곳에 사과, 귤, 과자 등을 진설하고 술 한 잔 붓고 배례한다. 장순애의 조부모님들은 단오에도 산소에 올라 산신제 및 단오차례를 올렸다고 한다.

터주신앙의 예로서는 정양규의 "토주님"에 대한 믿음을 꼽을 수 있다. 정양규는 1950년도에 개인 주택을 지었다. 당시 정월 초하루에 아사모퇴조선인]라고 불리었던 "잘 보는 사람[점치는 사람]"을 대동하고 집터를 정했다. "잘 보는 사람[점치는 사람]"은 '이 터가 앞산과 맞서 있다. 아무 탈이 없을 것이다. 아이들도 잘 클 것이다'고 했다. 또 길일을 택해 그 날 공사를 착수하게 했다. 공사를 처음 시작할 때, "토주님"께 고사를 지냈다. 마늘과 고춧가루를 넣지 않은 제물을 준비해 진설하고 배례했다. 그 후 1년에 한 번씩 그 날 밤을 기해 그 자리에서 고사를 지냈다. 오봉에 갖가지 제물과 술을 진설하고, 부인 박춘자와 함께 "감사합니다. 이 집에서 잘 살게 해주세요."라고 말하며 몇 번이고 배례했다. 또한 "잘 보는 사람[점치는 사람]"을 통해 "성주님"을 봉안했다. "잘 보는 사람[점치는 사람]"은 여러 겹 접은 한지에 볍씨를 넣고 북쪽 대들보 자락에 못을 박아 고정시켰다. 이후 아파트로 이사를 오기 전까지 성주님의 신체(神體)로 여기고 손을 대지 않았다. 또 "토주님"께 고사를 올리는 날, 성주님께도 오봉에 따로 제물과 술을 진설하고, 부인 박춘자와 함께 "감사합니다. 이 집에서 잘 살게 해 주세요."라고 말하며 몇 번이고 배례했다.

3) 무속신앙

유즈노사할린스크에서는 1940~1950년대까지 많은 무당들이 활동했다. 색동옷을 입고, 짚으로 머리를 얽고, 소나무 가지를 흔들며 공수를 내렸다. 무당굿이 열리는 날에는 인근 주민들이 구경을 하곤 했는데, 그들 중에서 대잡이를 선택했다. 또 만세력이나 토정비결을 통해 길일을 택해주거나 한 해 운수를 점쳐주기도 했다.

예컨대 우영자는 자식이나 손자가 아프면 "아는 사람[점치는 사람]"을 불러 귀신풀이를 했다. 주로 된장국을 바가지에 풀어 아이의 몸에 둘러 귀신을 물려냈다. 아이가 경기를 하면 바늘로 따기도 했다. 그리고 장순애도 영험담이 자자했던 점치는 사람을 기억하고 있다. 그녀의 입무(入巫) 과정은 다음과 같다. 남편이 죽은 후 계속 꿈에 나타났다. 그럴 때마다 머리가 아팠고 온몸에 힘이 빠져 어떤 일도 할 수 없었다. 인근 점치는 사람에게 물어보니, 신이 지폈다고 해서 내림굿을 이틀 간 했다. 그리고 점치는 사람이 되었다. 그러나 얼마 안 되어 급사했다.

4. 민속예술[민속공예]

1951년에 유즈노사할린스크의 한인들이 예술극단을 결성하고 자체적으로 연습, 공연했다. 그러다가 소련 주 문화부 차원에서 조선예술단을 창립했는데, 이때 예술극단 단원들이 대거 영입되었다. 단원들은 1950년대 말까지 정식으로 예술교육을 받고, '심청전', '춘향전', '흥부놀부전' 등 소연극을 순회 공연하기 시작했다. 이후 1963년에 조선예술단이 해체되었지만, 단원들은 끼리끼리 악단을 조직해 결혼식

[그림 98] 유즈노사할린스크 소인예술단(1955)
(국립향토박물관 소장)

이나 환갑잔치 등을 돌며 노래를 부르고 춤을 추었다. 가장 조직적으로 활동했던 악단은 '윤복식 악단'이었다. 이들은 후카이도의 전파를 통해 KBS 라디오를 몰래 청취하고 '보고 싶은 얼굴', '돌아와요 부산항에' 등 한국 노래도 연습하여 불렀다.

한편 유즈노사할린스크의 한인 공동체에서는 전대에 손수 제작한 되나 절구를 흔히 볼 수 있다. 예컨대 장순애는 어머니가 사용하던 두 개의 되를 갖고 있다. 일제시대에 제작한 것으로, 큰 되의 표면에는 "用液一升"이라는, 작은 되의 표면에는 "用液二合五勺"라는 한자가 새겨져 있다. 또 두 개의 찻 쟁반과 사리바지를 갖고 있다. 찻 쟁반은 흔히 '차판' 또는 '오봉'이라고 한다. 시리바지는 불린 쌀을 갈 때 사용하는 음식용 도구로 안의 표면이 빗살무늬로 처리되어 있다. 때문에 손잡이 모양의 '갈개'로 어떤 음식물이든 갈 수 있다. 한편 정양규는 손수 절구를 만들어 사용하기도 했고, 팔기도 했다. 큰 활엽수를

[그림 99] 되(일제시대 제작)

[그림 100] 시리바지(일제시대 제작)

베어 50~60cm 가량 크기로 자른다. 세로로 세워놓고 동그랗게 선을 그린다. 선을 따라 손도끼로 파낸다. 어느 정도 판 다음 토치로 안을 검게 그을린다. 그런 다음 칼로 검댕이를 긁어내면서 더욱 둥그렇게 파낸다.

5. 민속놀이

1) 설행사

[그림 101] 설행사(사할린예술단-북춤) [그림 102] 설행사(제9동양어문화학교-사물놀이)

20년 전부터 시 한인회 주관으로 음력 설 전 일요일에 한국관 강당에 수백 명의 한인들이 모여 설행사를 갖는다. 떡국, 떡(한국인이 경영하는 떡집에서 사 들임), 보드카 등을 먹으며 서로에게 덕담을 건넨다. 사할린예술단 소속 단원들이나 청소년예술학교 '에트노스', 제9동양어문화학교 소속 공연예술단이 초빙되어 가야금을 연주하고, 부채춤, 북춤 등을 추기도 한다.

2) 들놀이

15년 전부터 시 한인회 산하 시 노인회 주관으로 7월 마지막 주 일요일에 '들놀이'를 행한다. 들놀이를 시작할 당시에는 그야말로 들에서 놀이를 펼쳤지만, 근간에는 사할린스크 31중학교 운동장에서 놀이를 펼친다. 참여 인원은 200~300명 가량인데, 버스 3~4대를 대절하여

[그림 103] 들놀이 행사

출처: 쿠진, 2010

인근 지역에서 참여 인원을 태워 나른다. 들놀이는 오전 11시에 시 한인회 회장 및 시 노인회 회장의 개회식 선언과 축사에 이어 본격적으로 시작한다. 노래 콩쿠르와 줄다리기[줄댕기기], 씨름, 그네뛰기, 널뛰기 등 민속놀이가 핵심이라고 할 수 있다. 노래 콩쿠르에서는 '날좀보소', '도라지', '아리랑', '노들강변'과 같은 전통민요, '금강산 일만이천봉', '눈물 젖은 두만강'과 같은 가곡, '백마강', '돌아와요 부산항에', '동백아가씨', '섬마을 선생님'과 같은 한국의 대중가요를 부르며 경합한다. 심사는 전문 예술학교 졸업자가 맡는데, 1, 2, 3등까지 부상으로 그릇, 컵 등을 받는다. 또 춤 콩쿠르로서 10분 간 모든 사람들이 나와 춤을 추고, 그 가운데서 가장 춤을 잘 추는 사람을 선정하여 수상한다. 줄다리기는 달리 '줄댕기기'라고 한다. 20여 명의 남성팀과 30여 명의 여성팀으로 나누어 경합한다. 주로 여성팀이 이기는데, 부상으로 양말이나 비누 등 생필품을 받는다. 씨름은 톱밥을 뿌려 터를 만들고 20대, 30대, 40대 급을 나누어 경합한다. 씨름 최우승자는 냉장고를 부상으로 받는다. 이외 그네뛰기, 널뛰기, 60m 달리기, 발 묶고 달리기 등을 한다. 시 한인회에서 점심식사로 떡, 두부, 국수, 음료수 등을 준비해놓지만, 집집마다 음식을 풍성히 가져와 서로 나누어 먹는다. 오후 3~4시를 전후해서 막을 내린다. 예산은 시 한인회와 노인회에서 한국 경영자들에게 후원을 받아 충당한다.

3) 광복절경축행사

양력 8월 15일 후 첫 일요일에 시립공원 내 코스모스운동장에서 광복절경축행사를 행한다. 오전 10시에 영예기념광장(2차 세계대전 전사자들의 위령광장)에 시 한인회, 시 노인회, 주 대표들이 모여

[그림 104] 광복절 경축행사 및 추석축제(2002)

출처: 『새고려신문』사

헌화하고, 인근에 있는 코스모스운동장으로 이동한다. 때를 맞추어 200~300여 명의 한인들이 코스모스운동장에 집결한다. 주지사-시장-시의원-주 한인회장 순으로 축사를 하고 광복절경축행사를 본격화한다. 행사는 초청가수 공연, 노래 콩쿠르, 씨름, 육상 등으로 이루어진다. 초청가수 공연은 한국에서 활동하고 있는 가수 2~3명을 초청하는데, 이혜미, 김국환이 가장 인기가 있다. 노래 콩쿠르는 들놀이에서와 마찬가지로 '날좀보소', '도라지', '아리랑', '노들강변'과 같은 전통민요, '금강산 일만이천봉', '눈물 젖은 두만강'과 같은 가곡, '백마강', '돌아와요 부산항에', '동백아가씨', '섬마을 선생님'과 같은 한국의 대중가요 등을 부르며 경합한다. 씨름은 매트 위에서 하는데, 1등에게 부상으로 송아지, 냉장고, 대형TV 등을 준다. 육상은 아동부, 청소년부, 성인부로 나누는데, 아동부는 30m, 청소년부는 60m, 성인부는 100m를 달린다. 이외 병낚기 등을 한다. 한편 3년 전부터 광복절경축행사의 대미를 임금님 행차가 장식하고 있다. 시청 앞에서 광장까지 조선의 임금과 여왕을 실은 가마가 행렬하는데, 한인들뿐만 아니라 러시아인들도 매우 좋아한다. 광복절경축행사는 오후 5~6시에 막을 내린다. 예산은 시 한인회와 노인회에서 한국 경영자들에게 후원을

받아 충당한다.

Ⅳ. 러시아 사할린 한인 공동체의 한민족 민속문화 변이 양상

오늘날 러시아 사할린주에서 살아가고 있는 한인들은 대부분 194
1~1945년에 일제의 강제동원(모집, 알선, 징용)에 의해 희생된 1세대
의 후예들이다. 그리고 그 후예들의 삶을 들여다보면, 근간에서 한민
족의 문화적 정체성이나 동질성을 유지하고 있다는 사실을 확인할
수 있다. 낯선 땅에서 전혀 낯선 일을 하며 살아야 했지만, 원주지의
언어와 생활습속을 동반한 이주와 정착이었기 때문에 우리 땅에서
전승되었던 우리 민속문화의 원형을 계승했다고 할 수 있다. 하지만,
삶의 공간으로서 기후나 지리가 달랐을 뿐만 아니라 어떤 정치·사회
적 분위기 속에서 이민족일 수밖에 없었던 탓에 그 원형의 일부 외연
은 왜곡, 변질되었다. 한국 정부가 해외 한민족의 민속문화, 나아가
무형문화유산의 실태 파악 및 그것을 토대로 한 계승 지원사업을 염
두에 두고 있는 시점에서,[15] 금번에 확보한 대표 자료를 통해 그 변이
양상을 추적하는 것은 매우 시의적절한 작업이라고 할 수 있다.

---

15) 정부(문화재청)는 이번 '해외 전승 무형문화유사 학술조사연구 사업'을 시
   작으로 중국, 일본, 미국 등 해외 한민족의 전통문화유산 실태조사 및 자
   원수집으로 사업을 확대시켜 나가고 있다. 뿐만 아니라, 정부는 매해 중앙
   아시아 키르기즈스탄 고려인 사회에서 행해 오던 전통공연활동사업의 연
   장선상에서 '2013년 중앙아시아 무형문화재 해외공연' 사업을 추진하고 있
   다. 사업의 목적은 고려인 집중 지역인 중앙아시아 해외공연을 통해 민족
   정체성 및 자긍심을 고취하고, 문화국가 이미지 제고 및 국제문화교류 증
   진에 있다. 또한 2014년도 개관을 목전에 두고 있는 국립무형유산원(교육
   분과) 또한 2013년도에 독립국가연합 공연예술분야의 체계적인 지원 및 교
   육 사업을 추진하고 있다.

첫째, 민속문학의 변이 양상은 다음과 같다. 유즈노사할린스크의 한인들은 설화, 판소리계 소설, 속담을 뭉뚱그려 "옛말"로 인식하고 있다. 강제이주 1세대의 후예들에게 설화, 판소리계 소설, 속담 등이 널리 계승되지 않았고, 그래서 그것들이 각기 다른 성향을 갖고 있다는 인지하지 못한 체 그 일체를 선대들이 즐겨 했던 "옛 사람들의 말이나 이야기" 정도로 인식하고 있는 듯하다. 사정이 이렇다보니 민속문학의 전승력은 매우 미미한 실정이다. 한편 상대적이지만, 속담은 비교적 폭넓은 전승력을 확보하고 있다. 특히 강제이주 1세대의 애환을 담고 있는 "조선 사람은 세 가지 체를 가지고 있다. 몰라도 아는 체, 없어도 있는 체, 못나도 잘난 체."라든가 "바지 하나만 입어도 고향 간다."라는 속담을 금번 현지조사 과정에서 가장 흔히 들을 수 있었다. 그때, 그곳의 현실을 수용하여 새로이 만들어낸 속담이지만, 현 한인들에게 왜 이토록 이 속담이 각인되었는지는 충분히 짐작할 수 있다.

둘째, 민속생활의 변이 양상은 다음과 같다. 설날의 떡국, 대보름의 오곡밥과 나물반찬, 동지의 팥죽 등 절시식에 대한 인식이 뚜렷하지만, 지역의 풍토에 기인해서 대보름에 나물반찬을 할 엄두를 내지 못하며, 또 팥이 귀해 완두콩이나 녹두로 팥죽을 쑨다. 또 복날에 영양 보충을 해야 한다는 것을 알고 있지만, 다만 물가에서 목욕을 하는 '약물'을 통해 여름철 더위를 예방한다. 반면에, 환갑잔치는 돌잔치나 결혼보다 더한 의미를 부여하여 대대적으로 행한다. 심지어 환갑상을 받지 못하고 죽었을 경우, 환갑이 되는 해 생일날을 기해 묘지에서 망자를 위한 환갑잔치를 베푼다. 그렇지만, '칠순잔치를 하면 명이 짧아진다'고 여겨 삼간다. 희수(喜壽), 미수(米壽), 졸수(卒壽), 백수(白壽) 등도 삼간다. 그리고 '설차례', '추석차례'를 '설제사', '추석제사'라고 하며, 기제사를 '사망제사' 또는 '돌아가신 날 제사'라고 한다. 제의 방식은 일반적이지만, 이색적인 제물의 진설법, 점심나절이 되어서야 철상한다는 점, 추석차례는 망자가 운명한 지 10년 안에는 집에서, 그 후에는 산소[공동묘지]에서 올린다는 점, 사망제사는 3년간만 행한다는 점 등은 다르다. 장례 때에 북, 트럼펫, 탬벌린, 트럼본 등으로 망자를 애도한다는 점도 색다르다.

셋째, 민속신앙의 변이 양상은 다음과 같다. '산신(山神)'에 대한 믿음을 간직하고 있지만, 마을공동체신앙의 대상 신격(神格)이 아니라 묘소가 있는 그곳 산에 좌정하고 있는 망자의 수호신으로 인식하고 있다. 산신제(山神祭) 역시 그러한 산신을 위해 약간의 음식을 진설하고 배례하는 것으로 인식하고 있다. 그리고 터주를 집안을 수호하는 "토주님"으로 인식하고 있다. 하여 집을 짓기 시작한 날, 즉 착공일을 기해 매년 터주고사를 올렸으며, 이때 성주의 신체(身體) 아래에서도 성주고사를 올렸다. 그러나 유즈노사할린스크의 한인 공동체에서도 옛 가옥 구조가 바뀌면서 터주신앙이나 성주신앙이 급속히 단절되었다. 뿐만 아니라 고노들의 기억을 좇아볼 때, 강제이주 1세대들이 삶을 영위할 때까지 대잡이가 존재했을 만큼 원형적인 굿판이 펼쳐졌던 듯하지만, 오늘날에는 현장에서 그 흔적을 아예 찾아볼 수 없다.

넷째, 민속예술의 변이 양상은 다음과 같다. 사할린주 한인 공동체의 민속예술은 중앙아시아의 독립국가연합 고려인 공동체와 마찬가지로 북한의 영향을 많이 받았다. 예컨대, 1940년대 말에서 1950년대 말까지 북한 출신 무용가 김준경과 국악인 김준수의 지도로 사할린주에서 조선예술단이 활성화되었다. 이후 1963년에 조선예술단이 해체되었지만, 단원들은 악단을 조직해 결혼식이나 환갑잔치 등을 돌며 노래를 부르고 춤을 추었다. 그러다가, 1990년대 이후에는 그 명맥을 청소년예술학교 에트노스, 제9동양어문학교 등에서 잇고 있다. 결과 한인 학생들이 공교육 체제에서 가야금, 장구춤, 부채춤 등을 전수받고 각종 행사에서 공연을 하고 있다. 또한 1995년에 10여 명의 한인을 중심으로 사할린예술단이 결성되어 광복절행사, 설행사(음력, 양력), 추석행사 등에서 공연을 하고 있다. 비록 북한의 영향을 받은 민속예술일지라도 한민족의 민속예술이 명맥을 잇고 있으며, 또 한인 공동체에서 호평을 받고 있다는 것은 매우 고무적인 현상이라고 할 수 있다.

다섯째, 민속놀이의 변이 양상은 다음과 같다. 사할린 한인들은 대체적으로 양력설을 쇠고 있지만, 20년 전부터 음력설을 잊지 않기 위해 음력설 전 일요일에 일종의 집단놀이로서 설행사를 한다. 그러나 단순히 먹고, 마시고, 즐기면서 단합을 기하고 있을 따름이다. 또한 15년 전부터 일종의 야유회(野遊會)로서 들놀이를 한다. 한인들의 행사 중 가장 큰 규모라고 할 수 있지만, 줄다리기나 씨름은 행사용으로써 변형된 형태의 것을 취하고 있다. 소련이 붕괴되기 이전까지 소수민족의 단체행동이 엄격히 규제되었기에, 그 이후에야 비로소 설행사나 들놀이를 시행할 수 있었고, 그래서 민속놀이의 원형은 변질되었지만 의미는 남다르다고 할 수 있다. 한편 광복을 기리기 위해 광복절경축행사를 행하는데, 일종의 경축행사이지만 이때에도 행사용으로써 변형된 형태의 씨름을 한다.

러시아 사할린주에 한민족으로서 한인들이 거주하고 있다. 그러나 정치·경제·사회·문화 등 제반 여건의 변화에 따라 한민족의 풍습이 서서히 사라지고 있다. 오히려 변질된 채 전승되고 있는 것도 우리에게 매우 아름다운 풍습으로 다가온다. 더군다나 한인 3~4세대는 대부분 민족적 심리와 감정만 유지하고 있다. 한인이 그 나라의 국적에 등재되어 있는 현실에서 피할 수도 막을 수도, 그렇다고 적극 수용할수도 없는 고민이라 할 것이다. 하지만 한인들의 민속문화를 면밀히 들여다보면, 여전히 원주지의 동질적 그것이 남아 있음도 확인할 수 있다. 고노들이 죄다 스러지기 전에 해외 한민족 문화유산의 재발견으로써 한인 공동체에서 전승되고 있는 민속문화의 전수조사 및 그 계승을 위한 방안 수립 및 실천이 반드시 이루어져야 할 것이다.

V. 맺음말

현재 경기도 안산 고향마을에 751명의 사할린 한인 1세대(1.5세대 포함)가 영주귀국하여 살아가고 있다. 이중 70~80대가 680여 명으로 절대다수를 차지하고 있다(양윤희 인터뷰, 2013). 그 외도 인천, 파주 등지를 포함, 총 4천 여 명의 한인 1세대들이 기초생활수급자 신분으로 여생을 보내고 있다. 하지만 대부분 70대 후반에서 80대의 고령자들이어서 하루가 다르게 생존자 수 또한 감소하고 있고, 현재 3,500명 정도가 생존해 있다고 한다. 물론 러시아 사할린주 현지에는 아직 오지 못했거나 자식들과의 생이별을 두려워해 영주귀국을 포기한 대상자들도 적지 않다. 그들은 2~5세대 한인들과 함께 과거의 아픔을 함께하며 살아가고 있다. 적어도 한인 1세대(1.5세대 포함)의 경우는 한반도 모국에 대한 남다른 애정과 민족적인 정체성을 유지하고 있다. 이는 대륙의 고려인의 그것보다 크고 끈끈하다. 하지만 1세대들이 역사의 뒤안길로 사라져 가고 나면 사할린주 한인의 민족적 끈끈함은 더 약해지게 될 것이다. 영주귀국자인 박승의는 "요즘 사할린 젊은 세대에게 있어서 한국 방문은 하나의 여행 대상국으로 여겨질 뿐, 모국방문의 의미는 거의 갖고 있지 않다"(박승의 인터뷰, 2013)며 큰 우려와 아쉬움을 나타냈다.

사할린주의 젊은 한인 세대들에게 한민족의 정체성을 말하고, 전적으로 그들의 손에 한민족의 전통문화유산을 계승해 가도록 맡겨 놓기에 그들의 관심과 열정은 지극히 낮기만 하다. 이제는 감정적인 차원에서 저 먼 땅에서 노예처럼 석탄을 캤던 후예들이 존재하고 있다는 사실, 그들이 아픈 과거를 간직하고 있다는 사실에만 관심을 둘 것이 아니다. 이제는 객관적인 차원에서 그들의 향유하고 있는 삶의 일부로서 전통문화유산, 즉 민속문화의 실체를 파악하고, 그것의 보

존과 계승에 관심을 기울여야 할 것이다. 그것이 바로 그나마 사할린
주 한인 젊은 세대의 한민족적 정체성을 지켜줄 수 있는 근간이 되기
때문이다. 이제 이에 대한 체계적인 임무는 한국정부에서 주도적으로
이끌어 줄 필요가 있고, 그때가 이르렀다고 본다.

이러한 정체성의 근간을 심어주기에 가장 용이하고 실효성 있는
분야 중의 하나가 바로 공연예술이다. 물론 한국어 교육은 소비에트
붕괴 이후 지속적으로 제공되어 왔고, 지금도 이러저런 방식으로 유
지가 되고 있다. 공연예술 분야의 경우는, 대륙 고려인 사회에서와 마
찬가지로 과거 활동했던 소인예술단 전통이 부활하여 곳곳에서 가무
단의 이름으로 소인예술단 전통을 이어가고 있다. 바로 이들을 통해
서 그나마 한민족의 춤과 노래 등, 공연예술과 구전전통이 이어져 가
고 있고, 가장 가시적이고 효과적으로 한민족으로서의 유대감과 정체
감을 공유하고 심어주고 있는 것이다.

필자들은 소인예술단들에 대한 이전과는 다른 정부 주도 차원의
체계적인 지원이 이어져야 한다고 본다. 과거 소비에트 시기에 대륙
의 고려인 사회에서는 타쉬켄트와 알마타의 고려극장과 아리랑가무
단, 그리고 각지의 소인예술단들이 고전물(춘향전, 심청전, 장화홍련
전, 흥부와놀부, 이수일과심순애 등)을 소재로 한 연극이나 민요, 춤
과 무용(부채춤, 항아리춤, 칼춤, 궁중무 등)을 통해서 고려인 공동체
를 위로하고 한민족의 예술적 혼을 계승해 나갔다. 이제 한국정부의
관련 기관에서도 사할린에 있는 크고 작은 예술단들이 전통적인 공
연예술 프로그램을 체계적으로 습득해나가고, 전통 공연예술 전문인
(전수자)이 육성될 수 있도록 수준높고 체계적인 프로그램을 도입해
야 할 때라고 본다.

그에 대한 대안으로는, 우선 정부기관 주도의 소인예술단 초청이
나 방문프로그램(3~4주)의 운영을 들 수 있다. 여기서 주의할 점은 기
한 내에 초청이든 방문이든 교육 프로그램의 내용은 단순한 전통공

연이 아닌 무형문화유산의 범주에 속해 있는 내용들을 최고의 전문가들을 통해서 교육이 이루어지도록 하는 것이다. 이를 통해서 한민족의 전통 공연예술(연희)에 대한 계보와 체계를 전하고, 고려인 예술단원들로 하여금 정확한 춤사위와 동작 등을 습득케 하는 것이다.

또한 국내 관련 대학(공연예술분야) 입학지원 허용을 통한 전문인(전수자) 육성 프로그램의 운영을 들 수 있다. 소인예술단원들의 경우 주로 대학 이전의 중고등학생들이 주류를 이루고 있다. 앞서 소개한 청소년예술학교 에트노스나 제9동양어문화학교 공연팀의 경우도 여기에 해당된다. 따라서 생계 문제로 고등학교 졸업 이후에는 해당 분야를 지속해 나가는 것이 불투명하고, 지속해 나간다하더라도 전문성이 떨어지는 것이 사실이다. 국내 관련 기관이나 혹은 재외동포 대상 장학지원 사업을 하는 기관(재외동포재단, 국립국제교육원 등)에서 공연예술 분야 예술단원들(학생들)에게도 한국 내 관련 대학(공연예술분야)에 진학할 수 있도록 기회를 부여하는 것이 하나의 대안이 될 수 있다. 습득력이 좋고 장래를 고민하고 있는 연령기의 예술단원들(학생들)에게 고등학교 졸업 이후 한국 내 관련 대학으로 진학할 수 있는 장학 프로그램이 주어지는 것만큼 더 큰 동기부여는 없을 것으로 본다. 이는 중고등학교 시기에 이어 대학과정에서도 전문분야를 이어가게 함으로써 해당 분야에 대한 체계적인 학습과 능력배양을 가능하게 해 줄 것이다.

나아가 자신들의 터전으로 복귀한 이후에도 저마다의 위치에서 한민족의 전통문화유산을 계승 및 전수해 나갈 수 있는 전문인의 길을 걸어갈 수 있게 한다는 차원에서 볼 때에도 분명 의미 있고 실효성이 있는 정책적 대안이 될 수 있을 것이다.

【참고문헌】

강현모. 2011. "우즈벡 고려인의 구비설화 전승양상과 의미 - 전승방식을 중심
　　으로." 『비교민속학』제45집(안동: 비교민속학회).

＿＿＿. 2012. "우즈벡 고려인의 구비설화의 양상." 『비교민속학』제47집: 387~416.

고송무. 1990. 『쏘련의 한인들, 고려사람』(서울 : 이론과실천).

＿＿＿. 1884. 『쏘련 중잉아시아의 한인들』. 한눅국제문화협회, 국협총서 제5호.

김게르만. 2005. 『한인 이주의 역사』. 박영사.

국립민속박물관. 1999. 『우즈벡스탄 한인동포의 생활문화』(서울: 국립민속박물관).

국립민속박물관. 2000. 『까자흐스탄 한인동포의 생활문화』(서울: 국립민속박물관).

국립민속박물관. 2001. 『러시아 사할린·연해주 한인동포의 생활문화』(서울: 국
　　립민속박물관).

김병학·한야꼬브. 2002. 『재소고려인의 노래를 찾아서 - Korean folksong in CIS.
　　1~2』(서울: 화남).

박보리스, 부가이 니콜라이 저, 김광한, 이백용 옮김. 2004. 『러시아에서의 140
　　년간』(서울: 시대정신).

박마야. 2011. "우즈베키스탄 시온고콜호즈의 고려인 음식생활."(성남: 한국학중
　　앙연구원 석사학위 논문).

박승의. 1993. 『사할린 한인 교포들의 운명』. 연구발표모음집. 86~95쪽.

＿＿＿. 2004. 『사할린 한인 동포 제2세. 우리는 누구인가』(1), 「지역사회」 46:
　　40~47; 47: 115~129.

＿＿＿. 2008. 『사할린 한인 동포의 정체성』. 국제 NGO학술대회자료모음집.
　　23~28쪽.

＿＿＿. 2013. "사할린 한인디아스포라의 민족문화정체성 형성과 변천과정 연
　　구: 설문조사를 중심으로." 『재외한인연구』29: 145~184면.

안상경. 2009. "연변조선족자치주 정암촌 청주아리랑의 문화관광콘텐츠 개발
　　연구."(서울: 한국외국어대학교 박사학위 논문).

안상경·이병조. 2013. "독립국가연합 고려인 공동체의 한민족 민속문화 전승 연
　　구: 우즈베키스탄 타쉬켄트주 고려인 콜호즈의 민속문화를 중심으로."
　　『슬라브연구』29: 63~97.

이복규. 2007. "중앙아시아 고려인의 구전설화 연구." 『東아시아古代學』, 제16집
　　(서울: 동아시아고대학회).

_____. 2008. 이복규.『중앙아시아 고려인의 구전설화』(파주: 집문당, 2008).

이병조. "독립국가연합 고려인의 전통문화유산에 대한 인식과 전승실태: 중앙
아시아·러시아의 고려인 무형문화유산을 중심으로."『재외한인연구』
28: 187~240.

임영상. 2009. "우즈베키스탄 고려인의 전통명절과 문화콘텐츠: '단오' 축제를
중심으로."『재외한인연구』20: 5~46.

_____. 2012. "CIS 고려인 사회의 전통 공연예술: 〈고려극장〉과 소인예술단."
CIS 고려인 공동체 무형유산 전승실태 연구성과 발표회 발표논문(문화
재청·한국외국어대학교 글로벌문화콘텐츠연구센터).

이순현. 2004.『사할린귀환자』(서울대출판부).

이은숙·김일림. 2008. "사할린 한인의 이주와 사회문화적정체성: 구술자료를 중
심으로."『역사문화지리』20~1: 19~33.

이정재. 2006. "사할린 한인의 민간신앙."『慶熙語文學』제27집: 93~105.

이재혁. 2010.『러시아 사할린 한인 이주의 특성과 인구발달』.

진용선. 2009.『러시아 고려인 아리랑 연구』(정선군: 정선아리랑문화재단).

전경수 편. 2002.『까자흐스딴의 고려인』(서울: 서울대학교출판부).

재외동포재단. 2007.『재외동포에 대한 내국인 인식조사』.

최길성. 2000. "사할린 동포의 민족간 결혼과 정채성."『비교민속학』19: 103~123.

최길성. 2001. "한인의 사할린 이주와 문화 변용."『동북아문화연구』1: 243~271.

최길성. 2003.『사할린: 流刑과 棄民의 땅』(서울: 민속원).

Бок Зи Коу. 1993.『Корейцы на Сахалине』(Южно-Сахалинск: СЦДНИ).

КУЗИН. А.. 1993.『Дальневосточные корейцы: жизнь и трагедия судьбы』
(Южно-Сахалинск: Дальневосточное книжное издательство).

_____. 2006.『Сахалинские корейцы: история и современность
1880-2005』(Южно-Сахалинск: Сахалинское книжное издательство).

_____. 2009.『Исторические судьбы сахалинских корейцев』. Т.1(Южно-
Сахалинск: Сахалинское книжное издательство).

_____. 2009.『Исторические судьбы сахалинских корейцев』. Т.2,3(Южн
о-Сахалинск: Сахалинское книжное издательство).

Пак Сын Ы. 2010. "Корейский язык на Сахалине."『Азия и Африка сегодня
』(гл. ред. А. М. Васильев). №9. М.Наука: 68-69.

사할린박물관 회보(도록), 2호, 1995.

사할린박물관 회보(도록), 8호, 2001.

안산 고향마을 노인회 회장(양윤희) 인터뷰, 노인회관에서, 2013.5.4일.

사할린국립대 전 교수 박승의 인터뷰, 노인회관에서, 2013.5.4일.

『새고려신문』. 2012년 1월 20일자. 「В России проживает 153 156 корейцев」(러
시아에 153156명의 한인이 살고 있다).

『새고려신문』. 1996년 4월 23일자. 「어떻게 무관심할 수 있습니까?」.

http://sakhetnos.ru/etnos/index.php(청소년예술학교홈페이지, 검색일자 2013-5-12).

http://www.school9.sakh.com/about.shtml(제9동양어문화학교홈페이지, 검색일자 2013-
5-12).

http://blog.daum.net/jso0869/6033440(검색일자 2013-04-12). 「2011년도 사할린동포
영주귀국설명회」.

ABSTRACT

Research on the transmission of folk culture in Russia Sakhalin Korean community of the Korean race:
Focused on the folk culture of Yuzhno-Sakhalinsk Korean community

The writer ordered by the Cultural Heritage Administration as part of the '2012 foreign Intangible Cultural Property transmission investigation research enterprise', did a field research in July to August in the same year among Koreans of Russia (Sakhalin, Maritime) on Korean folk culture that is being transmitted in Goryein community. In this process, due to the native's language and life style accompanied by immigration and settlement, it is confirmed that homogeneity is still being transmitted. Of course through space in life, not only is climate or geography different but also certain political and social atmospheres are also different because without a choice, they are bound to ethnic groups and parts of the group are confirmed to be distorted and changed. However transmission through distortion and change has come to us as beautiful customs. Before all Sakhalin first-generation Koreans(or 1.5-generation) were extinguished, as rediscovering the cultural heritage of foreign Korean races, complete enumeration surveys of the folk culture, which is being transmitted in the Korean community, and a plan establishment for its success and practical actions, must be enforced.

4장 러시아 연해주 고려인 공동체의 한민족 민속 문화 전승 연구 *

I. 머리말

2012년 12월, 프랑스 파리에서 열린 유네스코 무형유산위원회에서 '아리랑'이 유네스코 무형문화유산(Intangible Cultural Heritage)으로 등재되었다. 종묘제례 및 종묘제례악(2001), 판소리(2003), 강릉단오제(2005), 강강술래(2009), 남사당놀이(2009), 영산재(2009), 제주칠머리당영등굿(2009), 처용무(2009), 줄타기(2011), 택견(2011) 등의 등재와 더불어 우리나라의 문화적 다양성과 창의성이 더욱 선양되었다는 데 의미가 있다. 나아가 중국 정부가 '조선족의 아리랑'을 세계인류무형유산에 등재하기 위해 먼저 자국의 국가무형문화유산에 등록한 직후의 상황에서 얻은 결과라는 데에서도 의미가 있다. 그 이전에 '강릉단오제'의 등재를 앞두고, 중국의 단오절 축제와 그 기원 및 내용이 전혀 다름에도, 유사한 명칭으로 말미암아 중국과 신경전을 벌였다는 점을 다시 상기케 하기도 한다.

이러한 경험을 통해, '아리랑'을 포함, 향후 독립국가연합 고려인[1] 공동체가 간직하고 있는 한민족 문화유산들을 두고도 언제든지 국가

* 본 논문은 문화재청의 '2012년도 해외 전승 무형문화유산 학술조사연구사업(2012.06~12)'의 지원으로 이루어졌다.

1) 본 논문에서는 독립국가연합 거주 한민족을 '고려인'으로 지칭할 것이나 1937년 강제이주 이전의 극동 거주 한민족과 사할린의 한민족에 대해서는 '한인'으로 지칭할 것임을 밝혀둔다.

적 차원에서 문화갈등이 벌어질 수 있음을 짐작할 수 있다. 하지만 중국 조선족의 한민족 문화유산과 달리 독립국가연합 고려인의 문화유산을 두고 당사국과 갈등을 빚을 확률은 지극히 낮을 것으로 판단된다. 독립국가연합 고려인 공동체가 속한 국가들의 민족정책이나 성향, 그리고 중국 조선족과 다른 '소수민족'으로서 고려인 공동체의 한민족 문화유산에 대한 관심 및 문화유산의 내용과 수준 등으로부터 조심스레 판단 근거를 찾을 수 있다.

하지만 이러한 우려는 차치하더라도, 150년의 역사를 간직한 독립국가연합 고려인의 역사문화자원(특히 전통문화유산)에 대한 체계적인 조사와 연구는 필요하다. 그간 국내에서도 1990년대 말부터 간헐적이지만 연해주를 중심으로 독립국가연합 고려인(사할린 한인 포함) 공동체의 전통문화유산에 대한 연구를 전개해 왔다.[2] 하지만 국립민속박물관의 결과물을 제외하고는 특정 분야, 주로 구비전승 분야에 치우쳐 있다. 그에 비해 필자들이 참여한 '2012년도 해외 전승 무형문화유산 학술조사연구사업'은 상대적으로 보다 진일보한 조사연구사

---

2) 본 논문의 연구와 직접적인 관계가 있는 연구물로는 다음과 같다: 국립민속박물관, 『우즈벡스탄 한인동포의 생활문화』(도서출판 대학사, 1999); 국립민속박물관, 『까자흐스탄 한인동포의 생활문화』(태웅그래픽, 2000); 국립민속박물관, 『러시아 사할린·연해주 한인동포의 생활문화』(2001); 전경수 편, 『까자흐스딴의 고려인』(서울대학교출판부, 2002); 이정재, "사할린 한인의 민간신앙", 『慶熙語文學』제27집(2006), 93~105쪽; 김병학·한야꼬브, 『재소고려인의 노래를 찾아서-Korean folksong in CIS. 1-2』(화남, 2007); 이복규, "중앙아시아 고려인의 구전설화 연구", 『東아시아古代學』제16집(2007), 323~346쪽; 이복규, 『중앙아시아 고려인의 구전설화』(집문당, 2008); 진용선, 『러시아 고려인 아리랑 연구』(정선아리랑문화재단, 2009); 김정희, 『사할린에서 싹 튼 아리랑 침뜸: 민간의술을 찾아서-러시아 손병덕 편』(허임기념사업회, 2010); 강현모, "우즈벡 고려인의 구비설화 전승 양상과 의미: 전승방식을 중심으로", 『비교민속학』제45집(비교민속학회, 2011), 351~379쪽; 강현모, "우즈벡 고려인의 구비설화의 양상", 『비교민속학』제47집(비교민속학회, 2012), 387~416쪽.

업이었다고 할 수 있다.[3]

무엇보다 세계지적재산권기구(WIPO)나 유네스코(UNESCO)의 국제적인 기준을 바탕으로 '무형문화유산의 관점'에서 더 넓은 영역을 망라하여 조사연구를 추진했다.[4] 뿐만 아니라 국제적으로 통용되고 있는 기준을 적용했기 때문에, 나아가 관련 유형물에 대해서도 동일한 비중을 두고 조사연구를 추진했다.[5] 고려인 공동체의 전통문화유산 전반을 아우르는 '무형문화유산'이라는 주제 하에서 프로젝트의 일환으로 체계적이고 광범위한 관련 자료의 수집, 정리하는 작업은 처음으로 이루어졌다고 할 수 있다.

필자들은 본 학술조사연구사업(문화재청, 2012)의 결과물로써 결과보고서 외에 이미 두 편의 연구물을 발표했다.[6] 본고는 그 연장으로

---

3) 필자들은 문화재청이 발주한 '2012년도 해외 전승 무형문화유산 학술조사'의 일환으로, 동년 7~8월 기간 동안 중앙아시아 3개국(우즈베키스탄, 카자흐스탄, 키르기즈스탄)과 러시아(연해주, 사할린주)의 고려인 집거지를 현지조사했다.

4) 필자들은 독립국가연합 고려인 전통문화유산을 7개 범주로 설정하여 연구를 수행했다: [1분야] 전통적 공연예술(연행), [2분야] 공예, 미술 등에 관한 전통기술, [3분야] 의학(민요요법), 농경·어로 등에 관한 전통지식, [4분야] 구전전통 및 표현, [5분야] 의식주 등 전통적 생활관습, [6분야] 민간신앙 등 사회적 의식, [7분야] 전통적 놀이·축제 및 기예·무예.

5) 세계지적재산권기구(WIPO): "전통지식(Traditional Knowledge)"은 전통을 토대로 한 문학적, 예술적, 과학적 작품, 공연, 기술, 과학적 발견, 디자인, 마크, 명칭, 심볼, 비공개 정보, 그리고 산업적·과학적·문학적·예술적 분야에서 지적 활동의 결과로 생성되는 전통을 기반으로 한 기술과 창조물이 이에 해당된다; 유네스코(UNESCO): 무형문화유산보호협약 제2조는 '무형문화유산'을 공동체, 집단 및 개인들이 문화유산의 일부분으로 인식하는 실행, 표출, 표현, 지식 및 기술뿐만 아니라, 이와 관련된 '전달도구, 사물, 유물 및 문화공간 등을 의미한다.

6) 이병조, "독립국가연합 고려인의 전통문화유산에 대한 인식과 전승실태: 중앙아시아·러시아의 고려인 무형문화유산을 중심으로", 『재외한인연구』 제28호, 재외한인학회, 187-240쪽; 안상경·이병조, "독립국가연합 고려인 공동체의 한민족 민속문화 전승 연구: 우즈베키스탄 타쉬켄트주 고려인 콜호

써 러시아 연해주 고려인 공동체의 전통문화유산, 그 중에서도 민속
문화를 단독의 텍스트로 설정하여 전승, 변화, 단절, 복원 양상을 다
루는 데 초점을 두고 있다. 우선 150여 년간 독립국가연합 고려인이
어떻게 한민족의 정체성을 유지할 수 있었는지를 통시적으로 추적할
것이며, 이를 바탕으로 민속문화의 범주를 '민속문학', '민속생활', '민
속신앙', '민속예술', '민속놀이'로 분류하여 전승과 변이 양상을 정리
할 것이다.

이를 통해 연해주 고려인 공동체의 민속문화가 얼마만큼 원형질
을 간직하고 있는지, 그러면서도 삶의 공간으로서 어떤 인문·사회적
인 환경에 맞춰 얼마만큼 변이되었는지 확인할 수 있을 것이다. 그리
고 궁극에는 한민족 민속문화의 계승을 위해 어떤 노력이 필요한지,
그 방안을 제기하고자 한다. 이러한 일련의 논의가 독립국가연합 고
려인 공동체의 한민족 문화유산에 대한 새로운 정보와 자원적 가치
에 대한 이해를 돕는데 기여하리라 믿는다. 나아가 해외 한민족 문화
지평의 확대와 글로벌 문화공동체의 토대 구축에도 기여할 수 있으
리라 믿는다.

II. 연해주 고려인 공동체의 형성과 한민족 정체성 유지

1. 연해주 고려인 공동체의 형성과 발전

러시아 연해주는 독립국가연합 50만 고려인 이주개척사의 발원지
이다. 이곳은 독립국가연합 곳곳에 거주하고 있는 고려인들의 '메카'
와도 같은 곳이다. 1860년대 초 한인의 러시아(연해주) 이주에 관한

즈의 민속문화를 중심으로", 『슬라브연구』제29호, 한국슬라브학회, 63-97쪽.

최초의 기록은 러시아측에서는 동시베리아 정규대대 3중대장 노브고로드 경비대 레자노프(Резанов) 중위가 카자케비치(П.В.Казакевич, 1856-65) 연해주지사에게 보낸 보고서(1863.11.20, No.205)"7)와 연해주 주둔 동시베리아 정규대대 검열관 올덴부르그(Ольденбург) 대령의 보고서"8)에서 나타나고 있다. 한편 조선정부와 한인측의 대표적 자료들인 『아국여지도』(俄國興地圖)9)와 『해조신문』(海朝新聞)10), 싱해반 『녹립신문』(獨立新聞)11)에서도 한인의 러시아 이주에 대해서 전하고 있다.

---

7) РГИАДВ(극동국립역사기록보존소), Ф.87, Оп.1, Д.278, Л.1. 「Рапорт командующего 3-й ротойлинейного батальона Восточной Сибири поручка Реза нова военному губернатору Приморской области от 20 ноября 1863г., № 205」. 보고서에는, "한인들이 노브고로드 경비대에서 15베르스타(러시아의 거리단위로 1 베르스타(500사쥔)는 1,067m이다.) 떨어져 있으며, 이미 농가 5-6채가 들어서 있는 지신허(Тизинхе, 지신허, 地新虛) 강 평원으로 이주 허가를 요청하고 있는 바, 5명 정도의 군인들을 보내주어 안전이 보장된다면 100가구 이상이 더 이주할 준비를 하고 있다"고 기록되어 있다.

8) Там же, Л.9. 「Докладная записка и.д. инспектора линейных батальоно в Восточной Сибири, расположенных в Приморской области полковник а Ольденбурга военному губернатору Приморской области от 25 сентя бря 1864г., г.Николаевск」. 보고서에는 "1864년 1월에 들어온 한인 14가구(65명)는 노브고로드 경비대에서 15베르스타 떨어진 곳에서 그 해 8채의 농가를 세우고 성공적으로 농사를 짓고 있다"고 기록되어 있다.

9) 1880년대 중반 김광훈, 신선욱에 의해 제작된 『아국여지도』(俄國興地圖)에는, "지신허 마을은 동서 5리, 남북 30리이며, 동쪽으로는 한천관(漢天關)이 65리 떨어져 있고, 서남으로 연추 군영이 40리, 남쪽으로 육성관(育城關)이 10리, 북쪽으로 고개 넘어 청나라 혼춘 지경까지 35리 떨어져 있다. 주민은 238호(1,665명)이다"고 기록되어 있다.

10) 『海朝新聞』, 제1호, 1908년 2월 16일자. 신문에는, "서력 1863년은 음력 갑자 지년이라. 우리 동포 십여 가구가 처음으로 아국지방 지신허에 건너와서 황무지를 개척하고 살음에 해마다 몇십호씩 늘어가더니...."라고 기록되어 있다.

11) 『獨立新聞』, 대한민국 2년(1920) 2월 1일, 제49호, 뒤바보「俄領實記」, 제1호(移植된 原因). 獨立新聞의 기사 「아령실기」(俄領實記)에서 뒤바보(필명, 계봉우(桂奉瑀)로 추정)는, "기원 4197년 갑자(甲子)(1864) 춘(春)에 무산(茂

1860년대 초부터 1937년 강제이주 이전시기까지 연해주 전역에는 최초의 정착촌인 지신허(地新虛)를 시작으로, 연추(煙秋), 시디미, 아디미, 크라스노예 셀로, 몽구가이, 그리고 추풍사사(秋風四社)인 코르사코프카(허커우), 크로우노프카(황커우), 푸칠로프카(육성촌), 시넬니코보(영안평, 대전자), 한인촌(개척리), 신한촌 등 연해주에는 수십개의 한인마을들이 만들어졌다. 인구 규모 또한 크게 증가하여 1914년도에는 64,309명(귀화자-20,109, 비귀화자-44,200), 1923년도에는 106,817명(귀화자-34,559, 비귀화자-72,258)까지 빠르게 증가했다.[12] 연해주는 기후와 지형이 한반도와 유사하고, 지리적으로 한반도와 가까우며, 토질 또한 비옥해 농지를 원했던 한인들에게는 안성맞춤의 장소였던 것이다.

1937년 강제이주 전까지 70여년의 극동거주 시기 동안에 한인들은 개종과 국적, 토지문제 등 불안전한 타국살이 속에서도 다방면에서 민족적 우수성을 보여주었다. 한인들은 농업개척과 의병(1910년 전후) 및 빨치산투쟁(내전기, 1918-22)을 통해서 한민족의 근면성과 농업적 우수성, 극동의 권력수호를 위한 헌신성을 보여주었다. 또한 소련방 결성(1922년) 이후에는 블라디보스톡의 신한촌을 중심으로 적극적인 사회주의 건설 참여와 콜호즈 조직 및 농업활동(1920-30년대 후반)을 통해 러시아 주류사회로부터 인정을 받았다. 뿐만 아니라, 언론활동(『해조신문』(1908), 『대동공보』(1908-10), 『권업신문』(1912-14), 『선봉』(1923-37) 등)과 예술활동(한인극장, 1932, 알마타 '고려극장'의 전신), 교육활

---

11) 최운보(崔運寶)와 경흥(慶興) 양응범(梁應範) 2인이 가만히 두만강을 건너 혼춘을 경유하여 지신허(地新虛)(此는 연추(煙秋) 등지)에 내주(來住)하야 신개간에 착수하니 개척을 시작하니 서대륙(西大陸)을 초발견한 이는 '콜넘버스'의 기공(奇功)과는 의론(擬論)할수 무(無)하나...." 라고 지신허 개척을 평하고 있다.

12) С.Д.Аносов, *Корейцы в Уссурийском крае*, Хабаровск-Владивосток, 1928, с.27.

동(한민학교, 명동학교, 제9호모범중학교; 1924, 조선사범전문학교; 1924, 고려사범대학; 1931 등) 등의 활동을 통해 한민족의 정체성을 유지해 나갔다. 이러한 일련의 과정에서 다양한 형태의 역사문화자원(무형문화유산 포함)이 생산되었는데, 특히 농업기술과 구전전통, 식생활·세시풍속, 일생의례, 전통적 놀이·축제 등의 전통문화유산이 최대한 지켜지고 계승되었다. 하지만 1953년 스탈린의 죽음과 흐루시쵸프의 등장은 중앙아시아 고려인의 삶에 큰 전환점이 되었다. 한인, 즉 고려인들의 삶은 유라시아 전역으로 확대되었다. 학생 및 청년층의 유학이나 고본질(계절농업) 등으로 타지역 이주나 장기거주가 확대되었고, 연해주에도 고려인 사회가 재형성되기 시작했다. 연해주 고려인 공동체의 재형성과정은 소비에트 시기를 거치며 지속되었고, 1991년 소련방 붕괴 이후 또 한 번의 재이주 물결을 거쳐 오늘에 이른다.

2. 연해주에 남아있는 한민족 역사문화자원의 흔적들

오늘날 독립국가연합 고려인 공동체 전통문화유산, 즉 민속문화는 많은 측면에서 훼손, 혹은 멸실된 상태이고, 구전전통이나 세시풍속, 전통놀이 등 일부 분야에서만 그 흔적들을 찾아볼 수 있다. 이는 삶의 터전을 송두리째 파괴시켜 놓은 강제이주와 현지화(동화)에서 주요 원인을 찾아볼 수 있다. 그나마 콜호즈 체제와 농촌생활의 전통이 많이 남아있는 중앙아시아 고려인 공동체의 경우는 상황이 좀 나은 편이나, 도시 기반의 고려인 공동체(연해주 포함) 내의 민속문화 계승 상황은 더 열악하다. 또 한 번의 재이주 과정에서 많은 민속문화 자원들이 상실되거나 어려운 생활여건 속에서 계승으로 이어지지 못했기 때문이다.

오늘날 연해주 고려인 공동체 내에 존재, 혹은 전승되어 오고 있는 민속문화에는 어떤 것들이 있을까? 이에 대한 직접적인 답은 다음

장에서 살펴보기로 한다. 해당 장에서는 필자들이 활용했던 전통문화
유산 7개 범주를 기준으로, 과거에서 현재까지 연해주 고려인 공동체
의 전통문화자원(민속문화자원)의 상황을 역사·문화적 관점에서 개
괄적으로 살펴보자.

1) 전통적 공연예술(연행) 분야

[그림 105] '칠성가무단'의 환갑잔치 공연 대기
모습(아르춈, 2012)

전통적 공연예술(연행)은
연해주뿐만 아니라, 독립국가
연합 고려인 공동체 내에서
가장 생명력 있게 이어져 온
민속문화 중의 한 분야라고
할 수 있다. 이는 과거 주로
콜호즈를 중심으로 활동했던
소인예술단이나 도시 내 극
장 산하의 가무단 등에 의해
서 이어져 왔다.

현재 연해주에서 가장 잘 알려진 예술단체는 우수리스크 '아리랑
가무단'(단장 김발레리야)과 아르춈의 '칠성가무단'(단장 김타티아나)
이다. 이들 가무단의 역사는 강제이주 전 극동거주시기로 거슬러 올
라간다. 1920-30년대 연해주에는 몇 개의 예술단체와 배우단이 있었
다.[13] 이러한 배우단과 예술단체들의 노력에 힘입어 소비에트 당국의

---

13) ①블라디보스톡 담배공장 산하 한인노동자들(전후검, 전빅토르, 이기영, 이
마리야, 최봉도 등) 중심의 예술단체-연극공연을 맡았던 김익수가 주도적
인 역할을 담당, ②(신한촌) 희곡클럽 내에서 1924년 결성된 단체-연해주 전
체에서 주도적인 단체 중의 하나(이함덕, 이길수, 태장춘, 김해운 등이 활
동), ③제8호 모범중학교 내의 단체-(신한촌) 희곡클럽의 지부였고, 바로 이
곳에서 저명한 무대감독이자 극작가인 연성룡과 최길춘, 이경희가 배출
됨, ④푸칠로프카 마을의 1929년 설립된 청년농민학교 내의 단체-인민배우

결정으로 1932년 9월-11월에 거쳐 조직 된 것이 바로 [한인극장(극장
장 김태이)이다.[14] [한인극장]은 알마타에 있는 [고려극장]의 전신으로,
강제이주 이후 [고려극장]과 산하 '아리랑가무단', 그리고 콜호즈들에
서 활동했던 '소인예술단'으로 이어져 오늘에까지 이르고 있다. 이들
예술단체들에 의해 공연된 내용물들은 크게 세 부분(사회·일상이야
기, 민족·영웅이야기, 풍자극)으로, 고전물(춘향전, 심청전, 장화홍련
전, 흥부와놀부, 이수일과심순애 등)이 연극이나 민요, 춤, 무용(부채
춤, 항아리춤, 칼춤, 궁중무 등) 형태로 무대에 올려졌다.[15] 이들 공연
물들은 강제이주의 아픔을 겪은 고려인 공동체에게는 큰 위로가 되
는 한편, 한민족의 예술적 혼과 정체성을 심어주는 매개체가 되어주
기도 했다.

특히 각지에 있는 고려인 콜호즈 내에서 자체적인 활동을 했던 [소
인예술단]의 경우 한민족의 전통적인 춤과 노래 등을 전하고 계승해
나가는데 실질적이 '1등공신'이었다고 할 수 있다. 소규모 인원으로
구성된 '소인예술단' 활동은 주로 1960-70년대 소비에트 시기를 거치
는 동안 각 지역의 고려인 콜호즈들에서 공식, 비공식적으로 이루어
져 왔다. '소인예술단'은 소비에트 말기에는 대부분 해체되는 수순을
밟기도 했으나 소련방 붕괴 이후에 다시 각지에서 고려인협회나 고
려인민족문화자치회 산하 단체로 부활되는 과정을 밟아왔다. 앞서 언
급한 '아리랑가무단'이나 '칠성가무단'이 바로 그 예에 속한다고 할 수
있다. 물론 이외에도 우수리스크 노인회 산하의 '고려가무단', '조선노
래가무단'을 들 수 있다. 해당분야는 오늘날 독립국가연합 고려인 공

김진, 조선프롤레타리아 작가동맹 회원 조명희 등이 활발하게 활동, ⑤사
범기술학교 산하의 단체, ⑥기타 예술단체들(И.Ким, *Советский корейский
театр*, Алма-Ата, 1982, c.6-9 참조).

14) АПРК(카자흐스탄 대통령직속기록보관소), Ф.708, Оп.101, Д.83, ЛЛ.83, 108
(원사료; РГИАДВ, Р.2480, Оп.1, Д.8, ЛЛ.52-53об..)

15) И.Ким, *Советский корейский театр*, Алма-Ата, 1982, c.5-109.

동체에서 가장 가시적으로 찾아볼 수 있는 분야이다. 비록 주변의 타문화의 영향으로 원형과 변형의 경계에 서 있지만, 한민족 고려인의 전통문화와 정체성을 유지시켜나가는데 큰 매개체가 되어왔다는 점에서 큰 의의를 찾아볼 수 있다.

2) 공예, 미술 등에 관한 전통기술 분야

도자, 금속, 목칠, 섬유 등의 공예나 미술 등의 분야는 오늘날 독립국가연합 고려인 공동체 어디에서도 찾아보기가 힘들고, 그 전승 흔적을 추적하는 것도 거의 불가능하다. 물론 이주 초기에 어디에선가 누군가에 의해서 맥이 이어져 나갔을 개연성도 없지 않다. 하지만 20세기 초까지 고려인 이주자들의 대부분은 농민들이고, 농업이주가 지배적이었다는 점을 생각해 볼 때 그 전승 가능성은 더욱 희박하다. 현지조사를 통해서도 전승상황이나 흔적에 대한 아무런 단서도 얻지 못했다. 다만 제보자에 대한 인터뷰를 통해서 어린 시절에 갓이나 가마니짜기, 새끼꼬기 등의 모습정도는 보았다는 증언 정도는 확보할 수 있었다. 또한 농촌지역에서는 삿갓이나 디딜방아, 떡메와 떡구시, 도리깨, 장식장 등을 직접 제작하여 사용하는 정도는 조사과정에서 확인할 수 있었다.

3) 의학(민간요법), 농경·어로 등에 관한 전통지식 분야

오늘날에도 연해주 고려인 공동체에서는 쑥이나 익모초 등을 통한 요법(특히 배앓이 치료)이나 무속식 치병요법인 '방토'라는 치병주술 등이 전승되고 있다. 과거에는 더 많은 것들이 일상적으로 존재했었다. 이외에도 어느 마을이나 가정에서든지 전통적인 형태의 각종 재래농기구들(호미, 삽, 고무래, 쇠스랑 등)을 흔히 볼 수 있다. 특히 디딜방아, 맷돌, 절구와 절구통, 키, 체, 도리깨 등은 연해주 한민족 공동체에서 농경 전통문화가 존재했음을 확실하게 보여주고 있다. 물론 이런 유형물들의 경우 지금은 실생활에서 거의 사용되고 있지는 않지만, 1937년 강제이주 이전의 연해주 내 한인 집거지에서는 지금도 과거의 농업 전통의 흔적들을 심심찮게 찾아 볼 수가 있다.

[그림 106] 연해주 남부 지신허 마을에 남아 있는 연자맷돌(강제이주 전)

고려인들은 일찍부터 조, 수수, 콩, 귀리, 밀, 채소 등과 같은 밭농사에 종사했고, 기후에 맞는 품종개량 성공으로 논농사가 본격화되는 1910년대부터는 벼농사도 종사해 나가기 시작했다. 부연해서, 강제이주 전 극동에서 한민족의 농업, 즉 벼농사 전통이 가장 크게 이루어진 곳은 연해주의 한카호수 부근, 호롤, 스파스크, 그로데코보, 쉬마코프, 남부 변경지대, 그리고 아무르강(흑룡강)을 따라 아무르주 블라고베쉔스크와 제야강 유역이다.[16]

[그림 107] 떡메/떡구시, 키, 체 앞에 서 있는 윤소피야(파르티잔스크, 2012)

[그림 108] 도리깨를 들고 서 있는 안엘레나(파르티잔스크, 2012)

16) Ким Сын Хва, *Очерки по истории советских корейцев*, Алма-Ата, 1965, c.181-185; 박보리스·부가이 니콜라이 저, 김광한·이백용 옮김, 『러시아에서의 140년간』, 시대정신, 2004, 124쪽. 1917년 니콜스크-우수리스크(현재 우수리스크)와 수찬(수청), 포시에트, 스파스크지역의 논 면적은 1,600데샤티나에 달했고, 이후 집산화 정책과 더불어 광범위하게 극동전역에 퍼져나갔다.

벼농사는 강제이주 이후에도 중앙아시아 고려인 공동체에서 목화농
사와 더불어 가장 특색있는 농업품목이었고, 특히 2차대전기에는 쌀
생산을 통해 소비에트 정부를 지원하고, 고려인 공동체의 위상까지
제고시켜 준 대상이기도 하다. 하지만 오늘날 벼농사 기반의 농업전
통은 우쉬토베(카자흐스탄) 지역을 제외하고는 전체 고려인 사회에서
찾아보기가 쉽지 않다.

4) 구전전통 및 표현

[그림 109] 민요(유희요/노동요)를 부르고 있는 천
금녀(나제쥔스키, 2003)

해당분야에서 가시적
으로 남아있는 요소는 민
요(노동요, 유희요)이고,
이는 연해주 고려인 공동
체에서도 마찬가지이다.
오늘날에도 여전히 고려
인 노인세대들의 입을 통
해 설화와 민요, 속담 등
이 이어지고 있다. 특히
민요는 비록 변형된 형태가 적지 않으나 고려인 공동체 내에서 활동
하고 있는 가무단들에 의해서 설화 등에 비해 더 가시적으로 전승되
어 오고 있다. 다만 과거, 특히 강제이주 이전의 이와 관련한 행적을
보여주는 유형자료들을 찾아보기란 쉽지가 않다.

5) 의식주 등 전통적 생활관습 및 세시풍속

오늘날 연해주를 포함, 독립국가연합 고려인 공동체의 의식주생활
은 많은 측면에서 한민족적인 색채를 상실하거나 변형되어 있다. 특
히 의생활과 주생활의 경우 그 정도가 심하고, 식생활의 경우는 약간

[그림 110] 전형적인 한인 농가의 모습(블 라디보스톡 지구, 1931)

[그림 111] 연해주 남부 연추마을에서 사 용했던 우물(강제이주 전)

식의 변형을 겪고는 있지만 그나마 상당 부분에서 한민족적인 색채를 유지하고 있다.

의·주생활과 관련, 과거 강제이주 이전의 극동거주 시기에 한인은 주로 조선식 복장을 하고 조선식 주거공간(초가집, 온돌, 굴뚝)에서 생활을 했다([그림 110] 참조[17]). 하지만 점차 세례를 받고 러시아 정교회로 개종하는 경우는 러시아식 복장을 하고 주택(통나무집)을 짓고 사는 경우 또한 적지 않았다. 가령, 이주 직후 아내와 함께 정교회 세례를 받았던 지신허 마을의 촌장 최운국 부부가 그러했고,[18] 러시아 정부의 전폭적인 지원 하에 이주되어 조성된 아무르주 블라고슬로벤노예 마을 한인들의 경우 대부분도 러시아식 복장과 주택에서 생활을 했다.[19] 이른 시기부터 고려인들의 의·주생활은 현지에 동화되기 시작했고, 또한 소비에트 시기를 거치며 일상생활에서는 변형된 온돌이나 우물 등의 경우(주생활)를 제외하고는 거의 한민족적인 색채가 사라지고 말았다.

반면, 식생활의 경우는 그나마 한민족적인 색채가 많은 부분에서

17) 박보리스·부가이 니콜라이 저, 김광한·이백용 옮김, 위의 책, 268쪽.

18) Н.М.Пржевальский, *Путешествие в Уссурийском крае, 1867-1869гг.*, Влад ивосток, 1990, с.137; он же, "Инородческое население в южнойчасти Приморскойобласти", *ИРГО*, СПб., Т.5, No.5, отд.2, 1869, с.200.

19) 『Миссионерское обозрение』, No.4, Апрель, 1998, с.18.

[그림 112] 고려인의 밥과 두부-비지국(우수리스크 중앙시장 고려인식당, 2004)

유지되어 오고 있다. 식생활의 경우, 일상음식(된장국, 가지, 고사리, 두부 반찬 등)이나 저장식품(된장, 고추장, 간장 등) 등은 여전히 조금은 변형되었으나 전승이 되어오고 있다. 그 외, 특히 절식(節食)(오곡밥, 귀밝이술, 팥죽, 떡국 등)과 의례음식(찰떡, 증편, 가주리, 감주, 시루떡 등)은 주로 설과 한식, 단오, 추석 등의 절기 명절이나 제사 시에 여전히 만들어 먹으며 계승되어 오고 있다. 세시풍속 중 한식과 단오는 한국과는 비교할 수 없을 정도로 큰 명절로 인식되고 있는 점이 주목할 만하다. 이 중 한식은 벌초나 성묘를 하는 등 조상을 섬기고, '부모님 공경의 날'로 지정하여 큰 절기 명절로 쇠고 있다. 이는 연해주 고려인 공동체에서도 동일하게 지켜지고 있다.

6) 민간신앙 등 사회적 의식 및 일생의례

해당분야의 경우, 오늘날 일생의례의 돌잔치와 돌잡이, 환갑, 장례를 제외하고는 실제적으로 전승되지 않고 있거나 혹은 아주 약하게 전승되어 오고 있다. 이는 연해주 고려인 공동체에서도 동일하게 나타나고 있다.

하지만 강제이주 이전에만 해도 연해주 한인사회에서는 마을·가정·무속신앙 행위도 행해지거나 속신앙에 따른 주술적인 행위가 심심치 않게 행해졌었다.[20] 이러한 현상은 러시아 정교회 당국의 한인

---

20) 파르티잔스크 안엘레나와 윤소피야 인터뷰(인터뷰 장소: 윤소피야 자택,

을 상대로 세례와 기독교회(정
교도화) 정책이 추진되는 상황
에서도 진행되었음을 유추해
볼 수 있었다. 가령, 1910년 블
라디보스톡 정교회선교협회에
따르면, 한인정교도는 10,237명
(남-5,955, 여-4,282)으로, 전체
한인의 28.5%를 차지하고 있었
다.[21] 하지만 정교도 한인의

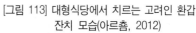

[그림 113] 대형식당에서 치르는 고려인 환갑
잔치 모습(아르쬼, 2012)

삶은 비정교도적인 모습에 더 가까웠다. 1909년 블라디보스톡 주교구
보고서는, "한인은 아직 참된 정교도가 아니다. 그들의 생활에는 샤마
니즘 기타 이교의 풍습이 남아있다. 이들의 종교의식은 결여되었으
며, 정교 교리에 통하고 있지 않으며 기도의 의의조차 모른다"[22]고 적
고 있다. 연해주지사(1888-97)를 지냈고, 프리아무르(극동) 군사령관지
사(1906-10)였던 운테르베르게르 또한 이주 반세기가 된 시점에서도
"한인은 신앙과 풍습, 세계관, 경제적 생활 방식 등에 있어서 우리(러
시아인)에게는 전혀 낯설고, 러시아인들과 쉽게 동화하지 않고 있
다."[23] 또 "한인들의 러시아인과의 동화를 위한 바램은 찾아볼 수 없
다. 한인들이 러시아 국적취득을 원하는 것은 자신들의 물질적, 경제
적 상황을 개선시키기 위함이고, 정교신앙을 받아들이는 것은 국적취

일시: 2012.8.13일).

21) В.В.Граве, "Китайцы, корейцы и японцы в Приамурье", (Отчёт Уполном
оченного Министерства Иностранных Дел В.В.Граве), Труды командир
ованной по Высочайшему повелению Амурской экспедиции, Вып.11, СП
б., 1912, c.190-191.

22) 현규환, 『韓國流移民史』상, 대한교과서주식회사, 1972, 919쪽.

23) В.В.Граве, указ. соч., c.135; С.Д.Аносов, Корейцы в Уссурийском крае, Х
абаровск-Владивосток, 1928), c.12.

득을 용이하게 하기 위해서이다. 한인들은 세례를 하나의 외형적인 신앙의식으로 받아들이고 있다"[24]고 극언을 하며 한인의 정교회 입교를 극히 회의적으로 보았다.

하지만 한인들의 마을·가정·무속신앙 행위는 1917년 러시아혁명과 소비에트 체제를 거치며 거의 사라지고 말았다. 민간에서 흔히 있던 하락시(점쟁이) 전통조차도 거의 찾아보기가 어렵다. 속신앙의 경우 또한 오늘날 전승되는 사례는 드물다. 다만 일부 귀신 쫓는 행위도 전승되고 있었는데, 방토의 경우는 간혹 민간에서 나타나고 있었다.

일생의례의 경우는 소비에트 체제를 거치면서도 핵심 행위에 대해서는 한민족적인 전통이 유지가 되어 왔다. 가령 산육속에서는 돌잔치와 돌잡이가 행해지고, 환갑 시에는 모든 자녀가 찰떡, 증편, 가주리, 감주, 베고자 등의 음식상을 차려놓고 부모에게 인사(절)를 올렸으며, 장례·제례 시에는 혼부르기부터 시작해서 칠성널(판), 명정쓰기 등의 전통이 이어져 오고 있다.[25] 하지만 이러한 전통들조차도 많은 부분에서 한민족적인 원형을 상실해 가고 있는 상황 속에 있다. 그 외의 관련 의식들은 거의 사라지거나 현지의 문화의 영향으로 혼합된 형태로 치르는 사례가 많다. 예로, 결혼식에서 맞선, 사주점치기, 청치, 우실, 결혼식, 거울드리기, 쌀가마넘어오기, 폐백 등의 과정들이 있었으나 지금은 모든 것이 생략된 채 현대식으로 예식장이나 대형 음식점에서 치러지고 있다.

---

24) П.Ф.Унтербергер, "Приамурский край, 1906-1910г.г.", (Очерк с 6 картами, 21 таблицейприложенийи с 55 рисунками на 22 листах П.Ф.Унтербергер а), *Записки ИРГО по отделению статистики*, Т.8, СПб., 1912, с.84, 89.

25) 이병조, "독립국가연합 고려인의 전통문화유산에 대한 인식과 전승실태: 중앙아시아·러시아의 고려인 무형문화유산을 중심으로", 『재외한인연구』 28호, 2012, 228-229쪽.

7) 전통적 놀이·축제 및 기예·무예

해당분야의 모습은 설이나 대보름, 한식, 단오, 추석 등의 절기명절을 쇠는 과정에서 찾아볼 수 있다. 여기에는 크게 집단놀이와 개인놀이를 들 수 있다. 집단놀이(지신밟기, 줄다리기 등) 경우, 연해주를 포함한 독립국가연합의 고려인 사회에서는 찾아보기가 힘들지만 이주의 배경이 다른 사할린주에서는 집난놀이의 형태로 들놀이(7월 셋째주 혹은 넷째주)에서 줄다리기가 전승되고 있다. 현지조사 결과 연해주 고려인 공동체에서도 집단놀이는 찾아볼 수 없었다. 개인놀이(화투, 장기, 바둑, 고무줄놀이 등) 관련, 과거(특히 강제이주 이전) 고려인 사회에서는 사방치기, 목자치기, 제기차기(쟁구), 팽이치기, 널뛰기, 육구치기(윷놀이), 돈치기(벽이나 원을 이용), 실뜨기, 숨바꼭질, 수건돌리기, 공기놀이, 썰매타기, 그네타기, 널뛰기 등의 많은 개인놀이들이 행해 졌었다. 하지만 지금은 일부지역에서 설이나 단오 때에 제기차기, 윷놀이, 그네타기, 널뛰기 정도가 행해지고 있을 뿐이다. 이러한 상황은 연해주 고려인 공동체에서도 마찬가지이고, 놀이의 종류도 점점 제한되어 가고 있다. 기예·무예 분야 또한 고려인 공동체 내에서는 어디에서도 찾아보기가 힘들다. 다만 소련방 붕괴 이후 한국에서 들어 간 태권도가 도장 형태로 운영되는 경우는 종종 있을 뿐이다.

III. 연해주 고려인 공동체의 한민족 민속문화 전승 양상

필자들은 2012년 8월 9일부터 14일까지 러시아 연해주의 아르촘, 우수리스크, 파르티잔스크 등지에 거주하고 있는 고려인을 대상으로 한민족 민속문화를 중심으로 한 무형문화유산 실태조사를 수행했다. 사전에 관련 기관 및 단체의 현지코디와 협력하여 강제이주 1.5세대 들을 제보자로 선정했고, 일정에 맞추어 현지를 방문했다. 금번 현지 조사에 응한 러시아 연해주 고려인 제보자의 인적사항은 다음과 같다.

[러시아 연해주 고려인 제보자 현황]

번호	성명	생년월일	성별	거주지
1	김타티아나	1945. 10. 15	여	연해주, 아르춈
2	유엘라	1943. 03. 12	여	연해주, 아르춈
3	김알라	1949. 07. 18	여	연해주, 아르춈
4	문라이사	1947. 04. 17	여	연해주, 아르춈
5	김타티아나	1931. 02. 06	여	연해주, 우수리스크
6	김마리야	1931. 10. 20	여	연해주, 우수리스크
7	최나제즈다	1933. 04. 11	여	연해주, 우수리스크
8	허스베틀라나	1936. 06. 09	여	연해주, 우수리스크
9	나·강스베틀라나	1939. 09. 12	여	연해주, 우수리스크
10	이류드밀라	1949. 09. 29	여	연해주, 우수리스크
11	윤스타니슬라프	1937. 08. 29	남	연해주, 우수리스크
12	조하리톤	1930. 09. 08	남	연해주, 우수리스크
13	김알렉산드르	1931. 12. 30	남	연해주, 우수리스크
14	김연자	1942. 03. 11	여	연해주, 우수리스크
15	텐엘레나	1949. 01. 28	여	연해주, 우수리스크
16	고표도르	1943. 01. 28	남	연해주, 우수리스크
17	안엘레나	1947. 01. 21	여	연해주, 파르티잔스크
18	윤소피야	1941. 10. 20	여	연해주, 파르티잔스크
19	이스베틀라나	1955. 11. 28	여	연해주, 파르티잔스크

고려인 제보자의 대부분은 원주지(原住地)로서 조부모의 본향이 함경도이다. 봄철이면 두만강을 건너 러시아 연해주에서 농사를 짓다 가 가을이면 다시 고향 마을로 돌아갔던 함경도 농부들의 후예라고

할 수 있다. 1937년 스탈린의 소수민족 탄압과 강제이주 정책으로 연해주에서 우즈베키스탄, 카자흐스탄, 키르기즈스탄 등지로 본거지를 옮길 수밖에 없었지만,[26] 스탈린 사후 1950년대 초·중반부터 다시 러시아 연해주로 재이주하여 고려인으로서 삶을 영위하고 있다. 원주지의 언어와 생활습속을 동반한 집단이주와 정착이었기 때문에 한민족의 문화적 정체성이나 동질성을 삶의 근간에서 유지하고 있지만, '중앙아시아로 강제이주에 이은 러시아로 재이주'라는 내력으로 말미암아, 중앙아시아의 고려인이나 러시아 사할린의 한인이 계승하고 있는 민속문화와 비교할 때 그 단절, 변형, 복원의 폭이 비교적 넓다고 할 수 있다.

1. 민속문학

고려인 공동체에서는 설화가 전승되고 있기는 하지만, 한국신화로서 단군신화의 편린만 확인할 수 있을 뿐 여느 전설이나 민담은 추적할 수 없다. 예컨대 연해주 아르춈의 고려인들은 단군(檀君)을 칠성(七星)과 결부시켜 인식하고 있었다.[27] 7개 큰곰자리의 별들로부터 환인(桓因)이 인간세상으로 내려와 곰을 숭배하는 부족의 딸 웅녀와 결혼해 단군을 낳았다고 여긴다. 사회주의 체제에서 소수민족의 신화나 민속신앙을 금기시했지만, 고려인으로서 단군이나 칠성에 대한 기억은 남아 있어 그것이 후대에 혼효된 것으로 볼 수 있다.

민요의 경우에는 상대적으로 그 전승이 매우 활발하다. 특히 연해

---

26) 금번 현지조사 과정에서 접촉한 제보자들은 대부분 우즈베키스탄의 타쉬켄트, 사마르칸트, 스이르다리야 등지에서 태어나 그곳에서 유년시절을 보냈다. 이들의 러시아 연해주로의 재이주는 스탈린 1950년대 초반부터 1990년대까지 이어졌다.

27) 1997년에 칠성가무단(七星歌舞團)을 결성할 당시에도 이러한 이유로 '칠성'이라는 용어를 붙였다고 한다.

주 우수리스크의 고려인들은 고려가무단(모란봉가무단), 조선노래가무단 활동을 통해 전래의 민요를 전승시키고 있다. 예컨대 조선노래가무단 회원들은 주말을 이용해 2~3시간 씩 고표도르(1943년생, 우즈베키스탄 타쉬켄트에서 출생, 1995년에 우수리스크로 재이주, 예술전문학교 수료)로부터 민요를 전수받고 있다. 회원들은 저마다 '(본조)아리랑'은 물론 '밀양아리랑' '도라지', '노들강변', '사랑이 어찌 늙으랴', '제비가', '노세 노세 젊어서 노세', '고국산천' 등을 한 소절씩 부를 줄 안다. 이외 동요로서 '고향의 봄', 대중가요로서 '돌아와요 부산항에', '눈물 젖은 두만강', '떠나가는 배' 등을 즐겨 부른다. 한편 전대의 부모들로부터 들어왔다는, "가고 싶은 고향이 보고 싶은 조국에 / 아 내 마음 이르지 아 이르러 가네"라는 사설의 '그리운 고향'을 가슴에 새기고 있다.

2. 민속생활

1) 식생활

(1) 일상음식

식생활의 경우, 여전히 가시적으로 한민족의 색채를 가장 잘 유지하고 있는 분야라고 할 수 있다. 연해주 고려인들은 대체적으로 텃밭에서 고추, 감자, 오이, 배추, 양파, 당근, 토마토 등속을 재배한다. 물론 이러한 현상은 중앙아시아 고려인 공동체에서도 동일하게 나타나고 있다. 일부는 자급자족을 하고 남은 잉여물은 시

[그림 114] 고추된장조림볶음(파르티잔스크, 안엘레나)

장에 판매하기도 한다. 밥과 함께 고춧가루와 마늘, 된장과 간장 등을 이용한 반찬을 많이 만드는데, 대표적으로 가지나물, 당근채, 오이무침, 고추조림 등을 자주 해 먹는다. 이중에서 여름철에는 일상 반찬으로 조리법이 간단한 고추된장볶음이 자주 선호되고 있는데, 조리법은 간단하다. 우선 콩기름에 양파를 넣고 볶다가 다시 된장과 물을 넣고 끓인다. 어느 정도 끓게 되면 이때 고추를 넣는다. 고추된장조림볶음의 경우, 여름철에 듬뿍 조리해서 저장 창고에 보관해두었다가 겨울철까지 먹기도 한다.

(2) 별식

고려인의 대표적인 별식은 두부[디비]라고 할 수 있다. 저녁나절에 노란 콩을 큰 말통에 넣고 물을 부어 두세 번 씻고 밤새 불린다. 이튿날 콩을 건져내 먀사루까(러시아식 고기 갈이 기계)에 넣고 돌린다. 그러면 콩이 고기처럼 갈려 나오는데, 이를 가마솥에 넣고 저어가며 끓인다. 그런 다음, 이를 포대에 통째로 넣고 콩물을 짜내 체에 받는다. 이 콩물을 가마솥에 넣고 다시 끓이는데, 큰 주걱으로 저어가면서 펄펄 끓을 때마다 냉수를 붓는다. 이 과정을 세 번 반복한다. 이어 대야에 콩물을 퍼내고 신 김치 국물과 소금을 넣는다. 콩물 3kg 당 5리터 정도의 신 김치 국물을 넣는다. 그러면 콩물이 덩어리지면서 두부로 변한다. 두부의 색은 노르스름하다. 봄과 겨울에는 신 김치 국물을 넣고, 여름과 가을에는 간수를 넣는다. 두부가 다 되면 모로 썰어 냉장고에 넣어둔다. 찬물에 보관할 경우에는 찬물을 계속 갈아주어 신선도를 유지한다. 생일이나 명절 때마다 두부를 만든다. 삶아 먹기도 하고, 지저 먹기도 하며, 시락장물, 매기장물[미역국], 무장물 등에 넣어 먹기도 한다.

(3) 절식

대보름 아침에 오곡밥을 먹는다. 오곡밥을 달리 '오가지밥'이라고
한다. 멥쌀, 기장, 수수, 메밀 등을 넣고 오곡밥을 한다. "이 밥을 먹어
야 한 해가 좋다"라는 말이 있어 가능한 오곡밥을 먹는다. 또한 동지
에는 오그랑죽을 먹는다. 오그랑죽을 달리 '동지죽'이라고 한다. 멥쌀
로 죽을 쑨 다음 팥을 갈아 넣어 만든다. 찹쌀가루를 동그랗게 비벼
말아 새알심을 넣기도 한다. 오그랑죽을 먹기 전에, 대문에 한 그릇을
놓아둔다. 또 사방을 향해 조금씩 뿌리기도 한다. 그래야 재액을 막을
수 있다고 여긴다.

(4) 저장식품

[그림 115] 고려인 저장식품 된장(연해주 파르
티잔스크 안엘레나)

대표적으로 김장김치를 들
수 있다. 보통 11월 중에 김장
김치를 하는데, 연어나 청어
를 속에 넣는다. 연어는 몸통
뿐만 아니라 머리까지 큼직큼
직하게 썰어 넣는다. 연어 대
신에 통조림 청어를 넣기도
하는데, 통조림통에 소금물을
붓고 그 물로 배추를 절이면
맛이 더욱 좋다. 이외에 된장과 고추장[28]도 옛 방식대로 만들어 먹기
도 한다. 예컨대 연해주 파르티잔스크에 거주하고 있는 윤소피야는

---

28) 예컨대 연해주 파르티잔스크에 거주하고 있는 윤소피야는 10년 전까지 옛
고려인 방식대로 간장을 만들었다. 현재는 상점에서 파는 간장도 맛이 있
어 그냥 사서 먹는다. 간장을 직접 만들 당시에는, 띄운 메주를 절구에서
부수어 가루를 내고 2주간 햇볕에 더 띄웠다. 그리고 천으로 사서 가마솥
에 넣고 소금물을 부어 끓였다. 이틀 정도 지나면 먹을 수 있었다.

옛 고려인 방식대로 메주를 쑤어 된장을 만드는데, 메주의 주재료는 노란콩으로 사촌이 농사를 지어 싼 값에 대준다고 한다. 방식을 보면, 우선 노란콩을 큰 말통에 넣고 물어 부어 두세 번 씻는다. 물기를 뺀 후 밤새 불려야만 콩을 오래 삶지 않아도 된다. 다음날 이른 아침에 가마솥에 3시간 정도 삶는다. 삶은 콩을 건져내 메쓰루까(러시아식 고기 갈이 기계)에 넣고 돌린다. 그러면 콩이 고기처럼 갈려 나온다. 이렇게 간 콩을 손으로 둥글게 만들고 그늘 진 곳 쇠망 위에 올려놓는다. 쇠망에 올려놓으면 바람이 잘 통해 발효가 더욱 잘 된다고 한다. 이를 1달 이상 말리는데, 자주 들여다보며 메주를 돌려놓는다. 일정 시간이 지나 거의 마르면, 메주를 포대(흰 천)에 담아 두꺼운 이불을 덮고 히터 옆에 보름간 놓아둔다. 이후 이를 꺼내어 반으로 자르면서 솔로 곰팡이를 제거한다. 그런 후 물을 겉면을 씻어내고 그늘 진 쇠망 위에서 5~7일 정도 더 말린다. 색이 새까맣게 변하면 디딜방아에 넣고 찐다. 그리고 소금물을 끓였다가 식혀서 큰 항아리에 찐 메주와 섞는다. 노랑콩 8kg 당 소금 1kg 가량을 섞는다. 이렇게 두 달이 지난 다음에 먹을 수 있다. 윤소피야의 큰어머니는 항아리에 숯이나 고추 등을 넣고 금줄을 둘러치기도 했다. 윤소피야는 항아리 속에 깻잎 십여 장만 넣는다. 그러면 된장 맛이 더욱 좋아진다고 한다. 한편 양력 6월과 12월을 윤달로 여겨, 이 달에는 절대 된장을 만들지 않는다. 간장의 경우는 주로 시장에서 사먹는다고 한다. 또한 토마토, 오이, 양배추 등을 절여 저장한 후 겨우내 반찬으로 먹으며, 가재미와 연어를 듬성듬성 썰어 소금에 절여 겨우내 먹기도 한다.

2) 세시풍속

(1) 여름철

2006년부터 음력 5월 5일이 지난 후 토요일이나 일요일에 인근 '가족휴식공원'에서 단오행사를 벌인다.[29] 공원 방갈로에 수십 여 명이 모여 음식을 서로 나누어 먹으며, 종일토록 노래를 부르고 춤을 춘다. 2011년도에는 단오행사를 겸해 '민속축제 페스티벌'을 벌이기도 했다. 고려인 이외 다른 민족도 참여하여 각 민족의 전통춤을 선보였다. 그 때 고려인들은 전통혼례식을 올렸고, 부채춤, 종각춤, 북춤을 선보였다. 단오행사를 통해 지역 내 고려인들이 단합하게 되고, 또 젊은 세대들에게 한민족의 전통문화를 전수시킬 수 있어 그에 대한 호응이 좋다.

(2) 가을철

2000년도 초·중반부터 음력 8월 15일 후 토요일에, 아르춈 민족문화센터에서 추석 의료행사가 열린다. 한국의 한의사들이 고려인이든 러시아인이든 노인들에게 침이나 뜸 떠 치료한다. 북한에서도 의료진이 와 의료봉사를 한다.

또 10월 30일을 '회상의 날'로 기념하고 있다. 고려인은 물론 유대인, 체첸족, 러시아 정교회 등이 정오를 기해 아르춈 시청 인근에 있는 '무덤 기념탑'에 모여 스탈린 정권 하에서 강제이주 당해 주검이 된 분들에게 헌화하고 묵념한다.

(3) 겨울철

연해주 고려인들은 대부분 우즈베키스탄으로 강제이주, 다시 연해주로 재이주한 내력을 갖고 있다. 현재 50대 이상의 고려인들은 우즈베키스탄에서 태어나 그곳에서 유소년 시절을 보냈는데, 당시 설이면 가족들이 한데 모여 차례를 올리고, 웃어른께 세배도 했다고 한다. 또

---

29) '가족휴식공원'의 대표가 고려인(김블라지미르)이기 때문에 이날 무료로 공원 내 방갈로를 제공한다고 한다.

친척들이 오면 찰떡, 증편, 가주리, 콩나물 무침 등을 함께 먹었다고 한다. 그러나 연해주로 재이주하면서부터 양력 1월 1일에는 러시아식으로 설을 쇠고, 음력 1월 1일에는 고려인식으로 설을 쇠고 있다.

음력설의 경우, 저녁에 친정[여성 측]으로 가족들이 모인다. 우선 자식들이 부모에게 선물을 건네고, 세배를 한다. 그리고 저녁을 함께 먹는다. 이때 불뱅세이를 꼭 먹는다. 물뱅세이는 물만두로 속에 저민 돼지고기, 파, 마늘 등을 넣어 만든다. 단 하나의 물뱅세이에 동전을 넣어 빚는데, 이를 먹는 사람은 한 해 운수가 매우 좋다고 여긴다. 또 찰떡, 시루떡, 절편 등도 먹는다. 그러나 고려인 3~4세대가 고려인 사회의 주류를 이루게 되면서 세배 풍속이 서서히 단절되고 있다.[30)]

한편 1960년대까지 대보름 새벽에 인근 우물에서 용알을 떴다고 한다. 이를 '용알뜨기'라고 했는데, 그러면 부자가 될 수 있다고 여겼다. 연줄에 아스팔트의 콜타르 같은 것을 묻혀 연싸움을 하기도 했다. 한 해의 바람을 연에 적어 날려 보내기도 했다. 저녁에는 달을 보며 집안 구성원의 건강 및 풍작 등을 기원했다.

3) 일생의례

(1) 산·육속

연해주 고려인들은 여전히 산모 금기를 지키고 있다. 임신 중에 닭고기를 먹으면 태아의 발가락이 네 개밖에 형성되지 않는다고 여겨 먹지 않는다. 개고를 먹으면 아기가 귀머거리가 된다고 여겨 먹지 않는다. 또한 산모가 미역국을 먹어야 젖이 잘 돈다고 여기고 있다. 하지만 미역이 귀해 웬만해서는 먹지 못 한다. 그래서 대신 시락장물

---

30) 예컨대 아르촘에 거주하고 있는 고려인 3~4세대는 설이 무엇인지, 세배가 무엇인지 모르고 있다. 이러한 상황에서, 아르촘 고려인협회 임원들이 전통적인 설 풍속을 계승해야 한다는 데 의견을 모으고 1995년부터 1995년부터 세배를 하도록 권장하고 있다.

을 먹는다. 젖이 돌지 않으면 족발 삶은 물을 마신다. 한편 아이가 잘 자랄 수 있도록 붉은 색 영산가루에 젖을 섞어 아기의 이마에 바르기도 했다. 또 '배냇저고리를 잘 보관했다가 아이가 큰 시험을 볼 때 주면 합격한다'는 믿음을 여전히 간직하고 있다.

연해주 고려인들은 돌잔치를 성대하게 치른다. 백일 때는 주변의 아이들에게 사탕을 나누어주는 것으로 대신하기도 한다. 돌잔치 때는 주변 지인들을 집이나 식당으로 초대해 증편, 찰떡, 감주, 보드카 등을 나누어 먹는다. 쌀, 팥, 찰떡, 책, 공책, 돈, 실 등을 놓고 돌잡이도 한다. 쌀이나 돈을 잡으면 부자가 될 것이라고, 팥을 잡으면 건강할 것이라고, 책이나 공책을 잡으면 공부를 잘 할 것이라고, 실을 잡으면 장수할 것이라고 여긴다. 이외에도 딸일 경우에는 가위나 실을 놓기도 하며, 아들일 경우에는 총이나 칼을 놓기도 한다.

(2) 혼례

[그림 116] 파르티잔스크 안엘레나 장남 결혼식(1978)

과거에 결혼을 앞둔 처녀와 총각은 생년월일을 통해 종종 사주점치기를 했다고 한다. 미래를 엿보기 위해서 치는 점이었다. 또한 예전에는 청치는 결혼에 앞서 양가에서 혼사 말을 전하는 청치가 있었다고 한다. 남녀가 만나 서로 사귀게 되면 남자측에서 여자측에 결혼을 신청하는 과정이라 할 수 있는데, 청치는 단순이 결혼 신청만을 의미하지 않고, 남자 쪽에서 여자측으로 함보내기가 결합된 내용과 형식을 가지고 있다. 그렇기 때문에 여자측에서 이 청지를 할 때 약간 남자측을 골탕을 먹이는 경우도 있다고 한다.

반대로 여자측에서 남자측에 선물을 보내는 과정으로 우시를 들수 있다. 우시는 청치를 한 뒤에 여자 집에서 남자 집에 답례로 찾아가는 것이다. 이때 여자측에서 가는 우시꾼은 앞서 남자측에 온 사람보다 2명이 더 많이 가는 것이 일반적이다. 우시 때는 여자측의 우시꾼들이 남자 집에 가서 여자측 큰 우시꾼의 다리를 거꾸로 매달아 놓고 음식을 요구하는 '국시먹이기'가 있다. 이 행위는 폐백과 신랑달기의 결합된 변형형태로 보여진다. 이런 놀이는 양가의 우의를 돈독하게 만들기 위한 의도에서 비롯된 것으로 보인다. 그밖에도 결혼 전에 신부가 임신했을 경우 신랑·신부가 올라앉는 단상 아래에 작은 상을 차린다. 이를 '임신상'이라고 하는데, 뱃속의 태아를 위한 것으로 여긴다. 작은 상 위에는 밥, 고기 등을 조금씩 놓는다. 오늘날에는 이러한 의식과 절차들은 거의 생략이 되고 현대적인 방식으로 혼례를 치르고 있다.

(3) 장례

연해주 파르티잔스크에 거주하고 있는 윤소피아의 남편[리알렉세이]은 17년간 중풍을 앓다가 2009년 10월에 운명했다. 당시 집에서 장례를 치렀는데, 대략을 정리하면 다음과 같다. 남편이 숨을 거두려고 하자, "해주는 사람"이 따로 와서 머리를 북쪽으로 향하게 누였다. 휴지를 코에 대어 숨을 거두었는지 확인했다. 윤소피아는 남편이 평소 즐겨 입던 웃옷을 가지고 문밖에서 동쪽을 향해 혼부르기를 했다. "하느님 우리 남편 리 알렉세이를 모셔가세요!"라고 세 번 외쳤다. 만약 객사를 하면 발코니에서 혼부르기를 한다고 한다. 수의는 따로 준비하지 않고, 환갑잔치 때 입었던 옷을 수의로 삼았다. 그리고 시신을 여러 겹 묶고 입관했다. 관 안에 쌀, 돈 그리고 평소에 즐겨 했던 화투, 담배 등도 함께 넣었다. 관 위에는 붉은 천으로 영정을 썼다. 입관 후에 상주들은, 남성은 양복을 입고 왼 팔에 완장을 둘렀고, 여성은

흰 수건을 머리에 둘렀다. 입관 전에는 한 번 배례했지만, 입관 후에
는 세 번 배례를 했다. 저승사자를 위해서도 사자장을 문 앞에 차려
놓았다. 제물은 메 한 그릇 정도로 간소했다. 3일간 아침, 점심, 저녁
상을 갈아놓았는데, 제수는 밥, 국, 물, 닭고기, 생선 정도였다. 관을
문 밖으로 낼 때, 산 사람들이 무탈하다는 의미에서 관을 내려뜨려
접시를 깼다. 꽃을 으깨기도 했다. 관을 실은 차가 공동묘지로 향할
때 다리를 지나야 했는데, 이때 망자를 위해 아침, 점심, 저녁으로 진
설했던 밥을 봉지에 넣었다가 던졌다.

(4) 차례, 제례

① 차례

한식[양력 4월 5일로 고정]을 기해 산소[공동묘지]에서 차례를 올린
다. 주로 점심나절에 가능한 가족 모두가 산소[공동묘지]에 올라 차례
를 올리는데, 제수로 삶은 닭고기, 구운 생선, 지짐, 사과, 오렌지, 과
자, 술, 메 등을 진설한다. 또 평소 망자가 좋아하는 음식을 따로 진설
하기도 한다. 산소[공동묘지]에 올라서는 우선 벌초를 하는 등 주변을
정리한다. 이어 제물을 진설하고, 술을 붓고 배례한다. 제물 중 닭다
리와 메 일부를 떼어 산소[공동묘지]에 올려놓고 음복한다. 사정상, 한
식에 차례를 올리지 못하면 추석에 차례를 올린다. 오후에는 고려인
문화센터 등에 한데 모여 술을 마시며 논다.

단오를 기해 먼저 집에서 차례를 올린다. 제수로 삶은 돼지고기,
삶은 닭, 구운 생선, 지름굽이, 사과, 배, 포도, 밥[진지], 물, 사탕, 초콜
릿, 부추채, 콩나물채, 감자채 등을 준비한다. 제물을 진설하고, 초에
불을 켜고 향을 지핀다. 술잔을 올리고 배례하는데 남녀의 차이를 두
지 않는다. 예컨대 할아버지를 위한 차례이면 살아 있는 할머니가 먼
저 술잔을 올리고 배례하며, 할머니를 위한 차례이면 살아 있는 할아
버지가 먼저 술잔을 올리고 배례한다. 이후 항렬에 따라 같은 방식으

로 배례한다. 배례를 마치면, '진지밥'을 물에 떠놓고 젓가락을 제수 위에 올려놓는다. 물에 떠 놓은 진지밥을 '갱물밥'이라고 하는데, 약간의 제수와 함께 이를 또 산소[공동묘지]로 가져가 진설하고 배례한다.

추석을 기해 먼저 집에서 차례를 올린 후 산소[공동묘지]에 올라 성묘한다. 이 날은 밤늦도록 고려인들이 한데 모여 술을 마시며 논다.

② 제례

연해주 고려인들은 3년간만 제사를 올린다. 이를 흔히 '3년제사'라고 한다. 오전에 친척들, 지인들이 산소에 올라 찰떡 등 제수를 간단히 진설하고 정오를 기해 제사를 올린다. 집에서는 자정을 기해 가능한 풍성한 제물을 진설하고 제사를 올린다. 3년 후에는 한식, 단오, 추석을 기해 차례를 올리는 것으로써 제사를 대신한다.

3. 민속신앙

(1) 속신앙

농경속(農耕俗)으로서 1960~1970년대까지 3월에 길일을 택해 부녀자가 농사기원제를 올렸다. 우선 부엌 부뚜막에 정안수를 떠 놓고 조왕(竈王)에게 비손하며 풍농을 기원했다.[31] 이어 대들보에 정안수, 증편 등을 진설하고 부처(붓다)에게 비손하며 풍농을 기원했다. 우수리스크 고려인들은 대들보에 부처가 늘 좌정하고 있다고 여겨, 현재까지도 꿈자리가 사납거나 접시를 깨뜨리면 부처에게 액운이 물러가도록 기원한다. 그리고 기자속(祈子俗)으로서 1960년대까지 시집을 가기 바로 전 날 저녁식사 때, 계란을 한 입에 넣어 먹었다. 그래야 아들을 낳을 수 있다고 여겼다.

---

31) 연해주 고려인들은 오늘날까지도 조왕을 '부엌의 신', '집의 신'으로 인식하고 있다. 이를 달리 '도모보이'라고도 한다.

일반속신으로서 오늘날까지도 문상을 다녀온 후에는 반드시 아궁이나 난로에 불을 지펴 그 불을 한참 동안 지켜본다. 그래야 재액이 따라붙지 않는다고 여긴다. 이외 연해주 고려인들이 믿고 있는 속신으로, ①"고양이가 구들장 밑에서 죽으면 집안 구성원 중 한 사람이 죽는다." ②"개가 사람 우는 소리를 하며 울면 노인이 죽는다." ③"흰쥐가 집에 들어오면 큰 복이 들어올 것이다." ④"쥐가 한 길로 계속 오락가락 하면 그 해 홍수가 난다." 등이 있다.

(2) 무속신앙

현지조사 결과, 1990년도까지 무당으로서 '점치는 사람'이 상문(喪門)으로 들어온 주당(周堂)을 풀어냈고, 삼재부적(三災符籍)을 통해 재액을 예방했다 또한 무당이 제웅을 만들어 버리거나 닭을 잡아 대수대명(代數代命)을 했다고 한다.

상문주당 및 삼재부적과 관련해서, 아르촘에 거주하고 있는 유엘라의 제보를 정리하면 다음과 같다. 유엘라의 시어머니는 1985년에 돌아가셨다. 당시 둘째 아들이 16살이었는데, 장례를 치른 후 웬일인지 집 밖 출입을 하지 못했다. 이에 점치는 할아버지에게 의뢰해서 방토를 했다. 우선 아들의 베개 아래에 부엌칼을 놓아두고 잠들게 했다. 그리고 쌀가루를 반죽해서 새알심 마냥 세 개를 만들었다. 자정을 기해 점치는 할아버지와 함께 삼거리로 나가 버들가지 세 가지를 작은 꽃 모양으로 만들고, 새알심 반죽을 그 중간에 놓아 장식했다. 그 아래에는 부적을 깔아 놓았다. 이튿날 아침 7시 경에 그곳을 가보니 부적 등이 사라졌다. 점치는 할아버지는 둘째 아들의 무서움증도 사라졌을 것이라고 했다. 실제로 둘째 아들의 무서움증이 사라졌다. 그리고 유엘라는 1990년대까지 새해를 맞이하기 전에 점치는 사람을 찾아 가족들의 한 해 운수를 점쳤다. 혹여 누군가 삼재가 들었다거나 운수가 나쁠 것이라는 점괘가 나오면 부적을 받아 왔다. 그리고 그

부적을 속주머니에 넣게 했다. 점치는 사람이 '부적은 심장 근처에 있어야 더욱 효험이 있다'고 말했기 때문이다.

대수대명과 관련해서, 아르쫌에 거주하고 있는 김타티아나의 제보를 정리하면 다음과 같다. 시어머니는 새해를 맞이하기 전에 으레 점치는 사람을 찾아 가족들의 한 해 운수를 점쳤다. 혹여 누군가 삼재가 들었다거나 운수가 나쁠 것이라는 점괘가 나오면 부적을 받아 왔다. 그런데 어느 해에 손자의 운수가 매우 불길하다는 점괘가 나와 점치는 사람이 지푸라기 인형을 만들어 주었다. 40~50cm 가량 크기의 제웅이었는데, 옷도 그럴듯 하게 해서 입히고 그 속에 부적을 넣은 형태였다. 이를 받아와 한밤중에 다리 위에 올라 강물에 던져 버렸다. 이렇게 함으로써 손자의 재액이 제웅에게 전이되었다고 여겼다. 그리고 시아버지가 고혈압으로 쓰러져 움직이지 못했다. 갖가지 병원 처방을 해보았으나 아무런 효험이 없었다. 이에 점치는 사람을 모셔와 굿을 했다. 점치는 사람은 흰 장닭을 잡아 그것을 땅에 묻었다.

4. 민속예술

(1) 칠성가무단

1997년에 아르쫌에서 칠성가무단이 결성되었다. 당시 평양에서 온 부부가 단원들을 지도했는데, 남편은 극동 국립기술대학교 아르쫌 분교에서 한국어 강의를 했고, 부인은 칠성가무단원 중 아르쫌 분교를 다니고 있는 학생들에게 부채춤을 지도했다. 결과 동년 12월 25일에 극동

[그림 117] '칠성가무단'의 환갑잔치 초청 공연 (아르쫌, 2012)

[그림 118] '칠성가무단' 단장(김타티아나)과 단원들 모습(아르쫌, 2012)

국립기술대학교 아르쫌 분교 대강당에서 7명의 고려인 학생들이 처음으로 공연을 했다. 현재 단장은 김타티아나 아르쫌민족문화센터 회장이며, 단원들은 고려인 10대 여학생 15명이다. 대체로 지역 문화행사에 초빙되어 공연하기도 하고, 환갑잔치 등 개별적인 행사에 초빙되어서 공연하기도 한다.

단원들은 부채춤은 물론이거니와 북춤, 쟁강춤(방울춤), 칼춤 등을 구사한다. 북춤의 경우, 2011년에 중국 연길에서 북을 구매하고, 북한 예술대학 출신인 김옥순으로부터 한 달간 전수받았다. 결과 동년 4월, 10월에 아르쫌 페스티벌에서 처음으로 선을 보였다. 또 2005년도에 서울 ○○가무단에 의뢰하여 한 달간 한국의 부채춤, 검무, 장고춤을 전수받았다. 2012년도에는 하바로프스크에서 열린 '2012년도 소수민족 문화포럼'에 초빙되어 북춤, 발말소리춤을 선보이기도 했다. 이 중 '발말소리춤'은 어떤 서사(敍事)를 형상화하고 있는데 대략의 내용은 다음과 같다. "옛날 하느님에게 8명의 공주가 있었다. 공주들이 백두산 천지에 자주 내려와 놀았다. 멀리서 천지를 볼 수는 없지만, 하늘에서 내려올 때 말을 타고 내려왔으므로 공주들이 내려올 때마다 천지 인근에 말발굽 소리가 진동했다. 만약 인간이 한 명의 공주라도 보게 될 경우, 평생토록 행복하게 살 수 있다고 여겼다."

한편 단장은 한국의 한민족선교센터의 지원을 받아 단원들에게 한국 여행의 기회를 제공하고 있다. 예컨대 2009년, 2010년, 2011년에 부여, 경주, 남원, 부산 등지를 여행했다. 아르쫌의 지역적 현실상, 단원들은 대부분 타지로 대학을 간다. 그래서 이후에는 더 이상 활동을 하지 못하지만, 활동하는 동안에는 각종 춤이나 악기를 구사하는 방법을 익힐 뿐만 아니라 고려인의 전통풍습과 전통예절 등도 공부한다.

(2) 조선노래가무단 및 고려가무단

[그림 119] 우수리스크 노인회 산하 '조선노래   [그림 120] 우수리스크 노인회 산하
　　　　　　가무단'의 민요 연습(2012)　　　　　　　　　　조선노래가무단 회원들

　　조선노래가무단과 고려가무단은 우수리스크 고려인문화센터 노인회 산하의 조직들이다. 조선노래가무단의 전신은 우수리스크 고려인문화센터 산하 노인단[노인회]으로,[32] 1956년에 어려운 처지에 놓여 있는 고려인을 돕기 위해 창설되었다. 당시 회원이 300여 명이나 되었지만 흐지부지 운영되다가, 1989년도에 조선노래가무단으로 명칭을 변경하고 활동을 개시했다. 그러나 조선노래가무단이라고 명칭을 변경하기는 했지만, 조선의 노래나 조선의 춤을 전수받을 길이 묘연했다. 그러던 중 1994년에 북한 예술인 김영희와 조우하여 2003년까지 남성은 창가를 여성은 춤을 전수받았다.

　　하지만 갑작스레 김영희가 북한 당국으로부터 소환을 당하는 일이 벌어졌다. 이에 단원들은 고려인문화센터 명의로 북한 정부에 지속적으로 예술인 지원 요청을 했다. 결과 2005년에 연봉 만 불을 지급한다는 조건으로 북한 예술인 김예나를 초청할 수 있었다. 단원들은

---

32) 연해주 우수리스크의 고려인문화센터는 고려신문사, 우수리스크 고려인민족문화자치회, 노인단[노인회] 등을 포함하고 있다.

김예나로부터 조선민요 및 부채춤, 꽃춤, 북춤, 스카프춤 등을 전수받
았다. 그리고 지역의 주요 행사에서, 개별적인 환갑잔치에서 공연을
했다. 반응은 폭발적이었다. 현재는 남성 4명, 여성 11명이 활동하고
있는데, 1주일에 2번씩 주말을 이용해 2~3시간 씩 조선민요 및 각종
춤 등을 연습한다.

　고려가무단은 2000년대 중반에, 조선노래가무단으로부터 분파하여
활동하고 있는 가무단이다. 조선노래가무단의 단원들이 비교적 고노
인데 반해, 고려가무단의 단원들은 60세 이전 세대들이다. 고려가무
단은 2011년도 타쉬켄트 콩쿠르에서 1등을 차지하였을 만큼 실력을
인정받고 있다. 하여 조선노래가무단원들이 고려가무단원들에게 교
육을 받기도 한다. 현재 고려가무단의 지도자는 리 엘레나 드미트리
예브나이다.

(3) 아리랑가무단

　아리랑가무단은 1995년 10월에 중앙아시아에서 연해주로 재이주해
온 김발레리야에 의해 고려인 학생들을 중심으로 조직되었다. 이당시
북한 피바다가극단 수석무용수 조영희가 무용선생으로 취임하여 무
용을 지도했다. 이름없이 활동을 시작했던 가무단은 1996년 설날 첫
공연에서 아리랑을 부른 이
후 자연스럽게 '아리랑가무
단'이라는 명칭을 얻게 되었
다고 한다.

[그림 121] 우수리스크 아리랑가무단의 공연 모습

　김발레리야가 아리랑가무
단을 조직한 동기는, 고려인
들이 1937년 강제이주 이후
한민족의 언어와 문화를 억
압당하고 급기야는 상실해온

것이 안타까워 어린 학생들을 통해서라도 한민족의 언어와 문화를
되살려내고자 하는데 있었다.『고려신문』(2004년 창간) 대표이기도 한
김발레리야는 그간 운영비를 직접 조달하거나 주변 고려인 단체에서
일부 보조를 받는 등의 방식으로 어렵게 가무단을 이끌어 왔다. 아리
랑가무단은 6명의 단원들로 시작되었는데, 현재는 30여명의 단원이
활동하고 있는 가장 큰 규모의 전문 가무단으로 성장했다. 한민족의
전통공연물을 선보이고 있는데, 연해주 뿐만 아니라 러시아 내에서도
잘 알려져 있고, 연해주 내에서는 가장 규모있고 수준있는 가무단으
로 인정받고 있다.

　가무단은 연해주를 비롯, 러시아 전역 뿐만 아니라, 한국, 중국, 미
국에서까지 공연을 해오고 있으며, 2002년에는 독립국가연합 전역에
서 참가하는 대규모의 청소년예술축전'우트렌나야 즈베즈다'(아침의
별)에서 1등을 차지하기도 했다. 2003년 6월에는 8명의 단원을 중심으
로 전문적인 가무단으로서의 창단식을 가졌고, 이때부터 전문 예술공
연단으로서의 행보를 걸어오고 있다. 우수리스크의 아리랑가무단은
아르춈의 칠성가무단과 더불어 연해주 고려인 공동체에 한민족의 민
속문화를 심어주는데 앞장서고 있다. 무엇보다 한민족의 공연예술 분
야를 꾸준히 계승시켜 나가고 있다는 점이 가장 뿌듯하다.

5. 민속놀이

　연해주 아르춈에서는 1998년부터 음력 1월 1일이 지난 후 일요일
저녁에 고려인 설행사를 한다. 주로 호텔이나 규모가 큰 식당을 빌려
설행사를 하는데, 대략 80~100명 정도의 고려인들이 참여한다. 이때
고려노래 콩쿠르, 고려춤 콩쿠르를 벌여 흥을 한껏 돋운다. 고려노래
는, 젊은이들은 '마지막 약속', '언젠가는' 등 신세대 노래를 주로 부르
고, 노인들은 '그때 그 사람', '사랑밖엔 난 몰라' 등 심수봉 노래를 주

[그림 122] 우수리스크 고려인문화센터 내 단오 행사장(설치무대)

로 부른다. 1등에게는 인형, 장난감, 학용품 등 부상을 수여한다. 또 이때 김타티아나아르춈 민족문화센터 회장가 젊은이들에게 세배하는 방법을 일러준다. 그런데 몇 해 전에 노인들이 젊은이들과 함께 어울려 놀기가 어렵다고 하여, 그때부터 젊은이들의 설행사, 노인들의 설행사를 나누어 한다. 근간에는 젊은이들의 설행사에서 커플이 만들어져 결혼에 성공한 사례도 있다.

그리고 연해주 우수리스크에서는 음력 5월 5일을 기해 단오행사를 한다.[33] 광복절행사의 행사장이기도 한 수이푼강변에서 해왔는데, 근간에는 우수리스크 고려인문화센터 광장에서 행한다. 수백 여 명의 고려인들이 모여 줄다리기, 씨름, 널뛰기, 들돌놀이 등을 한다. 줄다리기는 남성팀과 여성팀으로 나누어 하는데, 여성팀이 이길 수 있도록 남성팀이 봐준다고 한다. 씨름 우승자에게는 송아지를 부상으로 준다. 또한 양력 8월 15일에 수이푼강변에서 조선인민의 해방을 기념하는 광복절행사를 한다. 총영사관, 지역 정부 관계자들이 참석해 개회사, 축사를 한다. 이어 참여한 사람들이 모두 '혁명가'를 합창한다. 그리고 '그리운 고향', '눈물 젖은 두만강', '돌아와요 부산항에' 등 고려인 고유의 노래를 부르며 논다.

---

33) 한편 연해주 아르춈의 고려인들은 양력 5월 5일에 국립 극동기술대학교 아르춈 분교에서 연을 날린다. 연은 꼬리연이 일반적이며, 각기 종이에 본인의 소원을 적어 붙이고 연줄을 끊어 날려버린다. 이어 고려인 전통 음식을 함께 나누어 먹으며 종일토록 논다.

IV. 맺음말: 연해주 고려인 공동체의 민속문화 계승을 위한 제언

러시아 연해주의 고려인들은 스탈린의 소수민족 탄압과 강제이주 정책의 희생양이 되어, 1937년에 연해주에서 중앙아시아로 본거지를 옮길 수밖에 없었다. 이후 공식적으로는 스탈린 사후인 1950년대 중반부터 시작하여 1990년대 초반에 이르기까지 '선조들의 터전'이라고 할 수 있는 연해주로 재이주하여 고려인으로서 삶을 영위하고 있다. 원주지의 언어와 생활습속을 동반한 집단이주와 정착이었기 때문에 한민족의 문화적 정체성이나 동질성을 삶의 근간에서 유지하고 있지만, '중앙아시아로 강제이주에 이은 러시아로 재이주'라는 내력으로 말미암아, 중앙아시아의 고려인이나 러시아 사할린의 한인이 계승하고 있는 민속문화와 비교할 때 그 단절과 변이의 폭이 비교적 넓다고 할 수 있다. 그러나, 한편으로는 한민족 민속문화의 계승을 위한 노력도 아끼지 않고 있다. 그 양상을 정리하면 다음과 같다.

첫째, 한민족 민속문화의 고형태가 온전히 전승되고 있는 것으로서 절식, 산모 금기, 차례 등을 꼽을 수 있다. 정리하건대, 대보름에는 오곡밥을 지어, 동지에는 팥죽을 쑤어 먹는다. 팥죽의 경우에는 그것을 먹기에 앞서 집 안 사방에 뿌려 액막이를 한다. 산모 금기에 대한 인식도 뚜렷이 남아 있어 가능한 준수하려고 노력하고 있으며, 젖이 돌지 않으면 족발 삶은 물을 마신다. 백일잔치 때는 백설기나 사탕을 100여 명의 지인에게 나누어주고, 돌잔치 때는 돌잡이를 통해 아이의 장래를 점친다. 그리고 한식, 단오, 추석을 기해 차례를 지내는데, 한식에는 산소[공동묘지]에서만, 단오와 추석에는 집에서 먼저, 이어 산소에서 차례를 지낸다. 한식, 단오, 추석을 일종의 '고려인 축제'로 여겨 특별한 일이 없는 한 고려인문화센터에 모여 종일토록 먹고 마시하며 흥을 돋운다.

둘째, 한민족 민속문화의 고형태가 변이되어 전승되고 있는 것으로서 설, 단오, 제사, 별식 및 저장음식, 칠성(七星)과 성주(成造)에 대한 인식 등을 꼽을 수 있다. 정리하건대, 설은 양력설의 경우 러시아인 식으로, 음력설의 경우 고려인 식으로 쇠고 있다. 그런데 음력설의 경우에도 친정[여성 측]을 중심으로 가족들이 모여 저녁식사를 하는 것으로 대체하고 있다. 단오는 '천렵을 하는 날'로 인식하고 있는데, 이 날을 기해 젊은 세대들에게 전통춤이나 전통혼례의 법식을 계승시키고 있다. 제사는 '3년제사'라고 해서 3년 간 만, 정오에는 산소공동묘지]에서, 자정에는 가정에서 지낸다. 별식으로서 두부를 만들 때에는 간수와 김칫국물을 함께 넣어 응고시키며, 저장식품으로서 김장 김치에는 연어나 청어를 넣어 삭힌다. 그리고 단군(檀君)을 칠성과 결부시켜 인식하고 있으며, 성주를 본래의 신격과 전혀 달리 부처로 인식하고 있다.

셋째, 한민족 민속문화의 고형태가 완전히 단절된 것으로서, 물론 단절된 것이야 이루 말할 수 없이 많겠지만 금번 현지조사 과정에서 확인한 것으로서 세배, 대보름 풍속, 농사기원제, 무속신앙 등을 꼽을 수 있다. 세배는 중앙아시아에서 러시아로 재이주하여 러시아인 식의 양력설을 쇠면서부터 단절되기 시작했다. 현재 대부분의 젊은 세대들은 '세배'의 의미나 예법을 전혀 모르고 있다. 대보름에 행하던 갖가지 풍속들도 고노들의 기억에서나 존재할 따름 그 흔적을 찾아볼 수 없다. 그리고 1970년대까지 조왕(竈王)과 부처를 대상 신격으로 삼아 농사기원제를 올렸고, 1990년대까지 '점치는 사람'이 상문(喪門)으로 들어온 주당(周堂)을 풀어냈고, 삼재부적(三災符籍)을 통해 재액을 예방했고, 제웅을 만들어 버리거나 닭을 잡아 대수대명(代數代命)을 했다.

넷째, 현지의 러시아 풍속을 수용한 것, 또는 한민족 민속문화의 고형태를 복원 또는 계승하기 위해 근간에 인위적으로 만들어낸 것으로서 임신상, 설행사, 단오행사, 가무단 등을 꼽을 수 있다. 우선 임신상이란, 결혼식을 치르기 전에 신부가 임신했을 경우 태아의 안녕을 위해 신랑 신부 단상 아래 자그맣게 차려놓은 상(床)을 말한다. 그리고 아르춈의 고려인들에 한해, 1998년부터 음력 1월 1일이 지난 후 일요일 저녁에 설행사를 한다. 이때 고려노래 콩쿠르, 고려춤 콩쿠르를 벌여 흥을 한껏 돋운다. 또 우수리스크의 고려인들은 10여 년 전에 단오행사를 복원하기도 했다. 수백 여 명의 고려인들이 고려인문화센터 광장에 모여 줄다리기, 씨름, 널뛰기, 들돌놀이 등을 한다. 1990년대부터는 고려인협회를 중심으로 고려인 가무단을 창립하고, 북한 예술인의 지도를 받아 민속예술을 복원, 계승시키고 있다.

러시아 연해주 고려인의 한민족 민속문화 전승 양상을 추적컨대, 단절과 변이의 폭이 넓은 것은 사실이지만, 그 반대급부로 복원의 폭도 넓다고 할 수 있다. 한민족 민속문화의 복원, 그리고 그 계승을 위한 노력은 누가 시킨 것이 아니다. 고려인의 정체성을 유지해야 한다는 순수한 의지에 기인해 뜻 있는 문화예술인에 의해 이루어지고 있다. 그런데 그들은 이구동성으로 "우리는 한계가 있다. 너희들만큼 아는 것이 없기 때문이다. 한국 관계자의 관심과 도움이 필요하다."라고 외치고 있다. 그들이 원하는 것은 금전적인 지원이 아니다. 우리 한민족 민속문화의 정통 법식을 전수받고자 할 따름이다. 그러나 아직까지 관 주도로 그러한 문화적 전수 지원은 이루어지지 않았다. 오히려 그러한 역할을 북한 예술인들이 담당해 온 측면이 적지 않다.

이러한 현실을 직시하고, 이제는 감정적인 차원에서 저 먼 땅에 고려인이 존재하고 있다는 사실, 그들이 아픈 과거를 간직하고 있다는 사실에만 관심을 둘 것이 아니라, 객관적인 차원에서 민속문화의 전방위적인 실체 파악 및 그 체계적인 보존과 계승을 위한 관 주도의 관심과 지원이 수반되어야 할 것이다.

【참고문헌】

1차 자료

파르티잔스크 안엘레나와 윤소피야 인터뷰(장소: 윤소피야 자택, 일시: 2012.8. 13일).

김광훈·신선욱, 『아국여지도』(俄國輿地圖), 1885~6.

『海朝新聞』, 제1호, 1908년 2월 16일자.

『獨立新聞』, 대한민국 2년(1920) 2월 1일, 제49호, 뒤바보「俄領實記」, 제1호(移植된 原因).

РГИАДВ, Ф.87, Оп.1, Д.278, Л.1. 「Рапорт командующего 3-й ротойлинейного батальона Восточной Сибири поручка Резанова военному губерна тору Приморской области от 20 ноября 1863г., №205」; Л.9. 「Докла д ная записка и.д. инспектора линейных батальонов Восточной Сиб ири, расположенных в Приморской области полковника Ольденбу рга военному губернатору Приморской области от 25 сентября 1864г., г.Николаевск」.

АПРК(카자흐스탄 대통령직속기록보관소), Ф.708, Оп.101, Д.83, ЛЛ.83, 108(원사료; РГИАДВ, Р.2480, Оп.1, Д.8, ЛЛ.52-53об..)

Аносов С.Д., Корейцы в Уссурийском крае, Хабаровск-Владивосток, 1928.

В.В.Граве, "Китайцы, корейцы и японцы в Приамурье", (Отчёт Уполномоче нного Министерства Иностранных Дел В.В.Граве), *Труды команди рованной по Высочайшему повелению Амурской экспедиции,* Вы п.11, СПб., 1912, с.190-191.

『Миссионерское обозрение』, No.4, Апрель, 1998, с.18.

Пржевальский Н.М., Путешествие в Уссурийском крае, 1867-1869гг., Владив осток, 1990.

_____, "Инородческое население в южнойчасти Приморскойо бласти", *ИРГО,* СПб., Т.5, No.5, отд.2, 1869, с.200.

П.Ф.Унтербергер, "Приамурский край, 1906-1910г.г.", (Очерк с 6 картами, 21 т аблицейприложенийи с 55 рисунками на 22 листах П.Ф.Унтербергер а), *Записки ИРГО по отделению статистики,* Т.8, СПб., 1912, с.84, 89.

2차 자료

강현모, "우즈벡 고려인의 구비설화 전승양상과 의미-전승방식을 중심으로", 『비교민속학』제45집, 비교민속학회, 2011.

_____, "우즈벡 고려인의 구비설화의 양상", 『비교민속학』제47집, 2012, 387-416쪽.

고송무, 『쏘련의 한인들, 고려사람』(서울 : 이론과실천, 1990).

_____, 『쏘련 중앙아시아의 한인들』, 한국국제문화협회 국협총서 제5호, 1884.

김게르만, 『한인 이주의 역사』, 박영사, 2005.

국립민속박물관, 『우즈벡스탄 한인동포의 생활문화』(서울: 국립민속박물관, 1999).

국립민속박물관, 『까자흐스탄 한인동포의 생활문화』(서울: 국립민속박물관, 2000).

국립민속박물관, 『러시아 사할린·연해주 한인동포의 생활문화』(서울: 국립민속박물, 2001).

국가보훈처, 『국외독립운동사적지 실태조사보고서 2000-2001년도』, 2001.

독립기념관(한국독립운동사연구소), 『국외항일운동 유적(지) 실태조사 보고서-Ⅱ』, 2002.

김병학·한야꼬브, 『재소고려인의 노래를 찾아서-Korean folksong in CIS. 1-2』(서울: 화남, 2002).

박보리스·부가이 니콜라이 저, 김광한·이백용 옮김, 『러시아에서의 140년간』(서울: 시대정신, 2004).

박마야, "우즈베키스탄 시온고콜호즈의 고려인 음식생활", 한국학중앙연구원 석사학위 논문2011.

안상경, "연변조선족자치주 정암촌 청주아리랑의 문화관광콘텐츠 개발 연구", 한국외국어대학교 박사학위 논문, 2009.

안상경·이병조, "독립국가연합 고려인 공동체의 한민족 민속문화 전승 연구: 우즈베키스탄 타쉬켄트주 고려인 콜호즈의 민속문화를 중심으로", 『슬라브연구』29, 2013, 63-97쪽.

이복규, "중앙아시아 고려인의 구전설화 연구", 『東아시아古代學』제16집, 동아시아고대학회, 2007, 323-346쪽.

_____, 『중앙아시아 고려인의 구전설화』(파주: 집문당, 2008).

이병조, "독립국가연합 고려인의 전통문화유산에 대한 인식과 전승실태: 중앙아시아·러시아의 고려인 무형문화유산을 중심으로", 『재외한인연구』
28, 2012, 187-240쪽.

임영상, "우즈베키스탄 고려인의 전통명절과 문화콘텐츠: '단오' 축제를 중심으
로", 『재외한인연구』20, 2009, 5-46쪽.

_____, "CIS 고려인 사회의 전통 공연예술: 〈고려극장〉과 소인예술단", CIS 고
려인 공동체 무형유산 전승실태 연구성과 발표회 발표논문(문화재청·
한국외국어대학교 글로벌문화콘텐츠연구센터, 2012).

진용선, 『러시아 고려인 아리랑 연구』, 정선아리랑문화재단, 2009.

전경수(편), 『까자흐스딴의 고려인』(서울: 서울대학교출판부, 2002).

재외동포재단, 『재외동포에 대한 내국인 인식조사』, 2007.

현규환, 『韓國流移民史』상, 대한교과서주식회사, 1972.

Ким И., Советский корейский театр, Алма-Ата, 1982.

Ким Сын Хва, Очерки по истории советских корейцев, Алма-Ата, 1965.

ABSTRACT

Research on the transmission of Korean folk culture of the Russian Korean community in Yunhaju(Maritime Province of Russia)

The Korean Russians(Goryein) of Yunhaju(Maritime Province of Russia) began after the death of Stalin. From the beginning of the 1990s until after the collapse of the former Soviet Union, they continued their existence after their remigration to 'the base of their ancestors', Yunhaju. The cultural identity or homogeneity of the Korean race continues on the basis of their existence because the language and lifestyle customs of native Koreans were accompanied by mass immigration and settlement. However, due to their history of 'deportation to Central Asia followed by the remigration to Russia', when comparing the folk culture that is being transmitted by Russian Koreans of Central Asia or Koreans of Russia Sakhalin, disconnection and modification is relatively broad.

Through the results obtained by the field survey in terms of transmission, modification, disconnection and restoration, the summarized information is as follows. Ancient forms of Korean folk culture that is being precisely transmitted include fasting, prohibited behavior of mothers, ritual days etc. Ancient forms of modified Korean folk culture that is being transmitted include Lunar New Year's Day, Dano, memorial services for ancestors, special dishes and food preservation, chil sung(七星) and sung ju(成主, 成造). Based on what was confirmed from the recent field research process, ancient forms of Korean folk culture that is disconnected, which of course its numbers may be large beyond description, include greetings on New Year's Day, customs of the 15th of January by the lunar calendar, rituals for good farming, shamanistic beliefs etc. Acceptance of local Russian customs, as well as artificially restored ancient forms of Korean folk culture for its succession to continue include pregnancy charms, festival on Lunar New Year's Day, Dano festival, traditional singing and dancing etc.

Tracing back the various forms of transmission of Korean folk culture led by Korean Russians of Yunhaju, it is true that the span of its disconnection and modification is wide, but in return, its restoration is also at large. In order for Korean folk culture to be restored and succeeded, there is a need for persisting effort. Although the genuine will to maintain the identity of Korean Russians is conveyed by a small number of cultural artists, we are in a situation where we need continuous help. Looking directly at reality, now we should not only pay attention to the fact that Korean Russians are living far away, or the fact that they are treasuring their painful past. However, in an objective point of view, government-led support and interest are required for substantial understanding and systematic preservation of folk culture as well as its succession.

부록

극동지역의 한국학
및 한인자료

극동지역의 한국학 및 한인자료
- 기록보존소 및 한인연구 관련기관을 중심으로 -

I. 머리말

현재 러시아와 독립국가연합 내에는 적어도 50여만 명이 넘는 한인들이 서로 국적과 역사적 운명을 달리한 채 살아가고 있다. 2004년은 1860년대 초부터 시작된 한인들의 러시아 이주가 140주년을 맞이한 해였다. 1990년대 소련방 붕괴와 더불어 한인 디아스포라는 역사의 소용돌이 속에서 정체성의 변화를 경험해야 했지만, 모국이 되어버린 독립국가연합 지역에서 살아남기 위한 한인들의 생존투쟁은 지금도 계속되고 있다.

톰스크에서는 개최된 제2회 전러시아 한인협회 회의(2003년 5월 24-26일)를 통해 한인사회의 결속과 화합을 촉구하는 장이 마련되기도 했다. 국내에서도 독립국가연합 지역의 한인문제는 더 이상 먼 나라의 문제가 아니다. 1990년대 들어와 한인사회를 알기 위한 국내의 학계와 한인공동체 간의 체계적인 네트워크 구축과 한국학 및 한인관련 자료의 수집, 학술적, 경제적인 차원에서도 공동연구와 협력방안 등이 적극적으로 모색되어 왔다.

그렇지만 이러한 노력들에도 불구하고 국내연구자들에 의한 기존의 한국학 및 한인연구는 적지 않은 한계와 제약 속에 수행되어 왔다. 그간의 연구들은 러시아와 독립국가연합 지역의 한인문제를 한국사의 연속선상에서만 보려는 국내연구자들의 시각적인 한계 속에서 러시아어 자료가 아닌 영어와 일본어 자료들을 주류로 하여 이루어져 왔다. 이는 한인문제를 바라보는 러시아측의 시각을 제대로 반영하지 못함으로써, 균형감 있는 한인문제의 접근을 어렵게 만드는 요인으로 작용해 왔다. 이 지역의 한국학 및 한인관련 자료들은 현지언어가 가능한 연구자들을 제외하고는 접근이 어려웠으며, 입수가 되더라도 제한적 해석이 되어왔다. 사실 국내에 이미 적지 않은 양의 한국학 및 한인관련 1차 원자료들이 들어와 있지만, 여전히 기존에 입수된 자료들 이외에도 다양한 분야의 많은 양의 자료들이 연구자의 손길을 기다리고 있는 형편이다. 물론 언어적인 장벽으로 인해서 여전히 많은 자료들이 어디에 소장되어 있는지조차 파악되지 못한 실정이라는 점도 지적되어야 한다. 보다 온전한 한인연구의 수행을 위해서는 기존의 입수된 자료들 이외에, 다양한 분야에 걸쳐 1차 사료의 소장위치와 실태를 파악하고, 가능한 범위 내에서 입수작업이 여전히 긴요한 실정이다.

필자는 극동지역의 한국학 및 한인관련 1차 사료들을 조사 및 소개하고, 가능한 한 사료들을 수집 및 확보하는데 1차 목적을 두고 조사를 했다. 또 지역적인 특성상 영상자료들보다는 문서사료들의 조사와 확보에 염두를 두었다.[1]

Ⅱ. 극동지역의 한국학 및 한인연구사

극동지역의 한국학 및 한인관련 1차 사료조사에 앞서 기존에 수행

---

1) 1860년대부터 1930년대 중반까지 존재해 온 극동지역은 한인들은 1차적으로 영상기록의 대상이 아니었으며, 존재해 오던 영상자료들 또한 강제이주 당시에 중앙아시아 지역으로 이전되었기 때문에, 기록보존소 및 방송국 등에서도 한인들과 관련한 영상물들은 찾아보기가 어려웠다.

되어온 한인연구의 과정을 간략하게 살펴볼 필요가 있다. 이 지역에
서 한인연구의 시작은 19세기 중엽 한인들의 러시아 이주와 더불어
시작되었다. 당시 연구의 대부분은 제정러시아의 관리와 군인들에 의
해 작성된 보고서와 기행문들로서, 학술적 차원이 아닌 실용적 차원
에서 이루어졌다. 러시아·극동지역에서 한인연구의 과정은 크게 3단
계로 구분해 볼 수 있다.

1단계는 10월 혁명이전시기까지이다. 1867-69년 남우수리스크 지역
과 포시에트 지구 최초의 한인정착촌들을 둘러본 여행가 프르줴발스
키(Н.М. Пржевальский)의 "우수리지방 여행"은 1860년대 말 한인연구의
시작을 알리는 대표적인 연구물이었다.[2] 프르줴발스키는 '한인이주
를 동쪽 끝에서 벌어지고 있는 놀라운 현상'으로 묘사하고 있으며, 정
착한인들의 숫자까지 체계적으로 조사함으로써 이후의 연구자들에게
폭넓게 이용되었다. 또한 민주적인 입장에서 한인문제를 자세하게 조
명하고 있다는 점에서 의의가 있다.

프르줴발스키에 이어 1870년대 등장한 한인문제의 주요 연구물로
는 저명한 시베리아 사학자이자 사회평론가인 바긴(В. Вагин)의 "아무
르의 한인들"이 있다.[3] 바긴은 프르줴발스키와 더불어 한인문제 서술
에 있어서의 자유-민주적인 성향을 창시한 연구자라고 할 수 있지만,
이주한인들에 대한 러시아당국의 태도와 정책을 비판했다는 점에서
프르줴발스키와 차이를 가진다.

1880-90년대에는 스타쉐프스키(А.Д. Сташевский)의 "조선"- 지리적

---

2) Пржевальский Н.М. *Путешествие в Уссурийском крае. 1867-1869 гг.* СП
   б., 1870, "Инородческое население в южной части Приморской област
   и.", ИРГО. СПб., 1869, Т.5, No.5, отд.2, с.185-201, *Очерки по истории Сиби
   ри*, вып.2. Иркутск, 1871. 이외에도 Алябьев А.А. *Далёкая Россия : Уссур
   ийский край,* СПб., 1872를 들 수 있다.
3) Вагин В. *Корейцы на Амуре(Сборник исторических и статистических св
   едений о Сибири и сопредельных ей странах),* Т.1, СПб., 1875.

개요, 나다로프(И.П. Надаров)의 "우수리지방 연구 자료들", 라고자(А. Рагоза)의 "포시에트 지구", 베벨(Ф. Вебель)의 "프리아무르지방에 관한 연구", 부셰(Ф.Ф. Буссе)의 "1883-1893년 시기 해로를 통한 남우수리스크 지역으로의 농민 이주", 제정러시아 마지막 농업대신이었던 리티흐(А. А. Риттих)의 "남우수리스크 지역의 이주와 농민문제", 1890년대 프리아무르 군사령관지사 산하 특별위임관리였던 나세킨(Н.А. Насекин)의 "프리아무르의 한인들", 키릴로프(А.В. Кириллов)의 "블라고슬로벤노예 마을의 한인들" 등, 지속적으로 한인연구가 수행되었다.⁴⁾ 이상은 한 인들에 대해 비교적 긍정적인 시각을 견지했던 연구물들로, 극동지역 행정책임자들의 한인정책 및 수행에 영향을 주었으며, 이후 한인연구 자들에게 귀한 1차 통계 및 기초자료들을 제공해 주는 역할을 했다.

1900-1910년대 들어서는 연해주지사(1888-97)와 프리아무르 군사령 관지사(1906-10)를 지낸 운테르베르게르(П.Ф. Унтербергер)의 "1856-1898 년의 연해주"⁵⁾가 발표되면서 한인들에 대한 시각에 많은 변화가 생겼 다. 한인들을 극동개발의 부적절한 요소로 보았던 운테르베르게르 시

---

4) Сташевский А.Д. *Корея(географический очерк)*, Военный сборник, СПб., 1885; Надаров И.П. *Материалы к изучению Уссурийского края*, Сборник географических, типографических и статистических материалов по Аз ии, Вып.26, СПб., 1887; Рагоза А. *Посьетский участок*, Сборник географ ических, типографических и статистических материалов по Азии, Вы п.45, СПб., 1891; Вебель Ф, *Заметка о Приамурском крае*, Военный сборн ик, СПб., 1894; Буссе Ф.Ф. *Переселение крестьян морем в Южно-Уссурий ский край в 1883-1893 гг.*, СПб., 1895; Риттих А.А. *Переселенческое и кре стьянское дело в Южно-Уссурийском крае*, СПб., 1899; Насекин Н.А. *Кор ейцы Приамурского края(Краткий исторический очерк переселения ко рейцев в Южно-Уссурийский край)*, Труды Приамурского отдела ИРГО, Вып.1, Хабаровск, 1895; Кириллов А.В. *Корейцы села Благословенного(и сторико-этнографический очерк)*, Приамурские ведомости, 1895, No.58, 59.(Хабаровск, 1895).
5) Унтербергер П.Ф. *Приморская область 1856-1898 гг.* СПб., 1900.

각은 특히나 행정책임자들에게 영향을 주었고, 국적취득과 토지문제에 있어서 반한인정책들이 취해지는 요인으로 작용했다. 이외에도 가린-미하일로프스키(Н.Г. Гарин-Михайловский)의 "조선, 만주, 랴오둥 반도 여행: 현장 기록", 파노프(А.А. Панов)의 "프리아무르의 황색인종 문제", 외무성 극동문제 전권위원이었던 그라베(В.В. Граве)의 "프리아무르의 중국인, 한인, 일본인", 아무르탐험대 대원이었던 페소츠키 중위(В.Д. Песоцкий)의 "프리아무르의 한인문제", 포드스타빈(Г.В. Подставин)의 "조선의 농담과 이야기", 큐네르(Н.В. Кюнер)의 "현 식민통치하 조선의 통계-지리적, 경제적 개요" 등의 연구물들이 극동지역 한국학 및 한인관련 문제들을 조명하고 있다.[6]

2단계는 소비에트 시기 한인연구로서 이는 다시 3시기 - 1기(1917-1937), 2기(1938-1954), 3기(1955-소련방 붕괴이전) - 로 구분해 볼 수 있다. 제 1기의 한인 연구물들은 주로 극동지역에서 한국의 독립과 소비에트 권력의 확립을 위한 한인들의 항일투쟁 참여문제를 다루고 있다. 이 시기는 크레먄스키(С.Е. Кремянский)와 살트이코프(Н.Н. Салтыков), 크르일로프(Л. Крылов), 김만겸(И. Киммангем), 아노소프(С.Д. Аносов) 등의 연구자들에 의해서 시작, 수행되어 나간 때였다.[7]

---

6) Гарин Н.Г. *По Корее, Манчжурии и Ляодунскому полуострову: Карандашом с натуры*, СПб., 1904;Панов А.А. *Жёлтый вопрос в Приамурье(историко-статистический очерк)*, СПб., 1910; Граве В.В. *Китайцы, корейцы и японцы в Приамурье*, Труды командированной по Высочайшему повелению Амурской экспедиции. Вып.11, СПб., 1912; Песоцкий В.Д. *Корейский вопрос в Приамурье*, Отчёт поручика 1-го Сибирского стрелкового Его Величества полка В.Д.Песоцкого, Хабаровск, 1913; Подставин Г. *Корейские анекдоты и рассказы*, Владивосток, 1909; Кюнер Н.В. *статистико-географический и экономический ОЧЕРК КОРЕИ, ныне японского генерал-губернаторства Циосен*, 〈Известия Восточного Института〉. Т.41. Владивосток, 1912.

7) Кремянский С.Е. *Национальный состав сельского населения приморской губернии*, Экономическая жизнь Приморья, Владивосток, 1924; Салты

제2기에는 극동지역의 사회, 정치, 정치사에서 한인들에 대해 완전히 침묵한 시기였다. 한인 강제이주를 기점으로 1950년대까지가 바로 이 때에 해당된다. 1960년대 들어서 김승화의 "소비에트 한인사 개요"와 바비체프(B. Бабичев) 등의 연구물들이 등장하기 시작하며 한인연구가 활기를 되찾기 시작했다.[8] 이렇게 시작된 제 3기 한인과 한국학 연구의 관심은 여전히 한인들의 혁명적인 사건 참여문제와 소비에트 권력의 확립을 위한 투쟁문제에 머물고 있었다. 특히 김승화의 책은 러시아와 소비에트 시기 한인사 역사서술의 방대한 연구물로서, 이주 초기인 1860년대부터 1950년대 말까지 한인사의 문제전반을 다루고 있다.

이외에 소비에트 붕괴직전시기에 나온 한권의 책 또한 한인사회 연구의 상징성을 더해주고 있다.[9] 이것은 소비에트 한인작가들의 소설과 이야기 전집으로서, 이 작품들은 예술적인 가치뿐만 아니라, 러시아 한인 디아스포라의 새로운 삶을 발견하게 해주고 있다.

마지막 3단계는 소비에트 이후의 시기이다. 페레스트로이카의 시작과 더불어 신문과 잡지에는 한인들의 중앙아시아지역으로의 강제 이주를 다루는 정치적이고 폭로성의 기사들이 등장하기 시작했다. 아울러 박 보리스와 남 스베틀라나 같은 저명한 한국학 학자들의 굵직

ков Н.Н. Территория и *населения приморской губернии*, Экономическая жизнь Приморья, Владивосток, 1924; Крылов Л. *Пути рационализация сельского хозяйства ДВО*, Экономическая жизнь ДВ, Хабаровск, 1925; Ким Ман Гем И. *Советское страительство среди корейского населения*, Владивосток, 1924; Аносов С.Д. *Корейыы в Уссурийском крае*, Хабаровск : Книжное дело, 1928.

8) Ким Сын Хва. *Очерки по истории советских корейцев*, Алма-Ата : Наука, 1965; *Положение корейских крестьян на русском Дальнем Востоке в начале XX века*, Алма-Ата : Наука, 1965.

9) *Страницы лунного календаря : Повести и рассказы советских и корейских писателей*, М., 1990.

한 연구물들이 등장하기 시작했다.[10] 이들의 연구물들은 폭넓은 역사
문헌자료들을 바탕으로 저술됨으로써, 이후 러시아 한인 디아스포라
의 연구를 한 단계 더 끌어올렸다. 이외에도 특히 사할린지역 한인문
제의 연구자들로 쿠진(А.Т. Кузин)과 코스타노프(А.И. Костанов), 포들
루브나(И.Ф. Подлубная)를 들 수 있으며,[11] 이들을 중심으로 사할린지
역 한인연구에 많은 진전이 이루어 졌다. 쿠진은 일본과의 관계 속에
서 상황에 따른 한인사회의 변화모습을 보여주고 있으며, 코스타노프
와 포들루브나야는 사할린의 한인학교 문제를 다루면서, 한인들의 사
할린 이주를 3시기(1905년이전, 1945년이전, 현재까지)로 나누어 기술
하고 있다.

Ⅲ. 극동지역의 한국학 및 한인관련 자료들

극동지역에서 본 연구의 대상 도시로 삼은 곳은 연해주(Приморски
й край)와 하바로프스크지방(Хабаровский край), 사할린주(Сахалинская
область)이다. 한국학 및 한인관련 자료들이 주로 소장되어 있는 곳으
로는 기록보존소(архив)와 그 외 한인관련 연구기관들을 들 수 있다.
우선 연구의 대상이 되었던 극동지역의 기록보존소는 크게 3군데로,
연해주 블라디보스톡에 위치한 극동국립역사기록보존소(РГИАДВ)와
하바로프스크지방의 수도인 하바로프스크에 위치한 하바로프스크 국

---

10) Пак Б.Д. *Корейцы в Российской империи*, Иркутск, 1994; *Корейцы в Росс
    ийской империи : (Дальневосточный период)*, М., 1993; *Корейцы В Сове
    тской России(1917-конец 30-х годов)*, Москва-Иркутск, 1995; Нам С.Г. *Рос
    сийские корейцы : история и культура(1860-1925)*, М., 1998.
11) Кузин А.Т. *Дальневосточные корейцы : жизнь и трагедия судьбы*, Южн
    о-Сахалинск, 1993; Костанов А.И., Подлубная И.Ф. *Корейские школы на
    Сахлине : Исторический очерк и современность*, Южно-Сахалинск, 1994.

립기록보존소(ГАХК), 사할린주의 수도인 유즈노-사할린스크에 있는
사할린주 국립기록보존소(ГАСО)를 들 수 있다. 이들 기록보존소들은
극동지역의 역사를 한눈에 볼 수 있는 사료들을 소장하고 있는 대표
적인 기관들로서, 러시아 학자들뿐만 아니라, 국내의 많은 학자들 및
연구기관들이 자료수집을 위해서 자주 찾는 곳이다. 연구여행 동안에
기술적인 이유로 인해서 사할린 기록보존소의 관련 자료들을 파악하
지 못했으며, 대신 사할린 국립박물관에 소장 전시되어 있는 한국학
관련 자료물들을 중심으로 조사가 이루어 졌다.

이외에 각 지역의 한국학 및 한인관련 연구기관들을 들 수 있다.
먼저 블라디보스톡에서는 인류·고고학 역사연구소(Институт истории,
археологии и этнографии народов Дальнего Востока ДВО РАН, 소장 라
린 빅토르 라브렌테비치), 극동국립대학교(Дальневосточный Государст
венный Университет, ДВГУ)와 대학의 도서관(Научная библиотека ДВГ
У), 태평양 지리연구소(지리협회, Тихоокеанский институт географии),
연해주 아르세네프 국립박물관(Приморский государственный объединё
нный музей имени В.К. Арсеньева) 등을 들 수 있다. 또한 하바로프스크
에서는 하바로프스크 국립도서관(Краевая научная библиотека), 하바로
프스크 국립사범대 동양학부 한국어과(Хабаровский государственный п
едагогический университет, Факультет восточных языков, ХГПУ ФВЯ), 프
리아무르 지리협회(Приамурское географическое общество), 그로데코프
국립박물관(Краеведческий музей им. Н.И. Гродекова) 등과 유즈노-사할
린스크의 사할린 국립박물관이 있다.

이상에서 언급된 연구소 및 기관, 학교 등의 기관들 역시 적으나
마 한국학 및 한인관련 자료들을 소장하고 있다. 특히 연해주 아르세
네프 국립박물관이나 하바로프스크 그로데코프 국립박물관에는 전시
실에 전시되어 있는 한인관련 자료(의류, 사진자료)들 이외에, 자체
지하의 전시물 보관소에 정리중이거나 정리가 되지 않아 미공개 상

태인 한인관련 자료들이 적지 않은 것으로 파악되었다. 조사활동을 통해서 각 지역별 기록보존소와 기관들을 중심으로 한국학 및 한인 관련 자료들의 존재여부를 파악했으며, 경우에 따라서는 수집하는데 도 노력을 기울여서 적지 않은 양의 1차 원자료들, 즉 문서 및 기타자 료들을 수집확보 할 수 있었다. 우선 지역별 기록보존소를 중심으로 한국학 및 한인관련 자료들의 소장상태를 살펴보지.

1. 기록보존소

1) 극동국립역사기록보존소

극동국립역사기록보존소는 명실공히 극동지역에서 역사와 자료의 소장 규모에 있어서 단연 으뜸으로 꼽히는 기관이다. 간략하게 그 역 사를 살펴보면, 극동국립역사기록보존소는 1922년 연해주가 외국간섭 군과 백위파들의 수중으로부터 해방된 이후 극동혁명위원회가 1923 년 '연해주 기록보존국(Приморское губернское архивное бюро)'의 설립 을 결정함으로써 시작되었다.[12] 기록보존소에는 가장 오래된 1722년 도 기록으로부터 최근의 1953년도에 이르는 총 4129개의 기록군(фонд) 에 약 500,000종에 달하는 문서들과 1882-1982년 시기의 365,537종에 달 하는 사진 자료들이 보존되고 있다. 특히 소비에트 시기 소련방 공산 당(КПСС)과 국가보안위원회(КГБ) 지역 기관들의 기록들도 다량 소장 되어 있는데, 그중 한인들과 관련된 문서들 또한 다양한 분야에 걸쳐

---

12) 이후의 기록보존소의 역사적 발전과정을 보면, 1938년 극동지방(Дальнево сточный край)이 연해주(Приморский край)와 하바로프스크지방(Хабаров ский край)으로 분리되자, 기록보존국은 '연해주 국립기록보존소(Государ ственный архив Приморского края, ГАПК)'로 재편되었다. 이후 1943년 2 차 세계대전 당시 일본의 침략에 위협을 느낀 소련정부는 연해주와 하바 로프스크지방, 사할린주의 기록보존소를 톰스크로 옮겼다가, 이후 1992년 부터는 현재의 명칭으로 개칭하고 1993년부터 블라디보스톡으로 소장기록 을 재이전하고 있는 단계에 있다.

서 수집되어 왔다.

극동국립역사기록보존소는 단순히 역사적 가치가 큰 사료들을 보존하는 기능만을 수행하고 있지는 않다. 본 기록보존소는 정기적인 간행물[13]을 발간하여 소장하고 있는 원자료들을 기반으로 정치, 경제, 사회, 문화 등 지역 각 분야의 역사적 사실들을 보고서 및 소논문 형식으로 소개하고 있다. 특히 기록보존소 소장 토로포프(A.A. Торопов)는 입수된 간행물 제 5호에 게재된 자신의 글에서, 사료를 근거로 한인들의 러시아 이주 시점이 1863년 11월 30일이며, 한인 20가구가 지신허(地新虛, Тизинхе)강 유역에 정착을 허가해 줄 것을 요청했다고 밝히면서, 한인들의 이주와 정착, 이주자 수 등을 자세하게 밝히고 있다.

확보된 간행물 중에서 흥미로운 것 중의 하나는 '러시아 극동지역 동방학 역사'라는 제목의 원자료집이다.[14] 이 간행물 또한 소장된 사료를 중심으로 극동지역에서 동방학의 태동과 발전사를 한눈에 보여주고 있는데, I 부에서는 동방학 연구자들의 양성기관이었던 동방대학(Восточный Институт)과 이후의 극동국립대학교에서의 동방학 연구의 발전과정을, 그리고 II 부에서는 한국과 중국, 일본 등 아시아권 국가들에 대한 연구물들을 게재하고 있다. 특히 II 부에 '조선에서의 현 상황에 관한 문제에 즈음해서'라는 제목으로 실린 바스케비치(П.Ю. Васкевич)의 글에서는,[15] 1904-5년 러일전쟁 전후로 조선에서의 급변하는 정치상황이 소개되고 있기도 하다.

---

13) 입수한 극동국립역사기록보존소의 정기간행물은 'РГИАДВ. *Известия Росс ийского Государственного Историйческого Архива Дальнего Востока*, Том. 5(2000), Том. 6(2002), Владивосток.'이다.

14) РГИАДВ. *Из истории Востоковедения на Российском Дальнем Востоке*, Владивосток, 2000.

15) 바스케비치(Васкевич П.Ю.)는 동방대학의 과정을 마친 소위보로서, 이 문서는 "К вопросу о современном состоянии Кореи(1905)"라는 제목으로, Ф.226, Оп.1, Д.163, Л.56-59об.에 출처를 두고 있다.

한인관련 기록의 소개에 앞서 마지막으로 언급할 수 있는 간행물은 '러시아 극동의 한인들'이란 제목으로 발간된 원자료집이다.[16] 본 사료집들은 기록보존소에서 주요 한인관련 문서들이 포함되어 있는 기록군(фонд) Ф.1, 87, 702의 문서들과 당시 발간되었던 〈변방〉, 〈프리아무르 생활〉, 〈우리 지방〉, 〈러시아 군대〉, 〈의지〉, 〈극동〉, 〈조국의 목소리〉, 〈우수리 지방〉, 〈붉은기〉, 〈의지〉 등의 여러 신문들과 기타 한인관련 기관들의 문서자료들로 구성되었다. 특히 사료집은 한국국제교류재단(Korea Foundation)의 재정적인 후원에 힘입어 빛을 보게 되었다는 점에서도 의미가 있다. 본 사료집들은 크게 2시기로 나누어 극동지역의 한인사를 다루고 있다. 제1권은 한인이주 초기인 1864년부터 1917년 러시아 혁명까지의 시기로, 프리아무르 지방으로의 한인이주를 조절하기 위한 러시아 중앙정부의 정책과 불법이주를 제한하기 위해 다양한 차원에서 취해지는 조치들을 다루고 있다. 한편으로는 한인 이주문제에 따른 지역 당국의 정책적인 변화와 이에 따른 한인들에 대한 영향 등을 보여주고 있다. 제2권은 1917년-23년 시기로, 1917년 혁명 이후 한인사회의 변화와 1919년을 전후로 한 조선 국내의 상황, 신한촌 학살과 한인들의 항일투쟁활동, 내전기 시기의 한인빨치산 활동 등을 다루고 있다.

다음으로는 입수된 기록보존소의 문헌자료들로서, 한국학보다는 한인관련 사료들이 주류를 이룬다. 문헌들은 1910년대 이전, 1910년대, 1920년대, 1930년대로 분류해 볼 수 있다. 1910년 이전 문서들은 그 양이 적은데, 이중 1920년대 극동국립대 초대 총장으로 한국학 연구에 지대한 공헌을 했던 포드스타빈(Г.В. Подставин, 1920-22) 교수가 직접

---

16) РГИАДВ. *Корейцы в Российском Дальнем Востоке(вто. пол. XIX-нач. X Хвв.) - документы и материалы*, Владивосток, 2001, РГИАДВ. *Корейцы в Российском Дальнем Востоке(1917-1923гг.) - документы и материалы*, Владивосток, 2004.

작성한 한자를 병기한 한국어 단어와 문장들에 관한 문서(1906년)
와,[17] 마패 낙인과 함께 간도 관리사 이범윤의 이름이 적혀있는 위임
장(1908년) 등이 눈에 띈다.[18]

　1910년 이전 기록이 사적인 성격과 보다 자주 연결되었다면, 이후
에는 공적인 성격의 기록이 두드러진다. 1910년대 문서들 중에서 Ф.28,
Ф.226에는 블라디보스톡 신한촌에서 토지를 임대한 한인들의 명단과
프토라야 레츠카(Вторая Речка) 지역에 거주하는 조선국적 한인들이
프리아무르 군사령관지사(генерал-губернатор)에게 토지분여를 요청하
는 내용 등, 토지와 관련되어 당국에 청원하는 내용의 문서들이 포함
되어 있다.[19] Ф.28(Оп.1, Д.898, Л.156)은 1917년도 블라디보스톡 시내의
구역별 지도로서, 신한촌을 비롯해서 한인들의 활동지역을 파악하는
데 귀중한 지침의 역할을 할 수 있다. 이외에도 한인들의 종교생활과
관련한 자료로서, Ф.702(Оп.3, Д.443, Л.13-17, Л.21-26)와 Ф.702(Оп.5,
Д.143, Л.64-71об.), Ф.143(Оп.5, Д.143, Л.72-72об.)을 들 수 있다.[20] 이 기

---

17) "Рукопись профессора Восточного Института Г.В. Подставина с перево
дом корейсских слов и выражений.(1906)", РГИАДВ, Ф.226, Оп.1, Д.207,
Л.94-99.

18) "Текст на корейском языке с приложением печати.(1908)", Ф.1, Оп.11,
Д.73, Л.37.

19) "Списки корейцев, взявших в аренду участки в Корейской слободке(г.В
ладивосток) с 1 апреля 1911 г.", Ф.28, Оп.1, Д.377, Л.28, "Прошение корей
цев подданых, проживаюших в районе 2-й Речке, Приамурскому генера
л-губернатору от 18 января 1912 г. о выделении земель", Ф.28, Оп.1,
Д.377, Л.91-92. 그 외 입수된 1910년대 문서들은 Ф.226, Оп.1, Д.350, Л.38о
б.-40б, Л.41-42, Л.43-44, Ф.28, Оп.1, Д.377, Л.53-54, Л.55-56, Л.104-106, Л.109-
111 등이 있다.

20) "Положение о трёх-годичных высших миссионерских курсах, миссионер
ском институте в г. Владивостоке","Изложение Дела в ГосДуму : об от
пуске из государственного казначейства средств на организацию мис
сии по обращению в православие корейцев в пределах Владивостокско
й епархии", Ф.702, Оп.3, Д.443, Л.13-17, Л.21-26, "Миссионерская справка

록군(Фонд)들은 러시아 정교회가 한인들 사이에서 벌인 선교활동과 정책, 한인들 사이에서 정교 신앙의 확산되어 가는 양상을 보여주고 있다. 정교국가인 러시아는 극동지역을 개발해 나감에 있어서 한인을 포함한 현지 토착민들을 정교도화 시켰으며, 정교회의 선교활동을 이 민족들의 러시아화의 정신적인 매개체로 삼았었다. 이처럼 1910년대 기록에는 한인의 현지 정착에 따른 다양한 활동의 흔적들이 반영되어 있다.

1917년 러시아 10월 혁명과 1918-22년 시기의 내전이 끝나고 소비에트 정부는 국내의 어수선한 분위기를 바로잡고자 노력했다. 이후 1920년대 후반 스탈린이 권력의 1인자로 등장하면서 소비에트 정권은 확고한 사회주의 체제의 토대를 닦고자 매진했다. 또한 혁명과 내전기를 거치며 한인들 스스로가 기존과는 다른 시각으로 자신들의 정체성을 바라보기 시작했으며, 적극적인 사회주의 건설에의 참여를 통해서 조국의 상실된 국권을 찾는데 이바지 하고자 했다. 이같은 시대적 상황은 1920년대 기록들에 고스란히 반영되어 있다. 대부분의 기록에서 사회주의화 및 집산화 되는 가운데 사회주의 건설에 참여하는 한인들의 모습이 나타난다. 그 가장 직접적인 기록은 소비에트 당국자들의 입회 하에 개최되는 한인문제 관련 회의들과 소비에트 지역 당국의 결정들과 관련한 내용들이다.[21] 이중 Ф.2422(Оп.1, Д.1487,

---

о начале христианской проповеди среди корейцев Посетского участка, первых миссионерах, постройке церквей и образовании миссионерских станов, а также постепенном развитии школьного дела", Ф.702, Оп.5, Д.143, Л.64-71об., "Просвещение инородцев и школьные дела после деятельности Комитета Миссионерского Общества", Ф.143, Оп.5, Д.143, Л.72-72об.

21) 이중 일부 문서들을 열거해 보면, "Протоколы совещаний делегатов от корейского трудового крестьянства Хабаровского уезда Приморской области. 21-22 декабря 1923 г.", Ф.2422, Оп.1, Д.1487, Л.1-7, Л.9-15, "Протокол №3 общего собрания членов Песчанской трудовой кооперативной ар

Л.38-39)는 한인들의 양귀비 파종을 금지시키는 것과 관련해서 개최된 회의내용이 포함되어 있어서,[22] 한인사회의 경제활동 형태가 러시아 당국의 이해와 충돌하였음을 보여주고 있기도 하다.

마지막으로 1930년대 자료들은 1937년 연해주를 포함, 극동지역 전체 한인들의 강제이주와 관련된 자료들이 주류를 이루고 있다. 즉 Ф.2413(Оп.2, Д.804, Л.6-27)은 극동지역에서 이주과정에서 상실된 한인들의 재산과 종자, 가축 등과 관련 한인-이주자들에 대한 채무문제 관련문서를 포함하고 있으며,[23] Ф.2413(Оп.2, Д.804, Л.70-87, Л.89-102)은 남아무르주의 케르빈스크 지구(Кербинский р.)와 남아무르 지구(Н.Амурский р.)에서 강제이주된 한인들의 주소와 성명, 나이, 근무지, 직책 등이 표기된 목록을 포함하고 있다.[24]

이상의 입수된 문서들 이외에도 입수는 되지 않았지만 한인관련 기록으로 앞으로 연구의 대상이 될만한 원자료들에 대해 살펴보고자 한다. 우선 극동국립역사기록보존소의 1번 기록군(фонд)은 1861-1917년 혁명이전시기에 관한 자료들인데, 다수의 기록함(Опись : №1-6, 12)에 한인관련 기록이 포함되어 있다. 주로 이주 초기 한인들의 불법이주와 거주로 인한 러시아와 조선 간의 국경문제, 노동자문제, 거주증

тели 〈Советская Корея〉 30 декабря 1923 г.", <u>Ф.2422, Оп.1, Д.1487, Л.8-8об.</u> 그 외 문서들로 Ф.2422, Оп.1, Д.1487, Л.24, Л.25-26, Л.36-37об., Л.41-42, Л.43-44об., Л.46-53, Л.58-60, Л.62, Л.63-68, Л.69, Л.70, Л.73, Л.74, Л.75, Л.82-89, Л.90-91, Л.92-94, Л.95, Л.96, Л.98-99, Л.100-103, Л.110-111, Л.112-120, Л.133-135 등이 있다.

22) "Выписка из протокола заседания президиума Дальревкома от 3 июня 1924 г. №24 о запрещении посева мака", Ф.2422, Оп.1, Д.1487, Л.38-39.

23) 그 밖에 Ф.2413, Оп.2, Д.804, Л.35-45, Л. 46-69, Л.50, Л.51에서는 우수리지방, 아무르주, 유태인 자치주, 남아무르주에서 강제이주 과정에서 손실된 한인들의 재산문제와 관련한 자료들이 포함되어 있다.

24) 이밖에 남아무르주의 남아무르 지구에서 강제이주된 한인들의 관련한 문서들로서, Ф.2413, Оп.2, Д.804, Л.103-110, Л.111-112, Л.115-116, Л.144-152 등이 있다.

문제, 한인들의 정교 개종문제, 러시아 국적취득 문제, 교육문제, 토지문제, 해당 시기동안에 타 장소로 이주한 한인들의 목록, 기타 한인사회와 러시아 당국 간의 접촉에 관한 다양한 기록들이 그것이다.[25] 문서들 중에는 1909년 장로교회 조선노회에서 파송된 최관흘 목사가 블라디보스톡 당국에 장로교단 설립 허가를 요청하는 청원서도 있다.[26] 당시 블라디보스톡 한인사회에서 장로교단의 선교활동이 불러일으킨 반향은 실로 큰 것이었는데, 이 문서를 통해서 당시 정교회측과 장로교단측 간의 긴장관계와 한인사회에 미친 영향 등을 잘 파악해 볼 수 있다는 점에서 향후 재조명할 필요가 있는 자료라고 할 수 있다.

지역적으로 주로 블라디보스톡을 다루는 Ф.28, Ф.159의 사료들 역시 언급할 가치가 있다. Ф.28의 기록에는 블라디보스톡 한인들의 토지와 교육문제, 종교문제, 거주증 문제 등이 다루어지고 있다. 이중에서 '페르바야 레츠카(Первая Речка) 지역 공동묘지의 한인 장례에 관한 자료',[27] '신한촌과 중국인촌의 건립 설계안에 관한 자료'[28] 등은

---

25) 일부 문서들을 열거해 보면, "Переписка с Главным Управлением Восточной Сибири об установлении дружественных отношении с Кореей (1861-1871)", Ф.1, Оп.1, Д.44, "Переписка с епископом Камчатским, Курильским и Благовещенским о содержании корейских школ с.Янчихе Приморской области и о другом(1878-1882)"(18л), Ф.1, Оп.1, Д.646, "Списки крестьян(корейцев) Посьетского участка и многое другое(1900-1901"(358л), Ф.1, Оп.1, Д.3026, "Клятвенные обешания, подписи, протоколы и другие материалы о приёме корейских подданных в русское гражданнство (1893-1897)"(133л), Ф.1, Оп.1, Д.5750, "Прошения и жалоба китайских и корейских подданныхи т.д.(1888-1890)"(1033л.), Ф.1, Оп.2, Д.1043 등의 문서들이 있다.

26) "Прошение корейского подданства Цой-Хван-Фуль об образовании присвитеарианской общины в г.Владивостоке(1909-1911)"(10л.), Ф.1, Оп.2, Д.2020.

27) "Материалы о захоронеии корейцев на кладбище на Первой Речке(1909-

향후 확보의 필요성이 있는 문서들로 여겨진다. Ф.159의 기록들 또한 Ф.28과 비슷한 주제의 자료들을 포함하고 있는데, 이중에는 1912년부터 1915년 시기 블라디보스톡 중국인을 포함한 한인들의 거주권 제한에 관한 문서가 포함되어 있다. 이 문서들을 이용하면 프리아무르주 마지막 군사령관지사였던 곤닫티(Н.Л. Гондатти, 1910-17) 시기에 한인 사회의 중심지였던 블라디보스톡 지역의 실제적인 거주등록 문제들을 분석할 수 있을 것으로 믿어진다. 초기 조선인의 러시아 이민사와 관련한 가치있는 자료가 아닐 수 없다.

물론 위에서 언급된 기록들은 전체의 일부에 불과하다. 톰스크에서 이전해온 자료들은 현재까지 다 파악되지 못한 단계에 있어 연구자들의 더 많은 관심이 필요하다. 하지만 확보된 자료들은 한인들의 활동 반경을 추적하는데 있어서 기초적인 단서들을 제공해줄 수 있다는 점에서 가치가 있다고 하겠다.

2) 하바로프스크 국립기록보존소

극동국립역사기록보존소에 버금가는 전문 기록보존기관으로서 하바로프스크 국립기록보존소를 들 수 있다. 이 기관은 1923년 3월 1일 연해주 집행위원회에 의해 결정된 기록보존국(Архивное бюро)의 창설과 더불어 시작되었다.[29] 현재 다량의 공산당 관련 기록들에 대한 정리 및 분류작업이 진행 중에 있으며, 2006년부터는 공산당 자료들의 열람이 가능할 것으로 여겨진다. 이중에는 1920-30년대 한인 사회주의자들의 활동상황이 기록되어 있는 자료들이 다량 포함되어 있다.

1910)", Ф.28, Оп.1, Д.654.

28) "Материалы о плане проектируемой корейско-китайской слободки (1907)", Ф.28, Оп.1, Д.639.

29) 1955년에 현 위치에 보관체계를 갖춘 기록보존소 건물이 세워졌으며, 국립 기록보존소를 중심으로 18개 지역 기록보존소들이 운용되고 있다.

하바로프스크 국립기록보존소에서 조사되고 확보된 문서들은 총
14개 기록군(фонд) - Ф.П-2, Ф.П-30, Ф.П-35, Ф.П-44, Ф.П-399, Ф.П-442, Ф.58,
Ф.99, Ф.137, Ф.304, Ф.353, Ф.768, Ф.849, Ф.1718 - 의 한인관련 사료들로,
내전기(1918-22)이후 주로 1920-30년대 한인들의 사회주의 건설과 공산·
사회주의 운동의 참여, 강제이주에 관한 사료들이다.[30] 이 원자료들
에는 940쪽 분량의 100종의 한인관련 문서들과 이주 한인정착촌들의
위치가 자세하게 표기되어 있는 지도를 포함, 1920-30년대 극동지방의
고지도 14장이 포함되어 있다. 이 중에서 Ф.П-2의 기록들은 주로
1920-30년대의 문서들로서 양이 가장 많으며, 1920년대 문서들은 한인
들의 사회주의 건설 참여와 공산당원 활동, 한인사회주의자들 사이에
서 지속되었던 파벌 간의 논쟁과 투쟁문제를 다루고 있으며,[31] 1930년
대 문서들은 스탈린에 의한 강제이주 이전까지 한인들의 토지이용문
제, 한인 노동력 문제, 한인사회주의자들 간의 파벌투쟁문제, 강제이

---

30) 열거된 기록군(фонд)들을 살펴보면, Ф.П-2는 전소련방 볼쉐비키 극동지방
위원회 기록군, Ф.П-30은 러시아공화국 공산당 하바로프스크 시위원회 기
록군, Ф.П-44는 러시아공화국 공산당 하바로프스크 지방위원회 당기록보
존소 기록군, Ф.П-399는 전소련방 볼쉐비키 하바로프스크 지방위원회 기록
군, Ф.58은 극동혁명위원회 기록군, Ф.99는 하바로프스크 농업 및 산업동맹
기록군, Ф.137은 하바로프스크 지방집행위원회 기록군, Ф.304는 하바로프
스크 이주문제 당 기록군, Ф.353은 하바로프스크 지방집행위원회 산하 계
획위원회 기록군, Ф.768은 극동지방 군사문제 역사관련 기록군, Ф.849는 문
화공훈근로자 체르느이쉐프(В.И.Чернышев) 개인 기록군에서 나온 문서사
료들이며, Ф.1718은 1920-30년대 극동지방 지도들이다. 이 가운데 'Ф.П'는 특
히 공산당 기관에서 나온 기록군이다.

31) "Историческая справка о корейском вопросе в ДВК, Смета расходов на
устройство участков для расселения корейского безземельного населе
ния ДВ", ГАХК, Ф.П-2, Оп.1, Д.112, Л.1-41, "Записки о фракционных груп
пах среди корейцев", Ф.П-2, Оп.1, Д.390, Л.34-36, "Заключение комиссии
Окружного комитета ВКП(б) о результатах просмотра корейской части
Окружной партийной организации", Ф.П-2, Оп.1, Д.104, Л.34-36 등의 문헌
사료들이 이에 해당된다.

주를 전후로 한인들에 대한 부동산 배상과 인력배치문제, 한인이주와 관련한 당국의 전문과 조치, 이주열차, 한인사범학교와 극장문제, 신문 '선봉' 기사의 조망 등 다양한 문제와 연관되어 있다.[32] 특히 유일한 1910년대 자료로서 1918년 6월 니콜스크-우수리스크에서 각지역 한인대표들이 참여하여 열렸던 '제2회 특별전로한족대표회의'의 회의록은 각별한 주목의 대상이다.[33] 대회에 참가한 한인사회당 간부들의 움직임과 탈퇴시기, 참가자 명단, 참가자들의 지역적 분포상황, 그리고 회의록에 표시된 한인 정착촌과 명칭, 파견인원 등의 내용이 잘 기록되어 있어서 한인연구에 매우 가치있는 자료로 여겨지기 때문이다.

Ф.П-2의 문서들 이외에, Ф.П-30, Ф.П-35, Ф.П-399와 Ф.П-44의 문서들에서도 강제이주와 20년대 한인사회주의자 파벌들간의 논쟁과 투쟁이 중점적으로 다루어지고 있다.[34] 또한 Ф.П-442의 문서들은 볼쉐비키당

---

32) "Стенограмма совещания Крайкома партии по вопросу работы среди корейского населения от 16 октября 1934 года", Ф.П-2, Оп.1, Д.444, Л.263-466, "Докладная записка Ханкайского райисполкома по вопросам землеустройство корейского населения", Ф.П-2, Оп.1, Д.332, Л.51-59, "Телеграммы о высылке корейцев", Ф.П-2, Оп.1, Д.1345, Л.297, Л.416, "Телеграммы о корейском пединституте и театре", Ф.П-2, Оп.1, Д.1344, Л.965-966, "Краткий обзор статьи газеты 〈Авангард〉", Ф.П-2, Оп.5, Д.174, Л.75-90 등이 그 예이다.

33) "Постановления Второго Всероссийского съезда делегатов от граждан-корейцев, состоявшегося в г. Никольск-Уссурийском в 1918 году", Ф.П-2, Оп.5, Д.174, Л.142-154.

34) "Протокол №28 заседания бюро Хабаровского городского комитета ВКП(б) о переселении корейского населения", Ф.П-30, Оп.1, Д.505, Л.35-37, "Инструкция о переселении корейцев", Ф.П-35, Оп.1, Д.1332, Л.130-134, "Решение бюро Крайкома о переселении корейского населения", Ф.П-399, Оп.1, Д.336, Л.106-109, Л.113-115, "Материалы об отправленных корейцах", Ф.П-399, Оп.1, Д.336, Л.51, Л.58, Л.75-78, "Образование компартии в апреле 1925 г. и оживление в связи с этим фракционной склодки среди членов ВКП(б) корейцев ДВК", Ф.П-44, Оп.1, Д.603, Л.104-132 등의 문서사료들

시위원회 사무국원과 하바로프스크 소비에트 외무위원을 지낸 한국 최초의 공산주의자 김 알렉산드라 스탄케비치(1885-1918)와 김 아파나시 등과 관련된 문서들이 두드러지며,[35] Ф.58, Ф.99, Ф.137, Ф.304, Ф.353, Ф.768의 문서들은 대부분이 20년대 자료들로서, 한인의 사회주의 건설 참여, 교육, 농업, 토지이용, 출판, 하바로프스크 지역별 정착 한인수, 당국의 한인 시역배치, 거수승 및 시민권취득 문제 등을 다루고 있다.[36] 그리고 Ф.849의 기록들은 체르느이쉐프(В.И. Чернышев)의 개인 기록군(фонд)에서 나온 문서로, 이인섭이 한인들의 빨치산 투쟁에 관한 내용을 담아 체르느이쉐프 앞으로 보내는 편지이며, Ф.1718의 문서들은 20세기 초 극동지역의 지도들이다.[37] 특히 이 지도들에는 지금

이 있다.

35) "Биография, фотография Афанасия Кима, переписка", Ф.П-442, Оп.2, Д.296, Л.1-6, "Материалы о Ким-Станкевич", Ф.П-442, Оп.2, Д.273, Л.2-15 등의 문헌기록들이 그것이다.

36) "Протокол 14/а заседания президиума Дальревкома от 12 мая 1925 года", Ф.58, Оп.1, Д.62, Л.1-8, "Записка о мероприятиях по корейскому расселению", Ф.99, Оп.1, Д.15, Л.96, "Докладная записка о смете на издательство", Ф.137, Оп.11, Д.1, Л.80, Ф.137, Оп.11, Д.1, Л.82-84, "Переписка Дальревкома с отделом национальностей", Ф.137, Оп.11, Д.1, Л.172-175, "Анкеты, виды на жительство корейских граждан и их заявления о приёме в гражданство РСФСР", Ф.137, Оп.12, Д.1, Л.1-167, "Исторический обзор〈Корейский вопрос на Дальнем Востоке〉", Ф.304, Оп.1, Д.12, Л.1-27об., "Сведения о числе водворенных корейских расселенческих семей по участкам и поселкам Некрасовского района Хабаровского округа", Ф.304, Оп.3, Д.14, Л.302-312, Ф.304, Оп.1, Д.41, Л.2, Л.50-50об., Ф.304, Оп.1, Д.17, Л.21-24, "План развёртывания сети корейских и туземных школ 1 ст. на период 1924/25-1933/34 гг.", Ф.353, Оп.5, Д.5, Л.10-10об., "Удостоверение о проживании", Ф.768, Оп.1, Д.49, Л.9 등의 원자료들이 있다.

37) "Переписка с Чернышевой В.И. о корейцах, боровшихся за советскую власть", Ф.849, Оп.1, Д.198, Л.44-55об. "Карты Ивановского района ДВК, 1931 г.", Ф.1718, Оп.1, Д.27а, Л.1, Л.2, Л.9, Л.13, Л.14, Л.15, Л.21, Л.22, Л.23 등이 이에 해당된다.

의 연해주와 하바로프스크지방을 중심으로 당시의 지명 및 명칭과
함께 한인정착촌들의 위치와 1920-30년대 극동지방의 여러 지역들이
표시되어 있어서, 과거 극동지역에 산재해 있었던 한인정착촌들의 명
칭과 위치파악에 매우 귀중한 자료로서의 가치를 지니고 있다.

2. 한국학 및 한인관련 연구기관들

1) 인류·고고학 역사연구소

언급한 지역들의 주요 기록보존소들 이외에, 한인관련 연구기관들
도 주목해 볼 필요가 있다. 한인관련 연구기관은 원자료 소장보다는
향후 지역의 한국학 정보 중심으로서 주요한 역할을 할 가능성이 크
기 때문이다. 이와 관련하여 먼저 블라디보스톡의 인류·고고학 역사
연구소를 들 수 있다. 인류·고고학 역사연구소는 소련방 과학아카데
미 산하 극동지부 코마로프(В.Л. Комаров) 인류·고고학 역사분과를 시
작으로 1971년 7월 1일 세워졌다. 현재 인류·고고학 역사연구소로 호
칭되는 이 기관은 러시아사 및 세계사, 인류학, 고고학 연구의 중심으
로서, 극동지역에서 최고의 지식을 갖춘 인재 양성과 재교육의 센터
로서 특별한 위치를 차지하고 있다. 인류·고고학 역사연구소가 추구
하는 연구 분야는 크게 4개 분야로서, 역사학, 고고학, 인류학, 동양학
연구이다. 특히 동양학 연구에서는 중국 동북지역과 한반도, 홋카이
도 지역에 관심이 집중되고 있다. 아울러 본 연구소에서는 관련분야
의 학술지들과 연구성과물들을 정기적으로 발간해 내고 있으며,[38] 페

---

38) 본 연구소에서 발간한 1986년부터 2000년도까지의 각 분야별 연구성과물에
대해서는 다음의 자료들을 참조할 수 있다. *Труды институт истории, арх
еологии и этнографии народов Дальнего Востока ДВО РАН 1986-1995 г
г.(Библиографический указатель)*, Владивосток, 1996; *Труды институт
истории, археологии и этнографии народов Дальнего Востока ДВО РА
Н 1996-2000 гг.(Библиографический указатель)*, Владивосток, 2001.

트로프 교수(А.И. Петров)[39] 등의 일부 연구자는 러시아지역 한인연구의 권위자로서 많은 양의 연구 저술물들을 발간해 내고 있다. 특히 페트로프 교수는 중앙아시아나 그 밖의 지역에서 한인연구가 주로 현지 한인학자들에 의해서 이루어지고 있는 것과 달리, 순수한 러시아인으로서 한인문제에 깊은 애정과 관심을 갖고 있는 연구자이며, 시베리아와 극동지역의 여러 기록보존소들을 두루 돌며 방대한 사료들을 수집하고, 이를 바탕으로 다량의 한인관련 저술물들을 소개하고 발간해온 학자이기도 하다.

인류·고고학 역사연구소에 한국학 및 한인관련 1차 원자료는 없으며, 주로 언급된 4개 분과 연구자들의 최근 연구물들이 주류를 이루고 있다. 동양학 연구자인 페트로프 교수 외에 갈랴모바(Л.И. Галямова)는 주로 극동지역의 개발과 경제문제 연구자로서, 극동지역에서 한인들을 포함한 노동문제를 다루고 있는 연구물을 발간해 내기도 했다.[40] 한국학과 관련해서 한가지 언급할 수 있는 것은 연구소 내에

---

39) 페트로프의 한인관련 주요 연구물로는 다음과 같다. Петров А.И. *Корейск я эмиграция на русский Дальний восток и позиция цинского Китая (1864-1884 гг.)*, Девятнадцатая научная конференция 〈Общество и госу дарство в Китае〉, Тезисы докладов, Ч.2, М., 1988; *Корейскя диаспора на Дальнем Востоке России 60-90е годы 19века,* Владивосток, 2000; *Коре йскя диаспора в России 1897-1917 гг,* Владивосток, 2001; *Школа культур ы и нравственности : Русская православная миссия в Корее : 1897-1917 гг.* Россия и АТР, Владивосток, 1995, No.4, *За любовь и справедливость к корейскому народу,* Утро России, Владивосток, 1998, 4 февраля, *Когд а же началась корейская иммиграция в Россию?,* Россия и АТР, Владив осток, 2000, No.2, *Корейская иммиграция на Дальний Восток России в 1860-1917 гг.,* Вестник Дальневосточного отделения Российской Академ ии наук, Владивосток, 1998, No.5.

40) Галлямова Л.И. "Предпринимательство и рабочий вопрос на Дальнем Востоке в освещении отечественных авторов вто. пол. 19 в."; Вопросы истории Дальнего Востока России дооктябрского периода в историогр афии и источниковедении, Владивосток, 2002; Дальневосточные рабоч

있는 소규모 박물관에 발해국가의 유적물들이 다량 전시되어 있는 있다는 점이다.

2) 극동국립대학교와 도서관

지역 최대의 연구와 교육의 중심지인 극동국립대학과 부속 도서관 역시 한국학 및 한인관련 연구기관으로서 빼놓을 수 없다. 1999년에 설립 100주년을 맞이한 극동국립대학교는 연해주지방에서 최고의 인재양성 기관으로서, 1899년 10월 21일 블라디보스톡에 설립된 동방대학(Восточный Институт)과 더불어 그 역사가 시작되었다. 시베리아·극동지역과 인접한 국가들의 행정, 산업 기관들에서 활동할 인재 양성을 목표로 설립된 초기 동방대학은, 1920년 4월 17일 동방대학과 2개의 역사·철학 학부와 법학부를 합쳐서 국립극동대학교(ГДУ)로 재탄생했다.[41]

국립극동대학교 초대 총장이었던 포드스타빈(Г.В. Подставин, 1920-22)[42]에 의해 불붙기 시작한 한국학 연구는, 이후 큐네르(Н.В. Кюне

ие во вто. пол. 19-н. 20 в. Владивосток, 2000.

41) 1930년, 1938년에는 일련의 정치적 원인들로 인해서 문을 닫기도 했으나, 극동국립대학은 1931년부터는 극동국립대학교(ДВГУ) 이름으로 존재해 왔다. 1920-30년대 루다코프(А.В. Рудаков), 스팔빈(Е.Г. Спальвин), 큐네르(Н.В. Кюнер), 아르세네프(В.К. Арсеньев) 같은 저명한 교수학자들이 이 대학에서 활동했다. 1970-80년대와 특히 90년대에 들어서 극동국립대학교는 괄목할만한 성장을 이루었다. 현재 주관, 야간, 통신과정에서 7,000명 이상의 학생들과 649명의 강사·교수진이 활동하고 있으며, 이중 브이소츠키(В.И. Высоцкий), 샤프킨(Н.П. Шапкин), 이블레프(А.М. Ивлев) 등 10명이 러시아 과학아카데미 회원으로 근무하고 있다.

42) 포드스타빈은 Подставин Г.В. *Корейские анекдоты и рассказы,* Владивосток, 1909; Подставин Г.В. и др., *Корейская грамматика,* Владивосток, 1908; Подставин Г.В. *Образцы сатирических произведений современной корейской литературы,* Т.1, Владивосток, 1907 외에도 많은 양의 한국학 관련 저술물들을 발간해 내었다.

p)⁴³⁾와 같은 학자들에 의해 더욱 발전하게 된다. 이들의 노력은 극동
국립대학교 산하 극동국립대학교 학술도서관(Научная библиотека ДВГ
У)을 보면 금방 실감할 수 있다. 극동국립대 도서관은 16세기-21세기
에 출판된 1백 30만 권이 넘는 다양한 종류의 장서와 자료들을 보유
하고 있는데, 도서관의 희귀본실에는 한국학 관련한 자료들을 포함
15,000종 이상의 희귀본 자료들이 보관되어 있다. 극동국립대학교 도
서관에 소장되어 있는 한국학 관련 자료들은 주로 한국의 민속과 시,
소설 등의 문학관련 저술물들과⁴⁴⁾ 역사분야,⁴⁵⁾ 정치-사회과학분야 저

---

43) Кюнер Н.В. *статистико-географический и экономический ОЧЕРК КОРЕИ,*
    ныне японского генерал-губернаторства Циосен, 〈Известия Восточного
    Института〉, Т.ХII, Владивосток, 1912; *Корейцы,* рукопись. Архив автора.
    Санкт-Петербургское отделение Института Этнологии РАН, Ф.8, Оп.1,
    No.253-а.

44) *Верхняя Чхунхян : Корейские классические повести XVII-XIX,* М., 1989;
    Дьяконова Е.(Сост.) *Светлый источник : средневековая поэзия Китая,*
    Кореи, Вьетнама, М., 1989; Елисеев Д.Д. *Новелла корейского средневеко*
    вья : Эволюция жанра, М., 1977; Еременко Л. *корейская литература : Кр*
    аткий Очерк, М., 1977; Иванова В.И. *Ли Ги Ен : Жизнь и творчество,* М.,
    1962; Ким Гын Сик. *Золотая птица Гаруда. Рассказы современных коре*
    йских писателей, СПб. 1994; Лим Су(Сост.). *Корейские народные изрече*
    ния(Пословицы и поговорки народов Востока), М., 1982; Ли В. *Социалис*
    тический реализм в корейской литературе : Влияние М. Шолохова на
    творчество корейских писателей, Ташкент, 1971; Ли Ги Ен. *Родная стор*
    она : Роман, 1967; Никитина М.И. *Древняя корейская поэзия в связи с*
    ритуалом и мифом, М., 1982; Никитина М.И. *Очерки истории корейской*
    литературы до XIV века, М., 1969; Син Гу Хен. *корейская литература*
    после освобождения, Пхеньян, 1957; Тэн А.Н. *Традиции реализма в кор*
    ейской классической литературе, Алма-Ата, 1980; Троцевич А.Ф. *Корейс*
    кая средневековая повесть, М., 1977; *Черепаховый суп : Корейские расс*
    казы XV-VVII вв., Л., 1970; O Jeong-hui, *The old well,* Korean Literatyra Today,
    No.1, 2001 등의 문학관련 한국학 저술물들이 소장되어 있다.

45) Ким Бусик. *Самгук саги. Кн.2. Летописи Когуре. Летописи Пекче. Хрон*
    ологические таблицы : перевод с корейс., М., 1995; Ли Ги Бэк. *История*

술물들⁴⁶⁾ 등이 주류를 이루고 있다. 이처럼 역사가 깊은 극동국립대
학교의 한국학 연구는 최근 극동국립대학 한국학 연구 100주년 기념
학술회의를 통해 한국학 관련 보고자료집으로 재조명 받기도 했다.⁴⁷⁾

파악된 한국학 관련 자료들은 주로 최근 자료들로서 1990년대 이
후에 발간된 것들이며, 그 외 1970년대와 1950년대 순으로 발간된 자
료들이다. 뿐만 아니라 소장된 자료들 가운데에는 러시아 내의 현지
인 연구자들의 저술물들만이 아니라 한국인 연구자들의 저술물들도
현지어로 번역되어 소장되어 있다. 언급된 자료들은 시간적인 제약으
로 인해서 일부만 파악된 것들로써 앞으로 추가적인 조사가 필요하다.

3) 태평양 지리연구소(지리협회)

한국학 및 한인과 관련이 있는 기관으로 블라디보스톡의 태평양
지리연구소(이하 지리협회)를 간략하게 나마 언급할 필요가 있다. 지
리협회는 1884년 4월 18일 블라디보스톡 군총독 펠드가우젠(военный г

Кореи : новая трактовка, М., 2000; *Очерк по Корее,* Пхеньян, 1974; Усова
Л.А. *Корейское коммунистическое движение 1918-1945 гг. : Амер. истор
иография и док. Коминтерна,* М., 1997; Чан Джэен. *Первомартовское дв
ижение 1919 г. и корейская протестанская церковь,* М., 1998; Тягай Г.Д.
Национальная идея и просветительство в Корее в начале XX века, М.,
1998 등의 역사분야 저술물들이 있다.

46) Забровская Л.В. *Россия и КНДР. Опыт прошлого и перспективы будуше
го(1990-е годы),* Владивосток, 1998; Ким Бен Кук. *Президент Республки
Корея Ким Дэ Чжун : Правозащитник, политик, учёны,* М., 1998; Ли Вл.
Ф. *О бессрочном нейтраитете Корейского полуострова в свете мировог
о опыта XX века : Геополитическое исследование,* М., 1999; Толстокула
ков И.А. *Развитие демократического процесса в Южной Корее в перио
д VI республики,* Владивосток, 2000; Тихомиров В.Д. *Корейская проблем
а и международные факторы(1945-начало 80-х годов),* М., 1998 등의 정
치-사회과학 분야의 한국학 저술물들이 있다.

47) ДВГУ. *Сто лет корееведения в ДВГУ, Материалы международной науч
ной конференции. Тезесы и доклады,* Владивосток, 2000.

убернатор г. Владивостока А.Ф. Фельдгаузен, 1880-86)의 결정으로 설립
되었는데, 설립 초에는 '아무르 연구협회(Общество изучения Амурского
края, 1884-1924)'라고 불렸다.[48] 연해주지방 이민국 책임자인 부세(Ф.
Ф. Буссе)가 초대 지리협회 대표로 활동했으며, 1888년부터는 협회지
'아무르 연구협회지(Записки Общества изучения Амурского края)'를 발
간해 내기 시작했다. 연구팀의 관심을 끈 약 80,000권의 소장장서와
수만부의 귀중한 문서자료들에는 이주한인들에 대한 사료와 책자들
도 포함되어 있다.

  지리협회에서 확보한 한국학 및 한인자료들은 극동지역의 경제문
제와 행정구역별 지역소개, 전체적인 극동지역에 대한 개관을 담고
있는 사료들이다.[49] 이는 1910-20년대 자료들로서, 한인들의 농업과
관련한 경제활동에 관해 부분적으로 언급되어 있으며, 행정구역별 한
인들의 거주자 수와 농업활동 상황 등이 기록되어 있어서, 당시 한인
연구에 필요한 가치를 지닌 자료들로 여겨진다. 이외에도 이미 국내
에도 들어와서 번역되어 있는 한국학 자료도 있다.[50] 하지만 순수하

---

48) 협회는 몇 차례에 걸쳐서 그 명칭에 변화를 겪어왔는데, 소비에트 초기에
   는 '국립지리협회 블라디보스톡 지부(Владивостокский отдел Государст
   венного Географического общества, 1924-38)', 2차대전 무렵까지는 '지리
   협회 극동 분과(Дальневосточный сектор Географического общества,
   1938-45)', 소련붕괴 이전까지 '소련방 지리협회 연해주 지부(Приморский ф
   илиал Географического общества СССР, 1945-91)'로 불려왔다. 소련 붕괴
   이후 1991-92년부터 태평양 지리연구소는 '아무르 연구협회(Общество изуч
   ения Амурского края)'와 '러시아 지리협회 태평양 지부(Тихоокеанский
   филиал Российского Географического общества)'라는 2개의 협회와 2개
   의 명칭으로 존재해 오고 있다.
49) *Дальний Восток(военно-статистический обзор)*, Т.3., СПб., 1911; Колосов
   ский Н.Н.(под ред.). *Экономика Дальнего Востока*, М., 1926; *Районы Дал
   ьневосточного края*(이 자료는 제목 이외에는 더 이상의 출처를 확인할
   수가 없는 상태임).
50) Канцелярия министерства финансов России, *Описание Кореи в 3-х том*

게 한국학 및 한인과 관련된 직접적인 사료들은 예상외로 많지 않았
다. 물론 다른 자료들과 함께 일부가 포함되어 있을 가능성이 크며,
이에 대한 조사를 위해서는 보다 많은 시간이 필요하다.

4) 연해주 아르세네프 국립박물관, 파르티잔스크 역사박물관

마지막으로 블라디보스톡에 위치하고 있는 연해주 아르세네프 국
립박물관에도 적지만 한국학 관련 자료들이 있었다. 아르세네프 박물
관은 '태평양 지리연구소(지리협회)' 박물관의 역사로부터 시작된다.
아르세네프 국립박물관은 1884년 4월 24일 태평양 지리연구소(지리협
회) 산하로 설립된 박물관(관장 마르가리토프, Маргаритов В.П.)이 그
모태가 된다. 그후 1925년 2월 17일자 '대표인민위원회(Совнарком)' 법
안에 따라 태평양 지리연구소(지리협회) 산하 박물관이 '블라디보스
톡 국립박물관(Владивостокский государственный музей)'이라는 명칭으
로 독립기관으로 분리되었으며, 최종적으로 1985년에 블라디보스톡에
3개, 연해주 전지역에 8개의 부속박물관을 지닌 '연해주 아르세네프
국립박물관'으로 재탄생되었다.[51]

박물관은 총 3층의 전시실로 이루어져 있는데, 1층에는 소비에트
이전 시기까지 연해주의 지리환경과 역사, 2층에는 1917-1922년까지의
연해주 관련 전시물들, 3층에는 다양한 주제의 전시물들이 전시되어
있다. 2층 전시관에는 소규모이지만 이 지역의 한인들과 관련한 한인
전시관이 위치하고 있으며, 이곳에는 한인들이 입었던 남녀한복 한
벌과 이주 초기 블라디보스톡 거주 한인의 사진 3매가 '블라디보스톡
의 한인가족', '블라디보스톡의 한인들'이라는 설명문과 함께 전시중
이다. 이외에 한인들의 개척리 모습과 신한촌(건설이전 자리) 자리모

ах(с картой), часть Ⅱ, СПб., 1900(최선, 김병린 역, 『韓國誌』, 한국정신문
화연구원, 1984).

51) '아르세네프'라는 명칭이 추가되어 불려오기 시작한 것은 1945년부터이다.

습이 담겨있는 블라디보스톡 전경사진(1904년 촬영)도 볼 수 있다.

한편 연해주 남동부에 위치한 파르티잔스크시의 역사박물관(Музей истории г.Партизанска)[52]에도 약간의 한인관련 자료들을 찾아볼 수가 있다. 파르티잔스크는 역사적, 지역적으로 한인들의 활동이 활발했던 곳이었기에 많은 한인관련 자료들을 찾아볼 수 있으리라는 기대와는 달리, 박물관에는 한인관련 자료들이 극히 직게 남아 있있다. 필자가 확인할 수 있었던 것은 19세기 말에서 20세기 초로 추정되는 한인들의 정착촌과 생활모습이 담겨있는 낡은 3장의 사진[53]과 '고상준'이라는 이름이 기록된 명부뿐이었다.

5) 하바로프스크 국립도서관

연해주에 이어 이번에는 하바로프스크에 있는 한국학 및 한인관련 기관들을 살펴보자. 하바로프스크는 1884년 행정개편 당시 동시베리아에서 분리되어 나온 프리아무르 군관구의 수도와 군사령관지사 지휘부가 위치하고 있던 곳으로서, 이 지역 한인들의 삶과 밀접한 관련이 있다. 따라서 이 지역에도 한국학 및 한인과 관련된 몇 개의 주요 기관들이 있다. 그중에서 하바로프스크 국립기록보존소와 하바로프스크 국립도서관이 대표적이다.

1894년 개관한 국립도서관은 현재 200만권 이상의 장서를 보유하고 있으며, 1860년 북경조약으로 연해주가 러시아의 수중에 완전히 귀속된 이후 극동지역의 변화와 발전과정을 확인해 줄 수 있는 각종 자료들과 역사 저술물들이 소장되어 있다. 소장 자료들은 다수 민족

---

52) 파르티잔스크 역사박물관은 1976년 민영박물관으로 설립되었다가, 1978년 국립박물관으로 전환된 시립 박물관으로, 현재 80,000종 이상의 역사유물 자료들이 소장되어 있다.
53) 낡은 사진 3장은 입수가 불가능해서 스틸카메라에 촬영된 상태로 확보가 되었다.

인 러시아인뿐 아니라, 한인들을 포함한 여러 소수민족들과 관련한
각종 보고서 및 저술물들을 포함하고 있다. 이 도서관에서 확보된 자
료들 중 독특한 자료 몇 가지를 소개하면 다음과 같다.

먼저 1900년대 우수리지방과 아시아 지역을 여행하고 기록해 놓은
브라디(В.П. Врадий)의 한인들과 중국인, 일본인들의 알콜음료(술)에
대한 기록은 생활문화와 관련하여 흥미롭다.[54] 자료에서는 많은 부분
을 중국인들의 술에 대해서 언급하고 있는데, 우수리지방에서는 중국
인들의 '한쉰', '만주 맥주'라는 술이 많이 알려져 있는 반면, 일본인과
조선인들의 술은 거의 알려져 있지 않는 상태라고 기술하고 있다. 조
선의 술과 관련해서는, 조선인들의 술은 조선에서만 볼 수 있는 독특
한 민족 술로서, 조선인들은 자신들의 술을 매우 좋아하며, 특히 차를
대신해서 인삼과 생강 차, 혹은 쌀과 옥수수로 빚은 곡주를 마신다고
적고 있어서, 한국학과 한인연구에 흥미로운 정보들을 제공해 주고
있다.

다음으로 러시아 관리 키릴로프(А.В. Кириллов)가 1895년까지 아무
르주 남부인 블라고슬로벤노예 한인마을(현재 유태인자치주 남부에
위치)에 상주하면서 한인들의 생활모습을 면밀히 관찰하고 기록한 보
고서가 있다.[55] 이 보고서는 1871년 동시베리아 군사령관지사인 시넬
니코프(Н.П. Синельников, 1871-74)에 의해 포시에트 지구에서 이주된
103가구(431명) 한인들의 이주와 정착과정, 한인들의 종교와 교육 등
의 발전과정을 자세하게 묘사하고 있어서 연해주 주류 한인사회와
격리되어 독자적인 발전을 모색해 나간 블라고슬로벤노예 마을에 대

---

54) Врадий В.П. *Опьяняющие напитки Китайцев, Корейцев, Японцев и инор
одцев Уссурийского края*, СПб., 1904; "*Пищевые продукты*" Китайцев, К
орейцев и других инородцев Дальнео Востока, СПб., 1904.

55) Кириллов А.В. *Корейцы села Благословенного(историко-этнографическ
ий очерк)*, Приамурские ведомости, 1895, No.58, 59.(Хабаровск, 1895).

한 궁금증을 풀어주는 1급 사료이다. 이들 자료는 또한 1897년 제정러
시아의 전러시아 인구조사 통계표의 연해주지방 인구조사 목록에 나
타난 외국인 거주자 수와 기타 자료들과 연관지어 살펴볼 필요가 있
다.[56]

끝으로 1890년대 프리아무르 군사령관지사 산하 특별 위임관리였
던 나세킨(Н.А. Насекин)과 1909년에 조직된 아무르탐험대의 일원이었
던 페소츠키(В.Д. Песоцкий), 파노프(А.А. Панов) 등의 보고서와 연구물
들이다.[57] 초기 한인들의 러시아 및 만주 이주와 정착과정, 정착촌,
노동 및 농업문제 등에 관한 원 정보들을 언급하고 있는 이들의 연구
는 향후 러시아 이주 한인연구에 간과할 수 없는 정보적 가치를 가진
것으로 여겨진다. 이상에서 언급된 1차 사료들은 극히 일부분에 불과
하며, 시간적인 여유를 갖고 조사를 한다면 한인들과 관련한 다양한
분야의 더 많은 자료들이 발굴될 것으로 보인다.

6) 국립사범대 동양학부 한국어과, 그로데코프 국립박물관, 프리
   아무르 지리협회

하바로프스크 국립사범대는 하바로프스크지방에서 가장 권위있는
대학교육의 중심으로서, 특히 현재 동양학부 한국어과에서는 유능한
교수-강사진들에 의해서 주변도시 출신의 학생들에 대한 한국어와 한
국학 강의가 이루어지고 있다. 조사과정에서 시간적인 제약과 현지

---

56) *Первая Всеобщая перепись населения Российской империи 1897г. LXX*
   VI. Приморская область, тетрадь1, СПб., 1899.

57) Насекин Н.А. *Корейцы Приамурского края-Краткий исторический очерк*
   переселения корейцев в Южно-Уссурийский край, Труды Приамурского
   отдела ИРГО, Т.11, Хабаровск, 1895; Песоцкий В.Д. *Корейский вопрос в*
   Приамурье(Отчёт поручика 1-го Сибирского стрелкового ЕГО ВЕЛИчЕСТ
   ВА полка В.Д.Песоцкого), Хабаровск, 1913; Панов А.А. *Жёлтый вопрос в*
   Приамурье(историко-статистический очерк), СПб., 1910.

사정으로 인해 도서관에서의 조사작업이 진행되지 못했으며, 단지 한
국어과에서 사용하고 있는 한국학 관련 서적들을 일부 파악하는데
그쳤다.[58] 국립사범대 내의 도서관 또한 시간적인 여유와 사전약속을
통해서 관련자료들을 조사해 볼 필요성이 있는 곳이라고 생각되어
진다.

다음으로 하바로프스크 그로데코프 국립박물관이 있다. 그로데코
프 국립박물관은 제정러시아 지리학회 프리아무르 지부의 주도로
1894년 4월 19일에 설립되었으며, 학자이자 작가, 여행가였던 아르세
네프(B.K. Арсеньев)의 탁월한 노력과 공헌으로 극동지역에서 중심적
인 박물관으로 자리잡게 되었다. 그로데코프 국립박물관에서도 연해
주 아르세네프 박물관과 마찬가지로 문서관련 자료들은 찾아볼 수
없었다. 하지만 이 박물관 내부 지하 자료보관소에는 약간의 한인관
련 사진자료들이 아직 제대로 정리되지 않은 채 보관되어 있다는 박
물관 관계자의 말에 비추어 볼 때, 향후 박물관 측과의 접촉을 통해
추가적인 자료 파악작업이 필요하며, 의외로 귀중한 원자료들이 발굴
될 가능성이 크다고 여겨진다.

마지막으로 프리아무르 지리협회는 1893년 10월 14일 2대 프리아무
르 군사령관지사인 두호프스코이(C.M. Духовской, 1893-98)가 보낸 제
국러시아 지리협회 산하 프리아무르 지부의 신설에 관한 공식서한이
1894년 5월 2일 국무협의회(Государственный совет)와 황제에 의해 받
아들여지면서 출발했다.[59] 지리협회는 극동지역의 독특한 자연환경

---

58) Альманах. *Российское Корееведение*; Галкина Л.В. *Корейская поэзия
    20-х годов XXвека*; Елисеев Д.Д. *Новелла корейского средневековья :
    Эволюция жанра*, М., 1977; Жданова Л.В. *Поэтическое творчество Чхве
    Чхивона*; Ли Вл.Ф. *Россия и Корея в геополитике евразийского восток
    а*; Мазур Ю.Н. *Граматика корейского языка*.
59) 그후 프리아무르 지리협회는 이후 3대 프리아무르 군사령관지사를 지내게
    되는 그로데코프(Н.И. Гродеков, 1898-1902)를 초대 회장으로 선출함으로써,

과 한인을 포함한 여러 소수민족들, 경제, 생태 등에 관한 전반적인 문제를 연구해왔다.

프리아무르 지리협회에서도 현지 사정상의 이유로 자세한 관련자료 조사가 이루어지지는 못했고, 단지 한국학 및 한인연구에 간접적으로 도움을 줄 약간의 최근 자료를 확보했을 따름이다. 확보한 자료는 프리아무르 지리협회의 주도 하에서 역사학자인 두비니나(Н.И. Дубинина)에 의해서 저술된 제3대, 4대 프리아무르 군사령관지사들(그로데코프, 곤닫티)의 재임기간 중의 활동을 담은 일대기이다.[60] 비록 1차 사료들은 아니지만, 문서사료들을 바탕으로 집필된 자료들로서 극동지역의 한인연구에 간접적으로 도움을 줄 수 있는 자료라는 점에서 가치가 있다고 보여진다.

7) 사할린 국립박물관

필자가 마지막으로 조사한 도시는 사할린주의 중심인 유즈노-사할린스크였으며, 조사대상 기관은 기록보존소와 사할린 국립박물관이었다. 사할린 국립박물관에는 소개된 두 도시의 박물관과는 달리 한인들과 관련한 여러가지 자료들이 전시되어 있었다. 박물관이 소장하고 있는 전시목록에 수록되어 있는 한국학 및 한인관련 전시물들은 크게 5가지 항목, 즉 문서자료와 사진자료, 유즈노-사할린스크 시의원으로도 활동했던 김준경(Ким Чун Ген, 러시아명 Ким Тамара Васильевн

지리협회의 공식적인 활동을 시작했다. 현재 약 450명의 연구진들이 활동하고 있으며, 이중 35%가 박사급이다. 전통적으로 프리아무르 지리학회는 행정당국 책임자(주지사)가 대표직을 수행해 왔으며, 1993년부터 이 전통이 다시 부활되어 하바로프스크지방 주지사인 경제학 박사 이샤예프(В.И. Ишаев)가 프리아무르 지리협회 회장으로 활동해 오고 있다.

60) Дубинина Н.И. *Приамурский генерал-губернатор Н.И.Гродеков*, Хабаровск, 2001; *Приамурский генерал-губернатор Н.Л.Гондатти*, Хабаровск, 1997.

a)과 북한출신의 국악인 김준수(Ким Чун Су)의 일대기 사진자료들, 기타 자료들, 총 119가지 항목의 전시물들로, 다음과 같이 구분해 볼 수 있다.

첫째 문서자료들은 한인학교 학생들의 졸업장과 출석부 등을 포함한 1930-60년대의 여러가지 실물기록들이며, 이중에는 1934년도 신랑측과 신부측 부모들 간에 체결된 '혼인서약문'같은 희귀한 자료도 포함되어 있다.[61] 총 20가지가 전시되고 있는데 대부분이 졸업장과 상장, 출석부 등의 전시물이다.[62]

둘째는 사진자료들로서 주로 1930-40년대 남사할린 한인들의 모습이 담겨 있다. 이 무렵 남사할린의 한인들은 처음에는 일본 지배를, 1945년 9월부터는 소련의 사법권 하에 들어갔으며, 한인 자녀들 또한 처음엔 일본인 학교에서, 이후엔 러시아인 학교를 다녀야 했다. 사진자료들은 총 53가지 항목의 사진 전시물들로 이루어져 있으며, 한인 노동자와 그 가족, 교사와 학생들, 결혼식, 회갑, 돌, 광부 등의 모습을 담은 인종지학적이고 사회-관습적인 흥미를 더해주는 자료들이다.[63]

---

61) КП. 5241-11, Брачный контракт(свидетельство) об обязательствах со стороны жениха по отношению к будущей жене. 1939년 함흥에서 이주해온 주명식(Дю Мен Сик)의 가정에서 보관되어 있던 혼인서약문이다.

62) 몇 가지 전시물들을 언급해 보면, КП. 6141-1, Аттестат зрелости №289436 выпускника Ли Дян у (1937 г. рождения, уроженец Кореи, г. Косен, провинция Генсаннамдо) об окончании корейской средней школы №3 г. Горнозаводска Невельского района Сахалинской области, КП. 5241-3, Школьная грамота ученика 5-го класса корейской начальной школы пос.Тэкчон, провинция Хамун(Северная Корея), Дю Мен Сика, КП. 5235-3, Школьный табель ученика 1-го класса Пак Хун Сика, окончившего японскую государственную школу в пос.Касихо, Карафуто.

63) КП. 5233-2, Учащиеся корейской 8-летней школы в пос.Белинском (40-е годы), КП. 5487-8, Молодой мужчина И Кю Нам в рабочей форме шахтера(И Кю Нам родом из Южной Кореи, переселенец в 40-е годы), КП. 6141-5, Церемония празднования первой годовщины рождения ребёнка

셋째 유즈노-사할린스크 시의원으로까지 활동했던 김준경과 북한 출신의 국악인 김준수의 일대기 자료들이다. 김준경은 1939년 남한 강릉출생으로 1944년 부모들과 함께 사할린에 들어와 남부 코르사코 프카에 정착했으며, 대학졸업 후 교사, 기자, 한인신문 「레닌의 길을 따라서」 부서 책임자, 소비에트 공산당원, 1995년부터는 유즈노-사할 린스크 시의원으로 활동해왔던 인물이나. 김준경의 개인자료들은 사 할린 이주에서 한인협회 부대표 활동 이전까지의 발자취를 보여주는 40가지 항목으로 구성되어 있다.[64]

국악인 김준수는 1948년 공연계약에 따라 북한에서 유즈노-사할린 스크에 들어온 후 1959년 폐쇄되기 직전까지 한인순회극장에서 활동 했던 인물이다. 김준수의 개인자료들은 장구를 치며 창을 하는 모습, 한인순회극장 공연모습, 극장의 악단원들과 함께 활동하는 모습 등 5 가지 항목의 자료들로 구성되어 있다.[65] 이중에서 한인순회극장의 악 단원들과 함께 한 사진에서, 서양식 정장을 한 남자 연주자들과 한복

в г. Горнозаволоске(Витя Чен), КП. 6144-1, Церемония празднования кор ейского 60-летнего юбилея в г. Горнозаволоск 등의 사진자료들이 있다.
64) 김준경의 개인 전시자료들은, КП. 6572-1, Партийный билет №11117825 Ким Чун Ген, выдан 5 апреля 1974 г. Углегорским ГК КПСС, КП. 6572-4, Удо стоверение депутата №17 Южно-Сахалинского городского Совета наро дных депутатов по избирательному округу, КП. 6572-5, Удостоверение №12 зав. отделом газеты 〈По ленинскому пути〉, выдано 6 апреля 1989 г. КП. 6572-32, Семейная фотография Ким Чун Гена г.Корсакове 1946 го да 등이 있다.
65) 김준수의 개인 전시자료들은, КП. 6228-8, Солистка Южно-Сахалинского н ационального корейского ансамблея Ким Чун Су в национальной кофт е чогори с барабаном(г.Южно-Сахалинск, 1957), КП. 6228-4, Солисты кон цертно-эстрадного ансамблея при передвижном корейском театре(г. Ю жно-Сахалинск, 1957), КП. 6228-5, Музыканты и Солистки концертно-эст радного ансамблея передвижного корейского театра(г. Южно-Сахалин ск, 1953) 등이 있다.

을 곱게 차려입은 여성 국악인들의 모습은 서로 대조적이어서 흥미를 더해주고 있다. 이들 외에 전통민속놀이인 윷놀이와 마작과 같은 사행성 놀이기구 등의 실물자료들도 볼 수 있었다.[66]

이상에서 사할린 국립박물관이 소장하고 있는 한국학 및 한인관련 자료들을 간략하게 소개했는데, 박물관 내의 한인 전시관은 생각보다 협소하고 초라하게 꾸며져 있어서 보기에 안타까웠다. 박물관이 계속해서 사할린 한인들의 역사적이고 문화적인 발자취와 한민족의 근본을 보여주고, 다음 세대 한인들에게 전달해 줄 수 있는 역사의 공간으로 남을 수 있도록 지원과 관심이 요구된다.

IV. 결산과 향후 과제

지금까지 연해주의 블라디보스톡과 하바로프스크지방의 하바로프스크, 사할린주의 유즈노-사할린스크에 위치하고 있는 기록보존소들과 연구기관들을 중심으로 한국학 및 한인관련 1차 원자료들의 현황을 소개했다. 물론 위에 언급된 사료들은 한인관련 전체 자료의 지극히 일부분에 불과하다. 극동지역 원자료 조사에서는 문헌자료 이외의 자료들, 특히 영상물 자료들이 파악되거나 입수되지 못했다. 1937년의 한인강제 이주 당시에 대부분의 영상기록들이 중앙아시아 지역으로 이전되었기 때문이다. 확보되거나 파악된 극동지역의 원자료들은 한인의 러시아 이주 초기인 1860년대부터 1937년 강제이주 이전의 자료들이다. 이 자료들에는 혁명이전 시기에는 제정러시아의 시민으로서,

---

66) <u>КП, 6146-1</u>, Игра традиционная корейская 〈Ю〉, дар музею пенсионера Е Ин До, председателя Горнозаводского отделения Ассоциации сахалинских корейцев, <u>КП, 6126</u>, Игра настольная 〈мадзян〉, или 〈восточное домино〉 등의 자료들이 있다.

혁명이후 소비에트 시기에는 소비에트의 시민으로서 새로운 환경에 맞선 한인들의 생존과 투쟁의 모습이 반영되어 있었다. 즉 원자료들은 혁명이전에는 러시아 국적취득과 토지분여, 정교회로의 개종문제를, 혁명이후에는 볼쉐비키측과 연계한 빨치산 투쟁과 사회주의 건설 참여, 당 기관에서의 공산주의 활동모습 등, 새로운 환경과 체제에 적응해 나가기 위한 한인들의 처절한 몸부림과 시대상황을 반영해 주고 있다.

향후 과제의 수행을 위해 먼저 연구진행 상에 부딪혔던 어려움들을 언급하는 일이 필요하다고 판단된다. 현지 조사 전반에 걸쳐 경험한 첫번째 어려움은 러시아 현지의 모든 자료들이 전산화 작업이 되어 있지 않아서 수작업을 통해서 자료목록을 파악해야 했다는 점이다. 뿐만 아니라 아직도 기관의 자체 내에서 기록들에 대한 정리가 완료되지 않은 채로 남아있는 부분이 많았다. 이는 한인 연구자가 기록보존소 자료에 접근하기 위해 현지언어에 대한 언어적 능력을 갖추어야 하며, 유관된 사건과 기록분류체계, 조직에 대한 깊은 지식을 미리 쌓아야 한다는 점을 시사해 준다. 둘째는 공개가 불가능한 문서들도 상당부분 존재하고 있었으며, 공개가 되더라도 오랜 시간을 기다리며 여러 단계를 거쳐야만 복사가 가능한 문서들도 있었다는 점이다. 실제로 극동지역의 지역별 지도들은 몇 번의 접촉을 통해서 아주 어렵게 입수할 수 있었다. 연구자가 장기적인 준비와 여유있는 연구일정을 갖고 원자료에 접근할 필요가 있다.

현장 조사과정에서 극동지역 기록보존소 기록들의 부본제작 필요성을 실감할 수 있었다. 일부 자료들은 오랜 세월을 거치는 동안 심각한 훼손을 입은 상태였다. 한국 내 학술기관 및 단체들간의 외톨이식 자료수집과 비공개적인 관행으로 인한 중복적인 자료수집 역시 아쉬움이 큰 부분이었다. 현장 조사작업과정에서 조사팀의 요청에 대한 현지 관계자들의 첫 반응은 '왜 그 자료를 또다시 복사하느냐'는 반문이었다. 사실 본론에서 언급된 문헌기록들의 상당부분은 이미 다른 기관을 통해서 국내에 들어와 있을 가능성이 많이 있다. 이는 학술기관들 간의 자료공개를 꺼리는 관행에서 비롯된 것이며, 따라서 현재와 같은 관행이 계속되는 한 사전에 입수된 자료들을 100% 파악하고 그 나머지 자료들만을 현지에서 추적하는 작업을 추진하기란 사실상 불가능하다.

그럼에도 불구하고 언급된 지역들에서 앞으로 파악 및 조사되어야 하는 한국학 및 한인관련 원자료들은 여전히 많다. 사실 이번에 파악하고 입수한 자료들은 주로 정치·경제관련 기록들, 즉 한인들의 러시아 이주와 1920-30년대 한인들의 사회주의 운동, 토지문제, 농업문제, 강제이주 문제와 관련된 자료들이 주류고 있다. 그간 타연구자들에 의해 입수되어 온 자료들 또한 같은 주제를 크게 벗어나지 못하고 있다. 따라서 향후 조사는 한인들의 일상생활, 문화 및 종교생활 등과 관련된 다양한 자료수집에 초점을 맞출 필요가 있다고 보며, 실제로 현지에는 아직까지 손을 대지 않은 여러 분야의 사료들이 한인 연구자들의 손길을 기다리고 있다.

ABSTRACT

Situation of original materials concerning Korean Studies and People in the Russian Far East

A hundred forty years have been passed as of 2004 since the first Korean emigrants went to Russia. Presently, about four hundred thousand Koreans live with different nationality and history in Commonwealth of Independent States(CIS). Studies about Korean people in CIS including Russia have been confined until now to the view that their historical experiences could be understood simply on the course of mainstream Korean history, and therefore, the studies used mainly not Russian but English or Japanese materials. The result was unbalanced studies about the Korean people of the Far East, lacking Russian view toward the Korean problem. Therefore, the present study focused on the original materials about Korean studies and people possessed by the archives, libraries and research institutes in Vladivostok, Khabarovsk, and Yuzhno-Sakhalinsk. The present study tried mainly to collect the historical materials archived there.

The researcher collected literatures about Korean studies and people in the Far East but failed to obtain video data about them as the latter moved to the Central Asia during the deportation of Koreans in 1937. The original data obtained from the institutes in the Far East were those from 1860's to 1937 - from the first immigration of Koreans into Russia to the deportation mentioned above; the described vividly the Koreans in Russia at that time living to survive and struggle at the face of new environments as citizens of the Russian Empire before the Revolution and then as citizens of the Soviet Union later. According to the data, the Koreans struggled to obtain Russian nationality and land and were coerced to convert to Russian Orthodoxy before the Revolution in 1917 while they participated in partisan activities and socialist propagation after the communist regime gained power in Russia. The data witnessed well not only the historical background but also the desperate efforts of the Koreans to survive at that time.

The data obtained this time dealt with political and economic issues in Russia during the above mentioned period - Korean immigration into Russia, their socialist movement from 1920's to 1930's, and issues concerning land, agriculture, and deportation. The data provided by the previous studies were dealing with largely the same issues. Therefore, future studies should be directed to collect more various data informing daily, cultural, and religious lives of the Koreans at that time.

찾아보기

이병조(李秉造; Lee Byong Jo)

한국외국어대학교 노어과 졸업
동 대학원에서 박사학위(Ph.D) 취득(역사)
현재 알파라비 카자흐국립대학교 교수
presently Al-Farabi Kazakh National University(professor)

- **대표 논저**
  - 러시아 프리아무르 한인사회와 정교회 선교활동(19세기 중엽~20세기 초 극동 한인들의 이야기), 경인문화사, 2016
  - 「기록보존소 자료를 통해 본 소비에트 시기 최초의 한인 해군장교(최 파벨 페트로비치)의 죽음과 스탈린 탄압의 비극」, 『슬라브연구』 제31권3호(2015)
  - 「19세기 초중반 러시아 정교회의 한인을 포함한 알래스카 및 시베리아-극동 지역 이민족 선교활동 연구(1823-1868): 인노켄티 베니아미노프(И.Вениаминов) 주교의 선교활동을 중심으로」, 『슬라브연구』 제30권3호(2014)
  - 「독립국가연합(CIS) 고려인사회 지원에 따른 문제점과 개선 방안」, 『민족연구』 제54호(2013)
  - 「독립국가연합(CIS) 고려인의 전통문화유산에 대한 인식과 전승실태: 중앙아시아·러시아의 고려인 무형문화유산을 중심으로」, 『재외한인연구』 제28호(2012)

- **관심분야**
  19C중엽~20C초 러시아 정교회 시베리아·극동 선교활동, 러시아-CIS지역 한인(고려인) 이주사 및 문화, 카자흐스탄을 포함한 중앙아시아 한국학

안상경

전 충북대학교 교수/현재 한중문화콘텐츠연구소장(중국 심양)
2006년 2월 충북대학교 국어국문학과에서 고전문학(구비문학) 전공으로 문학박사 학위 취득
2009년 2월 한국외국어대학교 글로벌문화콘텐츠학과에서 문화콘텐츠학(문화관광콘텐츠 개발) 전공으로 문화콘텐츠학박사 학위 취득

▪ 대표 논저
　"연변조선족 전통문화 브랜드화 추진과 정암촌의 장소자산 활용"(역사문화연구, 2009)
　"중국 조선족 세시풍속의 전승과 변화 연구"(재외한인연구, 2011)
　"중국 동북지역 아리랑의 전승과 자료 집적의 방향성 연구"(온지논총, 2012)
　"독립국가연합 고려인 공동체의 한민족 민속문화 전승 연구"(슬라브연구, 2013)
이메일주소 : ccss04@hanmail.net

CIS 고려인 이야기 - 전통 생활과 문화, 종교 활동 -
A Story of Koreans in CIS: Traditional Life and Culture, Religious Activities

초판 인쇄　2018년 07월 03일
초판 발행　2018년 07월 13일 [전체 510쪽(pages)]

저　　자　이병조 외

펴 낸 이　한정희
펴 낸 곳　경인문화사
총괄이사　김환기
편　　집　김지선 박수진 유지혜 한명진
마 케 팅　김선규 하재일 유인순
등　　록　제406-19736-000003호
주　　소　경기도 파주시 회동길 445-1 경인빌딩 B동 4층
전　　화　(031) 955-9300　팩 스　(031) 955-9310
홈페이지　http://www.kyunginp.co.kr
전자우편　kyunginp@chol.com

ISBN　978-89-499-4760-0　93910
정가 35,000원

ⓒ 이병조 외, 2018